迈向 2030 年的
国际农业发展基金

吴国起　田　亚　主编

中国财经出版传媒集团

经济科学出版社
Economic Science Press

图书在版编目（CIP）数据

迈向2030年的国际农业发展基金 / 吴国起，田亚主编. —北京：经济科学出版社，2021.10
ISBN 978-7-5218-2881-8

Ⅰ. ①迈… Ⅱ. ①吴… ②田… Ⅲ. ①国际农业发展－基金－概况 Ⅳ. ①D813.7

中国版本图书馆CIP数据核字（2021）第188364号

责任编辑：吴　敏
责任校对：隗立娜
责任印制：范　艳

迈向2030年的国际农业发展基金
MAIXIANG 2030 NIAN DE GUOJI NONGYE FAZHAN JIJIN
吴国起　田　亚　主编
经济科学出版社出版、发行　新华书店经销
社址：北京市海淀区阜成路甲28号　邮编：100142
总编部电话：010-88191217　发行部电话：010-88191522
网址：www.esp.com.cn
电子邮箱：esp@esp.com.cn
天猫网店：经济科学出版社旗舰店
网址：http://jjkxcbs.tmall.com
北京季蜂印刷有限公司印装
710×1000　16开　25.5印张　390000字
2021年11月第1版　2021年11月第1次印刷
ISBN 978-7-5218-2881-8　定价：115.00元
（图书出现印装问题，本社负责调换。电话：010-88191510）
（版权所有　侵权必究　打击盗版　举报热线：010-88191661
QQ：2242791300　营销中心电话：010-88191537
电子邮箱：dbts@esp.com.cn）

序　一

2015年10月联合国成立七十周年之际，各国领导人一致通过雄心勃勃的"2030年可持续发展议程"以及17项可持续发展目标。其中，目标1"无贫穷"和目标2"零饥饿"直接关乎全球最弱势和最贫困人口，也正是国际农业发展基金历史使命的核心所在。

自1977年成立以来，国际农业发展基金始终瞄准导致饥饿、贫困和边缘化的根源，致力于实现长期可持续发展。在推动农村经济和粮食体系转型过程中，着力解决发展道路上的"最后一英里"问题，积极向最偏远地区提供减贫支持，以切实做到"不让任何人掉队"。在国际农业发展基金减贫业务的支持下，数以亿计的农村人口得以增产增收，走向市场，实现就业，并建立起抵御气候变化和其他冲击的能力。国际农业发展基金的投资带来显著成效，每年使全球大约1 500万小规模生产者增产，1 600万人销售额增加，2 000万农村人口明显增收。

随着时间的推移，国际农业发展基金已经从以投资项目为主，转变为向发展中成员国提供全方位和"量体裁衣"式减贫支持的国际组织，以助力这些国家解决粮食安全和农村贫困问题，积极推动粮食体系转型发展，促进粮食体系的包容性、生产效率、韧性和可持续性。广大成员国以及外部独立评估机构充分认可其在实现"2030年议程"和可持续发展目标过程中的独特贡献。2021年5月，《官方发展援助质量报告》运用一系列充分体现发展有效性和发展影响的量化指标，对全球49个主要双边和多边发展机构进行评估排名，国际农业发展基金荣膺榜首。

国际农业发展基金与中国的合作伙伴关系始于1980年。四十多年来，这种合作伙伴关系伴随着国际农业发展基金自身的转型而不断发展壮大。国际农业发展基金在华项目与中国政府的农业发展和农村扶贫战略紧密结合，有效改善了 2 000 多万边远贫困地区农村人口的生活条件。国际农业发展基金对能够参与中国的减贫事业并见证中国取得消除绝对贫困的伟大成就而深感欣慰。中国不仅为全球减贫进程做出了贡献，还为其他发展中国家树立了榜样，并向全世界表明消除贫困绝非乌托邦，而是完全可以实现的。与此同时，中国在国际农业发展基金的增资和机构治理中发挥着越来越重要的作用，并加强了与国际农业发展基金在政策对话、知识管理、南南合作与三方合作以及人力资源合作领域的伙伴关系。我相信，双方的合作伙伴关系可以成为国际农业发展基金与发展中成员国成功合作的典范。

新冠肺炎疫情全球大流行给全世界带来前所未有的发展挑战和深远影响，使全球面临多年来发展进程逆转和粮食体系受到干扰的威胁，并可能引发次生的"饥饿大流行"。在当前全球形势急剧变化的背景下，国际农业发展基金将与中国等合作伙伴一道，努力聚焦小规模农业生产、粮食体系和农村地区转型发展，大力推动农村民生的恢复、重建和韧性，确保最贫困、最边缘化和最偏远地区的农村民众不掉队。

2020 年上半年，在得知国际农业发展基金中国籍职员集体编写《迈向 2030 年的国际农业发展基金》一书的计划后，我当即对这项富有意义的倡议表示完全支持。在编撰工作完成之际，我谨向中国籍同事表示热烈祝贺。相信该书的出版发行必将有助于中国读者全面深入地了解国际农业发展基金作为联合国专门机构和国际金融组织的减贫宗旨和业务特点，促进新形势下国际农业发展基金与中国的合作伙伴关系进一步向前发展。

吉尔贝·洪博

国际农业发展基金总裁

Preface

At the 70th anniversary of the founding of the United Nations in 2015, world leaders unanimously adopted the ambitious Agenda 2030 for Sustainable Development to be accomplished through achieving 17 Sustainable Development Goals（SDGs）by 2030. Among them, two, namely SDG 1"no poverty"and SDG 2"zero hunger", are directly relevant to the world's most vulnerable and poorest people；both are at the core of IFAD's mandate.

Since its establishment in 1977, IFAD has consistently targeted the root causes of hunger, poverty and marginalization towards achieving long-term sustainable development results. In fulfilling its mission of transforming rural economies and food systems, IFAD tackles "the last mile" of the development process so as to reach the remotest areas and "leave no one behind". Through this, millions of rural people have been able to increase their productivity and incomes, access markets, create or find jobs and build resilience to climate and other shocks. IFAD's investment achieves remarkable impact, leading to an estimated increase in the production for 15 million small-scale producers every year and the value of sales of another 16 million, and significantly raising the income of some 20 million rural women and men.

Over time, IFAD has evolved from an organization that was predominantly project-focused, to one that offers its developing Member States comprehensive and tailored support to address food insecurity and rural poverty and to transform food systems so that they are inclusive, productive, resilient and sustainable. Indeed, IFAD's unique and critical contribution to the 2030 Agenda and SDGs are well acknowledged by the Member States as well as external assessing bodies. In May 2021, IFAD was ranked 1st among 49 major bilateral and multilateral development agencies by the Quality of Official Development Assistance Report on quantitative indicators that matter most to development effectiveness and impact.

This evolution has defined IFAD's partnership with China dating back to 1980 which has seen very significant advancement over the last four decades. Aligned closely with Government's strategies for agricultural development and rural poverty reduction, IFAD's project portfolio in China has helped improve the livelihoods of more than 20 million rural women and men in the poor and remote rural communities. IFAD is very pleased to have participated in and witnessed China's remarkable success in eradicating extreme poverty. China has not only contributed to the global poverty reduction process, but also set an example for other developing countries, and more importantly, shown to the world that eradication of poverty is no utopia, but fully attainable. At the same time, China has also played an increasingly important role in strengthening IFAD's resource base and in enhancing the institutional governance of IFAD, on top of partnering with IFAD in policy dialogue, knowledge management, South-South and triangular cooperation, and human resource cooperation. I trust the IFAD-China partnership can act as a model for fruitful collaboration between IFAD and its developing Member States.

The COVID-19 pandemic has created unprecedented development challenges worldwide, with profound impacts that threaten to roll back years of development progress, disrupt food system and cause a secondary "hunger pandemic". At a time of radical global change, IFAD, working with partners such as China, will endeavour to ensure the recovery, rebuilding and resilience of the rural people's livelihoods, through a dedicated focus on small-scale agriculture, food security and rural transformation so that the poorest, most marginalized and most remote communities will not be left behind.

I vividly recall that, in the first half of 2020 when the plan of having the Chinese staff at IFAD work on a book entitled "IFAD Towards 2030", I expressed my full support to this worthy initiative. I am very delighted to see this come to fruition and warmly congratulate my Chinese colleagues. I believe that the book will enable Chinese readers gain a comprehensive and in-depth understanding of IFAD as a specialized UN agency and international financial institution as well as the salient features of its anti-poverty mandate and operations. That will ultimately contribute to the further enhanced IFAD-China partnership in the evolving context.

Gilbert Houngbo
President of IFAD

序　二

  2021 年是新中国恢复在联合国合法席位 50 周年，也是作为联合国专门机构之一的国际农业发展基金在华开展业务 40 周年。今年 9 月举行的联合国粮食体系峰会将为实现消除贫困和零饥饿两大目标注入强大的政治动力，从而成为推进全球 2030 年可持续发展议程新的历史转折点。在此背景下，由国际农业发展基金中国籍职员编写、经济科学出版社出版的《迈向 2030 年的国际农业发展基金》一书即将面世，作为国际农业发展基金的中国理事，我对此表示热烈祝贺！

  20 世纪 70 年代，为应对全球粮食危机，在联合国的倡议和推动下，国际农业发展基金于 1977 年正式成立，其宗旨是筹集资金，以优惠条件提供给发展中国家，用于发展粮食生产，改善民众的食物营养，逐步消除农村贫困现象。作为唯一致力于消除农村贫困的联合国专门机构和国际金融组织，截至 2020 年底，国际农业发展基金成员国达到 177 个，向全球 100 多个国家提供优惠贷款赠款 230 多亿美元，受益农村贫困人口达 5 亿多人，为全球减贫与发展事业作出了重要贡献。

  随着 1978 年 12 月召开的中国共产党十一届三中全会开启全面改革开放的历史进程，中国政府开始与国际农业发展基金进行接触，并于 1980 年 1 月正式成为第 122 个成员国。四十多年来，在双方共同努力下，中国与国际农业发展基金的合作伙伴关系不断拓展和深化，经历了以优惠贷款赠款项目合作为主，到涵盖高层战略引领、政策交流对话、资金合作、知识管理、机构治理、增资认捐、南南合作、人事合作等全方位、多领域合作的发展历程，并取得丰硕成果。一方面，国际农业发展基金积极参与和见证了中国消除绝对贫困的伟大历史进程；另一方面，中国有效发挥股东国、借款国、捐款国等多重作用，通过国际农业发展基金这一重要国际组织平台，加强与广大发展中国家的交流与合作，为国际减贫与发展事业贡献了中国智慧和中国方案。

展望未来，不断变化的国际国内形势为国际农业发展基金更好地履行自身宗旨、继续深化中国与国际农业发展基金的合作伙伴关系带来了新的机遇。从国际层面看，受经济增长放缓、冲突与战乱、气候变化、新冠肺炎疫情等各种冲击影响，发展中国家实现 2030 年可持续发展议程减贫目标的前景面临严峻挑战，亟须国际社会加大支持力度，坚持多边主义，更好地发挥国际农业发展基金等多边机构有效动员全球资源的独特优势和作用。从国内角度看，在全面建成小康社会、实现第一个百年奋斗目标之后，中国已经开始向第二个百年奋斗目标进军。全面推进乡村振兴，促进农业高质高效、乡村宜居宜业、农民富裕富足，对实现第二个百年奋斗目标具有重要意义，需要继续通过深化与国际组织合作，借鉴国际经验，促进制度创新和管理水平提升。作为负责任的发展中大国，中国将继续通过国际农业发展基金等多边机构平台，积极参与国际减贫合作，与各国携手共建没有贫困、共同发展的人类命运共同体。

本书由国际农业发展基金中国籍职员结合自身工作经验，在参阅众多英文公开信息和出版物的基础上编写完成，其本身即是中国与国际农业发展基金知识合作的可喜成果之一。全书脉络清晰，内容翔实，具有较高的权威性、系统性和实用性。这主要体现在：一是从历史视角回顾国际农业发展基金成立的背景和重要意义，展望其帮助发展中国家实现 2030 年可持续发展议程的广阔前景；二是从全球经济治理体系的高度分析其治理结构、筹资方式、内部组织架构的演变过程和主要特点，介绍人力资源管理制度框架和应聘指南；三是从援助有效性的角度详细介绍国际农业发展基金的战略理念、业务政策、项目管理程序、财务和风险管理制度框架；四是回顾中国与国际农业发展基金合作伙伴关系的演变进程、重要成果和有益经验，并对双方未来合作伙伴关系发展前景做出展望。

相信本书不仅有利于有关政府部门、项目单位、科研院所、金融机构、私营部门、非政府组织和广大读者全面了解全球减贫与发展趋势以及实现 2030 年可持续发展议程目标面临的机遇和挑战，在全面推进乡村振兴和开展国际发展合作过程中借鉴国际农业发展基金的理念、经验和做法，深化和创新务实高效合作，而且对大专院校培养国际化复合型人才、广大优秀青年学子加深对国际组织的了解并积极应聘国际组织职位提供有益的指导和帮助。

邹加怡

财政部副部长
国际农业发展基金中国理事
2021年8月

目录

20世纪70年代，为应对全球粮食危机，在联合国的倡议和推动下，国际农业发展基金（International Fund for Agricultural Development，IFAD，以下简称国际农发基金）于1977年正式成立。作为唯一致力于消除农村贫困和饥饿的联合国专门机构及国际金融组织，截至2020年底，国际农发基金成员国数量达到177个，向包括中国在内的100多个国家提供优惠贷款赠款230多亿美元，受益农村贫困人口达5亿多人，为全球减贫与发展事业作出了重要贡献。

本章首先回顾20世纪70年代初全球粮食危机给发展中国家带来的严重冲击，梳理1974年世界粮食大会决定成立国际农发基金后历时三年的磋商和筹备过程，然后阐述其成立的重要历史意义及对国际经济治理体系产生的深远影响，并结合国际农发基金的宗旨，分析其与其他联合国机构及国际金融组织的不同定位和互补关系。

第一节　历史背景

一、全球粮食和石油危机给粮食安全带来双重打击

20世纪五六十年代，广大发展中国家陆续实施以推广高产品种、扩大灌溉面积、增加化肥施用量、使用农药和农用机械为主要特征的"绿色革命"，粮食产量逐步提高。尽管如此，随着人口迅速增长，全球粮食供应仍主要依靠美国和加拿大等发达国家，发展中国家粮食进口持续增加，全

球面临饥饿和营养不良威胁的人口占亚洲、非洲和拉丁美洲总人口的20%以上。

1971—1972年，连续两年的干旱等自然灾害导致全球粮食产量20年来首次锐减3 300万吨，全球粮食供需缺口达到5 800万吨。1973年，全球石油危机爆发，石油输出国组织（OPEC）宣布石油禁运，原油价格大幅上涨，导致化肥和农药价格相应上涨，燃料和电力供应不足，耕地得不到应有的灌溉。低收入国家粮食产量年均增长率从20世纪60年代的2.5%下降到70年代的2%，而同期发展中国家的粮食需求增长率为4%，粮食缺口进一步扩大。1974年，美国、加拿大、苏联以及多数亚洲国家粮食歉收，全球谷物储量仅能满足26天的需求（1961年全球谷物储量能够满足95天的需求），因饥荒和粮食危机而丧生的人数显著增加，其中撒哈拉以南非洲的萨赫勒地区（Sahel Region）的情况尤为严重。

二、1974年世界粮食大会决定成立国际农发基金

为应对全球粮食危机，1973年12月17日，联合国大会通过3180号决议，决定召开世界粮食大会（World Food Conference），并为此专门成立了大会筹备委员会和秘书处。秘书处研究认为，虽然全球粮食危机短期内可以通过增加发达国家的粮食产量而得以缓解，但长期来看，根本性解决方案是提高广大发展中国家的粮食生产能力，而缺乏资金是实现该目标的最大障碍。当时，世界银行、区域多边开发银行以及联合国机构等每年向发展中国家农业领域提供的资金支持只有7亿—8亿美元，远远不能满足需求，且只有一半为优惠资金。因此，秘书处建议世界粮食大会考虑成立一个专门支持农业发展的特别基金。

1974年11月5—16日，世界粮食大会在意大利首都罗马举行。会议通过了《全球消除饥饿和营养不良宣言》（Universal Declaration on the Eradication of Hunger and Malnutrition）以及其他决议。《全球消除饥饿和营养不良宣言》明确提出，"为推动发展中国家，特别是最不发达和受影响最严重国家的粮食生产，发达国家和其他有能力的国家必须采取紧急有效的国际行动，在双边和多边安排下，以优惠条件和充足的规模向它们提供持久的、额外的

技术和资金支持"。会议第十三项决议决定"立即成立国际农发基金，为发展中国家的农业发展，主要是粮食生产项目提供资金支持"。1974年12月17日，联合国大会通过3348号决议，核准了世界粮食大会关于成立国际农发基金的建议。时任联合国秘书长瓦尔德海姆随后决定于1975年5月在日内瓦召开会议，讨论成立国际农发基金的具体事宜。

第二节　磋商过程

鉴于世界粮食大会决定立即成立国际农发基金，国际社会普遍期待其能在1976年初投入正式运营。但在磋商过程中，石油输出国组织成员国与经济合作与发展组织（OECD，简称经合组织）成员国之间围绕出资规模和投票权分配等问题展开激烈博弈，实际所用时间超出了预期。

一、三次特别工作组会议初步确定初始资金规模

早在世界粮食大会筹备期间，各方就期待因油价上涨而持有大量石油美元的石油输出国组织（OPEC）成员成为国际农发基金的主要捐资方。1975年5月5—6日，来自66个国家和7个政府间组织的代表出席了日内瓦会议。沙特阿拉伯提议国际农发基金初始资金规模为10亿美元特别提款权，相当于12亿美元，该提议得到其他石油输出国组织成员的支持。日内瓦会议决定成立特别工作组，由石油输出国组织、经合组织和发展中国家三方各选派9个国家代表参加。特别工作组先后于1975年6月、10月和1976年1月举行三次会议。截至1976年2月，已有近60个国家原则同意"国际农发基金成立协议"文本，但初始资金规模从12亿美元降到了10亿美元。

1976年5月，石油输出国组织特别基金（OPEC Special Fund）理事会首次会议决定从总规模8亿美元的石油输出国组织特别基金中拨出4亿美元，用于成立国际农发基金，但前提是发达国家的出资规模不少于6亿美元。经合组织成员国因为担心新机构与已有机构之间存在重复和竞争关系，在此

过程中态度一直不甚明朗，且强调石油输出国组织和经合组织两大捐资集团出资额应该相等。直到美国国务卿基辛格宣布出资 2 亿美元后，西德、日本、荷兰、英国、加拿大等才正式就本国出资额度表态。

二、四次筹备委员会会议历时一年完成筹备工作

1976 年 6 月 10—13 日，时任联合国秘书长瓦尔德海姆在罗马主持召开成立国际农发基金大会。此次会议通过了《国际农业发展基金成立协议》（Agreement Establishing the International Fund for Agricultural Development，以下简称《国际农发基金成立协议》）的最终文本，决定成立由 18 个国家代表组成的筹备委员会（发达国家、石油输出国组织成员、发展中国家各占 1/3），具体负责成立国际农发基金的行政、技术等各项具体安排。

1976 年 9 月，筹备委员会第一次会议在罗马举行。时任沙特阿拉伯常驻联合国粮农组织代表阿尔苏德里（Abdelmuhsin Al-Sudeary）大使被选为筹备委员会主席，来自美国的伯恩鲍姆（Philip Birnbaum）和来自几内亚的卡马拉（Jean Syrogianis Camara）任副主席，来自巴基斯坦的阿齐兹（Sartaj Aziz）任执行秘书。筹备委员会的主要任务是最终确定国际农发基金的规模和出资方案、管理层架构、总部选址、法律文件草案等事宜。

在 1976 年 12 月举行的筹备委员会第二次会议上，各方终于就出资方案达成一致，在总额为 10.221 亿美元的初始资金中，经合组织成员国出资 5.673 亿美元，占比为 55.5%；石油输出国组织成员出资 4.355 亿美元，占比为 42.6%；其他发展中国家出资 0.193 亿美元，占比为 1.9%（见表 1.1）。

在管理层架构和人选问题上，石油输出国组织成员作为发起方和主要出资方，强烈要求由石油输出国组织成员人选担任首任总裁，认为这种安排有利于在发达国家和发展中国家之间发挥桥梁纽带作用。美国强调，总裁和副总裁应由捐款方，即经合组织和石油输出国组织国家人选分别担任，但其中任何一方不能同时担任总裁并作为总部所在地。

表1.1 主要成员国初始捐资一览表 （单位：万美元）

OECD国家		OPEC国家		发展中国家	
国家	金额	国家	金额	国家	金额
加拿大	3 370	伊朗	2 500	印度	250
法国	2 500	科威特	3 600	墨西哥	500
德国	5 500	尼日利亚	2 600	巴基斯坦	50
意大利	2 500	沙特阿拉伯	10 550	菲律宾	25
日本	5 500	委内瑞拉	6 600	斯里兰卡	50
荷兰	3 960	其他OPEC国家	7 700	其他发展中国家	1 055
挪威	2 360	**OPEC国家小计**	**43 550**	**发展中国家小计**	**1 930**
瑞典	2 550				
英国	3 200				
美国	20 000				
其他OECD国家	5 290				
OECD国家小计	**56 730**				
合计					102 210

在总部选址问题上，大多数国家认为，由于国际农发基金职员规模较小，总部应靠近其他国际组织，以便充分利用已有的设施和服务，因此罗马作为联合国粮农组织和世界粮食计划署的总部所在地，是最合适的。但伊朗提出将总部设在德黑兰，并请其他OPEC成员国支持。加蓬、布基纳法索、土耳其也表达了同样的意愿。

在1977年4月和7月举行的筹备委员会第三次和第四次会议上，各方就总部选址、贷款项目数量、组织架构、职员规模、薪酬水平、1978年预算金额等达成共识，确定意大利罗马为临时总部所在地。至此，国际农发基金筹备工作圆满完成。

第三节　正式成立及重要历史意义

1977年11月30日，《国际农发基金成立协议》达到法定生效条件，标志着国际农发基金正式成立。1977年12月13—16日，国际农发基金首次理事会（Governing Council）大会在罗马举行，114 个成员国参加。会议选举沙特阿拉伯常驻联合国粮农组织代表、国际农发基金筹备委员会主席阿尔苏德里（Al–Sudeary）为首任总裁。阿尔苏德里任命来自美国的伯恩鲍姆（Philip Birnbaum）为副总裁，三位助理总裁分别是来自巴基斯坦的阿齐兹（Sartaj Aziz）、来自伊朗的奥多巴迪（Abbas Ordoobadi）和来自贝宁的门萨（Moise Mensah）。紧随其后举行的首次执董会批准了《贷款政策与标准》《贷款与担保协议适用通则》等政策文件。国际农发基金从 1978 年起正式投入运营。

国际农发基金在 20 世纪 70 年代全球粮食危机背景下应运而生，其成立具有重要的历史意义。

首先，面对全球粮食危机给发展中国家带来的严重冲击，在联合国的倡议和积极推动下，100 多个成员国经过三年的密集磋商和紧张筹备，国际农发基金得以正式成立，这体现了国际社会携手应对发展中国家面临的粮食安全、营养不良与农村贫困挑战的坚定政治承诺，是全球减贫与粮食安全事业发展史上的重要里程碑。

其次，国际农发基金是唯一致力于促进减贫与农村发展的联合国专门机构和国际金融组织，通过重点支持小农户和失地农民提高粮食产量、促进就业和增加收入，打通消除农村贫困现象的"最后一英里"（the last mile），以真正实现"不让一个人掉队"（leave no one behind）的宏伟目标，使命崇高而神圣。

再次，国际农发基金成立之初的治理结构体现了国际经济治理体系的重大创新，代表了新型国际经济秩序的发展方向。与其他联合国机构和国际金融组织不同的是，发达国家、石油输出国组织成员和发展中国家三大类成员尽管出资额不同，但投票权均等，各占三分之一（均持有 600 票）。这意味着，发展中国家加在一起①，拥有三分之二的投票权，而这种决策机制是发展中国家在其他国际金融组织所不能享有的。同样，作为主要出资方的发达国家和石油输出国组织成员国加在一起，也拥有三分之二的投票权。此外，国际农发基金也是首个石油输出国组织成员国作为主要发起方

---

① 指所有 OPEC 成员国和其他发展中国家。发达国家通常指 OECD 成员国，即国际农发基金第一类成员国。

成立并发挥决定性作用的国际组织。由此可见，这种创新性的治理结构实现了三大类成员国的合作共赢。

诚然，随着机构的不断发展和成员国需求的日益扩大，为更好地鼓励成员国捐资，各方同意就投票权分配原则进行调整，三大类成员各占三分之一的投票权结构随之发生了较大的变化。具体变化情况将在后面的章节进行详细阐述。

国际农发基金的特殊使命与治理结构在其机构标识上得以生动体现。国际农发基金的标识在成立之初确定，上方为三个部分组成的麦穗，下方为三根麦秸，象征三大主要发起方，即经合组织成员国、石油输出国组织成员和广大发展中国家，共同努力，促进全球农业发展。标识下面的文字为：投资于农村民众（Investing in Rural People）。

第四节　宗旨和机构定位

国际农发基金的宗旨是向发展中国家提供优惠资金，用于发展粮食生产，改善民众的食物营养，逐步消除农村贫困现象。《国际农业发展基金成立协议》（以下简称《国际农发基金成立协议》）第2条明确规定，"本基金的目标是动员更多的资源，并以优惠条件提供给发展中成员国用于农业发展。为实现这一目标，本基金支持主要旨在引进、扩大或改善粮食生产体系，加强国家战略重点框架下的相关政策和机构的项目，并考虑以下方面：在最贫困的缺粮国家提高粮食生产的需要，在其他发展中国家提高粮食生产的潜力，以及提高发展中国家最贫困人口营养水平和生活条件的重要性"。

《国际农发基金成立协议》第8条第1款明确规定："按照《联合国宪章》第57条规定，本基金应与联合国进行谈判，以专门机构身份达成与联合国的关系协议"。经过近两年的磋商，《联合国与国际农发基金关系协议》于1977年12月在联合国大会期间得到批准，国际农发基金从此成为联合国第13个专门机构。

《国际农发基金成立协议》第8条第2款规定："本基金应与联合国粮农组织以及联合国系统其他机构密切合作。本基金也应与从事农业发展的其他政府间组织、国际金融机构、非政府组织和政府部门密切合作"。在筹备期间和投入运营后，联合国粮农组织、联合国开发计划署、世界粮食计划署、世界银行、亚洲开发银行、非洲开发银行、美洲开发银行等机构都向国际农发基金提供了宝贵支持，并通过联合融资、项目管理、知识分享与人员交流等方式开展了密切合作。与上述机构相比，国际农发基金虽然成立较晚，但具有自身的独特性，而这种不同的定位充分表明各机构间具有较强的互补性，并为发挥各自优势、开展广泛合作奠定了坚实基础。

一是国际农发基金与总部位于罗马的另外两家联合国粮农机构的定位各不相同。联合国粮农组织主要通过对全球的粮食和农业生产进行宏观监测、政策指导、标准制定、信息分享等方式，促进全球农业的稳定发展；世界粮食计划署是人道主义援助机构，主要通过对受灾或其他原因导致粮食短缺的国家实施粮食紧急援助；而国际农发基金对发展中国家减贫和农业发展的支持主要通过优惠贷款赠款资金和具体项目进行。

二是就世界银行、亚洲开发银行、非洲开发银行、美洲开发银行等全球和区域多边开发机构而言，农业和农村发展仅是其提供资金和项目支持的众多领域之一，农村贫困人口直接受益相对较少；而国际农发基金专门致力于提高发展中国家的粮食生产，促进农业发展和消除农村贫困，特别是直接面向小规模农户。

国际组织的治理结构通常取决于其基础性法律文件中涉及成员国与管理层之间如何划分和行使重大事项决策与管理权、成员国间如何分配投票权等内容的有关规定。有效的筹资机制和稳定的资金来源则是国际组织履行宗旨和开展业务的重要保障。本章首先介绍作为国际农发基金治理结构重要组成部分的理事会和执董会的权力、议事规则和决策机制，回顾自成立以来成员国间投票权分配机制的演变过程，并分析投票权分配的最新状况。鉴于成员国投票权的分配方式与其在定期增资中的认捐数额密切相关，随后阐述国际农发基金的主要筹资机制，包括增资认捐、借款、补充基金等，总结历次增资的变化趋势和特点，并介绍最新一轮增资（第十二轮增资）的进展情况。

第一节　理事会的权力与决策机制

一、理事会的性质和成员

《国际农发基金成立协议》第6条"组织与管理"明确规定，其治理结构由理事会、执董会和总裁所领导的管理层三个层次组成，国际农发基金的所有权力属于理事会。作为国际农发基金的最高决策机构，理事会由各成员国派出的代表组成，包括理事（Governor）、副理事（Alternate Governor）和指定的顾问（advisers），理事和副理事一般为成员国部级官员。此外，已提交成员国资格申请的非成员国代表、联合国专门机构、政府间

组织和非政府组织等，经执董会批准，可以观察员身份参加会议。

二、决策事项

理事会每年召开一次会议，研究决定重大事项。需要理事会决策的事项主要包括六个方面：通过《国际农发基金成立协议》的修正案，批准吸收新成员，中止成员资格，终止国际农发基金运营和分配资产，就执董会与《国际农发基金成立协议》的解释和应用有关的诉求作出决定，决定总裁的薪酬。除此之外的事项，理事会可以授权执董会进行决策。

三、会议安排

理事会年度会议一般于每年第一季度（通常为 2 月）在国际农发基金总部所在地罗马举行，根据需要，也可补充召开特别会议。年度会议可以在总部所在地之外的地点举行，但前提是不能给国际农发基金带来额外的资金成本。

理事会年度会议除批准通过以上重大事项外，还就与全球减贫与农业农村发展有关的重大战略问题进行交流研讨。例如，2019 年理事会年会主题是"农村创新与企业家精神"，2020 年理事会年会主题是"投资可持续粮食体系，在 2030 年前消除饥饿"，2021 年理事会年会主题是"农村发展：建立全球韧性的先决条件"。各国政府代表在大会上发表演讲，结合年会主题阐述本国的政策立场，交流和分享经验和做法，并就国际农发基金的战略方向与业务发展提出希望和要求。

四、议事规则

理事会举行所有会议的法定人数不低于成员国总票数的三分之二。理事会由大会主席团（Governing Council Bureau）主持，通常两年一届，由代表三个成员国组别的一位主席和两位副主席组成。主席负责会议的进程控制和秩序维持，包括引导讨论，确保遵守会议规则，给予代表发言机会，将相关事项诉诸表决，宣布决定等。

在讨论任何议题的时候，理事都可以随时提出关于议事程序的问题，但是不能在讨论时就对议题内容发表实质性看法，或者提出任何提案或动议。理事可提出的动议包括：中止会议、休会、暂停议题辩论、结束议题辩论、投票表决讨论的提案等。

五、决策方式

各成员国根据分配到的一定数量的投票权，由其理事或副理事进行投票表决。需经理事会三分之二以上总票数表决通过的决议包括：邀请成员国进行补充捐资，批准本基金运营相关的规章和条例，任命或终止总裁的职务，决定本基金永久所在地，审批行政预算，审批本基金的财务管理政策、标准和规定，审批与联合国有关协议的签订和后续修改。需经理事会四分之三以上总票数表决通过的决议包括：中止成员国资格或恢复中止的成员国资格，终止本基金的运营和进行资产分配。对《国际农发基金成立协议》的修订需要获得理事会五分之四的总票数表决通过。理事会其他所有决议都需要获得总票数的一半以上才能通过。

在理事会的任何会议上，理事会主席都应尽力保证对决策事项以一致同意方式通过，从而避免进行投票，但应满足任何成员国关于投票表决的请求。投票方式包括点名式投票（roll call votes）和不记名投票（secret ballots）。如果执董会决定就一般事项提请理事会投票表决，也可以通过邮寄投票（vote by correspondence）的方式进行。

六、执董会和总裁的选举

在每次年度会议召开之前，总裁将散发一份表格，标明从成员国中选举或任命执董和副执董的数目。在年度会议期间，理事按照规定程序进行选举。所有选举和任命完成以后，总裁将向成员国散发调整后的执董会成员名单以及相应的任期。

对总裁的任命至少需要获得理事会三分之二的总票数支持。在有多名候选人的情况下，如果首轮投票没有候选人得到规定的赞成票数，则举行第二轮投票，得票最少的候选人被淘汰，这套程序应重复进行，直到有候选人得到占总数三分之二的选票为止。每位理事代表其所在成员国投票时，只能支持一位候选人。

第二节　执董会的权力与决策机制

一、执董会的性质和成员

执董会是国际农发基金仅次于理事会的重要决策机构，负责理事会闭会期间有关重要事项的研究决策，指导国际农发基金的日常运营。执董会由在理事会年会期间选举产生的18个执董国家和18个副执董国家组成。其中，8名执董和8名副执董来自A组国家，4名执董和4名副执董来自B组国家，6名执董和6名副执董来自C组国家；其中C1、C2、C3小组各有2名执董和2名副执董。执董和副执董任期均为三年。中国自1996年起一直担任C2组执董（2005年任副执董），2021年2月成功连任2021—2023年执董（见表2.1）。

表2.1　　　　　　　　　2021—2023年执董会构成

组别	执董	副执董
A组	加拿大	爱尔兰
	法国	比利时
	德国	卢森堡（2021年）
	意大利	瑞士（2022—2023年）
	日本	奥地利
	瑞典	丹麦
	英国（2021—2022年）	挪威
	荷兰（2023年）	荷兰（2021—2022年）
	美国	英国（2023年）
		西班牙

组别		执董	副执董
B组		科威特	阿联酋
		尼日利亚	卡塔尔
		沙特阿拉伯	印度尼西亚
		委内瑞拉	阿尔及利亚
C组	C1组	安哥拉	喀麦隆
		埃及	科特迪瓦
	C2组	中国	孟加拉国（2021年）
		印度	巴基斯坦（2021年）
			巴基斯坦（2022—2023年）
			韩国（2022—2023年）
	C3组	巴西	阿根廷
		墨西哥	哥斯达黎加（2021年）
			多米尼加（2022—2023年）

资料来源：Election of Members and Alternate Members of the Executive Board Addendum, GC 44/L.9/Add.1。

执董和副执董席位在不同组别的分配体现了成员国之间的权力分配和制衡机制。从最初的设计看，A、B两组作为纯捐资国，其执董和副执董席位均为12个，分别占全部执董和副执董总席位的66.67%；B、C两组一起，作为发展中国家，其执董和副执董席位各为10个，分别占全部执董和副执董总席位的55.56%。由此可见，一方面，纯捐资国在执董会的决策中起主导作用；另一方面，从发达国家与发展中国家两大阵营对比来看，发展中国家在执董会中的席位多于发达国家。这种安排体现了国际农发基金成立之初在治理结构方面的初衷，即具有纯捐资国和发展中国家双重地位的B组在A、C两组间发挥平衡和制约作用。

二、决策事项

执董会一般于每年4月、9月、12月在国际农发基金总部所在地罗马召开，决策的事项包括：研究审批有关重大战略、政策，批准贷款和赠款项目，审批年度行政预算，审查向国际农发基金提交的成员资格申请。属于理事会决策的事项一般先由执董会研究后提交理事会决定。

三、下设机构

执董会下设两个二级委员会，分别是审计委员会（Audit Committee）和评估委员会（Evaluation Committee）。它们代表执董会具体负责监管国际农发基金的审计和评估等事项。

审计委员会主要负责国际农发基金的财务管理、预算、风险控制和内部审计等有关事项。它由 9 个委员组成，分别来自执董会的 36 个执董和副执董国家，其中 4 个来自 A 组国家，2 个来自 B 组国家，3 个来自 C 组国家。审计委员会主席固定由 A 组国家担任。9 个委员从执董会内的成员国中选举产生，任期三年。中国目前担任审计委员会 C2 组委员。审计委员会每年召开四次会议，除其中一次会议在年中召开外，其他三次会议都是在执董会前召开。如有必要，审计委员会也召开非正式会议。

评估委员会主要负责研究和报告国际农发基金的绩效评估相关事项，从已完成贷款赠款项目中总结经验以改进新项目的设计、执行和评估。它也由 9 名委员组成，分别来自执董会的 36 个执董和副执董国家，其中 4 个来自 A 组国家，2 个来自 B 组国家，3 个来自 C 组国家，任期三年。评估委员会的主席固定由 B 组和 C 组国家轮流担任。评估委员会每年召开四次会议，除其中一次会议在 10 月召开外，其他三次会议都是在执董会前召开。如有必要评估委员会也召开非正式会议。

四、议事规则

执董会举行所有会议的法定人数由占执董会总票数三分之二的执董和副执董组成。国际农发基金总裁担任执董会主席并参加会议，但无投票权。总裁宣布执董会会议的开幕和闭幕，引导讨论，确保遵守会议规则，协调发言顺序，就相关事项进行投票并宣布决定。总裁负责控制会议进程和维持会议秩序，可以建议执董会延期或终止辩论，也可以中止会议或暂时休会。

在讨论任何议题时，执董可以随时提出关于议事程序的问题，但不能在讨论时就对议题内容发表实质性看法，或者提出任何提案或动议。执董可提出的动议包括：中止会议、休会、暂停议题辩论、结束议题辩论、投票表决讨论的提案等。

五、决策方式

理事会适时决定执董会成员间的票数分配。每位执董或副执董可以其代表的成员名义投票。如果其代表不止一个成员国，可以其所代表的所有成员国名义分别进行投票。

执董会所有决议均需以所投票数的五分之三以上多数通过，且该多数不少于执董会总票数的二分之一；执董会要求召开理事会特别会议的决议需以所投票数的三分之二以上多数通过。

与理事会一样，执董会决策也应尽最大努力通过磋商达成共识。但如有成员国提出要求，则应进行投票表决。

第三节　投票权分配机制

投票权分配机制是国际组织治理结构的重要组成部分，直接关系到各成员国在该机构决策过程中的话语权和影响力。国际农发基金作为联合国专门机构和国际金融组织的双重属性，决定了其较为复杂的投票权分配机制。它既不同于联合国粮农组织、世界粮食计划署等多数联合国机构的一国一票制，在具体做法上也有别于国际开发协会（IDA）、国际复兴开发银行（IBRD）等国际金融组织以成员国捐资或实缴股本为主要决定因素的投票权分配机制，而且这种独特的机制是在经历了持续的演变后确定下来的。

一、1977—1997年期间的投票权分配方式

国际农发基金1977年成立时由三类成员国组成：第一类国家，即现在

的 A 组，是经济合作与发展组织国家；第二类国家，即现在的 B 组，是石油输出国组织国家；第三类国家，即现在的 C 组，是未列入第二类国家的其他发展中国家。最初成立时，无论是在理事会还是执董会中的票数总计都是 1 800 票，在这三类国家中平均分配，即每一类国家各获得 600 票。第一类国家（A 组）和第二类国家（B 组）都属于捐资国，一共拥有总票数的三分之二，这两类国家在执董会也有同样比例的投票权。而第二类国家既是捐资国，又是发展中国家，因此第二类国家和第三类国家（即 B 组和 C 组）加在一起，全部发展中国家也有总票数三分之二的投票权，以及在执董会中同样的代表数。这种投票权分配机制体现了联合国机构所普遍倡导的成员国平等原则，有利于捐资国和发展中国家在决策过程中平等发挥作用。

1997 年修订前的《国际农发基金成立协议》中规定：每一类国家的 600 票按以下方法细分到各个成员国：

第一类国家，即现在的 A 组：17.5% 或 105 票作为"固定票"，平等地在成员国中分配；余下的 82.5% 或 495 票，按照该组各成员国的初始捐资额占该类国家初始捐资额的比例，加上占第一轮、第二轮、第三轮增资总额的比例来分配。

第二类国家，即现在的 B 组：25% 或 150 票作为"固定票"，平等地在成员国中分配，余下的 75% 或 450 票按照相应的捐资比例来分配。

第三类国家，即现在的 C 组：600 票在该组所有成员国中平均分配。

由票数分配方式来看，第一类和第二类国家的内部细分主要取决于每个成员国的捐资额，而第三类国家内部票数完全是平均分配。

二、第四轮增资期间的投票权改革

上述投票权分配机制虽然体现了三大类成员国间的平等原则，但由于各国捐资额并不直接与投票权挂钩，导致缺乏对成员国增加捐资的激励机制，国际农发基金在增资方面的困难逐渐显现，并开始影响机构的持续运转。为此，1994 年第四轮增资磋商期间，国际农发基金理事会通过了第 80 号决议，决定成立国际农发基金筹资需求和治理特别委员会（简称特委会），主要负责审议国际农发基金筹资模式、成员国的投票权，以及执董会的组成。

特委会设定了一系列工作原则：

（1）为激励所有成员国增加对国际农发基金的捐资，应把各成员国的捐资与投票权挂钩；

（2）总票数应当分成两部分：一是成员票，在所有成员中平均分配，不与捐资额挂钩；二是捐资票，应当按累计支付的捐资额来分配；

（3）国际农发基金所有成员国应当享有平等地得到成员票和捐资票的权利；

（4）通过成员票和捐资票的分配，确保现有的第三类国家在总成员票中始终占有三分之一的票数，以继续保持发展中国家在国际农发基金治理中的重要地位；

（5）为达到充分的激励效果，所有成员一致同意，应该在历史捐资和未来捐资的权重之间保持平衡；

（6）这些原则的适用对任何类别或国家都无倾向性；

（7）关于拖欠支付捐资的问题，在计算投票权时，成员国的捐资应当根据捐资承诺中未支付的现金部分和期票到期前未支付部分而适时调整。

关于成员国的投票权问题，特委会在考虑大量投票情节后，把成员国的捐资与投票权关系写入给理事会的报告中，提出原始票数和增资票数的具体分配比例和方式，同时建议：一是正式的国家类别结构已没有必要，应当废除。然而，为了执董会代表分配的需要，第一、第二、第三类应当分别转变成为A组、B组和C组。二是对于成员国捐资拖欠支付，依照有关条款规定，这些成员国不应具有作为执董会成员的资格，或者应当停止其执董权利的行使。

1995年第18届理事会通过的86号决议批准了特委会的建议，补充修正了《国际农发基金成立协议》及其他基础法律文本，详细规定了新的投票制度。修正案在1997年2月20日实施生效。

三、1997 年之后的投票权分配方式

1997 年修订之后的《国际农发基金成立协议》规定：理事会总票数应包括原始票（original votes）和增资票（replenishment votes），所有成员国获得票数分配的权利一律平等。在进行投票权分配时，理事会应始终确保在 1995 年 1 月 26 日之前划分为第三类国家的成员国能获得总票数的三分之一作为成员票。此外，一旦成员国数量发生变化，理事会将按照规则重新分配所有成员票（membership votes）和捐资票（contribution votes）。理事会按照同样规则决定执董会的投票权分配，具体分配方式如下：

（1）原始票共有 1 800 张，由成员票和捐资票组成：成员票在所有成员国之间平均分配；捐资票按照截至 1995 年 1 月 26 日，各成员国对国际农发基金累计支付捐资额占全部成员国总捐资额的比例分配。

（2）增资票包括成员票和捐资票。从第四轮增资起，总增资票数在每次补充捐资时由理事会决定。除非理事会通过总票数的三分之二多数决议另行安排，每轮增资的新增票数按照每 1.58 亿美元增资额等于 100 票的比率计算得出。和原始票一样，成员票在所有成员国之间平均分配，捐资票按照各成员国累计支付捐资额所占比例分配。

（3）投票权计算举例。以国际农发基金第十一轮增资为例，截至 2018 年 8 月 14 日，各成员国总捐资额为 9.26 亿美元，按照每 1.58 亿美元增资额等于 100 票的比率，计算出新增总票数为 585.901，其中三分之一（195.300 票）分配给 C 组国家作为成员票，那么每个成员国的成员票数为 195.300 除以 C 组成员数 137，约等于 1.426（既适用于 C 组成员，也适用于其他成员），因此国际农发基金所有成员国的成员票数为 1.426 乘以成员国数量 176，约等于 250.897，余下票数 335.004 即为捐资票。中国在第十一轮增资前已有总票数 74.693，加上新增成员票 1.426 后，票数为 76.119，捐资票部分计算根据各国捐资实际支付到位数额随时调整计算。截至 2020 年底，中国的总投票权为 99.024。

三大组别成员国的数量及投票权分配如表 2.2 所示。截至 2020 年底，国际农发基金所有成员国投票权分配及投票权排名前 20 的国家如表 2.3、表 2.4 所示。

表2.2   三大组别成员国数量与投票权分配

组别	成员国数量（个）	成员国数量占比（%）	投票权	投票权占比（%）
A组	28	15.82	2 745.209	49.49
B组	12	6.78	648.499	11.69
C组	137	77.40	2 153.219	38.82
总计	177	100	5 546.927	100

资料来源：国际农发基金官方网站https：//www.ifad.org/en/governance。

表2.3   截至2020年底国际农发基金所有成员国投票权分配情况

成员国	组别	投票权	投票权占比（%）
阿富汗	C	13.42	0.24
阿尔巴尼亚	C	13.441	0.24
阿尔及利亚	B	42.789	0.77
安哥拉	C	17.542	0.32
安提瓜和巴布达	C	13.42	0.24
阿根廷	C	24.249	0.44
亚美尼亚	C	13.448	0.24
奥地利	A	59.895	1.08
阿塞拜疆	C	13.527	0.24
巴哈马	C	13.42	0.24
孟加拉国	C	16.25	0.29
巴巴多斯	C	13.423	0.24
比利时	A	68.307	1.23
伯利兹	C	13.495	0.24
贝宁	C	13.633	0.25
不丹	C	13.511	0.24
玻利维亚	C	14.007	0.25
波黑	C	13.548	0.24
博茨瓦纳	C	13.744	0.25
巴西	C	45.518	0.82
布基纳法索	C	13.682	0.25

续表

成员国	组别	投票权	投票权占比（%）
布隆迪	C	13.468	0.24
佛得角	C	13.447	0.24
柬埔寨	C	14.125	0.25
喀麦隆	C	14.979	0.27
加拿大	A	184.776	3.33
中非	C	13.428	0.24
乍得	C	13.569	0.24
智利	C	13.733	0.25
中国	C	99.024	1.79
哥伦比亚	C	13.795	0.25
科摩罗	C	13.427	0.24
刚果共和国	C	13.737	0.25
库克群岛	C	13.422	0.24
哥斯达黎加	C	13.42	0.24
科特迪瓦	C	14.064	0.25
克罗地亚	C	13.42	0.24
古巴	C	13.443	0.24
塞浦路斯	A	13.573	0.24
朝鲜	C	13.495	0.24
刚果民主共和国	C	13.429	0.24
丹麦	A	68.002	1.23
吉布提	C	13.433	0.24
多米尼克	C	13.439	0.24
多米尼加	C	13.836	0.25
厄瓜多尔	C	13.868	0.25
埃及	C	24.218	0.44
萨尔瓦多	C	13.5	0.24
赤道几内亚	C	13.42	0.24
厄立特里亚	C	13.475	0.24

成员国	组别	投票权	投票权占比（%）
爱沙尼亚	A	13.42	0.24
斯威士兰	C	13.545	0.24
埃塞俄比亚	C	13.557	0.24
斐济	C	13.565	0.24
芬兰	A	60.943	1.10
法国	A	176.501	3.18
加蓬	B	14.778	0.27
冈比亚	C	13.463	0.24
格鲁吉亚	C	13.431	0.24
德国	A	228.153	4.11
加纳	C	14.681	0.26
希腊	A	14.943	0.27
格林纳达	C	13.447	0.24
危地马拉	C	13.992	0.25
几内亚	C	13.666	0.25
几内亚比绍	C	13.43	0.24
圭亚那	C	14.684	0.26
海地	C	13.489	0.24
洪都拉斯	C	13.711	0.25
匈牙利	A	13.456	0.24
冰岛	A	13.551	0.24
印度	C	86.963	1.57
印度尼西亚	B	42.417	0.76
伊朗	B	18.241	0.33
伊拉克	B	18.479	0.33
爱尔兰	A	30.763	0.55
以色列	A	13.598	0.25
意大利	A	203.87	3.68
牙买加	C	13.537	0.24

续表

成员国	组别	投票权	投票权占比（%）
日本	A	221.209	3.99
约旦	C	13.88	0.25
哈萨克斯坦	C	13.452	0.24
肯尼亚	C	15.572	0.28
基里巴斯	C	13.43	0.24
科威特	B	92.6	1.67
吉尔吉斯斯坦	C	13.42	0.24
老挝	C	13.6	0.25
黎巴嫩	C	13.596	0.25
莱索托	C	13.719	0.25
利比里亚	C	13.465	0.24
利比亚	B	29.799	0.54
卢森堡	A	18.076	0.33
马达加斯加	C	13.708	0.25
马拉维	C	13.463	0.24
马来西亚	C	13.852	0.25
马尔代夫	C	13.458	0.24
马里	C	13.666	0.25
马耳他	C	13.44	0.24
马绍尔群岛	C	13.42	0.24
毛里塔尼亚	C	13.488	0.24
毛里求斯	C	13.524	0.24
墨西哥	C	28.782	0.52
密克罗尼西亚联邦	C	13.421	0.24
蒙古	C	13.51	0.24
黑山	C	13.42	0.24
摩洛哥	C	16.792	0.30
莫桑比克	C	13.658	0.25
缅甸	C	13.514	0.24

续表

成员国	组别	投票权	投票权占比（%）
纳米比亚	C	13.553	0.24
瑙鲁	C	13.42	0.24
尼泊尔	C	13.58	0.24
荷兰	A	202.719	3.65
新西兰	A	20.619	0.37
尼加拉瓜	C	13.638	0.25
尼日尔	C	13.647	0.25
尼日利亚	B	59.966	1.08
纽埃	C	13.42	0.24
北马其顿	C	13.42	0.24
挪威	A	144.678	2.61
阿曼	C	13.543	0.24
巴基斯坦	C	28.394	0.51
帕劳	C	13.42	0.24
巴拿马	C	13.6	0.25
巴布亚新几内亚	C	13.479	0.24
巴拉圭	C	13.989	0.25
秘鲁	C	14.32	0.26
菲律宾	C	14.447	0.26
波兰	A	13.42	0.24
葡萄牙	A	14.973	0.27
卡塔尔	B	27.348	0.49
韩国	C	29.279	0.53
摩尔多瓦	C	13.472	0.24
罗马尼亚	C	13.61	0.25
俄罗斯	A	20.654	0.37
卢旺达	C	13.581	0.24
圣基茨和尼维斯	C	13.427	0.24
圣卢西亚	C	13.428	0.24

续表

成员国	组别	投票权	投票权占比（%）
圣文森特和格林纳丁斯	C	13.42	0.24
萨摩亚	C	13.447	0.24
圣多美和普林西比	C	13.423	0.24
沙特阿拉伯	B	185.444	3.34
塞内加尔	C	13.719	0.25
塞舌尔	C	13.5	0.24
塞拉利昂	C	13.426	0.24
所罗门群岛	C	13.423	0.24
索马里	C	13.423	0.24
南非	C	14.111	0.25
南苏丹	C	13.424	0.24
西班牙	A	48.921	0.88
斯里兰卡	C	17.547	0.32
苏丹	C	14.078	0.25
苏里南	C	13.42	0.24
瑞典	A	177.08	3.19
瑞士	A	98.906	1.78
叙利亚	C	13.977	0.25
塔吉克斯坦	C	13.421	0.24
泰国	C	14.207	0.26
东帝汶	C	13.459	0.24
多哥	C	13.528	0.24
汤加	C	13.44	0.24
特立尼达和多巴哥	C	13.42	0.24
突尼斯	C	15.554	0.28
土耳其	C	23.544	0.42
图瓦卢	C	13.42	0.24
乌干达	C	13.768	0.25
阿联酋	B	34.477	0.62

续表

成员国	组别	投票权	投票权占比（%）
英国	A	212.008	3.82
坦桑尼亚	C	13.725	0.25
美国	A	388.194	7.00
乌拉圭	C	13.848	0.25
乌兹别克斯坦	C	13.437	0.24
瓦努阿图	C	13.42	0.24
委内瑞拉	B	82.162	1.48
越南	C	14.719	0.27
也门	C	14.979	0.27
赞比亚	C	13.744	0.25
津巴布韦	C	14.283	0.26
合计		5 546.93	100.00

资料来源：国际农发基金官方网站 https：//www.ifad.org/en/governance。

表2.4　截至2020年底国际农发基金投票权排名前20成员国及其投票权

成员国	组别	投票权	投票权占比（%）
美国	A	388.194	7.00
德国	A	228.153	4.11
日本	A	221.209	3.99
英国	A	212.008	3.82
意大利	A	203.87	3.68
荷兰	A	202.719	3.65
沙特阿拉伯	B	185.444	3.34
加拿大	A	184.776	3.33
瑞典	A	177.08	3.19
法国	A	176.501	3.18
挪威	A	144.678	2.61
中国	C	99.024	1.79
瑞士	A	98.906	1.78
科威特	B	92.6	1.67

成员国	组别	投票权	投票权占比（%）
印度	C	86.963	1.57
委内瑞拉	B	82.162	1.48
比利时	A	68.307	1.23
丹麦	A	68.002	1.23
芬兰	A	60.943	1.10
奥地利	A	59.895	1.08

资料来源：国际农发基金官方网站 https：//www.ifad.org/en/governance。

第四节　筹资机制

有效的筹资机制和稳定的资金来源是国际组织履行宗旨和开展业务的重要保障。国际组织的筹资机制大致分为三类：第一类为大多数联合国机构普遍采用的成员国会费制，根据每个成员国的国民生产总值、人口以及支付能力等因素予以确定，不足部分通过成员国的自愿捐款解决；第二类为国际复兴开发银行、亚洲开发银行、非洲开发银行等全球和区域多边开发银行所采用的股本金制，包括实缴股本（paid-in capital）和待缴股本（callable capital），资金不足时通过普遍性增资（general capital increase）或选择性增资（selective capital increase）予以补充；第三类为国际开发协会、亚洲发展基金、非洲发展基金等多边开发银行的优惠贷款赠款资金窗口采用的定期增资（replenishment）方式，即每3—5年通过成员国补充捐资来提供机构开展业务和行政预算所需的资金。国际农发基金所采用的筹资机制属于第三类，资金来源主要包括成立之初的创始资金、增资认捐、包括主权借款在内的综合借款框架、补充基金等。

一、增资认捐

（一）增资认捐的重要性

增资认捐是国际农发基金实现其全球减贫与农村发展战略目标的主要

资金来源，一般3—5年增资一次。各成员国对国际农发基金的增资认捐建立在认同国际农发基金在实现可持续发展目标（SDG）和减少饥饿和贫困方面发挥关键作用的基础之上。如前所述，国际农发基金实行的是与捐资额挂钩的投票权分配制度，各成员国认捐的数额直接与其投票权的数量挂钩，成员国增加认捐可相应增加本国的投票权，进而提高在国际农发基金中的地位，增强对重大事务的发言权和影响力。同时，在组成国际农发基金执董会时，各组中捐资第一的国家可自动拥有执董席位而无须竞选。此外，每次增资是成员国就机构发展战略方向和目标任务进行深入磋商并达成共识的重要契机，所以各成员国均予以高度重视。

成员国捐资（replenishment contributions）主要包括核心捐资（core contributions）和优惠合作伙伴贷款的赠款部分（Grant element of Concessional Partner Loan，CPL），两者都纳入成员国投票权的计算。

核心捐资是成员国对国际农发基金增资认捐的主要组成部分，没有数额上的限制或要求，通过基于绩效的资金分配机制（Performance-based Allocation System，PBAS），分配给国际农发基金的贷款和赠款项目（Programme of Loans and Grants，PoLG），对其最终用途不做限制。因为核心捐资有利于确保机构的长期可持续性运转，所以一直是国际农发基金补充资金的首选方案。

优惠合作伙伴贷款是由成员国或其国家支持机构向国际农发基金提供的条件非常优惠的贷款，根据相应优惠程度计算其中的赠款成分计入投票权，在国际农发基金第十一轮增资时引入。作为成员国核心捐资的补充，成员国提供优惠合作伙伴贷款的前提是其核心捐资至少达到最低赠款捐资基准（该成员国前两个增资期核心捐资的平均数额）的80%，并将其核心捐资与优惠合作伙伴贷款和赠款成分之和不低于最低赠款捐资基准作为目标，同时优惠合作伙伴贷款的绝对数额应不低于2 000万美元。

债务可持续性框架（Debt Sustainability Framework）贡献机制是国际农发基金为高负债成员国建立，通过提供赠款而不是传统贷款的方式支持其发展。成员国的核心捐资需按照可持续增资基准机制（sustainable replenishment baseline mechanism）对债务可持续性框架部分进行预先承诺，以确保对所有批准和计划的债务可持续性项目的资金支持。

（二）增资认捐变化趋势

自成立至今，国际农发基金已经成功进行了十一轮增资。国际农发基金每个增资周期收到的捐资数额差异较大。除第一轮增资期的捐资数额超过其初始捐资10亿美元的规模外，接下来五个增资期的增资认捐额均保持在5亿美元左右，第七轮增资增加到6亿美元，从第八轮增资开始每个周期的增资总额均高于10亿美元，其中第九轮增资的总认捐额达到14亿美元（见图2.1）。

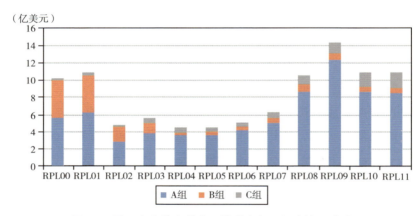

图2.1 国际农发基金前十一轮增资各组捐资情况统计

资料来源：EB Induction February 2020-GPR-Resource Mobilization。

从各组捐资额来看，具有以下特点：

一是A组和B组对国际农发基金的捐资总额在第一轮增资中达到高峰，且相应比例差距不大，A组国家略高于B组国家，但两组捐资总额在第二轮增资中大幅下降，且一直保持在较低的水平，直到第八轮增资才开始回升到接近第一轮增资水平；

二是A组国家的认捐额一直在三个组中占据最大比例，除在第二轮增资中出现大幅下降外，其认捐额总体上都呈现稳步增长态势，认捐比例远高于B组和C组国家；

三是B组国家是国际农发基金成立初期的重要捐资成员，其认捐额从第二轮增资开始逐步下降，虽然自第七轮增资期起有所增加，但相对比例仍然保持在自第四轮增资以来的较低水平；

　　四是C组国家捐资数额和比例在第三轮增资中有较大增长，随后稳定在一定水平，自第七轮增资后呈现较快增长的趋势，目前已经超过B组国家的两倍以上。国际农发基金增资一个突出的特点是发展中国家一直积极参与捐资，捐资的发展中国家数量甚至超过向国际开发协会（International Development Association，IDA）捐资的发展中国家数量。

表2.5　　国际农发基金成立时、第十一轮增资和累计增资排名前20的捐资国名单

国际农发基金成立时		第十一轮增资 （截至2018年8月14日）		累计增资 （截至2020年12月18日）	
1	美国	1	德国	1	美国
2	伊朗	2	荷兰	2	英国
3	沙特阿拉伯	3	英国	3	德国
4	委内瑞拉	4	中国	4	荷兰
5	德国	5	瑞典	5	日本
6	日本	6	法国	6	意大利
7	荷兰	7	意大利	7	瑞典
8	科威特	8	美国	8	加拿大
9	加拿大	9	加拿大	9	沙特阿拉伯
10	英国	10	日本	10	法国
11	尼日利亚	11	瑞士	11	挪威
12	瑞典	12	印度	12	瑞士
13	法国	13	挪威	13	中国
14	意大利	14	芬兰	14	比利时
15	挪威	15	沙特阿拉伯	15	科威特
16	伊拉克	16	奥地利	16	印度
17	利比亚	17	科威特	17	委内瑞拉
18	阿联酋	18	韩国	18	伊朗
19	比利时	19	印度尼西亚	19	尼日利亚
20	阿尔及利亚	20	俄罗斯	20	芬兰

资料来源：历年国际农发基金年报。

　　从国际农发基金前二十大捐款方来看，其结构和成员变化较大。在成立之初，主要由A组和B组国家构成，在第十一轮增资时变为A组和C组国家占主导地位，而累计捐资最多的主要是A组国家。同时可以看到C组的新

兴发展中国家（如中国、印度、韩国、印度尼西亚等）的捐资近年来呈现显著增长，且累计贡献也已经占据重要地位，体现了新兴发展中国家对国际农发基金的支持和贡献不断加大。

二、借款机制

综合借款框架（Integrated Borrowing Framework）是国际农发基金进一步拓展筹资渠道的重要举措，在2020年第十二轮增资磋商期间推出，并于2020年12月经执董会批准。该框架整合了2015年设立的主权借款框架（Sovereign Borrowing Framework，SBF）和2017年设立的优惠合作伙伴贷款框架（Concessional Partner Loan，CPL），其五大支柱为：

（1）符合条件的贷款方。国际农发基金在向传统的成员国和成员国支持机构借款的基础上，还可以从新增的两种贷款机构借款，一是超国家和多边机构，包括多边开发银行（MDBs）等；二是注重社会影响的私营投资机构，包括环境、社会、公司治理（Environmental，Social and Governance，ESG）投资者等。来自这些机构的借款不享有投票权。

（2）借款工具类型。国际农发基金将继续通过双边贷款协议向成员国及其支持机构借款，同时在获得良好信用评级基础上引入双边协商私募债券工具，在协商利率、借款期限等方面具有更多灵活性。很多发展金融机构因更加偏好投资债券而不是贷款，从而可将其纳入本机构的证券投资组合中。

（3）借款资金用途。借款将按照国际农发基金资产负债管理框架统一管理，资金使用需遵循两大原则：一是贷款方不能限制资金用途，借款资金将仅用于国际农发基金贷款项目；二是充分考虑财务风险和可持续性，确保不将核心捐资用于补充偿还借款。同时，应加强对借款的评估、监测和报告机制，财务可持续性是借款分配机制的主要考虑因素。

（4）借款管理机制。国际农发基金所有借款方案均需执董会批准，同时为把握借款的最好时机，管理层可在非执董会召开期间，通过保密方式就借款方案取得执董会批准。为优化总体借款战略管理，以增资磋商确定的贷款和赠款规划目标（PoLG）为基础，确定年度筹资计划中的借款需求，包含实际、承诺、计划和新增金额，以及贷款机构和借款条件等细节，每年提交执董会批准。

（5）借款限额和风险管理。国际农发基金将保持现有的财务比例，即偿债保障比率低于50%，流动资产比率高于5%，债务股本比率低于35%，通过将借款资金用于更高利率和同等或更长期限的贷款来缓解贷款资产和负债不匹配带来的风险，并将采取一系列措施防范相关风险（具体详见第六章"财务管理与风险控制"）。

三、补充基金

补充基金是核心捐资之外的主要资金来源，也是国际农发基金吸引贷款赠款项目联合融资的重要方式。补充基金捐资不与投票权挂钩，通过国际农发基金账户或信托基金拨付受赠方。目前，国际农发基金管理的补充基金总额超过7亿美元，来自23个成员国、10个国际机构和5个基金会。主要捐资方包括德国、丹麦、瑞典、挪威、瑞士等发达国家和欧盟、全球环境基金（Global Environment Facility）、全球农业和粮食安全计划（Global Agriculture and Food Security Programme）等国际机构和基金等。

补充基金主要用于两大方面：一是通过对国际农发基金的贷款赠款项目进行联合融资，在低收入国家扩展项目规模和提升项目效果，加强与当地民间组织的合作；二是用于支持特定主题的全球发展目标，如应对气候变化、支持农村青年创业、促进南南合作与三方合作等，受益地区覆盖全球，并以撒哈拉以南非洲地区为主。目前设立的补充基金主要包括小规模农业适应规划升级版（Adaptation for the Smallholder Agriculture Programme+，ASAP+）、私营部门融资基金（Private Sector Financing Programme，PSFP）、中国—国际农发基金南南与三方合作专项基金（China-IFAD South-South and Triangular Cooperation Facility）等。

四、第十二轮增资最新进展

国际农发基金第十二轮增资（2022—2024年）磋商从2020年2月启动，经过为期一年的磋商，各方同意将增资预期目标确定为：筹集15.5亿美元新增核心捐资和12亿美元借款（包括2.25亿美元优惠合作伙伴贷款），以支持总规模为38亿美元的贷款和赠款项目；国际农发基金每投入1美元，将动员1.5美元的联合融资；筹集5亿美元用于适应气候变化小农户农业基金，2亿美元用于私营部门融资基金。

截至2021年2月本轮增资磋商结束，共获得来自71个成员国的总计11.17亿美元资金承诺，包括10.94亿美元核心捐资（为国际农发基金筹集核心捐资的历史最高值，超过第十一轮增资的10.91亿美元），以及2 300万美元的优惠合作伙伴贷款的赠款部分（见表2.6）。此外，适应气候变化小农户农业基金筹得2 550万美元，私营部门融资基金筹得110万美元。相关成员国还将在此基础上做出新的增资承诺。在面临新冠肺炎疫情挑战的严峻形势下，本轮增资仍然取得积极成果，充分体现了成员国对国际农发基金推动实现2030年可持续发展议程的认同和期望，也传达了国际社会对全球贫困脆弱群体的持续关注和支持。

表2.6　截至2021年2月国际农发基金第十二轮增资各成员国核心捐资一览表

类别	成员国	捐资额（美元）
传统捐资国	奥地利	18 298 262
	加拿大	55 481 580
	塞浦路斯	60 000
	芬兰	36 712 272
	法国	106 000 000
	德国	101 200 823
	希腊	97 210
	爱尔兰	14 295 517
	意大利	96 065 874
	日本	57 300 000
	科威特	31 000 000
	卢森堡	4 460 201
	荷兰	82 913 998

类别	成员国	捐资额（美元）
传统捐资国	挪威	53 462 992
	俄罗斯	9 000 000
	瑞典	87 356 272
	瑞士	50 197 586
	美国	129 000 000
	小计	**932 902 587**
亚太地区	阿富汗	100 000
	孟加拉国	2 000 000
	柬埔寨	600 000
	中国	85 000 000
	印度	50 460 290
	印度尼西亚	10 000 000
	老挝	91 500
	蒙古	120 000
	缅甸	6 000
	巴基斯坦	10 000 000
	菲律宾	700 000
	斯里兰卡	1 001 000
	泰国	300 000
	小计	**160 378 790**
东非和南非地区	布隆迪	50 000
	厄立特里亚	60 000
	斯威士兰	40 000
	莱索托	115 000
	马达加斯加	200 000
	马拉维	100 000

类别	成员国	捐资额（美元）
东非和南非地区	卢旺达	100 000
	乌干达	300 000
	坦桑尼亚	120 000
	津巴布韦	200 000
	小计	**1 285 000**
拉美和加勒比海地区	阿根廷	2 500 000
	古巴	10 000
	萨尔瓦多	100 000
	危地马拉	450 000
	海地	220 000
	尼加拉瓜	150 000
	秘鲁	375 000
	小计	**3 805 000**
近东、北非、欧洲和中亚地区	吉布提	10 000
	埃及	3 000 000
	约旦	200 000
	黑山	11 436
	索马里	10 000
	土耳其	5 000 000
	小计	**8 231 436**
西非和中非地区	贝宁	200 000
	布基纳法索	250 000
	喀麦隆	1 500 000
	佛得角	23 138
	乍得	450 000

续表

类别	成员国	捐资额（美元）
西非和中非地区	科特迪瓦	200 000
	冈比亚	50 000
	加纳	2 000 000
	利比里亚	10 000
	马里	281 201
	毛里塔尼亚	100 000
	尼日尔	174 356
	尼日利亚	5 000 000
	圣多美和普林西比	15 000
	塞内加尔	400 000
	塞拉利昂	100 000
	小计	10 753 695
非成员国	梵蒂冈	20 000
总计		1 117 376 508

第三章
战略理念

本章全面描绘国际农发基金自1977年成立以来扶贫战略理念的演变过程。首先简要分析全球减贫趋势，厘清国际农发基金战略理念演变的历史背景及主要特点，然后重点介绍国际农发基金现行总体战略文件《2016—2025年战略框架：推动包容性、可持续乡村转型》。近年来，国际农发基金高度重视若干专题领域对实现可持续减贫的重大作用和意义，尤其是精准扶贫、环境可持续性与应对气候变化、社会性别平等、营养、农村青年发展、农村普惠金融、与私营部门合作、南南合作与三方合作，等等。为指导和推动这些领域的业务工作，国际农发基金制定了一系列的政策、战略和行动计划。

第一节　推动包容性、可持续乡村转型

贫困和饥饿自古以来一直是困扰人类社会的重大发展难题。如何实现"贫者足以养生而不至于忧"（董仲舒语），始终是普罗大众最基本而又朴素的永恒追求。国际社会携手合作，共同应对贫困和饥饿并取得实质性进展，则只有短短几十年的历史。在全球减贫和发展大背景下，国际农发基金不断探索各种行之有效的扶贫战略理念，并通过实践加以验证，使之逐步演变发展、与时俱进，助力发展中国家推动包容性、可持续乡村转型，实现2030年可持续发展目标。

一、全球贫困和减贫趋势

世界持久和平与经济稳步增长是实现全球持续减贫的先决条件和压舱石。回望两个世纪之前的1820年，第一次工业革命进入收官阶段，人类社会正在完成从手工劳动向机器生产的历史大转型。当时，世界上绝大多数人口都生活在绝对贫困之中。随着工业革命带来的生产力巨大提高，特别是二战结束后出现的和平与重建大环境，世界经济逐步实现快速增长，全球减贫也因此而获得史无前例的新动力。200年来，尽管世界人口总量翻了大约八番，绝对贫困人数却逐年减少。

20世纪90年代以来的减贫成果尤其突出。据联合国和世界银行公布的数据，1970年，世界绝对贫困人口数创历史纪录，达22亿人，占当年世界总人口的59.7%。1981年，即全球贫困数据发布的第一年，世界绝对贫困人口降至总人口的44%，为19.9亿人。1990年进一步降至总人口的36%，为18.5亿人。据2019年统计，世界绝对贫困人口在2015年降至世界总人口的8.6%，约为7.36亿人。

最近二三十年来全球减贫之所以能够取得持续进展，除了世界持久和平和世界经济稳步增长这个难得的有利国际环境外，一个根本原因就是国际社会逐步认识到饥饿和贫困问题的严重性和重要性，在不断的理念创新和实践探索的基础上，达成政治承诺和共识，团结一致，把饥饿和贫困作为国际性挑战来加以应对。表3.1列出了二战结束以来与减贫相关的主要历史事件。

表3.1　　　　　　　　二战结束以来与减贫有关的主要历史事件

时间	与减贫有关的主要历史事件
1945年	• 二战结束，50国签署《联合国宪章》，确认促进社会发展和社会正义对维护世界和平的重要意义 • 此前一年，联合国货币金融会议（史称"布雷顿森林会议"）在美国召开，达成《布雷顿森林协定》，成立国际货币基金组织和国际复兴开发银行（即世界银行）
20世纪50年代	• 大约在40年代末至50年代初，贫困首次被定义为全球性问题 • 始于墨西哥的绿色革命兴起 • 50年代末，联合国开始推进机构转型。应对发展带来的机遇和挑战逐步成为联合国系统的中心任务

续表

时间	与减贫有关的主要历史事件
20世纪 60年代	• 1960年，国际开发协会（IDA）成立，专责向发展中国家提供优惠贷款，助力这些国家发展经济和减贫 • 1960年，经济合作与发展组织成立发展援助委员会（Development Assistance Committee，DAC），负责统筹协调发达国家的官方发展援助 • 1961年，联合国宣布20世纪60年代为"发展十年"，大力推动国际援助和资本流向发展中国家 • 主要发达国家陆续成立国际合作发展机构 • 60年代末，绿色革命效果开始显现，带动全球农业增产。发展中国家的增幅尤其明显
20世纪 70年代	• 1970年，联合国大会通过决议，设定官方发展援助（Official Development Assistance，ODA）目标，要求发达国家把本国0.7%的国民总收入用于官方发展援助 • 1970年，据联合国统计数据，全球59.7%的人口处于绝对贫困状态，绝对贫困人口约22亿人，达历史峰值 • 70年代初，世界银行等国际机构提出"乡村综合开发"概念，并作为开发模式加以推广 • 1973年，石油危机爆发，对全球政治经济产生诸多中长期影响。同时，全球粮食继续减产，亚洲和非洲发生严重饥荒 • 1974年，世界粮食大会召开，粮食安全逐渐成为国际社会高度关注的重要议题。会议决定成立国际农业发展基金 • 1975年，DAC号召，使妇女融入社会发展进程 • 1977年，DAC首次提出，在官方发展援助中推行"人类基本需求"（Basic Human Needs）理念
20世纪 80年代	• 1981年，世界银行首次收集和发布全球贫困数据 • 1981年，世界银行的数据显示，全球44%的人口处于绝对贫困状态 • 1982年，拉丁美洲债务危机爆发。作为应对措施，国际社会全力推动发展中国家进行结构调整，援助领域涵盖公共部门财政纪律、放松管制、价格放开、私有化、分权等
20世纪 90年代	• 1990年，世界银行确定首个国际贫困线：每人每日生活费1美元 • 1990年，世界银行的数据显示，全球36%的人口处于绝对贫困状态 • 1992年，联合国通过"21世纪议程"（Agenda 21），号召国际社会共同努力，采取符合各国国情的举措，推进全球减贫 • 1995年，世界社会发展峰会召开，发表《哥本哈根宣言》，誓言根除贫困 • 1997年，联合国大会宣布1997—2006年为"联合国根除贫困第一个十年"，具体落实《哥本哈根宣言》 • 1998年，阿马蒂亚·森（Amartya Sen）因为在福利经济学和社会选择理论上的杰出贡献，被授予诺贝尔经济学奖。阿马蒂亚·森长期研究贫困、饥荒和不平等，被誉为"经济学的良心"

续表

时间	与减贫有关的主要历史事件
20世纪90年代	• 90年代先后涌现出一系列减贫新理念、模式和实践，主要包括全部门方法（sector-wide approaches，SWAps）、可持续发展、人类安全（human security）、参与式开发、良政（good governance）、综合发展框架（comprehensive development framework，CDF）、减贫战略文件（poverty reduction strategy paper，PRSP）等
2000年	• 联合国191个成员国签署"千年发展目标"（MDGs），确定2015年实现八项目标，其中包括绝对贫困率减半
2002年	• 联合国发展融资峰会召开，首次提出"援助有效性"（aid effectiveness）概念
2005年	• 《巴黎援助有效性宣言》签署，提出援助有效性五原则：主导权、一致性、协调性、效果和共同担责[①] • 世界银行和国际货币基金组织联合推出"债务可持续框架"，用于指导低收入发展中国家在引进外资发展经济的同时，加强债务掌控和管理，实现债务可持续性
2008年	• 世界银行划定新的国际贫困线：每人每日生活费1.25美元 • 联合国宣布2008—2017年为"联合国根除贫困第二个十年"，号召各国在第一个十年成果的基础上，以促进就业和增加收入为突破口来应对贫困挑战 • 《阿克拉行动议程》进一步完善"发展有效性"（development effectiveness）概念
2010年	• 千年发展目标中的"绝对贫困率减半"目标提前5年实现
2011年	• 《釜山宣言》发表，重申发展中国家对本国发展方向的主导作用以及绩效的重要性，号召建立广泛合作伙伴关系，提高透明度，增强责任担当。宣言还提出要推进南南合作与三方合作
2014年	• 官方发展援助达到1 352亿美元，创下历史新高
2015年	• 世界银行将国际贫困线上调至每人每日生活费1.90美元 • 世界银行的数据显示，全球现有7.36亿绝对贫困人口，约占总人口的8.6% • 第三届国际发展融资大会召开，发表《亚的斯亚贝巴行动议程》。文件专设有关消除饥饿的段落，并强调粮食安全、营养、可持续农业以及自然资源和生态系统可持续管理和利用的重要性 • 世界各国领导人于联合国成立七十周年之际，一致达成"2030年可持续发展议程"，确立17个"可持续发展目标"（SDGs），用于取代2000年确定的"千年发展目标"。在17个"可持续发展目标"中，有两个目标直接应对贫困和饥饿：目标1"无贫穷"，即在全世界消除一切形式的贫困；目标2"零饥饿"，即消除饥饿，实现粮食安全，改善营养状况和促进可持续农业
2019年	• 阿比吉特·巴纳吉（Abhijit Banerjee）、埃丝特·迪弗洛（Esther Duflo）和迈克尔·克雷默（Michael Kremer）三位经济学家因"在减轻全球贫困方面的实验性做法"，被授予诺贝尔经济学奖

续表

时间	与减贫有关的主要历史事件
2020年	• 新冠肺炎全球大流行。联合国机构预测，受疫情影响，全球饥饿人口在本年度将额外增加1.32亿人。三十多年来的持续减贫势头戛然而止，并首次出现逆转

注：①主导权（ownership）指发展中国家应主导本国减贫战略；一致性（alignment）指捐助国应与发展中国家的减贫战略目标保持一致，并力求使用当地现有机构体系执行援助项目；协调性（harmonisation）指捐助国应加强协调，简化程序，共享信息，避免重复建设；效果（results）指发展中国家和捐助方均应重视发展绩效及其管理；共同担责（mutual accountability）指捐助和受援双方须对发展绩效共同担责。

2020年新冠肺炎全球大流行，给世界各地广大民众的日常生活生计带来前所未有的影响。发展中国家、特别是低收入缺粮国家，既要努力维持基本民生，又要以脆弱的公共卫生体系应对疫情，面临的挑战尤为严峻。疫情叠加由此带来的失业、物价上涨、侨汇断流、基本公共服务缺失等重重难关，使得这些国家贫困人口的生活雪上加霜。世界公共卫生危机已经对全球政治经济格局产生了深远影响，未来几年世界经济走势不容乐观。在此大背景下，国际社会实现2030年根除贫困这一宏伟目标的前景充满巨大的不确定性。

二、国际农发基金扶贫战略理念的演变

国际农发基金的核心业务是提供优惠贷款和赠款，支持发展中国家建设乡村扶贫项目，帮助它们实现粮食安全，推动农村贫困人口摆脱贫困。自1977年成立以来，国际农发基金共向101个发展中国家和地区提供优惠贷款赠款209.62亿美元，支持建设1 125个乡村扶贫项目，累计总投资约514.62亿美元。截至2019年12月31日，正在建设的贷款项目共有203个，投资规模约为86亿美元。投资的主要领域是：农业和自然资源管理（含灌溉、草原、渔业、研究、推广和培训，约占33%）、市场及相关基础设施（18%）、农村金融服务（13%）、小微企业（9%）、政策和机构支持（8%）、社区驱动和人类发展（7%）以及应对灾害、项目协调管理、监测评价等其他领域（13%）[①]。2019年，发展中国家大约有1.32亿贫困人口从国际农发基

---

① IFAD Annual Report 2019，www.ifad.org/en/web/knowledge/annual-reports.

金的扶贫投资项目中直接受益，1 500万户小农实现粮食增产，2 000万农村人口的收入得到显著提高[①]。

相对于其他国际金融机构而言，国际农发基金的主要特点是宗旨特殊，业务专注，大力帮助发展中国家实现粮食增产、促进粮食安全。目前，国际农发基金在粮食安全领域的投资规模仅次于世界银行，高于其他国际金融机构，成为部分发展中成员国农业多边渠道优惠资金最主要和最稳定的来源[②]。

四十多年来，国际农发基金的扶贫战略理念大致经历了三个主要阶段的演变过程，分别是：1978年至1997年初、1997年初至2017年3月、2017年4月至今（见表3.2）。

在第一阶段（1978年至1997年初），国际农发基金遵照其根本宗旨，把业务重心放在传统农业发展和粮食增产上面，以贷款赠款项目为主要业务工具。为了加强对项目的准确筛选和设计，国际农发基金十分重视项目设计阶段的各个环节的工作，包括项目识别、技术设计和项目评估。项目实施后的监督和贷款管理两项职能则由"合作机构"（Cooperating Institutions，CIs）来承担。

1997年2月，关于机构治理体制改革的《国际农发基金成立协议》修正案正式生效（详见第二章第三节），标志着国际农发基金进入了一个新的发展时期。以治理体制的重大改革为契机，紧贴"千年发展目标"，国际农发基金开始向真正的"发展机构"转型。为了实现可持续减贫效果和长远影响，国际农发基金不断完善项目周期的管理，先是引入"国别战略"概念，随即又改革了项目设计和监督等核心业务的运作方式，使之规范化和制度化。业务活动规模逐年扩大，实现了从量到质的变化。同时，国际农发基金逐步开始探索利用政策参与、伙伴关系建设、知识管理等业务工具来扩大减贫影响的可行之道。

从2017年4月至今的这一阶段，国际农发基金紧紧围绕着"可持续发展目标"和与此有关的国际倡议，力推业务范围和筹资手段的多元化，突出"环境与气候""社会性别""营养"和"青年"四大主题在贷款和赠款项目中的中心地位，并把"社会包容"和"残疾人士"也作为优先支持的重点课题。进一步深化机构改革，使国际农发基金更加贴近自己的服务对象——发展中成员国农村地区的贫困人口和弱势群体。

---

① Report on IFAD's Development Effectiveness 2020, www.ifad.org.

② Report of the Consultation on the Twelfth Replenishment of IFAD's Resources, IFAD12/4（R）/INF.1.

表 3.2 国际农发基金成立以来在不同历史时期的总体目标、基本理念、主要政策和战略规划亮点

	1978 年至 1997 年初	1997 年初至 2017 年 3 月	2017 年 4 月至今
总体目标	提高小农生产能力，实现粮食增产，应对 20 世纪 70 年代前半期全球粮食危机的影响，尤其是粮食危机对发展中国家粮食安全产生的影响	实施"千年发展目标"，精准帮扶最贫困和弱势群体	大力推进可持续乡村转型，推动实现"可持续发展目标"
基本理念	• 推广"乡村综合开发项目"模式 • 推动自然资源管理和保护 • 开展与非政府组织的合作 • 试点"国别伙伴战略"和项目监督职能	• 试点"国别伙伴战略"和项目监督职能 • 在农村金融、乡村企业发展、精准扶贫等方面提出理念并制定相应政策 • 制定与私营部门合作战略 • 强调国别业务（尤其是贷款项目）的质量和绩效。设立项目质量强化和保证机制；试点设置国家办公室；制定项目监督的政策措施、绩效概念引进"国别伙伴战略"；创新和知识管理受到重视 • 项目质量强化和保证机制制度化 • 国家办公室设置方案定型并制度化 • 在应对气候变化、环境和自然资源管理、社会性别平等、与私营部门合作等方面提出理念，并制定相应政策或战略 • 探讨推广国际农发基金扶贫模式的政策和途径 • 开展与原住民的合作	• 提出"环境与气候""社会性别""营养"和"青年"四大核心主题，并把"社会包容"和"残疾人士"纳入支持重点 • 进一步探索新的融资模式、拓展融资渠道，扩大融资规模 • 积极应对新冠肺炎疫情，提出"防止新冠肺炎危机变成粮食危机"的理念，呼吁国际社会加大对低收入国家和农村贫困群体的支持 • 配合机构新理念的推进，为了更好地服务发展中成员国，进一步深化机构改革，实施"机构去中心化"（Decentralization 2.0），设置区域办事处，增加总部以外职员（field staff）人数（到 2024 年达到 45%）
主要政策、战略、规划和方法	• 1977 年，国际农发基金成立。委托其他国际机构"合作机构"行使项目设计、实施阶段的"监督"职能	• 1997 年，对国际农发基金招负责项目监督职能进行试点 • 1998 年，制定《灾后恢复及发展框架》；出台《1998—2000 年战略框架》，这是国际农发基金首次制定战略框架文件	• 2017 年，发布新版《社会、环境和气候影响评估规划》；制定《设立小农与小微企业投资融资基金战略》

续表

主要政策、战略、规划和方法	1978年至1997年初	1997年初至2017年3月	2017年4月至今
	• 1979年，首批贷款项目开始实施 • 1984年，设立"比利时生存基金会全会联合计划" • 20世纪80年代中期，为确保贫困群体受益，在项目业务中推行"项目地区贫困状态分析"（local specific poverty analysis）方法 • 1986年开始实施"撒哈拉以南受干旱和沙漠化影响非洲国家特别计划"（1986—1995年）。该计划旨在帮助非洲沙漠化易发地区贫困群体保护自然资源、恢复生产能力，引入和推广适应旱地农业体系的可持续技术。其经验为后来实施《联合国防治荒漠化公约》提供了极大的帮助 • 1988年，设立"国际农发基金／非政府组织扩大合作计划" • 1996年，试点制定《国别伙伴》文件（乍得和多哥）	• 1999年，制定《赠款政策与战略》 • 2000年，制定《农村金融政策》 • 2001年，发布主题为"消除农村贫困所面临的挑战"的《农村贫困报告》；将"千年发展目标"融入2002—2006年战略框架 • 2002年，开始制定《区域乡村减贫战略》（Regional Rural Poverty Reduction Strategy）；推出《农村金融决策工具》；发布《2002—2006年战略框架》 • 2003年，制定《国际农发基金企业政策》和《赠款投资政策》；根据最新的《评估政策》，国际农发基金的评估职能从此独立于管理层，成立"评估办公室"，受执董会直接领导 • 2004年，制定和执行"国别计划实施进展报告"；实施"推动创新主流化方案" • 2005年，制定《私营部门发展和伙伴关系战略》；制定《农业农村发展"全部门"方法》 • 2006年，制定《精准扶贫政策》；制定《预防危机与恢复政策》；制定《项目监督和实施政策》；首次制定《基于绩效的国别供伴战略》（加纳和尼日尔） • 2007年，国际农发基金正式担负项目监督职能；首次设立"项目设计质量强化"（Quality Enhancement）机制；制定《知识管理战略》；制定《创新战略》；首次向执董会提交《国际农发基金发展有效性报告》并从此形成年报制度；发布《2007—2010年战略框架》	• 2018年，发布《农村青年行动计划》；推出《国际农发基金2019—2015年农村环境和气候变化战略与行动计划》；建立"小规模农业适应规划升级版" • 2019年，制定《知识管理战略》；制定《与私营部门合作战略（2019—2024年）》；制定新版《精准扶贫操作指南》；制定《运用信息通信技术支持发展（ICT4D）战略》；制定《气候综合实施框架》；发布《农村转型方法综合实施框架"为农村青年创造机会"》的《农村发展报告》 • 2020年，设立"农村贫困人口刺激机制"（Rural Poor Stimulus Facility）；制定《非主权私营部门业务框架》；设立私营部门信托基金；发布《精准农业支持包容性粮食系统转型》；发布《农村青年参与国际农发基金国际参与文件》；同年10月，国际农发基金首次获得国际农发信用评级，被惠誉（Fitch）评级为AA+长期信用评级和F+短期信用评级，前景展望稳定。国际农发基金成为联合国系统中第一个获得公共信用评级的基金；同年11月，国际农发基金获得标普（S&P）给予的AA+长期信用评级和A-1短期信用评级，前景展望稳定

续表

主要政策、战略、规划和方法	1978年至1997年初	1997年初至2017年3月	2017年4月至今
		• 2008年，首次设立"项目设计质量保证"（Quality Assurance）机制；制定《改善获得土地途径与土地权属安全政策》；制定《企业风险管理政策》 • 2009年，制定新的《农村金融政策》；制定《环境与社会评估程序》；制定《与原住民互动合作政策》 • 2010年，制定《应对气候变化战略》 • 2011年，制定《环境和自然资源管理政策》；制定《私营部门战略》；制定《与中等收入国家合作政策》；制定《国别办公室设立政策和战略》；出台《2011—2015年战略框架》；发布主题为"新现实、新挑战：下一代人的新机遇"的《农村贫困报告》；根据《评估政策》修订版，"评估办公室"更名为"国际农发基金独立评估办公室" • 2012年，制定《社会性别平等与妇女赋权政策》；建立"小规模农业适应规划" • 2015年，制定《2016—2025年战略框架》；出台《推广国际农发基金扶贫模式运作框架》 • 2016年，制定《社会性别主流化战略》；制定《与脆弱国家合作战略》；制定《南南合作与三方合作框架》；发布主题为"推动包容性农村转型"的《农村发展报告》	• 2021年2月，国际农发基金理事会批准第十二轮增资（2022—2024年）方案，确定了15.5亿美元核心捐资，12亿美元借款和38亿美元贷款和赠款业务规模的目标，均创历史新纪录。理事会同时批准了"私营部门融资计划"和"小规模农业适应规划升级版"融资目标，分别为2亿美元和5亿美元

资料来源：根据国际农发基金官方网站（www.ifad.org）发布的信息整理。

三、《国际农发基金2016—2025年战略框架》——推动包容性、可持续乡村转型

（一）制定《国际农发基金2016—2025年战略框架》的重要意义

国际农发基金的战略框架是诠释其战略愿景的总体指导性文件。1998年，国际农发基金推出自成立以来的首个战略框架文件，即《国际农发基金1998—2000年战略框架》，此后又分别于2002年、2007年、2011年和2016年出台新的战略框架。

《国际农发基金2016—2025年战略框架》（以下简称《战略框架》）由五大章节组成，包括前言；不断变化的环境与国际农发基金的比较优势；推动包容性、可持续乡村转型的战略构想；国际农发基金2016—2025年战略框架；绩效和风险管理与问责机制，其中的主干是"战略框架"部分。

《战略框架》首先简要说明了其酝酿和形成过程，并特别提道：在整个编撰过程中，国际农发基金充分吸收各方意见，先后召开过若干次内部讨论会，让广大职员积极建言献策；举办过两次执董会非正式研讨会议，听取执董会成员的指导意见。此外，还就相关问题与外部团体进行座谈和讨论，比如"农民论坛指导委员会""原住民论坛指导委员会""国际农业食品网络"，等等。

2016年版《战略框架》与国际农发基金在此之前的几份《战略框架》文件相比，在时间跨度上有一个很大的不同点。新版《战略框架》首次涵盖国际农发基金三个增资期，即第十轮增资（2016—2018年）、第十一轮增资（2019—2021年）和第十二轮增资（2022—2024年），长达十年之久。究其原因，正如国际农发基金时任总裁内旺泽在"前言"中指出的，2015年是国际发展格局发生重大变革的一年。国际社会一致通过了《2030年可持续发展议程》《亚的斯亚贝巴行动议程》以及《巴黎气候变化协定》。这三个重大议程和协议的通过具有极其重要的历史意义和现实意义。通过这三个议程和协议，国际社会共同向全球发出号召，要求世界各国以更强有力的伙伴关系、政策和投资，推动经济、社会和环境可持续发展，彻底消除贫困和饥饿。在这个国际发展大背景下，随着全球发展环境的不断变化，

国际农发基金亟须制定一个新的长期战略框架，指导整个机构开展全球减贫业务，为推动包容性、可持续乡村转型作出应有的贡献。

《战略框架》的主要意图是：找准国际农发基金在全球发展大格局、大挑战背景下的定位，厘清国际农发基金在实现"2030年可持续发展议程"中的作用；阐明国际农发基金的根本目标、业务活动基本原则、战略目标、期望取得的成果和取得这些成果的途径；为制定《国别伙伴战略》、设计贷款和赠款项目等业务活动指明方向；引导全体职员同心协力，为完成国际农发基金的历史使命而努力奋斗。

《战略框架》文件认为，国际农发基金在推动小农农业与乡村发展方面的经验、知识和绩效已经获得国际社会的广泛认可。因此，在助力发展中国家实现"2030年可持续发展议程"的进程中，国际农发基金大有可为，应该做大（bigger）、做强（better）和更加精准（smarter）。"做大"，意指大幅度提高筹资规模，投资乡村；"做强"，意指加强创新、知识分享、伙伴合作关系及政策参与，提高国际农发基金国别项目的质量；"更加精准"，意指以经济有效的方式，为发展中国家提供最符合当地需求的发展成果。

（二）全球农业和乡村发展大趋势下国际农发基金的比较优势

1.全球农业和乡村发展形势

《战略框架》文件简要分析了全球农业和乡村发展大趋势，认为世界各国正在向城镇化迈进。据联合国预测，2025年整个发展中国家城镇人口的占比将达到54%。不过，在当前贫困发生率最高的两个地区——南亚和撒哈拉以南非洲，城镇化仍然处于一个相对较低的水平。2025年，这两个地区仍将有大约60%和57%的人口继续在农村居住和生活。

城镇化为农村民众带来的一大好处是新的就业和创收机会。但是，在城镇化进程中，农村青壮年人口大量流向城镇，必然造成农村人口老龄化、女性化和当地人力资本流失。因此，如何有效地创造农村就业和经济发展机会，是未来若干年里推动包容性和可持续乡村转型的当务之急。

从全球的视角来看，小农生产维系着20亿—25亿人的生计，而且也是大多数发展中国家粮食供给的主要来源。解决粮食供给问题的关键所在是提高小农生产率，促进农业增产。自从2007—2008年粮食价格危机以来，国际社会越来越重视粮食安全和小农农业发展问题，先后发起了"全球农业和粮食安全计划"（GAFSP）、"二十国集团发展工作组""全球气候智慧型农业联盟""农业风险管理平台"（PARM）等若干重要倡议和机制，力求深入透彻地理解小农农业和乡村发展所面临的主要挑战与机遇，制定出相应的应对政策措施。

对农业投资不足，始终是农业发展的一个难点。近年来，官方发展援助连年下滑，而官方发展援助对农业的投资比重原本就相对较低。尽管如此，对于广大最不发达国家来说，官方发展援助的地位和作用依然十分重要，因为它不仅是对这些国家国内公共资源的有益补充，而且能够带动私人投资向农业和乡村发展倾斜。此外，南南合作与三方合作快速发展，在推动发展中国家知识共享和投资合作方面发挥着越来越重要的作用。侨汇也是乡村可持续发展的一个重要投资来源。

2.国际农发基金的比较优势

《战略框架》文件认为，在全球农业和乡村发展大趋势下，国际农发基金具有三大比较优势：首先，在众多联合国专门机构和国际金融机构中，国际农发基金是唯一通过农业和乡村发展，应对农村减贫及粮食安全的机构。其次，四十多年来，国际农发基金始终把贫困人口摆在中心位置，帮助发展中国家制定减贫政策、设计和建设扶贫项目，同时也为合作伙伴提供减贫投资平台，因而积累了丰富的扶贫经验。最后，国际农发基金在大幅度扩大业务规模的同时，也极大地提高了扶贫的质量和绩效。

（三）《战略框架》主要内容

《战略框架》文件的主干章节，即标题为"国际农发基金2016—2025年战略框架"的第四章，涵盖了战略愿景、根本目标、开展业务活动的基本原则、战略目标、预期效果、成果交付的主要支柱和绩效管理、风险管理以及问责机制安排七个方面的内容，其中的核心是"战略目标"部分。

1.战略愿景

为实现"2030年可持续发展议程"目标，国际农发基金确定了以下六大战略愿景：（1）消除绝对贫困；（2）全体农村家庭享有尊严生活；（3）农村贫困人口生活持续改善；（4）全体农村家庭实现粮食和营养安全；（5）农村青年能够在当地追求美好生活；（6）在繁荣农村经济的同时，减轻对自然环境的压力，与城镇有机对接，支持可持续城镇化，使城镇化进程反哺乡村转型。

2. 根本目标

《战略框架》提出的根本目标是：到 2025 年，发展中国家农村民众过上收入有保障、可持续和适应性强的生活，摆脱贫困，实现粮食安全。

3. 基本原则

国际农发基金开展业务活动需要坚持五项基本原则：

（1）精准扶贫。要采取各种措施和方法，确保经济发展惠及农村贫困人口，大力为妇女、原住民和青年等边缘化群体提供支持。要与合作伙伴一道，以参与式方法、在充分听取广大贫困人口和农民组织意见基础上，对目标群体进行鉴别。

（2）赋权。进一步加强对农村机构和农民组织的支持，增强它们的包容性和有效性。加强对农村生产者组织的支持，提升它们的能力，充分发挥其为广大乡村生产者代言发声的作用。

（3）性别平等。要在《性别平等与妇女赋权政策》的指导下，巩固国际农发基金在创造性地促进农村妇女赋权方面的引领地位。推动农村人口的经济赋权，使男性和女性享有同等机会参与经济活动并从中受益。努力减轻农村妇女的劳动负担，鼓励她们在各级决策过程中建言献策。继续推动社会性别主流化、推广国际农发基金的社会性别模式，并在此基础上更上一层楼，努力实现真正而彻底的社会性别影响。充分运用投资项目和政策参与，解决导致和造成社会性别不平等的根源问题，确保广大农村妇女享有生产、就业和市场对接的平等机会。

（4）创新、学习和推广国际农发基金扶贫模式。要支持发展中国家推广国际农发基金乡村扶贫开发的成功模式，扩大这些成功模式的示范效应和辐射范围，使扶贫开发的发展成果惠及更多民众。加强与政府、发展援助机构及私营部门的合作，改进相关政策、计划和做法，推动乡村投资。

（5）伙伴关系。要广泛开展与成员国、发展机构、农民组织、私营部门、基金会以及有关国际国内机构的合作，巩固现有伙伴关系，发展新的、优势互补的合作关系。加强国际合作，共同应对影响广大农村地区发展的全球性问题。利用好南南合作与三方合作等渠道，推动政府、私营部门和小农之间的相互合作，同时加强与联合国粮农组织、世界粮食计划署以及各多边开发银行的合作。

4.战略目标

《战略框架》文件阐述了国际农发基金的三大战略目标。

（1）目标1：提高农村贫困人口生产能力。目标1下设四个重点专题领域：

——农村贫困人口获得自然资源。广大农村贫困人口之所以始终无法摆脱贫困，是因为他们受到一个主要因素的制约，即缺乏耕地、灌溉用水、共有资源等自然资源。要通过投资项目，推动土地使用权问题的解决，促进土地与水资源的公平使用和管理。要通过培训和政策参与，提高发展中国家执行《土地、渔业及森林权属负责任治理自愿准则》的能力。要帮助广大农村民众更加有效和可持续地管理自然资源，增强他们应对资源稀缺退化及气候变化的能力。

——农村贫困人口获得农业技术和生产服务。农业只有实现可持续的集约化生产、提高产量和增加营养价值，才能满足广大消费者日益增长的对健康食品和其他农产品的需求。在今后的项目设计中，国际农发基金要进一步注重精准施策，积极推动现代投入品和"良好农业规范"的运用，大幅度提高小农生产率。要加强与各级农业科研机构的合作，大力支持扶贫型农业研究。力推新信息通信技术的运用，依托手机使用的逐步普及，积极帮助广大小农获得及时有用的市场、金融服务和气象信息。

——普惠金融服务。要继续扶持农村金融的发展，扩大和深化对农村民众的金融服务，拓展农村金融机构的覆盖范围、竞争力、经济有效性和可持续性。在宏观层面，重点是要强化法律和监管体制，改善农村金融系统管理的政策环境。在中观层面，要对农村金融从业人员和机构进行能力建设，打造有效的农村金融行业基础设施。在微观层面，相关金融机构要拓展现有产品和服务的覆盖范围，开发新产品，推出新的服务项目。要继续支持"天气指数保险"等创新型金融工具，增强小农应对气候风险的能力。

——营养。在《营养敏感型农业主流化行动计划》指导下，国际农发基金项目要全方位向农村家庭推荐品种多样和营养丰富的食物，推动这些食物的供给和消费。要加强营养知识的传播和教育，改进个人营养习惯和行为，力求使全体家庭成员做到健康饮食。要努力优化食物和农业在改善营养方面的互补作用，重视妇女营养问题。

（2）目标2：增加农村贫困人口对接市场的收益。目标2也有四个重点专题领域：

——乡村企业和就业机会多样化。要推广各种有利于乡村中小微企业发展的成功经验（比如契约精神、价值链商业模式、多方合作机制等），探索有效利用侨汇和移民投资等工具的可行办法，支持乡村中小微企业发展。要与价值链参与者及相关金融机构开展合作，积极推动它们开发和使用仓单系统、租赁、股权融资、担保基金计划等高端金融工具。支持农村民众与环境服务市场（environmental services markets）[①]的对接，努力使经营方式与环境保护相得益彰。

——农村投资环境。要通过各个层面的政策参与，努力营造有利于乡村中小微企业繁荣发展的大环境，使之惠及更多小生产者和农村民众。国别项目规划要设定具体目标，通过政策参与，改善乡村投资环境。要加强与其他伙伴机构的合作，共同帮助发展中国家制定和完善相关政策、法规和监管体制机制，建设相关组织机构，营造既有竞争力和透明度，又充满生机和活力的国内市场。

——农村生产者组织。要帮助农民组织实现规模经济效益，减少产品交易成本，提升产品价值，改变价值链买卖双方的不对称关系。继续加强农民组织的能力建设，使它们具备参与农业和农村经济相关政策、机构及规划制定的能力。

——农村基础设施。发展中国家的广大乡村地区普遍缺乏基础设施，这不仅严重影响了对农业生产、农业供应链及相关生产服务的投资，而且也阻碍了农村民众充分发挥其生产潜力和有效对接市场。国际农发基金要与各类公共和私营部门合作，改善灌溉设施、农业用水管理系统、三级道路、当地能源生产、仓储设施升级等与农业生产密切相关的基础设施，并对这些设施进行有效管理。在大型乡村基础设施的建设方面，国际农发基

---

① 环境服务是指与环境相关的服务贸易活动，是现代服务业的重要分支，不仅在生产性服务业中占有很大比例，同时在消费性服务业中占有很重要的地位。环境服务的发展水平是环保产业成熟度的重要标志（资料来源：百度百科）。

金要密切配合公共部门、发展援助机构等主要投资方，支持配套项目的建设，确保这些大型基础设施投资带来的发展机遇惠及广大小农和其他贫困群体。

（3）目标3：加强农村贫困人口经济活动的环境可持续性和气候变化适应能力。目标3下设两个重点专题领域：

——环境可持续性。要加大对农业改良技术与规范的开发、运用和推广，提高小农农业生产率、可持续性和适应能力。要充分认识到来自资源退化、污染、栖息地和生物多样性丧失、自然灾害四大方面的环境威胁，并加以重点应对。要遵循"多重效益"方法（"multiple-benefit"approaches），在增强生物多样性、提高农业生产率、降低农业温室气体排放三个方面齐头并进的同时，推动减贫。要继续促进生态系统的恢复，加强生态系统的可持续管理和运用。要提供项目支持，提升贫困人口保护自然资源的能力，并通过创建碳汇环境服务市场、推动流域管理和维护生物多样性等措施，激励广大贫困人口更好地守护自然资源。要支持林区采用改良型参与式管理模式，协助其进行林业"可持续管理"认证。要积极开展与原住民的合作，为他们提供符合原住民传统知识和文化的环境服务。

——气候变化。要继续通过"小规模农业适应规划"（ASAP），大力推广"气候适应型农业规范"。尤其要重视以下五个方面的工作：①运用地球观测、气候模型、地理信息系统、早期预警系统等先进技术，对各种气候风险及脆弱性进行更加准确的分析；②充分认识天气灾害、海平面上升、农业生产率下降等独特气候风险的重要性，并对这些风险加以精确分析；③更加准确地分析价值链中的各种环境与气候风险，确保相关商品的可持续性，摸清这些商品对自然资源的潜在影响；④把推动生产多元化作为改善小农生计的风险管理策略，增强小农适应气候变化的能力；⑤支持切实可行的风险管理策略和"天气指数保险"等经济止损安全保证，确保这些策略和安全保证价格实惠，在农村民众遭遇极端天气和自然灾害时，帮助提高他们的财产安全，保护他们的谋生之道。要严格执行"社会、环境和气候影响评估规则"（SECAP）。

5.预期效果

《战略框架》文件描述了国际农发基金要努力达到的三个方面的效果。

（1）有利的国际国内宏观政策和监管框架。要努力构建有利于小农农业和乡村发展的国别及国际政策监管框架，加强与相关伙伴机构的合作，加大政策执行力度，重点解决与国际农发基金战略目标关联性大的问题。

（2）乡村投资增加。要通过国际农发基金的筹资机制及市场借贷、国别项目、新型投资机制等方式，为乡村投资筹措和提供更多资金。要把国际农发基金的国别项目设计成多方合作平台，吸引各种渠道资金，推广扶贫模式。

（3）成员国制定、执行和评估农村政策与项目的能力得到提高。国际农发基金的所有项目均由发展中成员国自己执行，因此必须帮助这些国家提高涉农政策与项目制定、管理、实施和评估的能力。要推动政府部门增加规划、投资和提供公共服务过程中的透明度，提高效率，强化问责制。要协助政府重新定义涉农公共机构的作用和核心职能，进一步支持政府营造有利于农村贫困人口组织发展壮大的体制环境。

6. 国际农发基金成果交付的主要支柱

国际农发基金成果交付的主要支柱体现在如下四个方面：

（1）国别项目实施。《国别伙伴战略》是国际农发基金规划、管理和监测国别业务的核心工具，投资项目是推动公共和私营部门投资乡村开发和农业发展的催化剂。国际农发基金的项目设计要力求避繁就简、切实可行。在项目设计过程中，要为项目的实施做好充分的准备工作，力求做到项目按时启动。要加强项目监督和为项目实施提供支持，充分利用好监测评价数据，常态化推进项目建设。要采用符合各国国情的精准方法，使项目设计与成员国的诉求、战略和政策保持一致。

对于脆弱地区和受冲突影响的国家，项目设计尤其要实事求是、量力而行，确保项目方案与当地执行能力相匹配。要重点加强与非政府组织及民间社会团体的合作，增强社区组织的适应能力，全面支持这些组织的能力建设。

在中等收入国家的减贫进程中，国际农发基金仍然大有可为。要支持中等收入国家进一步完善扶贫政策、战略、规划和机构，利用贷款项目和知识管理、政策制定、南南合作与三方合作等非贷款业务活动，帮助这些国家解决城乡不平等、发展不均衡、青年失业等问题。

小岛屿发展中国家面临着一系列独特挑战，具有特有的脆弱性。国际农发基金要重点支持这些国家发展可持续小型渔业和水产养殖，探索小农农业发展机遇，挖掘农业就业潜力，应对环境和气候变化。

（2）知识积累、传播和政策参与。国际农发基金在知识管理方面的重中之重是要大力收集各种经受过实践检验、行之有效的乡村发展方案，努力使这些方案成为国家、地区和全球性政策的制定依据。要更加深入地分析国际农发基金的业务绩效、总结经验教训，在此基础上详细编制国际农发基金的业务效果数据和实证。要积极向合作伙伴学习。要以更快频率出版发行国际农发基金旗舰出版物《农村发展报告》、有关研究成果和政策性文件。

要充分运用定性和定量方法来确定国际农发基金项目的减贫影响。项目设计要积极采用实验和非实验途径等最前沿的影响评估方法。要推动南南合作与三方合作，推动合作伙伴之间的相互交流，分享相关的、有针对性的和经济有效的发展问题解决方案。

在全球政策参与方面，国际农发基金要努力实现五个目标：①把"包容性可持续乡村转型"定位为"2030年可持续发展议程"执行、融资和监测的重要组成部分；②推动改善乡村转型所需的宏观政策环境，促进农村投资方面的改革和创新；③在国际政策参与和磋商过程中，支持和反映农村民众的关切和呼声；④积极动员和推动国际国内资金流动向乡村地区倾斜的力度；⑤扩大和加深内部沟通和战略性外部沟通，推动上述四个目标的实现。

（3）资金能力和工具。2016—2025年期间国际农发基金要大幅度扩展贷款和赠款业务。成员国捐资仍将是国际农发基金的主要资金来源。同时，要继续利用好"补充基金"（supplementary funds）、项目联合融资、主权借款等其他融资渠道，探讨市场借款的可行性。要积极使国际农发基金的金融产品多样化，量体裁衣式地满足成员国的需求，增强国际农发基金在推动农业领域公共和私营投资增长方面的催化剂作用。在此背景下，要对其他国际金融机构使用的直接权益投资、信用担保等产品的可行性进行评估。要大力推动联合融资，扩大国际农发基金贷款和赠款项目的减贫影响。要继续提高国际农发基金自身的财务管理能力，提升管理技能，升级管理工具，加强投资组合管理和风险管理。要提高现有贷款和赠款支付效率，进一步完善"以风险为基础的保证机制"，为逐步过渡到使用成员国的财务管理和采购制度打下基础。

（4）机构职能、服务和系统。国际农发基金要努力提高机构治理、合作伙伴关系、人力资源管理、信息通信技术、监督、内部咨询服务、办公设施和行政支持等机构制度平台的效力和效率。

7.绩效管理、风险管理以及问责机制

在每三年一次的增资磋商过程中，国际农发基金将与成员国共同商定"成果衡量框架"，用来衡量《战略框架》的执行进展。在绩效评价方面，要引进各种形式的第三方评价机制，作为对国际农发基金自我评价系统、项目设计质量审查、成员国合作伙伴反馈调查的补充。国际农发基金独立评估办公室的评估报告是推动绩效问责和提高效力的最重要工具。国际农发基金将通过每年一次的《国际农发基金发展有效性报告》和独立评估办公室的《国际农发基金业务活动绩效和影响年报》，向执董会及其评估委员会汇报落实"成果衡量框架"指标及其他承诺所取得的成果。

国际农发基金的绩效规划和绩效管理体系由"三年中期计划""以成果为基础的预算系统"和"内部成果绩效监测系统"组成。这个体系的核心内容是《战略框架》、"成果衡量框架"以及相关承诺。

《战略框架》文件最后指出，在实现发展成果目标的过程中，国际农发基金会面临政策、政治、机构、技术、环境、安全、财务、经济等多方面的风险，因此风险管理和风险缓解至关重要。要继续通过国别规划和项目设计来进行风险管理，同时，在机构层面要利用"企业风险管理系统"来管控风险。

四、2022—2024 年战略方向

在 2020 年进行的国际农发基金第十二轮增资磋商期间，成员国一致认为，国际社会只有大力推动农村减贫，才能实现 2030 年可持续发展目标。对于绝对贫困和边缘化的群体而言，农业既提供直接的就业岗位，也创造就业机会，是他们实现经济发展的主要切入点。在与绝对贫困和粮食不安全的斗争中，国际农发基金发挥着核心作用，为亿万贫困小生产者、妇女、年轻人以及其他弱势群体等最容易掉队的民众提供精准帮扶。

据测算，目前国际农发基金通过贷款赠款项目，每年大约帮扶 2 000 万农村贫困人口，使他们的收入大约提高了20%。在资源条件许可情况下，2022—2024 年第十二轮增资期间，国际农发基金每年帮扶的人数可以增至 2 800 万人，使他们的收入增加。实现这个目标的主要途径是：扩大贷款和

赠款项目业务规模，提高发展效率，提升扶贫项目活动的性价比。"小规模农业适应规划升级版"（ASAP+）和"私营部门融资计划"（PSFP）也将提供专项投资，并产生额外影响。

2022—2024年期间国际农发基金将进一步采取措施，加深贷款和赠款项目的减贫影响。具体措施包括：（1）加大筹资力度，为发展中成员国提供更多扶贫资金；（2）通过"私营部门融资计划"的运作，促进农村发展，为青年和妇女创造就业岗位；（3）通过"小规模农业适应规划升级版"的实施，更好地利用气候融资，提高小农适应气候变化的能力。对于国际农发基金的长远发展来说，第十二轮增资是一个具有里程碑意义的事件，它标志着机构的业务模式开始向更加全面的方向演变。国际农发基金将大力推动资金、政策性手段和投资项目的进一步融合，助力可持续乡村转型和变革，造福广大农村贫困人口。

第二节　精准扶贫

一、实施精准扶贫的重要意义

"精准扶贫"[①]意指，在各个层级的扶贫战略、规划和项目中，通过采取一系列专门的、具有针对性的行动和措施，确保贫困人口真正受益，特别是特定贫困群体，同时降低其他群体（尤其是非贫困群体）从扶贫项目中不当受益的风险。国际农发基金和其他发展援助机构几十年来的扶贫实践经验表明，只有大力提高扶贫精准度，切实为农村贫困人口创造发展机会，才能逐步解决社会经济领域的各种不平等问题，实现可持续发展。

作为专责应对小农和乡村发展的唯一国际金融机构，国际农发基金始终致力于通过精准施策，推动公平、可持续和包容性发展，实现农村减贫。国际农发基金的扶贫对象，即"目标群体"，是发展中国家生活贫困、温饱无保障的广大农村人口。在这个庞大的贫困群体中，帮扶的重点对象是赤

---

① 英文targeting的本意是"目标瞄准或定位"。在农村扶贫开发项目实践中，这个词的含义是准确确定项目的"目标群体"（又称"受益对象"），即农村贫困和弱势人口。因此，本书使用"精准扶贫"来表达"targeting"这个概念。

贫、贫困和弱势群体，以及妇女、青年、原住民、残疾人士等受到社会排斥和缺乏发展机遇的边缘群体。

在具体实践中，国际农发基金十分注重因地制宜、因人施策，优先支持具有发展潜力的农村贫困人口，帮助他们有效利用新的农业生产和发展机会，增产增收，摆脱贫困。对于绝对贫困人口，则采取循序渐进的方法，首先帮助他们逐步获得基本生产资源，夯实必需的生计基础，以此为抓手，再谋可持续发展之道。

二、精准扶贫的原则和目标群体

国际农发基金于 2006 年出台《精准扶贫政策》，作为其开展精准扶贫业务的主要指导性文件。在此政策框架下，国际农发基金进一步制定了《精准扶贫业务指南》，对项目周期内各个环节落实精准扶贫工作的具体要求和做法予以统一规范。目前使用的《精准扶贫业务指南》是 2019 年修订的最新版本。

《精准扶贫政策》提出，国际农发基金要根据六个方面的办法和措施来准确定位贫困人口：（1）地理位置瞄准，即扶贫项目的项目区应该是国内或当地最贫困和最脆弱的地区；（2）直接瞄准，即扶贫项目在为某类特定个体或家庭提供专项服务和资源时，应采用明确的资格标准；（3）自我瞄准，即扶贫项目提供的支持应该符合目标群体的愿望和需求，但是对其他群体没有吸引力；（4）有利条件，即推动营造有利于精准扶贫的政策和制度环境；（5）程序措施，即提高行政程序的透明度，大力消除各种不利于社会包容和性别平等的程序措施；（6）赋权和能力建设，即提升弱势群体的能力和信心，使他们能够表达诉求，参与规划、决策和项目活动。

在开展国别业务的具体实践中，国际农发基金坚持八个精准扶贫原则：（1）精准支持绝对贫困、贫困和弱势群体；（2）积极推动社会性别、青年、营养、环境和气候问题的主流化；（3）对"贫困"的动态性和"脆弱"的多样性予以足够重视；（4）使精准扶贫与政府的减贫优先重点、政策和战略保持一致；（5）在与相对富裕群体进行项目合作时，要确保这类合作能够为最贫困群体带来直接效益，即"间接定位"；（6）建立和加强合作伙伴关系，推动创新型精准扶贫方法的试验；（7）充分运用协商式和参与式精准扶贫方法；（8）为弱势群体增权赋能，提供能力建设。

三、精准扶贫的具体方法

国际农发基金的项目周期一般始于《国别伙伴战略》，经过项目设计和实施两个阶段后，止于项目竣工。根据《精准扶贫政策》的要求，国际农发基金在整个项目周期中，要对贫困人口进行准确瞄准。这一"瞄准"过程通常涉及四个步骤，其主要任务是对目标群体进行分析，确定重点帮扶对象，制定出相应的精准扶贫策略（见图3.1）。

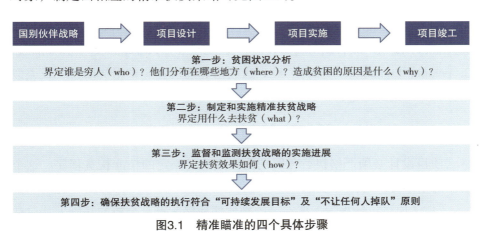

图3.1 精准瞄准的四个具体步骤

（一）《国别伙伴战略》制定过程中确保精准扶贫的基本要求

《精准扶贫业务指南》强调，国际农发基金的《国别伙伴战略》必须提出切合实际、行之有效的精准扶贫策略。其基本要求是：

（1）在制定《国别伙伴战略》之前，首先要厘清贫困地区和贫困人口的基本情况，尤其是要清晰地梳理出贫困状况及成因、贫困人口生计、环境退化、气候脆弱性、生产潜力等元素，并对这些基本情况进行合理分析。对于各个重点帮扶群体的状况，要分门别类地加以分析，以便制定出有针对性的帮扶策略。

（2）必须加强与成员国国内主要合作伙伴的协商和合作。

（3）必须确保《国别伙伴战略》符合成员国的国家发展战略和减贫战略，

同时阐明国际农发基金在国别业务中与其他有关机构开展合作的潜力和机会。

（4）在全面考虑贫困状况、目标群体需求和潜力、政府发展重点和战略、国际农发基金比较优势的基础上，确定项目支持的大方向。

（5）《国别伙伴战略》"精准扶贫策略"的两个基本要素包括：初步划定项目区；提出明确的精准识别和确定贫困人口的方法。

（6）阐明"变革理论"①，厘清实现预期减贫影响的途径。对于某些个例和特例，比如扶贫项目活动需要为相对富裕人口提供支持等，"精准扶贫策略"在其"变革理论"部分必须明白无误地解释清楚一个重要问题，即这类项目活动将如何惠及贫困人口。

（7）"精准扶贫策略"绩效管理框架中的"效果辐射指标"（outreach indicators）应与"联合国可持续发展合作框架"（UN Sustainable Development Cooperation Framework）保持一致。这些指标的设置应根据贫困程度或类似指标，分门别类地进行。

（二）项目设计过程中确保精准扶贫的基本要求

项目设计必须严格执行《国别伙伴战略》制定的精准扶贫程序。这个阶段的基本要求是：

（1）《项目设计报告》要在《国别伙伴战略》已有分析的基础上，对贫困成因和目标群体的状况做出进一步的具体分析。

（2）国际农发基金项目所采用的"贫困"定义应遵循项目东道国的贫困和脆弱性定义。项目团队在对目标群体进行分析研究的过程中，既要分析他们的贫困现状与根源，也要分析各种与贫困有关的社会文化因素。

（3）项目的"变革理论"必须阐明项目活动惠及贫困弱势群体的路径。

---

① 变革理论（Theory of Change，ToC），是用于规划、参与和评估"社会变革"的一种特殊形态的方法学。私营实体、慈善机构、非政府组织和政府部门常常把它运用到推动社会变革的倡议和实践（比如战略、发展项目等）之中。变革理论的第一步是制定长远目标，然后进行倒推规划，确定实现长远目标的各种先决条件。它使用图形描绘某一倡议的短期、中期和长期效果之间的因果关系，以此来解释变革的过程。变革理论把各种已经识别出的"变革"作为"效果路径"加以描绘，展示出每个效果与所有其他效果的逻辑关系以及按时间顺序排列的关系。至于各个效果之间的联系，则通过对这样一个问题的说明来解释，即为什么某个效果被认为是另一个效果的先决条件。变革理论最早于20世纪50年代中期被提出，在21世纪初逐步流行起来。国际农发基金大约在2015—2016年期间开始引进和运用这个方法（参见 https：//en.wikipedia.org/wiki/Theory_of_change）。

（4）项目精准扶贫策略的三个基本要素包括：第一，筛选项目区时所采用的扶贫标准，以及项目活动需要优先考虑的共性问题；第二，需要为某类特定贫困群体提供项目支持、扶贫方法和子项目活动时，对这些项目活动和方法所做的明确规定；第三，实施精准扶贫策略的机制。

（5）执行精准扶贫活动所需的资金和人力资源配置必须列入项目成本和"年度工作计划与预算"。

（6）《项目设计报告》应阐明推行精准扶贫所需的合作伙伴关系。

（7）《项目设计报告》应提出明确要求，推动政府采取措施，营造有利于扶贫开发的政策环境。

（8）项目的"绩效管理框架"应设置"效果辐射指标"，设立参与式监测系统。这些指标的设置须按贫困程度，分门别类地进行。

（三）项目实施过程中确保精准扶贫的基本要求

《精准扶贫业务指南》要求，项目实施过程中的精准扶贫策略必须立足于《项目设计报告》规定的项目活动、流程以及《项目实施手册》所做的具体实施安排。在整个项目实施阶段，项目启动和监督（含中期审查）是确保精准扶贫的两个关键节点。

在项目启动期间，项目团队应对《项目实施手册》中的各项具体实施计划和安排进行复审、验证和进一步明确。要利用当地电台、社区组织、妇女小组等各种合适的传播渠道，在项目社区大力宣传项目信息，提高民众对精准扶贫策略及项目精准扶贫工具的认识。

项目监督、中期审查和对项目实施提供支持是监测精准扶贫策略执行进展、发现和解决问题的有效手段。项目监督和中期审查团队在检查精准扶贫策略的执行情况时，要遵循下列基本要求：

（1）评审团队应配备一名社会包容方面（性别、青年、原住民）的专家，建议配备一名跨领域问题专家。

（2）应对目标群体的贫困状况进行分析（指《项目设计报告》未提供这项分析的，或者项目"基线调查"不完整的）。

（3）要与项目参加者、项目员工和实施伙伴单位密切协作，对项目精准扶贫策略进行评估，并在必要时加以调整，使项目更好地服务于贫困弱势群体。

（4）要为项目员工提供必要的技术支持，帮助他们把精准定位和社会融入这两个方面妥善地纳入项目监测评价和知识管理活动之中。

（5）必须挖掘精准扶贫的各种最佳做法和有益经验，加强宣传，广泛传播这些做法和经验。

（四）项目竣工阶段确保精准扶贫的基本要求

在项目竣工阶段，项目团队须对项目精准扶贫策略的执行情况进行深入分析，对执行效果做出评估。分析评估涵盖的主要范围包括：项目实施安排、项目所采用的精准扶贫策略、项目精准扶贫方法对项目所产生效果的贡献、项目精准扶贫方法在新项目中推广运用的潜力。

项目竣工团队的安排须遵循下列基本要求：

（1）应配备一名社会包容方面的专家，建议配备一名跨领域问题（如营养等方面）专家。

（2）项目监测评价系统是项目信息和数据的主要来源，应把对它的评审作为竣工评估的切入点。

（3）抽查和数据收集必须在竣工流程的起始阶段进行。

（4）要运用参与式评估方法，让不同类型的目标群体积极参与评估，作为对抽查结论的补充和验证。

（5）要举办一次项目参加者研讨会，组织他们对精准扶贫的相关问题开展交流和讨论。如有必要，应为某些特定人群举办专场研讨会，使他们能够获得发表意见的机会。

（6）要系统地总结精准扶贫的最佳做法和经验教训，开辟合适渠道，使项目积累的有益知识广为传播。

四、2022—2024 年国际农发基金推进精准扶贫的工作重点

《国际农发基金第十二轮增资磋商报告》明确指出，2022—2024 年期间国际农发基金推进精准扶贫的主要工作重点包括：

（1）用于优惠条件贷款的核心资源部分全部（100%）投向最不发达国家。

（2）重新修订《精准扶贫政策》，更好地反映和涵盖环境和气候、营养、性别和青年等四个主流化主题，以及原住民和残障人士等社会包容主题。

（3）制定"促进残障人士发展"战略；到2024年，确保至少有5个新贷款项目把残障人士作为重点帮扶对象。

（4）修订与原住民开展合作、帮助他们发展的政策；启动"原住民援助专项基金"（Indigenous Peoples Assistance Facility）的增资活动；到2024年，确保至少有10个新贷款项目把原住民作为重点帮扶对象。

（5）到2024年，确保90%的贷款项目使用准确的精准扶贫方法。

第三节　环境可持续和应对气候变化

一、实现环境可持续和应对气候变化的重要意义

当前，全球农业自然资源所承受的压力越来越大。大约三分之一的土壤已经发生中等程度以上的退化，生物多样性受到威胁，水资源缺乏和污染现象越来越严重，人类对土地和水资源的竞争愈演愈烈，人口压力正在造成土地的碎片化和退化。所有这些不利因素都正在日益严重地挤压着小农农业，进而影响全球粮食供给。

气候变化对世界粮食生产、粮食安全和农村生计带来诸多重大影响，已经成为各国农业发展的主要挑战。据世界银行估算，到2030年，单单是由于气候变化这一个因素，全球绝对贫困人口便会额外增加大约1亿人，而且人口迁徙和冲突也会进一步加剧。未来农村人口的生计和粮食安全能否得到保障，将主要取决于农业生产是否有足够的能力去适应气候变化和应对环境压力。

在广大乡村地区的发展进程中，除了环境和气候的影响外，社会经济和人口方面的变化具有同样重要的意义。城镇化和交通运输的发展正在推动着乡村的转型和重塑。消费的增加、新技术的运用等因素影响着环境产品和服务的获得、使用与管理。农村民众，尤其是农村小生产者，是自然资源的保护者；他们也始终处在应对气候变化的最前沿，拥有丰富的当地自然环境知识。让他们积极参与到当地环境和气候变化解决方案的制定过

程中，对于确保方案的可行性和有效性具有十分重要的意义。

国际社会普遍认为，经济增长、减贫、环境可持续性和社会包容之间存在着密不可分的关系。"2030年议程"和"可持续发展目标"作为指导国际合作的基本框架，对四者之间的相互关系给予了充分认可。推动各国切实实现环境可持续性，同时积极应对气候变化，是"2030年议程"和《巴黎气候变化协定》的共同目标。根据《生物多样性公约》"坎昆宣言"以及《粮食和农业植物遗传资源国际条约》的要求，把生物多样性有效地融入经济发展和农业发展之中，也是国际社会做出的庄严承诺。近年来，国际政策大环境出现的这一系列可喜变化对各国政府采取更加综合的方式来推动经济发展，起到了积极的促进作用。

应当看到，不少国家在环境和气候方面的国际承诺尚待变为实际行动，一个重要切入点是在制定国家农业和乡村发展战略过程中，对环境和气候问题给予应有的重视。国际农发基金将与各成员国共同努力，营造健康和适应性强的乡村环境，推动粮食安全、减贫和经济增长，实现可持续发展目标。

二、国际农发基金推动环境可持续和应对气候变化的实践

40多年来，国际农发基金在扶贫实践中十分重视投资项目的环境影响和气候变化适应力。特别是，近年来将环境和气候问题有效融入整个项目周期，更是成为贷款赠款业务的重中之重。

1.全面推行环境和气候保障措施

国际农发基金在制定《国别伙伴战略》和设计投资项目过程中，非常重视气候风险的评估。在2014年之前，这项评估仅限于项目投资中含有额外气候融资的项目活动。2015年，国际农发基金出台约束性措施，要求所有贷款项目均需要开展对环境、社会与气候风险的评估。在具体实践中，除了气候和环境风险之外，国际农发基金还要求评估劳动和工作条件、贫困人口参与、原住民、社区健康与安全等方面的风险。环境和气候保障措施的逐步完善有效地推动了项目质量的提高。

2.创建"小规模农业适应规划"

这个专项规划创建于2012年，从相关发达国家筹措了总额大约为3亿

美元的资金，用于资助41个发展中国家实施环境和气候项目。通过这个规划的执行以及绿色技术的推广运用，国际农发基金有力地推动了国际社会对小农应对气候变化的支持。2018年，该规划的实施进入第二期，并一直是国际农发基金将气候变化融入扶贫贷款项目的一个主要手段。

3. 积极开展环境和气候融资

国际农发基金是"全球环境基金"的执行机构之一和"适应基金"的多边实施实体，也是"绿色气候基金"的认证实体。2012—2018年，国际农发基金从这些多边环境与气候基金筹措了大约3.39亿美元的资金，投入环境和气候项目活动的实施。到目前为止，国际农发基金利用"全球环境基金"资金建设的环境项目达60个。

三、国际农发基金《2019—2025年环境和气候变化战略与行动计划》主要内容

为进一步加强对业务活动中环境和气候变化工作的指导，国际农发基金于2018年出台《2019—2025年环境和气候变化战略及行动计划》。这份战略文件全面整合和更新了国际农发基金2018年前推出的环境和气候变化方面的多个战略和政策框架文件，使文件内容符合《国际农发基金2016—2025年战略框架》精神以及国际农发基金对成员国做出的环境和气候变化方面的承诺。

（一）目标

《环境和气候变化战略》的主要目标是提高广大小农和乡村地区应对环境退化与气候变化的能力，为实现更加美好的生活奠定基础。国际农发基金将努力在以下四大方面取得成果，以实现这个主要目标：

（1）推动发展中成员国在制定小农农业和其他与乡村发展有关的政策、计划过程中，有效纳入和充分涵盖环境、气候变化两大方面所要实现的目标与需要应对的主要问题。

（2）努力使国际农发基金拥有相关技能、能力、伙伴关系、系统和资源，全力支持成员国将环境和气候问题融入政府的乡村发展政策和规划之中。

（3）确保国际农发基金的投资项目能够创造环境财富、服务和全球公

共产品，增强这些项目的环境可持续性。

（4）创造知识，推动农村生计可持续发展，使国际农发基金逐步成为这方面的全球引领机构，在建设健康星球的进程中发挥更大的倡导作用。

（二）行动领域

国际农发基金现行总体战略文件在其《行动计划》章节中重点列出了国际农发基金推动环境可持续和应对气候变化的六个主要行动领域。

1.行动领域1：对外传播和政策参与

积极开展与合作对象的沟通，是切实贯彻执行该战略文件的根本。国际农发基金在机构的"传播战略"中，要提出指导性框架和相应的战略沟通方法，使《国别伙伴战略》与投资项目在应对环境气候问题过程中有章可循，提高合作对象对环境气候问题及其对小农生计影响的认识，加深他们对国际农发基金为减轻这些影响所做工作的了解，维护机构的声誉。要通过政策接触，推动各国政府把环境和气候问题融入国际农发基金的投资项目。要积极参加国家层面以及国际性的政策对话，改善宏观政策环境，加深各国政府和国际社会对农业及农村发展所面临环境气候问题的认识和关注。

衡量行动领域1进展和成果的产出指标是：提出一套全面的、适用于整个机构的开展政策接触和沟通传播的方法，推动更加有效的项目规划、政策对话、伙伴关系建设、筹资以及环境和气候变化一体化，增强利益相关方对环境和气候变化问题的认识。

2.行动领域2：提高环境气候项目的质量和影响

要继续改进项目流程和方式方法，提高项目设计、实施、监测和学习的质量。要推出和执行切实有效的方法，强化气候变化、环境、性别、营养与青年发展的横向融合，扩大投资项目效益。要与其他联合国组织及国际金融机构合作，共同设计环境与气候变化联合试点项目，加强创新型方法的挖掘、试验和示范。联合试点项目将提供包括资金、能力建设、技术援助等在内的综合性一揽子项目支持，努力使农村贫困人口的生计和经济活动更加安全，可持续性和适应力更强。对试点项目的成功经验，要积极推广运用。

衡量行动领域2进展和成果的产出指标是：（1）开发出能够推动环境与气候议题主流化的各种工具及相关绩效测算工具；推广运用各种"最佳做

法";建成罗马粮农三机构[①]的合作示范项目,挖掘这三个机构在国家层面合作的最佳做法;(2)推动环境和气候问题有效融入项目周期的各个环节,利用国际农发基金掌握的创新工具和方法,提高机构自身满足发展中国家发展需求的能力;(3)推出新的工具和方法,把气候问题融入跨领域议题。

3.行动领域3:不断完善"社会、环境和气候影响评估规则",推动评估规则的运用,推出相关补充工具

要确保将"社会、环境和气候影响评估规则"融入项目设计。随着评估规则的完善,国际农发基金要推出一系列更加全面的评估和决策工具,包括:(1)用于评估和比较环境、气候、社会包容三个方面成本、效益、风险以及权衡不同项目设计方案的工具;(2)用于发现具有最大社会、环境和气候效益的项目干预措施的工具;(3)用于发现和评估使绿色技术、绿色价值链以及其他环境气候效益有机会融入项目设计的参与式知识管理工具和方法;(4)用于发现和评估国家环境气候能力与体系的方法。

衡量行动领域3进展和成果的产出指标是:修订"社会、环境和气候影响评估规则"及相关工具,推动项目设计和实施降低环境气候风险,为农村贫困人口带来环境和气候效益。

4.行动领域4:能力建设和能力的不断提高

国际农发基金职员和有关人员掌握环境与气候方面的知识和技能,对于实现该战略文件的目标至关重要。因此,要加强对职员的环境和气候专题综合培训和继续教育。

衡量行动领域4进展和成果的产出指标是:(1)进一步强化国际农发基金业务培训及新职工入职培训课程中环境和气候方面的内容;(2)为全体职员、项目工作人员和其他有关人员提供实地学习环境气候知识的机会;(3)为国际农发基金环境气候、性别、营养、青年和原住民方面的专家创造和提供内部学习、专业发展和与外部机构交流的机会。

5.行动领域5:知识管理和"水平扫描"(horizon scanning)

要增加知识管理方面的投资,包括:项目经验教训分析;参与全球性环境气候网络和知识平台,及时掌握新的突破性科学成果和新趋势,学习

---

① 罗马粮农三机构(Rome-based Agencies,RBAs)系联合国粮农组织、国际农发基金和世界粮食计划署三家联合国系统机构,因其总部均设在意大利罗马,故得此名。

其他机构的经验；把学习融入国别业务，为项目参与者（包括贫困人口）提供学习机会。要把知识与传播结合起来，确保知识来源的多元化，并以适当的方式把这些知识分享给有关合作对象。

衡量行动领域5进展和成果的产出指标是：（1）总结环境可持续性与气候适应力融入投资项目的经验教训，把它们汇编成册，加以传播；（2）推动国际农发基金国别项目团队与其他国际组织相关人员的对接互联；（3）创建南南交流学习平台；（4）通过全球和地区"水平扫描"，及时发现影响小农生计的环境气候新问题，并为国际农发基金的《农村发展报告》提供素材。

6.行动领域6：筹资

为实现该战略文件的预期目标，国际农发基金需要把至少25%的贷款和赠款额度投向气候为主的项目活动。要加强资金筹措，主要资金渠道包括各个全球性气候基金以及"小规模农业适应规划"。

衡量行动领域6进展和成果的产出指标是：（1）从多渠道筹措4亿美元气候环境资金；（2）"小规模农业适应规划"二期筹资1亿美元；（3）2019—2021年（IFAD11期间）国际农发基金贷款和赠款总额中至少25%的额度投向气候项目活动，2022—2024年（IFAD12期间）这一额度增至至少35%；（4）筹措资金，开展与其他国际机构（包括罗马粮农三机构）的项目合作。

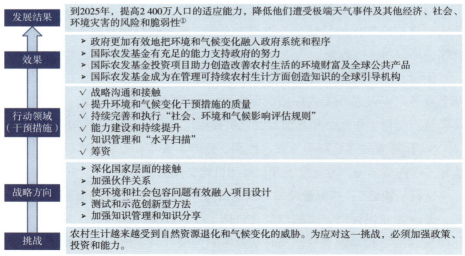

图3.2 国际农发基金环境和气候变化战略"变革理论"

注：①改编自"可持续发展目标"指标1.5。

		目标1：消除贫困			目标13：气候行动	
可持续发展目标						
战略目标		战略目标3：加强环境可持续性				
发展成果		2 400万人口具有更强的适应能力				
目标		农村贫困人口生计更加持续和更具韧性	采用环境和气候可持续技术的土地面积	采用气候适应型管理方法的土地面积		温室气体排放减少或封存的数量
主要绩效指标		已支持的已经开展可持续自然资源和气候风险管理的受益群体组织数量	获得碳封存或减少温室气体排放的受益技术的人数	采用环境可持续与气候适应技术的户数和人数		
行动领域		对外传播和政策接触	强化环境与气候变化干预措施	完善SECAP	能力建设和能力的不断提高	知识管理和"水平扫描"	筹资
产出		更加有效的项目活动、政策对话、伙伴关系建设、环境和气候变化一体化	增强应对发展需求的能力；促进跨领域议题的工具和方法；完成罗马三机构①试点项目	更新"社会、环境和气候影响评估规则"，避免或降低风险，创造环境与气候相关协同效益	强化国际农发基金项目中的环境与气候项目活动；为全体职工、项目管理队伍及国家项目伙伴提供学习机会	总结经验教训并加以汇编和传播；加强与专业机构的接触和伙伴关系；提高国际农发基金项目质量；建成南南交流学习平台；发现新的环境与气候问题	获得4亿美元气候环境投资；"小规模农业适应规划"第二阶段获得1亿美元资金；国际农发基金至少第十一轮增资期间和第十二轮增资期间额度投向气候相关项目活动；与罗马粮农三机构相关的合作项目资金有保障

左侧标注：
2030年议程
国际农发基金战略框架（2016—2025年）
国际农发基金第11次增资绩效框架
环境与气候变化战略及行动计划（2019—2025年）

图3.3　国际农发基金环境和气候变化战略绩效框架

67

四、社会、环境和气候影响评估规则——管控风险，创造发展机会

国际农发基金历来重视社会、环境和气候变化风险应对方案在投资项目中的主流化。2014年12月，执董会批准了国际农发基金首个"社会、环境和气候影响评估规则"（以下简称"评估规则"）。"评估规则"涵盖生物多样性、农用化学品、能源、渔业和水产养殖、林业资源、以草原为基础的畜牧生产、（农用和家庭用）水、水坝及其安全、物质文化资源、乡村道路、价值链和小微企业发展、农村金融、移民安置和经济位移十三个方面，对国际农发基金项目如何应对相关风险做出规范，并提出指导意见。"评估规则"自2015年1月1日正式生效以来，为国际农发基金评估社会、环境和气候风险，提高《国别伙伴战略》和投资项目的可持续性，提供指导原则和指南。

2017年7月，国际农发基金对2014年版"评估规则"做了进一步修订和更新，对约束性要求以及其他需要融入项目周期的元素做出了规定，同时新增了"社区健康"方面的指导意见（见表3.3）。2017年版"评估规则"的主要特点是：（1）吸收了2015年以来执行"评估规则"的经验教训；（2）澄清了适用于国际农发基金投资项目的约束性和非约束性要求；（3）进一步使国际农发基金与其他多边金融机构的"评估规则"保持一致；（4）反映了国际农发基金相关政策和气候主流化议程；（5）为国际农发基金继续获得和利用国际环境气候资金创造了条件；（6）使国际农发基金项目更加符合《农业发展投资通则》。总之，2017年版"评估规则"的核心，是要及时发现和管控各种社会、环境和气候风险，最大限度地把握机会，支持发展中国家的减贫努力，创造可持续的环境和社会效益，助力发展中国家实现可持续发展目标，推动各国努力兑现《巴黎气候变化协定》框架下的各项承诺。

表3.3　　　　　　　2017年版"评估规则"的主要更新内容

主要措施	主要更新内容
系统性地推动投资项目充分考虑和应对社会、环境和气候变化风险	• 详细描绘国际农发基金投资项目在项目周期内推进社会、环境、气候质量与影响的措施和切入点 • **明确"评估规则"中每一个环节的角色和职责** • 评估和记载社会、环境、气候风险的工具与方法

续表

主要措施	主要更新内容
系统性地推动投资项目充分考虑和应对社会、环境和气候变化风险	• 应对气候变化项目在适应气候变化和减轻气候变化影响两个方面需要重点关注的机会 • **明确"追加投资"申请的必备条件** • **重视社会评估,包括社区健康、安全和劳动风险**
再次强调国际农发基金践行公开透明、尽职尽责的决心;支持解决对违背"国际农发基金社会与环境政策和标准"的投诉	• 公开发布"环境与社会影响评估"报告草案、"重新安置计划"草案、"减轻风险计划"和框架草案、原住民磋商流程文件资料、项目"质量保证"阶段的项目文件等 • 国际农发基金投诉程序足以应对违背社会环境政策和"评估规则"约束性要求方面的投诉 • **加强与项目可能影响社区及有关方面的接触** • **要求受援国建立与风险和影响相匹配的申诉机制** • **要求有关项目提供环境和社会审计报告**
强调下列预防措施:移民安置、健康、物质和文化资源、偶然发现(chance finds)、金融服务机构、水坝安全及子项目	• **进一步明确移民安置和经济位移(economic resettlement),改进审查指南** • 物质和文化资源审查指南 • **对以草原为基础的畜牧业生产、水、水坝及水坝安全、乡村道路、价值链、农村金融、住所迁移和经济位移的指导意见(修订版)** • **提出了社区健康影响评估和安全问题两个方面的具体要求**
加强对项目的社会、环境和气候风险的分类,提出相应对策	• **修订每个类别的指示性清单** • 将气候风险的分类划定为高风险、中风险、低风险三档 • 所有"中风险"项目必须做"基本气候风险分析" • **对于地理位置不明确和影响不充分的项目,必须制定环境和社会管理框架** • **B类项目的"评估规则"评审报告必须提供"环境和社会管理框架"矩阵**
推动《国别伙伴战略》和投资项目应对社会、环境和气候问题	• **新版"评估规则"追踪系统是关键信息和监测的资料库。改进"赠款和投资项目系统"和"业务绩效管理系统",充分反映项目周期切入点、合规监督与报告**

注:粗体字部分为新版新增内容。

2017年版"评估规则"要求,在所有项目的立项阶段,国际农发基金都要对项目的环境、社会和气候风险进行审查,以便确定项目的环境和社会风险类别（分为 A、B、C 三类）以及气候脆弱性（分为高、中、低三类）。环境风险类别从高到低分为 A、B、C 三类，社会风险类别分为高、中、低三类。

"评估规则"在四个方面提出了约束性要求：

一是所有 B 类项目必须编写"评估规则"评审报告，并提供项目设计阶段的"环境和社会管理计划"矩阵。项目设计和《项目设计报告》必须充分反映社会和环境方面的已知风险和机遇。"环境和社会管理计划"矩阵既可以纳入《项目实施手册》，也可以作为独立的指导性文件。

二是所有 A 类项目在设计阶段（或者实施过程中的适当阶段），必须完成"环境和社会影响评估"。评估报告的初稿和最终稿以及其他相关文件必须在项目"质量保证"阶段（或者项目实施期间的其他阶段）及时对外公开发布。

三是所有"中"气候风险类别的项目必须在项目设计阶段完成"气候风险基本分析"，并将其编入"'评估规则'评审报告"。所有适应气候变化和减轻气候变化影响的措施必须全面纳入项目设计和《项目设计报告》。

四是所有"高"气候风险类别的项目必须在项目设计阶段完成"气候风险深入分析"，并将其编入"'评估规则'评审报告"。所有适应气候变化和减轻气候变化影响的措施均须全面纳入项目设计和《项目设计报告》。

无论属于哪一个环境和气候风险类别，每个项目究竟采用哪些风险评估工具和元素，完全取决于潜在风险以及影响的大小和现状。具体要求是：

第一，必要时可以在制定《国别伙伴战略》期间开展"评估规则"预备研究。

第二，当项目导致住所或经济位移（影响土地和其他资源的获得与使用权）时，国际农发基金贷款借款方和赠款受援方必须从受影响民众那里取得"自由自愿、事先知情的认可权"（free，prior and informed consent，FPIC，以下简称"认可权"）。要与受影响民众进行沟通和协商，其过程必须形成文字记录；同时要制定妥善的安置计划或框架。这些文件必须在项目"质量保证"或者相关实施阶段，及时对外公开发布。

第三，当项目影响到原住民时，国际农发基金贷款借款方和赠款受援方必须从有关原住民社区取得"自由自愿、事先知情的认可权"。要与受影响民众进行沟通和协商,其过程必须形成文字记录,并制定出"原住民计划"。凡项目设计期间无法取得"认可权"的,"认可权实施计划"必须做出具体说明,阐明项目实施初期如何获得"认可权"。"认可权"文书和有关文件必须在项目"质量保证"或者相关实施阶段,及时对外公开发布。

第四,整个项目周期都必须保持与受影响社区和民众的磋商。

第五,当项目对社区健康具有显著影响时,项目设计期间必须完成"健康影响评估",并提出减轻影响的措施。

第六,当农用化学品显著增加时,必须制定农药管理或减轻影响计划。

第七,对于所有A类项目和部分B类项目,必须建立项目层面的申诉仲裁机制,或者加强现有的正式和非正式申诉仲裁机制。

第八,部分B类项目有可能需要做出特定风险分析,或者需要制定"环境和社会管理框架"。

第九,对于那些在项目实施阶段需要制定或完成"环境和社会影响评估"、技术研究、"认可权"、环境和社会管理计划与框架的项目,《贷款协议》必须包含环境和社会相关条款。

第十,部分A类项目可能适宜在竣工阶段做出"环境和社会影响评估"事后分析。

2017年版"评估规则"文件强调,随着知识和经验的积累以及国际农发基金政策和优先重点的变化,"评估规则"和指导意见将不断改进和完善。

2020年10月,国际农发基金在2017年版文件基础上,对"评估规则"做了进一步的更新和完善。这次更新的目的是使"评估规则"做到四个"更好"——更好地反映机构业务模式的新变化,更好地同国际最佳做法保持一致,更好地融合机构的主流化重点主题,更好地涵盖新出现的、与机构业务相关的环境和社会问题。具体来说,新版"评估规则"总共增加了六个方面的新内容,改进了五个现行规则,分别是:

(1)建立用于国际农发基金贷款项目、金融中介机构和非主权业务的"社会、环境与气候影响筛选线上工具"(新增)。

（2）更广泛地涵盖社会风险和新出现的问题。（新增）

（3）首次设置"气候变化标准"（包括适应和缓解两个方面）。（新增）

（4）建立符合机构宗旨和比较优势的"排除清单"。（新增）

（5）进一步依靠借款方/受援方及合作伙伴的保障措施，包括更加明确地划分相关各方（国际农发基金、借款方/受援方/合作伙伴、联合融资机构、相关设施、承包商和供应商）的角色和责任。新增用于非主权业务的环境和社会尽职调查程序。新增承包商使用的指南。把"评估规则"的要求融入新制订的项目招标标准文件。（新增）

（6）根据机构企业风险管理的要求，把现行的三级风险评级分类（A、B、C）改为四级分类（高、大、中、低）。（新增）

（7）改进用于整个项目周期的"综合自动化管理信息系统"。（改进）

（8）明确区分"收益最大化"（意指环境气候问题的主流化）和"风险管理"（意指应对环境气候问题时需要执行的标准）。（改进）

（9）更新环境和社会标准及相关指导意见。（改进）

（10）更加关注项目利益相关者的参与和申诉机制。（改进）

（11）改善项目设计与实施之间的平衡，提高响应能力。（改进）

新版"评估规则"经 2020 年 11 月执董会会议审议通过，从 2021 年 9 月 1 日起开始执行，适用于这个日期之后进入"项目概念"环节的所有备选项目。

五、2022—2024 年国际农发基金推动环境可持续和应对气候变化的工作重点

《国际农发基金第十二轮增资磋商报告》明确指出，2022—2024 年国际农发基金推动环境可持续和应对气候变化的主要工作重点包括：

（1）出台"生物多样性战略"；制定和推行新的农业生物多样性措施，促进水生态系统和土地生态系统的管理与恢复。

（2）到 2024 年，气候投资在国际农发基金贷款赠款项目中的占比将从目前的 25% 增加到 40%，90% 的贷款赠款项目将提供气候能力建设方面的投资。

（3）"小规模农业适应规划升级版"预期筹资5亿美元，为1 000万农村人口提供项目支持，提高他们适应气候变化的能力；采取各种措施，进一步推动气候在贷款赠款项目中的主流化。

（4）到2024年，环境和自然资源管理问题在90%的新项目设计中得到妥善考虑。

第四节　实现社会性别平等

一、实现社会性别平等的重要意义

妇女是农业生产的主力军，家庭粮食和营养安全的守护神，自然资源管理的"排头兵"。在发展中国家农业劳动力总人口中，妇女约占43%，其中在东亚和撒哈拉以南非洲国家，这个占比更高达50%。广大妇女不仅广泛参与农业价值链上从产前到产后的各种生产活动，而且也从事农业范畴之外的许多工作，同时还承担着大部分的家务劳动。但是，由于始终无法平等地获得必要的生产资源和服务，她们的劳动生产率一直得不到有效提高。据统计，男性的农业劳动生产率与妇女相比，平均要高出20%—30%，主要根源在于妇女不能平等享有生产资源。因此，缩小获得生产要素方面的性别差距，对于农业增产具有十分重要的意义。

农村女孩作为一个特殊群体，面临着地域、性别和年龄三重挑战。无论是农村女孩还是农村男孩，都需要面对一个共同难题，即缺乏土地、市场、资金、教育培训以及基本卫生保健等基础设施和服务。但是，在不少农村地区，男女有别的传统社会观念和文化规范根深蒂固，使得农村女孩需要应对的各种挑战远远多于农村男孩。比如说，女孩往往要承担格外繁重的劳动负担，很少有机会能够完成学业，早婚、多次生育以及各种与生育有关的健康风险，针对女性的暴力行为，等等。许多农村年轻妇女为了追求美好生活，被迫背井离乡，移居城镇，甚至远渡重洋，前往他国。但是，囿于文化程度普遍不高和缺乏必要的基本技能，她们常常遭受盘剥、欺压和拐卖，且通常也是艾滋病等感染性疾病的易感受害群体。

当然，性别不平等并不仅仅局限于女性不平等。在不少地方，同样存在着男性不平等现象。某些特定的社会规范、要求和期望专门针对男性，往往会给他们带来巨大的负面影响，阻碍他们潜力潜能的正常发挥。例如，有的男性可能会觉得自己没有典型的男子汉气概，不符合社会对男性性格、形象的期望，因此倍感边缘化。在一些地方，按照传统文化规范，男性不可以参加成人扫盲、照顾儿童、烧菜做饭等活动。随着性别差距的扭转，一些地方反而出现男孩入学率低于女孩的状况。男人有时可能无力继续发挥养家糊口的传统作用，由此而产生失落感，诱发针对女性的暴力行为。在一些地区，社会经济的快速发展和变化使得男性比女性更容易丧失工作机会，或者就业不足。

总的来看，当前发展中国家性别不平等的现象仍然非常显著，消除性别不平等的任务依然十分艰巨。事实证明，社会性别平等与经济发展以及生活质量息息相关。凡是性别平等程度高的地方，经济增长和生活质量也往往更好。实现性别平等和妇女赋权对于保障粮食安全和营养安全、推动农村减贫至关重要。农业要发展，必须首先使男女劳动者充分发挥他们作为经济角色的作用，把他们（特别是女性）从繁重而重复的劳动中解放出来，并通过利益的公平分配来激发他们的劳动热情，助力乡村开发和振兴，实现可持续发展。

二、国际农发基金推进社会性别平等的实践

消除性别不平等和加强妇女赋权是持续减贫的重要基石。国际农发基金自成立以来，始终高度重视社会性别平等问题，先后出台《农村贫困妇女经济发展战略》（1992 年）、《国际农发基金业务活动实现性别主流化行动计划（2003—2006 年）》（2002 年），对推动性别平等和妇女赋权绩效进行综合独立评估（2010 年），并在此基础上于 2012 年制定《性别平等和妇女赋权政策》。迄今为止，国际农发基金在推进社会性别平等方面取得了一些显著成效。

（1）国际农发基金"战略框架"文件突出强调了社会性别平等在机构业务中的重要地位，把推动性别平等列为 2016—2025 这十年期间需要坚

持的五项基本原则之一，使之融入机构的核心价值观（参见本章第一节）。同时，国际农发基金遵照联合国关于将性别观点纳入主流的承诺，积极采取行动，实施"联合国系统性别平等和妇女赋权行动计划"（UN System-Wide Action Plan on Gender Equality and the Empowerment of Women，UN-SWAP）。国际农发基金已经按时完成或超额完成该"行动计划"规定的15个性别平等指标。

（2）推动性别平等的主流化，使其全面融入《国别伙伴计划》和整个项目周期，并设置了具体的绩效指标，跟踪和衡量机构国别业务在推动性别平等方面的效果。此外，还积极采取措施，促进机构职员队伍在男女构成和不同职务层级两个方面的性别平等，除个别指标外，基本上实现了机构的阶段性目标。

（3）社会性别平等的重心从推动纳入主流转型到努力实现变革性性别平等。国际农发基金的大多数项目在设计和实施过程中非常重视性别平等问题，通常都会设置专门的项目活动，支持性别平等和妇女赋权。这些项目层面的性别主流化措施实施效果明显，但是很少触及性别不平等的根源，比如现有社会规范、态度、行为、社会制度等。而正是这些因素，从根本上阻碍着广大妇女享有平等的发展机会和权利。因此，近年来，国际农发基金运用性别主流化工作积累的经验，在项目设计和实施过程中大力推广和运用"家庭方法"、扫盲、妇女领导技能和财务能力提升、争取男性支持等行之有效的办法，使项目产生变革性性别影响。

三、国际农发基金推进社会性别平等的主要政策措施

国际农发基金推进社会性别平等的主要政策措施集中反映在2012年版《性别平等和妇女赋权政策》中。其主要内容简介如下：

（一）根本目标

国际农发基金推进社会性别平等的根本目标是加深国际农发基金扶贫项目的影响，增强项目的可持续性；目的是扩大国际农发基金对性别平等的影响，推动农村妇女赋权。实现这个根本目标和目的的路径包括三个战

略目标、五个主要产出和五个行动领域。

（二）战略目标

为了实现国际农发基金推进社会性别平等的根本目标，2012年版政策文件确定了三个战略目标。

战略目标1：促进经济赋权，使农村男女有平等的机会参与有利润的经济活动并从中受益。农村民众必须首先获得生产资料、技术和资金等财产，拥有更安全的土地使用权，更加紧密地连接市场，才能有效开展生产活动。他们也需要技术推广、培训和商业发展等方面的服务，以及参加体面劳动的机会。最重要的是，只有让他们享有劳动带来的效益，特别是收入和公道的工作报酬，才能使他们保持参与经济活动的兴趣和动力。

战略目标2：使男女在农村机构和组织中拥有平等的发言权和影响力。为了使农村发展成果有效和可持续，农村妇女必须对影响她们生活的各项决定具有更大的发言权和影响力。妇女和男性在经济和社会中通常扮演着不同的角色，因此他们的优先事项、需求和利益也可能各不相同。只有倾听妇女的声音，才能制定出符合客观要求的政策，为此必须有强有力的妇女代表。要消除各种障碍，推动妇女积极参加各级农村生产者组织、合作社和社区组织，并加强对妇女团体和农村生产者组织的支持。

战略目标3：使男女工作量的分配和对经济社会效益的分享更加公平平衡。改善供水、能源、道路、运输等基本基础设施和服务能够减轻农村生活的辛劳，减少日常工作量。对于既要照顾家庭又要从事生产劳动的广大妇女来说，这些基础设施和服务带来的好处尤其明显。投资开发生活用水水源、多用途用水水源以及各种经济实惠的省工省力技术，可以使人们从烦琐而重复的劳动中解放出来，并且推动实现更加合理的男女角色和责任分工。时间和精力的节省有助于农村民众改善生活水平和获得投身经济活动的机会。

（三）执行《性别平等和妇女赋权政策》的具体要求和方法

1.总体要求

国际农发基金在机构内部及其贷款赠款项目中，要把性别平等作为贯穿各领域的主题加以推动，重视妇女之间的年龄、国籍、种族、社会经济类别差异以及性别角色和关系的动态变化。要使用性别分析来了解男女的不同角色、利益和优先事项，量身定做相应的政策、项目和方案。必要时要并行开展以妇女为重点的活动，解决现有的经济和职业机会、决策以及工作量等方面的不平衡。在项目确定和设计过程中，要集中精力为农村女青年提供经济和社会发展机会。要根据实地经验进行持续学习和分析，提出更有效的方法，并为开展有据可依的宣传和政策对话提供信息。

2. 对项目工作的具体要求

在项目设计和实施过程中，要采用参与性方法，确保平等听取和重视农村男女、年轻人、原住民、穷人和富人等不同阶层的声音。要注重开展与整个家庭的合作，利用男女老少之间的积极互补性，确定新的角色和关系（其中包括解决代际平等问题），改善粮食安全和家庭收入，实现效益公平分享。要赋权农村男女民众，让他们来决定资金（如社区发展基金）应该如何使用，服务供应方应该如何选择。要提供资金支持，利用性别敏感型（gender-sensitive）技术推广、职业培训和其他学习交流方式，把普及妇女权益的实用知识与法律知识结合起来，帮助广大妇女和女孩培养自尊自信，提高知识水平和技术、领导、管理等技能。要有选择性地利用特定的妇女、男性或者青年配额指标（比如在项目决策机构保留特定位置），辅以能力建设等其他措施来推动性别变革。在项目和社区层面，要加强与男性、项目领导、社区领导的合作，共同推进性别平等。要与政府部门合作，创造有利的政策、体制和文化环境，支持性别平等和妇女赋权，实现长远积极影响。要在项目设计和实施过程中体现性别平等。

（四）主要行动领域

国际农发基金将重点落实五个方面的工作，以推进性别平等和妇女赋权。

1. 行动领域 1：国际农发基金国别业务和项目

产出：国际农发基金国别业务和项目系统性地解决性别平等和妇女赋权问题。

指标：（1）在贷款和赠款项目中增加对性别平等相关活动的投资；（2）提高贷款和赠款项目设计中推动性别平等方面的评分。

2.行动领域2：国际农发基金倡导性别平等，促进性别平等方面的伙伴关系和知识管理

产出：国际农发基金加强宣传、伙伴关系和知识管理，为实现性别平等作出更大贡献。

指标：（1）国际农发基金增加对性别问题有关国际论坛和出版物的投入；（2）把性别平等和妇女赋权融入国际农发基金的主要政策文件和知识产品；（3）在政策对话和推广国际农发基金扶贫模式过程中，重视社会性别问题；（4）增加与其他发展机构携手实施性别方面的合作项目数量。

3.行动领域3：项目执行伙伴和政府机构的能力建设

产出：合作伙伴解决农业和农村发展中性别问题的能力得到加强。

指标：（1）竣工项目的性别评分上升；（2）政府机构执行的支持性别平等和妇女赋权的项目数量增加、质量提高。

4.行动领域4：国际农发基金机构内部实现性别与职员的多样性平衡

产出：出台国际农发基金支持性别和多样性平衡的机构方法和程序。

指标：（1）国际农发基金聘用的P5职级以上女职员人数增加；（2）在定期进行的机构职员满意度调查中，男女职员对性别相关问题（比如工作和生活的平衡）的打分提高。

5.行动领域5：资源、监测和专业问责制

产出：国际农发基金的人力和财力资源、监测和问责制度完全支持性别平等和妇女赋权。

指标：（1）国际农发基金核心预算中用于支持性别平等和妇女赋权的经费增加；（2）国际农发基金高管在公共场合和媒体访谈中专门提到农业农村发展过程中性别问题的次数增加。

四、2022—2024年国际农发基金推进社会性别平等的工作重点

《国际农发基金第十二轮增资磋商报告》明确指出，2022—2024年国际

农发基金推进社会性别平等的主要工作重点包括：

（1）继续大力推动社会性别变革方法的全面运用。

（2）到2024年，确保35%的项目把促进性别平等作为重点支持活动。

第五节　营　养

一、营养问题的重要意义

营养不良，包括营养不足、微量营养素缺乏、超重与肥胖三个方面的问题，始终是人类可持续发展过程中迫切需要解决的重大课题，近年来越来越受到国际社会的广泛关注和高度重视。目前，全球大约有1.51亿儿童患有慢性营养不足，20多亿人患有微量营养素缺乏症，将近20亿成年人超重和患有肥胖症。而农村发育迟缓的儿童数量至少是城镇的两倍，严重影响他们的身体健康、劳动生产率和预期寿命。与此同时，城镇化、全球化和经济发展引起饮食与生活方式转变，进而导致超重和肥胖症发病率上升。全球现有超重和肥胖的成年人数量约为20亿人，而且世界各地，特别是中低收入国家的患者人数还在增加，农村的增速高于城镇。

2014年，"第二届国际营养大会"在罗马召开，通过了《罗马营养宣言》，号召各国共同努力，在世界范围内消除一切形式的饥饿和营养不良；强调了农业和粮食体系的重要作用。2016年，联合国大会宣布2016—2025年为"联合国营养问题行动十年"，为教育、卫生、农业等不同领域相关机构进行合作和协调提供了独特机会。世界粮食安全委员会的全球性政策论坛也更加重视营养问题，尤其是粮食体系在确保民众获得健康饮食方面的作用。

许多国家也把营养作为需要优先应对的问题。目前，已有60个国家加入"增强营养运动"（Scaling Up Nutrition Movement，SUN）。该运动是一个协调营养行动的多边平台，推动采用"多部门方法"来解决一切形式的营养不良问题。各国政府越来越认识到，要建设一个健康且运作良好的社会、提高经济发展水平，首先必须对营养问题进行投资。总的来看，营养不足造成的经济损失（特别是健康与教育成本及生产效率损失）达到GDP的2%—16%（UNECA，2014）。相对于把资金用于解决营养不良带来的问题，预防营养不良才是明智之举。早期营养不足对儿童的认知和身体发育都会产生难以挽回的影响，降低他们的学习成绩和长大成人以后的生产能力与收入水平。营养不足带来的影响往往会波及好几代人，因为母亲营养不足的话，新生婴儿发育不良的可能性通常也会更大。

所有形式的营养不良都和不良饮食有关。不良饮食是当前全球疾病的头号风险因素，其风险程度甚至大于不安全性行为、喝酒、吸毒及吸烟四个风险叠加在一起的总和。因此，健康饮食是预防一切形式营养不良的基本前提条件。国际社会已经认识到，农业和粮食体系投资对改善营养具有独特的和不可替代的作用，因为只有如此，才能为广大民众提供丰富多样的食物，实现均衡饮食和健康饮食。

二、国际农发基金推动营养主流化的实践

（一）现状和成果

国际农发基金从2013年起开始推进营养主流化，并制定了具有里程碑意义的"2016—2018年营养行动计划"，不仅为营养主流化提供了路线图，也推动了机构业务流程内营养问题的制度化，建立起了通过营养技术援助对项目和《国别伙伴战略》进行评审与支持的系统性程序。营养问题现在也已完全融入国际农发基金的所有机构战略和各项核心业务之中。

2010—2017年，国际农发基金支持的营养敏感型项目主要集中在通过增加粮食生产及多样化来改善当地粮食体系、通过营养教育和行为改变来增加营养知识和提高人们对营养问题的认识等方面。支持性别平等和妇女赋权的投资项目通常也重视营养问题。从食物种类看，国际农发基金营养敏感型投资以果蔬、谷物、家禽和小牲畜为主，也有少量涉及豆类、坚果类和根块类作物，而涉及营养价值高的奶、蛋、鱼等动物源食品则不多。因此，国际农发基金在增加对动物源食品的投资方面有潜力可挖，而且要

使项目受益群体认识到食用这些食品的营养价值。此外，还要开发那些具有营养效益且具有气候效益的非木材类森林产品。

国际农发基金的项目实践表明，加大以下四个方面的投资，对于改善营养具有非常重要的意义：（1）除粮食生产以外的贮存、加工、分配、销售等价值链各环节；（2）把环境、气候和营养三大方面结合起来的项目活动；（3）供水、环境卫生和个人卫生；（4）卫生、教育、社会保障等非农领域开展的营养问题政策对话和协调。

（二）主要经验教训

在执行"2016—2018年营养行动计划"的过程中，国际农发基金积累了八个方面的经验教训。

1.资金保障是实现营养主流化的关键因素

加拿大政府提供的"补充资金"对于实现"2016—2018年营养行动计划"的目标、改变国际农发基金对营养问题的认识和做法起到了至关重要的作用。另外，德国政府提供的资金也使得国际农发基金能够开展前沿研究，制定出指导营养敏感型价值链项目设计的实证指南，推动价值链在改善营养方面发挥作用。这两个案例表明，国际农发基金必须继续筹集资金，在营养工作中推动创新，扩大效益。

2.充分利用各种机会，使营养问题融入投资项目

重点是要支持营养敏感型农业和粮食体系，为广大民众提供产品安全、价格实惠、营养丰富的食物。虽然农业是当前机构营养敏感型投资的重点，但是需要寻找新的机会，使营养问题融入国际农发基金所有乡村开发项目之中，逐步改变那些阻碍农村人口粮食和营养安全的社会文化规范，应对超重和肥胖等营养挑战，从而改善农村人口的营养状况。具体的新机会包括：（1）寻找把营养问题融入价值链、农村金融、自然资源管理、社区赋权等国际农发基金主要投资领域的切入点，加强畜牧和渔业项目的营养主流化工作；（2）优化营养与其他跨部门主题（即性别、气候环境、青年）的连接；（3）增加供水、环境卫生和个人卫生方面的投资；（4）加强对营养丰富食物的投资，助力全体民众提高饮食质量；（5）探索应对超重和肥胖问题的切入点。

3.提高精准度

需要进一步努力，使每一个投资项目都能够制定实现营养目标的全面精准战略，加强对营养脆弱群体的精准扶持。

4.为项目能力建设提供支持

鉴于正在实施中的营养敏感型项目数量相对较大，国际农发基金应该把工作重心放在对项目实施提供支持上面，确保项目实现营养目标。需要建设足够的受援国国内营养技术、分析和管理能力，确保各项目管理部门都配备一名营养问题第一责任人。如果条件允许，可以在项目实施支持过程中把营养问题融入在建项目。

5.强化机构问责机制

"2016—2018年营养行动计划"将营养主流化作为国际农发基金整个机构的责任，但是需要对具体的角色和问责作出明确规定。

6.加强地区和国家层面的政策对话

在国际层面，国际农发基金已经在营养问题政策对话和伙伴关系中发挥了积极作用，但是要加强地区和国家层面的接触。

7.发展战略伙伴关系

扩大和深化与罗马粮农机构、其他联合国机构以及国际农业研究磋商小组各研究中心的现有伙伴关系具有重要意义。与区域组织的伙伴关系对于项目实施、政策接触和提高公众营养意识也至关重要。

8.实证收集和传播

自从营养问题被提上发展领域的议事日程以来，相关知识产品、资源和实证越来越多，对人们认识和了解营养敏感型农业发展的方式方法颇有帮助。更好地组织、包装和传播现有材料是项目实施机构获取知识、利用知识的关键。项目之间和国家之间需要更好地记录、学习和分享最佳做法。

三、国际农发基金"营养行动计划（2019—2025年）"的主要内容

该营养行动计划由正文和三个附件组成。正文部分阐明了制定行动计划的大背景，回顾了国际农发基金把营养融入业务模式的具体实践和成果，

介绍了行动计划的具体内容以及开展各项实施活动的措施和安排。下面是行动计划的主要内容：

（一）"变革理论"

"营养行动计划（2019—2025年）"首先描述了制定行动计划的变革理论，以此来厘清国际农发基金投资项目推动改善营养的影响路径（见图3.4）。

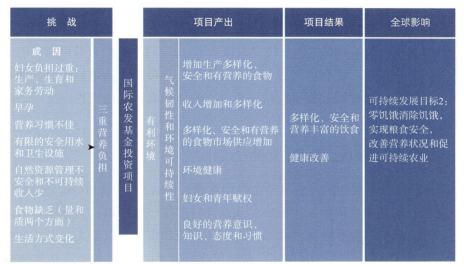

图3.4 国际农发基金"营养行动计划（2019—2025年）"的变革理论

（二）业务指导原则

在实施"营养行动计划（2019—2025年）"过程中，国际农发基金需要遵循下列四项业务指导原则：

（1）把营养和其他跨领域主题（即环境和气候、性别、青年）整合在一起，确保连贯性和提高效力。

（2）在投资项目建设中充分重视营养问题。国际农发基金虽然不资助独立的营养项目，但是在农业、粮食体系和农村开发项目的设计和实施过程中充分重视营养问题，努力使这些项目对改善营养作出贡献。要系统性地寻找营养融入项目的切入点和机会，及时发现潜在风险（比如水管理不安全引起的虫媒传染病、妇女负担过重等），制定相应的应对措施。

（3）采用"多部门方法"以及加强与其他机构的合作。有效应对营养问题需要依靠"多部门方法"，使政府各级相关机构都积极参与进来。要努力优化其他行业和部门在改善营养过程中的互补作用，尤其是要开展与健康、教育、卫生等部门的政策接触和协调，推动项目的整合和可持续性，使所有合作伙伴在传播营养信息的时候做到口径一致，拓展营养工作的空间。

（4）采用"生命周期方法"，通过饮食质量的改善，提高全体家庭成员的营养水平。为了确保"不让任何人掉队"，必须对家庭中营养最脆弱的成员予以重点关注。这些成员包括儿童、少女、育龄妇女、孕妇和哺乳期妇女，必须充分重视她们特有的营养要求，量体裁衣式地提供相应支持，满足她们的营养需求。

（三）行动领域、管理和实施方式

该行动计划提出国际农发基金推动营养工作的五个行动领域，分别是：制定营养敏感型《国别伙伴战略》和设计营养敏感型项目；实施项目的能力；政策影响、接触和伙伴关系；知识、交流和实证；以及人力资源和资金，并设置了相应的产出指标，制定了实现这些指标的主要活动与措施（见表3.4）。

在实施安排方面，国际农发基金承诺到2021年和2025年，要分别使1 200万人口和1 320万人口的营养状况得到改善。为了落实问责机制，国际农发基金将依托"项目与《国别伙伴战略》营养重视度分类系统"以及项目中期审查报告和监督报告，对执行该《行动计划》的进展情况进行常态化跟踪，并通过"国际农发基金发展有效性报告"和"国际农发基金业务指标监测表"（IFAD dashboard）进行报告。

表3.4　　国际农发基金"营养行动计划（2019—2025年）"绩效管理框架

全球目标（2030年可持续发展议程）	可持续发展目标2：消除饥饿，实现粮食安全，改善营养状况和促进可持续农业
战略目标（IFAD2016—2025年战略框架）	目标1：提高农村贫困人口的生产能力
发展成果/效果（国际农发基金第十一轮和第十二轮增资）	到2021年，1 200万人口的营养状况得到改善 到2025年，1 320万人口的营养状况得到改善
《营养行动计划》目标	增加国际农发基金投资对营养的贡献

行动领域1：制定营养敏感型《国别伙伴战略》和设计营养敏感型项目

产出	指标	核实手段
《国别伙伴战略》和项目系统性地考虑如何提高受益人口的营养水平	100%的《国别伙伴战略》为营养敏感型；到2021年，50%的新设计项目为营养敏感型；到2025年达到60%	国别伙伴战略 项目绩效管理系统

活动

1. 确保营养系统性地融入项目和《国别伙伴战略》设计或制定过程的各个环节之中
2. 《国别伙伴战略》和项目设计过程中要对营养状况进行综合分析，使营养问题融入《国别伙伴战略》和项目
3. 确保《国别伙伴战略》和项目设计团队获得技术援助，团队成员包括营养专家
4. 定期审查《国别伙伴战略》和项目，确定它们是否属于"营养敏感型"，供今后的设计借鉴

行动领域2：实施项目的能力

产出	指标	核实手段
加强项目管理团队和有关合作机构（政府机构、私营部门、非政府组织和农村机构）实施营养敏感型项目的技术、分析和管理能力	精准提供营养支持的人数 至少50%的在建项目在中期审查阶段的营养绩效评分为"4"（中等满意）或者以上 至少50%的在建项目在项目监督阶段的营养绩效评分为"4"（中等满意）或者以上 为项目实施合作机构至少提供一次营养敏感型农业与粮食体系的培训活动	项目绩效管理系统 培训报告

续表

活动

1. 与其他专门组织合作，提供能力需求方面的经纪服务（brokering services）
2. 所有营养敏感型项目的启动阶段，在《项目实施手册》中，对实施营养敏感型行动提供详细指导，包括职工和第一责任人的职责范围、营养调查及其他技术支持
3. 评估和建设项目实施的能力
4. 指定项目的营养问题第一责任人（特别是营养敏感型项目），为他们提供培训
5. 为项目实施及监督团队提供技术援助
6. 发展必要的伙伴关系，助力营养敏感型项目的实施
7. 推动项目、国家和区域之间的学习活动，包括南南合作与三方合作

行动领域 3：政策影响、接触和伙伴关系

产出	指标	核实手段
国际农发基金参与国家、区域和全球性政策影响平台，牵头宣传粮食体系和农业对解决营养问题的作用、小农在世界粮食和营养安全中的作用	到 2025 年，通过国家、区域和全球机构，至少完成 5 个推动营养大环境改善的政策性产品，如政策文件、活动宣传、联合发布、活动及媒体发布 每年至少举办 5 个扩大国际农发基金知名度的国家、地区和全球性营养问题政策活动，包括发言、主持和主办等 建立或确保至少 5 个战略伙伴关系	报告 考察、项目团组、差旅报告、进展报告、协议、联合产品

活动

1. 参加营养问题有关政策、宣传和知识分享平台，如罗马粮农三机构、联合国系统营养常设委员会、联合国网络、粮食安全委员会、非洲联盟、非洲发展新伙伴关系、东南亚国家联盟、非洲粮食安全倡议、可持续发展高级别政治论坛等
2. 为全球营养报告作出贡献，分享营养主流化的国别经验，如《世界粮食安全和营养状况》《全球营养报告》（Nutrition for Growth），《联合国营养行动十年》和《农村发展报告》《改善营养报告，促进发展》

续表

3. 参加国家政策对话，营造有利于国家需要的营养敏感型农业发展的环境
4. 参加国家一级的联合营养议程，如联合国国家团队、联合国发展援助框架、联合国"改善营养运动""重新努力消除儿童饥饿和营养不足"网络
5. 利用其他合作机构（联合国、私营部门、国际农业研磋商小组）的比较优势，通过资金、技术援助、推广及联合规划，提高国际农发基金的业务质量
6. 制定营养问题交流宣传计划，包括用于国家、地区和全球政策对话的交流信息

行动领域4：知识、交流和实证

产出	指标	核实手段
加强营养敏感型农业和粮食体系实证的发掘、包装、传播及使用	75%的项目从项目中收集最佳做法与经验的系统性方法制度化，使营养友好型衡量指标与技术进行研究，推动国际农发基金内部有效使用和知识产品 每年至少报告一个核心营养指标 每年至少完成一个战略知识产品，如工具包、"如何做"具体操作说明（How to Do Notes）、影像资料等，用于指导营养敏感型项目的设计、实施、监测评价和政策接触 制定执行助推研究及其他知识产品使用的传播战略	项目绩效管理系统、知识产品 传播战略

活动

1. 使不断从项目中收集最佳做法与经验的系统性方法制度化，编写一部分项目设计和实施过程中营养主流化最佳做法汇编
2. 对营养友好型衡量指标与技术进行研究，使营养敏感型项目有效使用内部的成果
3. 制定传播战略，推动国际农发基金内部有效使用和知识产品
4. 制定相关指南和工具包：
• 设计：支持营养敏感型设计，如状态分析、"变革理论"、"性别行动学习系统"及"家庭方法" 提供详细指导
• 实施：能力方法，成本计算模板、实施能力评估等
• 监测评价：使用项目周期内的项目效果和产出核心指标，基线调查和其他营养调查
5. 制作相关的知识产品，如分析原住民粮食体系的业务工具，应对超重和肥胖症的方法等

行动领域 5：人力资源和资金

产出	指标	核实手段
国际农发基金项目中营养主流化所需资源得到保障	为支持营养主流化议程，筹措足够的资源	合同
	到 2021 年，制作完成营养咨询专家名册并定期更新	名册
	每年至少为总部职员举办一次提高营养意识的会议，每个区域中心至少各举办一次	报告或影像资料

活动

1. 筹措用于执行本行动计划的资源

2. 制定筹资战略

3. 与其他主流化领域紧密配合，制作咨询专家名册

4. 通过各种手段和平台，根据职工的角色和职责，为他们提供营养主流化课题的能力建设

5. 开发一门营养问题在线学习课程（与其他主流化课题相结合）

四、2022—2024年国际农发基金推动营养主流化的工作重点

《国际农发基金第十二轮增资磋商报告》明确指出，2022—2024年国际农发基金推动营养主流化的主要工作重点包括：

（1）到2024年，确保"营养"问题全面融入60%的新项目设计。

（2）推动"营养"主题全面融入在建扶贫项目。

第六节　促进农村青年发展

一、促进农村青年发展的重要意义

全世界现有大约12亿青年，其中88%生活在发展中国家，而且他们中的大多数人都是农村青年。有效就业是青年发展的根本问题。据国际劳工组织统计，2017年全球约有7 100万青年处于失业状态。广大农村贫困人口普遍缺乏有报酬的就业机会，而青年面临的就业困难往往要突出得多。

近年来，发展中国家农村青年的生活生存压力越来越大。其症结主要体现为：广大农村青年既无法得到财产、物资和服务，也没有机会获得新的技能。这两方面的困难与失业叠加在一起，又进一步给青年带来了一系列问题，比如无法获得金融服务（financial exclusion，即所谓的"金融排斥"）、得不到土地，等等。而且，青年难民是一个需要引起各方关注的特殊脆弱群体。联合国儿童基金会的调查[①]显示，在移徙过程中，年轻人所得到的支持和服务明显不足。如何为他们提供教育、卫生保健等基本服务，仍然是一个巨大挑战。

尽管如此，国际社会逐渐意识到，发展中国家基数庞大的农村青年人口，再加上许多国家日益增长的对品种多样食物的需求，也提供了一个难得的发展契机，对于实现"2030年可持续发展议程"倡导的"为青年创造体面工作岗位""粮食安全"和"可持续生产"三重目标具有积极的促进作用[②]。

---

① A Right to be Heard：Listening to children and young people on the move.UNICEF，December 2018. www.unicef.org.

② OECD. 2018. The Future of Rural Youth in Developing Countries. Tapping the potential of local value chains. Paris，OECD.

二、国际农发基金促进青年发展的实践

投资项目是国际农发基金支持农村青年发展的主要业务工具。具体来说，重点是通过项目活动的实施，为青年创造就业机会，并积极探索青年友好型发展模式。近年来，国际农发基金通过贷款赠款项目，在发展中国家为农村青年创造了成千上万个工作岗位和创业机会。以布隆迪的价值链发展二期项目为例，国际农发基金的投资创造了3.3万个工作岗位，遍布项目支持的产品价值链。喀麦隆实施的国际农发基金项目计划创建5 000多家小微企业，其中30%的企业创始人是妇女，这些企业到2021年预计能够创造2万余个直接工作岗位。

与此同时，国际农发基金十分重视对切实可行的青年友好型发展模式进行探索，并提供资金支持。例如，摩尔多瓦的农村金融服务与农业综合企业发展项目为青年企业家提供了一揽子的贷款和配套资助，同时也为借款方和金融机构提供技术援助、培训及能力建设。该项目通过一系列的支持活动，打消了贷款方对贷款风险的疑虑，转而愿意向参与项目的农村青年发放贷款。在二期项目中，青年企业家的毛利润增长高达140%。

资金扶持对于促进农村青年创业起着至关重要的作用。马里的农村青年职业培训、就业与创业支持项目推动了一个颇具推广价值的创新，即与欧洲在线无息贷款机构巴比隆恩（Babyloan）公司合作，建立起面向法国马里籍侨民的专门融资平台，使他们可以通过这个平台向马里的农村小微企业家提供小额贷款。

三、国际农发基金《农村青年行动计划（2019—2021年）》的主要内容

《农村青年行动计划（2019—2021年）》（简称"行动计划"）首先指出，这个计划是国际农发基金开展青年敏感型农业和农村开发投资工作的框架与指南。"青年敏感型"项目是指具备三个主要特征的投资项目：首先，项目设计要对青年和他们所面临的特有挑战与机遇进行专门分析；其次，项目的精准扶贫战略要非常明确地把青年定为支持对象，制定如何确保项目对青年重点领域产生影响的具体目标和项目活动，并将这些目标和

活动反映在项目的"变革理论"、方法和成果框架中；最后，项目要专门分配资金，用于实施支持青年的项目活动。

"行动计划"提到，联合国对青年的正式定义是15—24岁年龄段的人口，但是各国通常会采用不同定义，比如非洲各国政府在制定青年政策时一般采用的是非洲联盟的定义，即18—35岁年龄段的人口为青年。因此，国际农发基金在《国别伙伴战略》和项目中将采用成员国本国的青年定义。

国际农发基金向成员国作出承诺，要努力为实现可持续发展目标1、2和8以及整个《2030年议程》作出应有的贡献。而这个"行动计划"的出台正是为了明确国际农发基金青年工作的战略方向，厘清2019—2021年需要重点支持的关键主题和行动领域，达到进一步推动青年经济赋权的目的（见图3.5）。

具体来说，国际农发基金将从五个大方向支持农村青年发展：（1）商业发展服务；（2）对农业机械化的投资和现代技术的运用，包括信息和通信技术的运用；（3）职业和技术培训；（4）为青年提供精准支持，比如：为青年人作为法人或初创的企业提供贷款及权益投资，积极引导侨汇投向农村青年发展和农业风险管理，鼓励广大青年积极加入农民组织、青年协会和合作社；（5）加强与政府和广大青年的接触，营造有利的政策框架环境。

影响	到2021年，通过对农村男女青年的社会和经济赋权，扩大国际农发基金投资对可持续发展目标的影响
效果	• 项目业务系统性地重视农村青年 • 提高能力，成功地与农村青年接触 • 对于以青年为中心的各种发展模式，积累更多的实证知识，加强战略沟通 • 成功的政策参与、伙伴关系和筹资
行动领域	• 开展青年敏感型国别业务 • 提高实施能力 • 实证知识管理和战略沟通 • 政策参与、伙伴关系和筹资
战略方向	• 商业发展 • 新技术和创新模式 • 职业培训和教育 • 精准支持青年 • 政策框架
挑战	由于无法得到财产、物资和服务，也没有机会获得新的技能，农村青年的生活压力越来越大，造成人口流动和失业

图3.5　国际农发基金投资项目赋权农村青年的"变革理论"

"行动计划"认为，在促进青年发展的过程中，国际农发基金的比较优势主要体现在一系列的优先主题和新兴主题上（见表3.5），重点是为青年创造工作岗位、促进就业，并努力使他们成长为创业者。与此同时，要积极加强与相关合作伙伴机构的合作，推动各个新领域内的工作进展。

表3.5　　　　　　　　　　　　　　优先主题和新兴主题

优先主题	新兴主题
青年就业和创业精神 获得土地和自然资源 获得农村金融服务 获得适应气候变化的生产技术和做法 能够创造收益的小农组织模式	体面就业 农业中的童工 少女、原住民青年和残疾青年

国际农发基金在推动性别、气候变化和营养主流化过程中的经验表明，只有建立健全机构自身的相关体制和系统，提升职员能力，确保国别业务规划实现"青年敏感"，同时营造出有利于青年工作的框架环境，才能持续推进青年发展和主流化。为了确保"行动计划"的执行，国际农发基金特意设置了一系列绩效指标来跟踪和管控实施进展（见表3.6）。

表3.6　　　　《农村青年行动计划（2019—2021年）》的主要产出指标

	开展青年敏感型国别业务	提高实施能力	实证知识管理和战略沟通	政策参与、伙伴关系和筹资
产出	• 100%的国别战略 • 50%的项目设计 • 提供赠款，推动创新 • 修订《精准扶贫政策》 • 监评指标按年龄分类	• 按区域颁发最佳项目奖 • 25%的项目青年受益对象实现技能提升 • 青年组织 • 咨询专家和服务供应商名册 • 国际农发基金能力建设 • 关于青年参与的指南	• 知识管理计划 • 宣传策略 • 5个案例分析 • 6个多媒体知识产品 • 区域性知识活动	• 建立农村青年顾问委员会 • 国家层面的政策参与 • 青年赋权运动 • 国际农发基金农村青年亲善大使 • 用于创新试验的赠款与资源 • 伙伴关系（包括体面工作岗位和童工） • 执行《联合国青年战略》 • 联合国经济及社会理事会会议 • 联合国机构间青年发展网络会议

"行动计划"强调，发展"青年敏感型农业"不仅关乎青年发展，而且对促进营养改善、性别平等和适应气候变化具有重要意义。在具体实践中，国际农发基金可以积极采取各种切实可行的措施，帮助广大男女青年生产和销售更多的以农作物、鱼类和牲畜为原料的营养食品，从而实现两方面的效果：既推动青年的经济赋权，同时也尽可能减少温室气体排放和环境影响。国际农发基金还可以为广大青年寻求更便利化的资金支持，使他们有机会获得气候适应技术，参与农业价值链，从而增加收入，改善粮食安全和营养状况。"行动计划"最后指出，各国国情千差万别，国际农发基金促进青年发展的项目方案也要力求因地制宜，使每一个项目都采用切合实际的方式，最大限度地推动"青年—性别—气候—营养"的有机结合、协同发展。

四、2022—2024年国际农发基金促进农村青年发展的工作重点

《国际农发基金第十二轮增资磋商报告》明确指出，2022—2024年国际农发基金促进农村青年发展的主要工作重点包括：

（1）到2024年，确保60%的新项目明确将青年和青年就业作为优先重点。

（2）推动"青年"主题全面融入所有在建项目。

第七节　农村普惠金融

一、农村普惠金融对减贫的重要意义

贫困人口的金融服务需求。传统的金融服务涵盖贷款、存款和支付服务。目前，全球范围内的正规金融服务业已经覆盖了大约7亿人，但仍有20多亿成年人无法享受银行服务。据世界银行2019年统计，2011—2014年，全球拥有交易账户的人口比例从42%升至54%。不过，这一相对人口数在不同地区之间存在较大差异。在撒哈拉以南非洲，拥有账户的人口比例同期分别是24%和34%。而且，移动货币供应商的许多户头通常都处于休眠

状态，尤其是贫困群体名下的账户。在每天生活费低于2美元的贫困人口中，大约77%的人没有正规账户。

农村金融体系。几十年来，发展中国家投向农业生产的资金高达上千亿美元，主要受益的是大型农业企业和土地所有者。小型农村企业和小生产者主要受益于信贷项目。绝大多数农村发展资金由政府和国有银行提供，其特点是还款记录差，补贴不可持续。到20世纪80年代后期，由于发展中国家债务危机而越来越注意财政纪律，对不可持续农业项目的投资相应减少。同时，发展中国家迅速进行结构调整和推进经济自由化，加上农业在国民经济中的重要性下降，国家逐步退出包括金融在内的农村相关行业。

制约农村地区金融服务发展的因素。据麦肯锡全球研究所测算，在发展中国家的广大农村地区，56%—72%的人口仍然不能获得金融服务。农村（特别是欠发达和人口稀少地区）的金融服务覆盖面远远赶不上城镇地区，造成这种局面的原因既有金融体系各个层级所面临的特有挑战，也有制约农村发展的其他总体因素带来的不利影响（比如基础设施差、文化水平低，等等）。世界银行指出，到2020年，全球仍有10亿人口无法获得金融服务，而且他们中的绝大多数是农村人口。

小额信贷。兴起于20世纪70年代的小额信贷在2010年之前一直是农村金融扶贫的样板模式，曾经帮助千百万农村民众摆脱贫困。但是，2010年印度爆发的小额信贷危机引起对小额信贷及其扶贫效用的国际性大辩论，使人们充分认识到小额信贷作为一个发展工具的作用与局限性（后者主要是指利率高、放贷无序、借款人无力还款等）。

业界普遍认为，为贫困人口提供贷款、存款和支付等金融服务，对实现"消除贫困"的可持续发展目标具有重要意义。之所以如此，是因为贫困人口在获得传统金融服务之后，能够依托金融服务网络，应对天灾人祸，从而降低进一步陷入贫困的概率。过去三十多年来，金融体系的发展对农村人口的生计产生了巨大影响。由于新型金融机构和工具不断涌现，金融服务业取得长足进步，服务覆盖面逐年扩大。保险、农业租赁和数字金融等新型金融服务逐步辐射到农村地区，其减贫效果尚待实践检验。

二、国际农发基金支持农村金融的实践

1981年至2019年1月，国际农发基金总共投资34亿美元，支持建设了506个农村金融项目，分别相当于同期国际农发基金项目总投资额的17.7%和项目数的48.1%。除贷款项目外，国际农发基金还提供4 230万美元赠款（相当于同期赠款总额的9%），用于支持农村金融活动。1996年以来，国际农发基金每年投向农村金融的资金约为1.2亿美元，但独立的农村金融新项目逐年减少，从2000年的30个降至2016年的6个。

国际农发基金于2000年制定了首个《农村金融政策》。它是指导国际农发基金农村金融工作的总体框架，也标志着国际农发基金农村金融项目活动重心的重大转变。《农村金融政策》的目的是"推动农村贫困人口获得可持续的金融服务，提高生产率、收入和粮食安全……增强农村金融机构的吸储、支付运营成本和偿还贷款、盈利能力，扩大储户和贷款客户覆盖面……在金融机构完全实现自我可持续性之前，帮助它们缩小股权或可贷资金缺口"。该政策文件认为，支持农村金融发展的重点是加强可持续农村金融机构建设。国际农发基金应该帮助解决业内相关各方参与、农村金融基础设施不足、机构可持续性及与农村贫困人口的联系、创造有利的政策监管环境等方面的问题。

2009年，国际农发基金推出新的《农村金融政策》。该版政策文件是在2000年版政策文件的基础上，根据2006年国际农发基金"农村金融绩效评估"的建议而制定的。相对于2000年版政策文件，2009年版《农村金融政策》的显著特点是，除继续把促进农村人口获得金融服务作为独立的目标外，农村金融还是实现妇女赋权、自然资源管理等其他发展目标的工具。政策文件采用"金融体系建设方法"，提出开展金融体系三个层面项目工作的指导意见，即微观层面（金融服务供应商的可持续性）、中观层面（建设有效的金融市场、二级和顶层机构）、宏观层面（政府政策和行业战略制定、确保对金融服务供应商和中观层面机构的监管）。2000年版和2009年版《农村金融政策》的主要议题对比如表3.7所示。

表3.7　　　　　2000年版和2009年版《农村金融政策》的主要议题

2000年版	2009年版
重点加强可持续农村金融机构 • 鼓励业内相关各方的参与 • 建设农村金融基础设施 • 提高机构可持续性及与农村贫困人口的联系 • 推动有利的政策与监管环境	指南：金融体系（微观、中观、宏观）三个层面的"整体方法" 六项指导原则： • 一系列的金融服务 • 多种形式的金融服务供应商 • 需求驱动型创新方法 • 基于市场的方法，以避免扭曲 • 长期战略、可持续性和减贫辐射影响 • 政策对话和有利于益贫型农村金融发展的环境

三、国际农发基金《农村金融政策》的主要内容

国际农发基金2009年版《农村金融政策》（以下简称"政策"文件）涵盖六个方面的内容，包括农村金融面临的新的挑战和机遇、对农村金融的界定、农村金融政策的目标、指导原则、指导方针和政策的执行。"政策"文件的附件介绍了国际农发基金农村金融业务活动取得的经验教训。

"政策"文件首先对"农村金融"进行界定，提出了开展农村金融项目活动的指导原则，并对国际农发基金支持农村金融发展的方式方法进行了阐述。

（一）界定"农村金融"

"政策"文件首先对下列专业术语的定义作了专门解释：

"农村金融"，指发生在农村地区家庭和机构之间的、与农业和非农业有关的金融交易。人们有时会以为，信贷是阻碍农业项目实现目标的必然诱因，因而错误地把农村金融等同于农业信贷。实际上，农村金融包含了农民和农村家庭所需要的全套金融服务，而不仅仅是信贷。

"微型金融"，指面向广大农村和城镇地区低收入民众与小规模商业经营者的金融服务。农村金融和微型金融是金融部门两个不同而又相互交叉的金融行业。

国际农发基金支持的农村金融活动，根据其特点可以称为"农村微型金融"。这里的"微型"是指国际农发基金为农村低收入人口从事农业和非农活动所提供的金融服务；"农村"系指服务对象的地理位置。金融服务和产品的覆盖范围是小农在牲畜、农机具、库房等方面的投资，提供流动资金和对风险防范措施提供资金支持。

农村地区的"金融服务供应商"包括商业和发展银行、非银行金融机构、合作社、小微金融机构、半正规和非正规组织（储蓄和信贷合作社、自助组、村储蓄贷款协会、金融服务协会等）、生产资料供应商和农产品加工公司。

"农村金融机构"，指农村金融机构以及农村小微金融机构。

（二）《农村金融政策》的目标

广大农村人口和小农无法获得正规和足够的金融服务，这是农村贫困的根源之一。国际农发基金的长远目标是要使农村贫困男女民众进一步获得农村金融服务，满足他们的生产和家庭生活需求，防范和降低风险。具体目标是：

（1）在微观层面，提高金融服务供应商的可持续性，同时推动它们公开透明地分享财务和社会绩效管理信息，包括提供贷款条件，特别是实际利率的透明信息。对客户（即受益群体）而言，国际农发基金要创造条件，使他们可以参与到可行商业业务的设计过程之中，并通过金融知识扫盲培训，增加他们对各种服务与产品的了解，从而成为"银行可以接受的"（bankable）客户。

（2）在金融基础设施层面，为行业协会和顶层机构等二级组织提供支持，使它们能够为从事零售金融业务的机构提供专业、有效的金融与技术服务，提高市场透明度。

（3）在政策和监管层面，改善广大金融服务供应商所处的政策和监管框架，使它们能够为低收入客户提供合适的产品和服务，保护农村贫困民众的储蓄和存款。

运用"多层面方法"建设普惠金融体系，是一项复杂而耗资巨大的事业。国际农发基金必须积极开展与相关机构的合作，建立伙伴关系，大力推动金融行业各机构间的相互补充、协同发展。能力建设、机构发展和宏观干预措施通常都是农村金融项目或子项目的投资重点，具体资金配置则根据项目活动的范围，视具体国情而定。

（三）指导原则

国际农发基金农村金融业务需要遵循六项指导原则：（1）支持农村人口获得一系列的金融服务，包括储蓄、贷款、汇款和保险。（2）推动多种形式的金融机构、模式和服务渠道，使各项干预措施符合当地以及目标群体的实际情况。（3）支持需求驱动型农村金融创新方法。（4）与私营部门伙伴合作，鼓励运用增强农村金融市场、避免金融行业扭曲、发挥国际农发基金资金杠杆作用的市场方法。（5）制定和支持把可持续性和减贫辐射影响作为重点的长期战略。这是因为农村金融机构只有具备竞争力和经济有效性，才能达到一定规模，从而真正负责任地为客户服务。（6）参与政策对话，营造有利于农村金融发展的大环境。

（四）指导方针和活动指南

"政策"文件提出了微观、中观和宏观三个层面的指导方针和活动指南。

1.微观层面——需求侧

（1）微观层面项目的指导方针——需求侧。

①充分认识农村贫困男女的金融现实，推动农村金融迈向成功。提供信贷并不总是放之四海而皆准的答案。对于贷款方而言，一笔贷款就是一份责任，因而也是一个风险，并且农村贫困人口的还贷能力极为有限。社会保障、资产转让、非金融服务等其他形式的支持，对非常贫困的人口可能更为合适。某些需求则可能要通过客户不太熟悉的其他服务来满足，比如保险。

②储蓄比其他金融服务更重要。储蓄可以帮助贫困家庭应对收入方面的冲击，减轻突发情况带来的影响。获得安全有保障的储蓄服务还有助于促进金融纪律。定期储户更可能及时还本付息，积累投资创业资金。

③客户教育和保护是国际农发基金成功开展农村金融投资的关键。储蓄必须得到充分保护，任何风险都需要解释得清清楚楚。金融知识扫盲培训

能够帮助客户理解和认识各种金融产品的收益和风险，以及产品的具体条款（如利率、保费等）。对业务绩效和创新型贷款方法保持公开透明，能够提高金融服务供应商的效率，促进机构之间的竞争，从而降低利率。

④客户和相关人员的参与极为重要。有效规划和实施国际农发基金投资项目，需要包括农村男女在内的客户和相关人员的积极参与，使他们成为用户，或者成为当地会员制金融机构的会员。参与模式可以具有文化特色，并按照性别、社会阶层或者团体隶属关系来确定。当出现纠纷时，需要平衡好社会和经济两个方面的因素，相关各方必须相互协商、妥善处理。

⑤监测客户满意度是良好的商业惯例。越来越多的金融机构已经把"社会绩效管理"引入核心业务，以进一步理解客户的偏爱和需求，跟踪客户的概况，客户对所提供服务的满意度，产品和服务对客户生活的影响以及流失率。

（2）微观层面项目活动指南——需求侧。

①评估金融服务需求、现有机构的供给以及供需之间的差距。不要把信贷预设为农村家庭发展的一个必然的制约因素。在此前提下，充分考虑和权衡各种能够对目标客户群生计起改善作用的金融和非金融服务。储蓄、收入转移和福利活动很可能更符合他们的需求。

②加强对男性和女性的支持，使他们获得金融服务；培养他们的技能，使他们有效参与对当地金融机构的管理和监督。

③重视存款的吸收，把它作为对客户的服务和为转贷业务筹集资金的工具。

④推动金融知识扫盲培训，帮助客户更好地理解金融服务的各种功能和条件条款。

⑤支持为储户、贷款方和贷款机构提供的保护性安排，包括透明度和审计要求、存款保险、人寿保险和其他贷款保护保险，以及获得"流动性交换"（liquidity exchange）。

⑥鼓励小微金融机构同意和采用"微型金融客户保护原则"。该原则明确了微型金融客户对供应商的最低要求。

2.微观层面——供给侧

（1）金融机构在发展的初始阶段常常会得到援助方或者投资方的支持。

其后的进一步发展则需要解决一个至关重要的问题，即机构的可持续性。能否实现可持续性，主要取决于机构的盈利能力、覆盖面、筹资水平和适当的经营法律地位。对金融机构提供支持的一个前提条件是，其商业计划应明确阐明实现可持续性的措施和重要标志。

金融机构的绩效决定着它究竟能够在多大程度上覆盖农村贫困家庭和提供长期金融服务。服务的质量和水平千差万别，取决于一个机构的制度和程序、管理水平和技能高低以及对员工的激励措施。

金融机构之所以需要援助方的支持，对于金融服务供应商来说，主要是为了增强它们在农村地区的服务提供能力；而对于非正规机构而言，则是帮助它们逐步走向正规化。提供培训和咨询服务、提高专业标准和购买营业资产均属支持范围。援助机构的支持应避免强化援助依赖症，而是转向实现农村金融机构的自主发展。

向从事零售金融业务的机构提供信贷额度的概率非常有限。国际农发基金的经验表明，在大多数情况下，提供信贷额度不仅不足以满足建立机构可持续性的需要，反而可能会损害市场。

通过项目对"社区管理的贷款基金"提供支持，可能是偏远或人口稀少地区及农村贫困家庭的一种有吸引力的替代方案，而正规的农村小微金融机构会发现这类业务成本高昂、难以负担。以储蓄为本的模式取得了可喜成果，但从一开始就用外来资金资助"社区管理的贷款基金"（比如"贷款周转金"）常常导致还款率低和基金倒闭。储蓄和信贷自助组通常开始只使用会员储蓄。自助小组（Self-help Group，SHG）在一段时间的成功借贷和收集自己的资源之后，可能会被指导去向商业贷方申请贷款以利用内部产生的资金。

信用担保在某些条件下通过承担部分贷款风险，可以支持面向穷人的金融交易。信用担保必须完全融入现有金融市场，并由熟谙市场的专业人士管理，才会行之有效。政府或公共风险管理专项工具在有效管理担保方面少有成功。而且，要充分评估对金融中介和客户提供担保的全部费用。

创新有助于拓展农村金融领域。创新需要一个试验阶段来进行测试和调整，以便为其他机构和其他领域的扩展和应用奠定基础。

（2）微观层面项目活动指南——供给侧。

①优先支持与现有市场和机构连成一体的健康金融机构。

②对有发展前景机构的改革提供支持。这种支持要以专业评估结论（尽职调查）为基础，在此过程中尽早寻求潜在合作伙伴机构的参与。

③在金融机构发展项目设计过程中，设置激励机制，推动内部能力建设和减少依赖性，并鼓励逐步将培训和技术援助费用纳入其机构预算。

④对金融机构的支持要在竞争的基础上进行，并且要订立绩效合同。合同以商业计划和退出机制为基础，制定明确的绩效基准。

⑤不能为客户提供贴息，也不应支持设置各种利率上限或者其他扭曲市场的机制。不干预项目所支持金融机构的运营。

⑥鼓励对小微金融机构的社会绩效进行评分，收集和监测相关财务指标和服务覆盖指标，建立合适的管理信息系统。国际农发基金支持的金融服务供应商均应加入"微型金融信息交换市场"，提高金融部门的透明度。

⑦国际农发基金向从事零售或批发业务的金融机构提供信贷的前提条件包括：一是市场缺乏流动性；二是由私营专业基金管理人或者机构对信贷进行管理；三是向零售金融机构提供贷款的利率等同或者接近商业利率；四是合作金融机构财务状况良好，不受政治干扰，可自主收取确保成本回收的利率；五是合作金融机构能够有效、透明地吸收和管理资金；六是有机会与其他再融资渠道建立联系；七是信贷偿还期内做出负责可靠的报告与监督安排。

⑧帮助储蓄互助组建立起可靠的组员存贷业务记录，鼓励它们与银行进行联系和融资。

⑨国际农发基金提供信用担保的前提条件包括：一是对信贷的需求可以衡量和量化；二是由独立和专业的金融机构对担保进行管理；三是零售金融机构承担绝大部分违约风险；四是能够获得足够的技术援助（合适的产品和送达机制、训练有素的员工、风险管理系统等），缓解与客户服务相关的制约因素和风险。

3. 中观层面

（1）中观层面项目的指导方针。

①良好的金融市场基础设施是普惠金融体系的基础。中观层面的干预

措施旨在降低交易成本，提高金融行业的信息和市场透明度，扩大成员机构的服务范围和获得融资的渠道，增强整个行业的技能。国际农发基金支持一系列的金融市场参与者，包括农村金融机构、国内评级机构、贷款信息局、支付系统、培训与技术服务供应商、专业认证机构的网络、协会和顶层组织。

②建设行业协会和顶层组织等二级机构，是一项长期任务。成功的协会和顶层组织由一系列目标推动建成：可持续会员机构的发展，评估市场潜力，根据与现金流量模式相匹配的标准做出贷款决策，以及监测和执行绩效目标。

（2）中观层面项目活动指南。

①对市场和影响进行评估，以便更好地了解中观层面的挑战和机遇。

②与其他在中观层面有丰富经验的发展机构紧密配合，表达农村贫困人口面临的问题和关切。

③有关政府部门在建设农村金融基础设施的过程中具有推动作用，可酌情把它们纳入以技术、能力建设和人力资源开发为重点的项目。

④确保顶层机构做出可靠的运营和财务预测，采用良好治理模式，并政治独立。

⑤帮助二级机构改善服务范围、能力和工具，以衡量零售机构的投资组合质量和成员机构的监督职能，以及其运营的可持续性。

⑥鼓励和支持金融行业的透明度。鼓励和支持它们使用标准格式的财务绩效和服务覆盖范围的报告工具。

4. 宏观层面

（1）宏观层面项目的指导方针。

①有利的政策环境是建设高效金融体系和有效发展农业与减贫的前提。宏观层面的一系列因素对于规避系统性风险特别重要，包括制定国家微型金融或农村金融政策或战略，放松对利率和汇率的管制，农产品价格和对外贸易自由化，建立保护财产和土地使用权并确保适当法律程序的法律制度，支持自主运营的金融机构和监管机构。

②审慎地对金融机构进行监管，对于金融体系的发展与稳定至关重要。至于究竟应该监管到哪种程度，则取决于金融机构的类型，特别是其吸储

水平。重要的是，要为合作性质的和私有的地方金融机构采用适宜的法律形式，为中央金融监管当局的自我调节行业网络提供能力建设，执行适当的审慎规范。

③国际农发基金农村金融项目的有效监督离不开正规金融机构的参与。监管范围之外的机构也可以参与项目，前提是它们正在稳步实现机构可持续性。国际农发基金项目还可以支持不受监管的各种存贷自助小组以及其他地方性金融组织，建立起它们与受监管金融机构之间的联系。这类项目支持中应设置相关机制，确保年度审计等地方监督职能发挥作用。小微金融机构绩效评估、内部控制和年度审计是项目监督团队监督项目的基本要素。应该向国家监管机构提供支持，加强金融市场建设，防止市场扭曲，同时改进伙伴机构以及各级监管部门的治理。

（2）宏观层面项目活动指南。

①支持政府部门制定农村金融政策、行业战略和扶贫措施，建设普惠金融体系。

②支持金融领域覆盖农村贫困家庭方面的评估。

③参加为市场导向型农村金融营造有利环境的政策对话，帮助解决农村金融发展面临的关键问题。

④协助政府制定符合国际良好实践和有利于金融体系稳定的政策与战略。

⑤协助政府的机构能力建设，切实履行对农村金融行业的监管职能。

（五）《农村金融政策》的执行

为执行《农村金融政策》，国际农发基金需要积极开展四个方面的工作：监测执行效果；提高国际农发基金的农村金融业务能力，并将其在农村金融方面积累的经验形成知识产品；开展创新型金融工具的试验；提供支持文件。

四、农村金融领域的新问题和应对措施

总的来说，2009年版《农村金融政策》是建立在"原则"基础上的综

合性文件。它阐明了农村金融行业面临的挑战和机遇，对"农村金融"以及与这个行业有关的各方面角色进行了界定，明确了国际农发基金支持农村金融发展的目标、方法和需要考量的相关政策，提出了开展农村金融工作的指导原则，制定了执行各个层面项目的指南，还对不同国情条件下以及金融体系各个不同层面的农村金融工作提出了指导性意见。

2009 年版《农村金融政策》具有充分的广泛性和通用性，涵盖了许多相关主题。但是，随着国际发展环境的不断变化，更多新的问题涌现出来，其中包括气候变化、性别问题、日益加深的城镇化，等等。尽管国际农发基金的最新战略文件试图反映这些新变化和新问题，但是，2009 年版《农村金融政策》由于制定时间的缘故，无法涵盖农村转型和价值链等新的重点领域。为了弥补《农村金融政策》与快速变化的发展环境之间的差距，国际农发基金发布了一系列关于普惠金融服务新战略问题的文件，为开展农村金融项目提供战略方向。同时，在 2009 年版《农村金融政策》框架下，国际农发基金从 2010 年起陆续开发出工具箱（toolkits）、说明（notes）和手册等形式的普惠金融服务指导工具，作为项目设计与实施过程中应对普惠金融服务新领域的业务指南。

第八节　与私营部门合作

一、与私营部门合作的重要意义

目前，发展中国家实现"可持续发展目标"面临着巨大的资金缺口。据统计，国际社会每年为发展中国家提供的官方发展援助约为 1 978 亿美元（2017 年数据），其中投向农业部门的金额为 108 亿美元，约占 5.46%[①]。而仅仅是为了实现"可持续发展目标 2：零饥饿"，每年就需要 1 800 亿美元的额外资金，是 2017 年官方发展援助对农业部门资金支持的 16 倍。与此同时，发展中国家约有 7 500 万农村青年待就业，他们的脆弱性由于气候变化的影响而日益加剧。这些数据表明，要如期实现可持续发展目标和有效应

[①] 联合国粮食与农业组织援助监测网（AIDmonitor）。

对青年失业和粮食不安全等全球性挑战，需要大幅度提升行动力度和扩大投资规模。

私营部门提供全世界90%的就业岗位，是小生产者连接市场、技术、服务和创新的重要渠道。在小农农业和农村发展过程中，私营部门提供就业机会，创造财富，发挥着非常重要的作用。私营实体促进与市场的连接，开展创新，提供技术支持、培训和农村金融等基本服务，保障生产资料和要素的供应。它们在这些方面的贡献与政府部门、非政府组织以及民间团体的服务相互补充，相得益彰。同时，私营部门也越来越认识到，尽管存在各种各样的挑战，小农和农村中小微企业都是尚待挖掘的商机，因此正在积极寻求合作伙伴，帮助它们与农村中小微企业对接。对于国际农发基金等多边发展机构而言，这也是进一步探索和深化与私营部门合作的大好机遇。

二、国际农发基金与私营部门合作的实践

国际农发基金始终重视与私营部门的合作伙伴关系。特别是进入新千年以来，随着2005年《私营部门发展和伙伴关系战略》的制定和实施，这种合作伙伴关系得到进一步发展，主要表现在两个方面：一是在《国别伙伴战略》制定过程中，国际农发基金加强了与私营部门的对话和协商；二是"价值链发展方案"在国际农发基金贷款项目中的份额越来越大，到2018年已经占到大约70%。国际农发基金以价值链开发项目为平台，利用"公共—私营—生产者伙伴关系"（Public-Private-Producer Partnerships，4Ps）等手段，为私营企业和小生产者牵线搭桥，开展合作，促进了项目区贫困人口与市场的连接，扩大了项目受益对象的就业和创收机会。国际农发基金还与玛氏食品等多家跨国公司达成合作意向，开展项目层面的合作。

国际农发基金主要采用三种模式，发展与私营部门的价值链伙伴关系：一是"合约安排"模式，由国际农发基金向种植作物的个体农民或者订单农业项目提供支持；二是"合作社导向模式"，即国际农发基金提供支持，帮助农民合作社拓展业务，提升它们与私营实体合作的能力；三是"合资"

模式，由国际农发基金提供支持，帮助农民入股的合资加工实体。

国际农发基金与私营部门的直接合作仍然受到较大制约，主要的难点有两个：一是缺乏业务工具。农村中小微企业和农民组织的发展需要资金和技术支持，仅仅依靠公共项目是远远无法满足这个需求的。因此，必须加强与私营部门的合作，推动中小微企业的发展。国际农发基金的当务之急是开发出与私营部门直接合作的专门工具。二是机构专业能力不足。国际农发基金通过近年来的具体实践，在推动"公共—私营—生产者伙伴关系"和项目合作方面积累了有益经验。但是，如何进一步深化与私营部门的合作，特别是推进较为复杂高端的合作模式，机构自身的专业人才队伍和能力尚须加强。

为解决上述难点问题，推动与私营部门的直接合作，国际农发基金于2019年制定了新的《私营部门合作战略（2019—2024年）》，出台了一项重大创新举措，即国际农发基金可以直接接受私营企业的资金，也可以直接向私营企业提供资金。配合新版战略的制定和实施，国际农发基金同时制定了"非主权业务框架"（Framework for Non-Sovereign Operations）。战略和框架文件的出台，为国际农发基金直接与生产者组织、青年创办的中小微企业等私营实体开展合作奠定了坚实基础。

三、国际农发基金《私营部门合作战略（2019—2024年）》的主要内容

国际农发基金《私营部门合作战略（2019—2024年）》由正文、四个附件以及四个附录三大部分组成。其中，正文包括三个章节，分别是"背景和原理""国际农发基金与其他发展机构的经验教训""私营部门合作战略（2019—2024年）"。附件和附录提供了专业知识、合作项目等方面的相关信息和详细资料。

该战略文件的主要内容概述如下：

1. 目的和合作原则

《私营部门合作战略（2019—2024年）》的目的是：通过吸引私营部门投资和技术，使小生产者和农村地区受益，增强国际农发基金的发展影响，

尤其是对"可持续发展目标1：无贫穷"和"目标2：零饥饿"的贡献。

《私营部门合作战略（2019—2024年）》的合作原则是：在与私营部门的合作中，国际农发基金要善于取舍，确保合作各方的透明度、诚信、独立和中立、明确约定的责任和问责制。在审核与私营部门合作有关业务过程中，要遵循五项原则：相关性、附加值、发展影响、风险以及环境和社会治理标准。

其中，"相关性"是指与《国别伙伴战略》、政府优先事项以及国际农发基金的宗旨相匹配。"附加值"是指相对于其他资金来源，国际农发基金是否带来增加值、是否能够提供市场渠道无法或者不愿意提供的资源。"发展影响"是指为国际农发基金核心目标群体（小农、妇女、青年等）所带来预期发展效益的规模。"风险"系指合作项目的潜在风险，缓解风险的措施是否适当，合作项目能否最终实现可持续运营。"环境和社会治理标准"是指合作项目对环境质量和可持续性带来什么影响，项目是否符合环境和社会治理标准。在这五项原则中，风险评估和管理是重中之重。

2.目标和主要行动领域

《私营部门合作战略（2019—2024年）》提出了两个目标：

目标一：筹措私人资金和投资，投向中小微企业和小型农业。为实现这个目标，要采取两个方面的措施，一是使用具有催化剂作用的金融工具，引导私人资金投向农村中小微企业和小型农业；二是利用国际农发基金的贷款和赠款项目，吸引私营部门投资。

目标二：为农村贫困人口拓展市场，增加他们创收与就业的机会。为实现这个目标，也要采取两个方面的措施，一是携手私营部门参与者，共同发展包容性价值链；二是测试和推广新技术以及具有成本效益的解决方案。

3.主要方法和实施方式

实施该合作战略的行动计划具有六个主要特点：

一是循序渐进地扩大与私营部门的合作。2019—2024年，国际农发基金将实施少量的私营部门合作项目，在此基础上，根据资源状况和机构能力酌情扩大规模。

二是确保成员国主导权，并与政府紧密合作。要尽早在私营部门合作项目的识别阶段开展与政府的协商，征求意见。与私营部门进行的大型合作项目均须得到政府的"无异议"反馈。要积极开展与政府的接触和对话，改善私营部门对农村进行投资的宏观政策环境，并提供相关能力建设。

三是避免使命异化，做到善于选择和重点突出。要把重心放在以小农和农村无业青年为受益对象的私营实体合作项目上。国际农发基金对此类项目的投资应重点投向农村中小微企业，把小农、妇女和青年作为目标群体。

四是加强与其他发展伙伴、罗马联合国粮农机构以及其他联合国机构的合作。要尽可能与这些机构合作实施项目，开展知识分享，推广最佳做法。

五是寻求更多资源，避免出现对国际农发基金自有贷款和赠款项目的替代风险。2019—2021 年，国际农发基金与私营部门的合作项目不会使用成员国的增资捐款。要积极从多边和双边渠道筹措额外资金，加强从慈善基金、影响力投资者等私营机构的募捐。从 2022 年起，国际农发基金可酌情分配少量自有贷款和赠款投资，投向与私营部门合作项目。

六是私营部门合作项目的资金配额不纳入国际农发基金"以绩效为基础的资金分配机制"，而是根据前面所述的五项原则来进行分配。

四、2022—2024 年国际农发基金与私营部门合作的工作重点

《国际农发基金第十二轮增资磋商报告》明确指出，2022—2024 年国际农发基金与私营部门合作的主要工作重点包括：

（1）创建"私营部门融资计划"（Private Sector Financing Programme），作为国际农发基金与私营实体开展直接合作的专门平台。该平台的目的是吸引私营部门投资，促进私营部门专用技术和创新在扶贫项目活动中的运用，使它们惠及广大小生产者和农村民众，支持的重点是农村青年、妇女和适应气候变化的能力。

（2）加强国际农发基金自身的机构能力建设，提高开展各种私营部门合作业务的专业水平和风险管理能力。

第九节 南南合作与三方合作

一、推进南南合作与三方合作的重要意义

南南合作是指"南方国家"（或"全球南方"，即发展中国家）之间进行的知识、技术、发展方案和其他领域的合作，"具有自愿性、参与性和需求驱动性质"，"可在双边、区域或区域间展开，使发展中国家能够考虑到南南合作的原则，通过协同努力实现发展目标"[①]。三方合作是指由第三方（主要是指发达国家和国际组织）牵线搭桥和参与而促成的两个或多个发展中国家进行合作的伙伴关系。南南合作和三方合作是对北南合作（即发达国家与发展中国家之间合作）的有益补充，是实现发展中国家可持续发展的重要手段。国际社会一致认为，南南合作"不应被视为官方发展援助"[②]。

近年来，随着发展中国家人口数量的增加和经济、政治影响力的增强，南南合作与三方合作的规模不断壮大。一个非常显著的标志是，部分中等收入国家逐步从发展援助的"受援国"转变成"捐资国"，而且设立了专门的发展合作机构，负责开展和推动与其他发展中国家的合作。据联合国统计，2015年全球约有63%的发展中国家提供各种形式的发展援助（2017年上升为74%），总金额到达260亿美元，相当于当年经济合作与发展组织成员国官方发展援助实际支付总额（1 300亿美元）的五分之一。

南南合作与三方合作作为发展合作的重要方式，特别适用于农业和农村发展。这是因为，从地理分布上看，广大发展中国家幅员辽阔，既涵盖热带、亚热带地区，也包括干旱、半干旱地区，还有岛国等，在不同地区之间不难发现相似的自然气候环境条件、相同的农业生产模式和技术。因此，农业领域的经验、方案和创新易于推广应用到条件相似的其他地区。

---

①② 联合国，《第二次联合国南南合作高级别会议布宜诺斯艾利斯成果文件》，2019年4月。

二、国际农发基金推进南南合作与三方合作的实践

从 2015 年第十次增资以来,国际农发基金积极推进南南合作与三方合作,将其作为向广大发展中国家农村贫困人口提供有效发展方案的重要机制。2015 年制定的《国际农发基金 2016—2025 年战略框架》专门强调了南南合作与三方合作的重要性,首次把它视为实现机构减贫宗旨的重要手段,提出了国际农发基金开展和加强南南合作与三方合作的战略方向。根据该战略框架的精神,国际农发基金于 2016 年推出《南南合作和三方合作方法》,作为推进南南合作与三方合作的具体业务指南。

五年来,国际农发基金推进南南合作和三方合作的实践主要体现在以下三个方面:

一是推动南南合作与三方合作在业务活动中的主流化。区域和国家层面的南南合作与三方合作活动逐步融入国际农发基金的贷款和赠款项目之中,而且规模不断扩大。《国别伙伴战略》的"业务程序和指南"专门在南南合作与三方合作方面提出了要求和规范。

二是扩大南南合作和三方合作伙伴关系。继续开展和深化与南方国家、非洲绿色革命联盟和罗马其他联合国机构等组织的合作。设立"中国—国际农发基金南南及三方合作专项基金",资助实施南南合作项目活动。

三是推动重点专题领域的知识交流。积极参与全球和区域性知识交流活动,推介最佳实践,加强与其他机构的伙伴关系。开发"农村发展解决方案门户网站"(Rural Solutions Portal),并于 2018 年开通上线。

根据 2019 年对《南南合作与三方合作方法》执行情况的自我审查,国际农发基金提出需要加强的四个方面工作:(1)加强国别、区域和全球层面南南合作和三方合作活动的相互联系;(2)建立国际农发基金南南合作与三方合作资料库,更好地跟踪相关业务活动;(3)制定专门的绩效框架和监评方法,对南南合作与三方合作的有效性和效率进行评估;(4)进一步扩大合作伙伴规模。目前,国际农发基金正在制定新的《南南合作与三方合作战略》,计划在 2021 年内提交执董会审议和批准。

三、"中国—国际农发基金南南及三方合作专项基金"

"中国—国际农发基金南南及三方合作专项基金"成立于2018年2月，是由中国政府出资1 000万美元，在国际农发基金设立的首个南南及三方合作专项基金。该基金的目的是从"全球南方"动员知识、技术和资金，加快减贫进程，促进农业发展，推动可持续乡村转型。

专项基金支持的优先重点包括三个方面：一是推动创新，增强农村民众的生产、管理、资金和市场能力；二是开展包容性生产和经营模式的试点，帮助农村民众从农业和非农业生产活动中获得更高的收入；三是推动发展中国家之间的投资和贸易，改善对农村民众的服务和市场对接。该专项基金支持的主要项目活动包括：发展中国家之间分享和应用行之有效的发展方案，孕育技术创新和转让，为企业间的对接牵线搭桥和发展私营部门合作关系，促进南南贸易与投资。

截至2020年底，该专项基金先后分两批批准了15个南南及三方合作项目，在非洲、亚洲和拉丁美洲十余个国家实施价值链发展、水产养殖改良、气候智能型商业模式、农村青年就业、改善营养、促进农村投资等项目活动。项目的执行和合作单位既有政府机构和联合国组织，也有私营企业和科研院所，还有非政府组织和区域性团体。

2020年暴发的全球新冠肺炎疫情对发展中国家农村民众的生计和粮食安全产生了前所未有的严重影响。为配合国际农发基金的全球疫情应对行动，该专项基金决定把全部剩余资金用于支持发展中国家农村民生恢复和重建的项目活动，重点包括：

（1）提高农民和农民组织应对各种灾害的能力，比如兴建发展速度快的替代型农业和农村企业，保持和产生足够的高质量粮食产品。

（2）消除阻碍农民与市场对接的各种障碍，促进他们与市场的连接，其中包括确保安全有保障、卫生达标的运输，支持各种确保市场保持开放的措施。

（3）依托数字服务，向小农生产者提供与农业密切相关的最新信息，比如生产、天气、市场价格，等等。

（4）对小农生产者进行贸易能力建设，包括提供相关技术和服务，使他们能够达到海外市场的质量和卫生标准。

四、2022—2024 年国际农发基金推进南南合作与三方合作的工作重点

《国际农发基金第十二轮增资磋商报告》明确指出，2022—2024 年国际农发基金推进南南合作与三方合作的主要工作重点包括：

（1）制定新的《南南合作与三方合作战略》。新战略的制定将充分吸取近年来国际农发基金开展南南作合作与三方合作的有益经验和教训，把重点放在努力使南南合作与三方合作主流化上，强化国际农发基金作为减贫发展方案创新者和知识传播者的地位与作用。

（2）建立"南南合作与三方合作多边专项基金"（Multi-donor SSTC Financing Facility），筹措额外资金，助力广大发展中国家贫困农村地区生计的恢复、重建和韧性。

国际农发基金成立四十多年来，秉承减贫宗旨，助力发展中成员国发展粮食生产，促进粮食和营养安全，并始终把农村贫困人口放在中心位置。在全体成员国的大力支持下，机构减贫业务从最初的贷款赠款项目逐步扩展到以国别项目为主，同时积极推进政策对话、伙伴关系和知识管理等重要领域合作的运营模式，努力推动农村可持续转型和为实现可持续发展目标作出贡献。本章第一节简要回顾国际农发基金在全球五大受援地区的业务分布概况，第二节详细介绍国际农发基金与受援国合作的纲领性文件《国别伙伴战略》及其制定过程中需要遵循的原则、程序和主要内容，第三节和第四节分别梳理"基于绩效的资金分配机制"和"借款资金分配机制"这两大资金分配机制的演变和具体特点，第五节至第七节重点介绍贷款、赠款、补充基金和知识产品等主要业务工具。

第一节　概　述

国际农发基金业务按照地域划分，覆盖亚太地区、东南非地区、中西非地区、拉丁美洲和加勒比地区，以及近东、北非和欧洲地区这五大区域。自成立以来，执董会共批准了4 047个贷款和赠款项目，项目总投资额约514.6亿美元，其中国际农发基金援助资金约225亿美元。截至2019年底，在建项目有203个，涉及援助资金约75亿美元，带动成员国国内配套资金58亿美元和国际联合融资34亿美元。

国际农发基金贷款赠款项目支持的六大主要领域是农业和自然资源管

理（占总投资的33%）、社区驱动型发展和人类发展（7%）、市场及相关的基础设施建设（18%）、微型和小型企业（9%）、政策和机构支持（8%），以及农村金融服务（13%）。此外，项目支持也涵盖文化遗产、自然灾害应对、可再生能源、知识管理、监测评价等领域。

表4.1　　　　　　　1978—2019年国际农发基金业务概览

	2015 年	2016 年	2017 年	2018 年	2019 年	1978—2019 年
贷款及债务可持续框架赠款项目						
获批项目数量（个）	37	22	34	28	34	1 125
金额（万美元）	114 340	70 370	127 620	112 130	162 540	2 096 160
赠款项目						
获批项目数量（个）	70	53	56	49	36	2 879
金额（万美元）	7 360	5 690	6 160	6 780	3 950	126 950
小规模农业适应规划						
获批项目数量（个）	14	5	3	—	—	43
金额（万美元）	8 410	2 900	500	—	—	27 100
联合融资	84 990	13 120	14 600	33 650	157 730	1 263 220
多边投资（万美元）	81 760	7 320	12 910	21 430	143 640	1 032 220
双边投资（万美元）	2 120	5 410	300	2 530	12 340	194 010
非营利组织（万美元）	—	400	780	140	1330	7 850
其他（万美元）	1 110	—	610	9 560	430	29 140
国内配套资金（万美元）	80 400	36 720	71 820	68 670	146 030	1 740 030
项目总额（万美元）	288 130	123 900	212 660	216 030	467 730	5 146 200

资料来源：《国际农发基金2019年度报告》。

（1）亚太地区。近年来，亚太地区经济增长势头强劲，但是在实现可持续发展目标方面仍面临严峻挑战。特别是在农村地区，不平等和边缘化问题依然阻碍着实现可持续发展目标的进程，而且气候变化对人们生活的影响也日益加剧。在全球各种与气候有关的自然灾害中，45%发生在亚太地区。因此，国际农发基金在这个地区的业务重点是气候复原能力和解决边缘化问题。与此同时，亚太地区正在加速转型，这为那些尚未从过去几十年经济发展中受益的群体带来了难得的潜在发展机会。依托经济的持续增长，各国政府加大了对通信、交通和社会保障等方面的投入。随着收入的增加和中产阶级人口规模的扩大，人们对于食物的需求量和种类也在发生变化。国际农发基金亚太地区项目以农村妇女和青年为重点受益人群，帮助农村地区更好地适应气候变化，改善营养状况，在促进经济转型的同时，确保减贫"不让任何人掉队"。截至2019年底，亚太地区共有在建项目59个，覆盖20个国家，总投资额约26.29亿美元。该地区前五大受援国分别是孟加拉国、印度、中国、巴基斯坦和印度尼西亚。

（2）东南非地区。东南非地区人口结构的最突出特点是24岁以下年轻人在总人口中的占比最大。预计到2030年，整个非洲地区每年将有3 000万青年进入劳动市场，由此可以看出，青年发展是该地区实现可持续发展目标的关键。此外，性别不平等一直是农村地区长期存在的问题，不仅影响着广大农村妇女和儿童的生活和处境，而且也阻碍了农村地区的持续发展。因此，近年来国际农发基金东南非地区的业务重点是为青年创造就业机会，同时聚焦农村妇女赋权，大力从国家政策层面到基层社区组织全方位地促进性别平等。截至2019年底，东南非地区共有在建项目43个，覆盖16个国家，总投资额约16.84亿美元。

（3）中西非地区。中西非地区深受贫困、饥饿、青年失业率高、气候变化和农村边缘化等多重问题的困扰。该地区40%以上的人口处于绝对贫困状态，他们中的大多数人居住在农村地区；60%的年轻人是农村居民，其中半数以上无法充分就业或失业。这些问题极大地影响着该地区实现可持续发展目标的进程，也加剧了萨赫勒地区日益严峻的不稳定局势。不过，该地区部分国家近年来发展速度较快，整个地区人口结构年轻化，对国内外投资也越来越具有吸引力。依托这些发展机遇，国际农发基金加强与中西非地区受援国合作，为农村人口尤其是青少年提供技术培训等能力建设支持，同时积极在农村地区创造有吸引力的就业岗位，为广大农村青年提供就业机会。截至2019年底，中西非地区共有在建项目38个，覆盖20个国家，总投资额约16.39亿美元。

（4）拉丁美洲和加勒比地区。相对于其他地区，拉丁美洲和加勒比地区国家的整体经济发展水平较高，但不平等和边缘化仍然是主要挑战。因此，国际农发基金拉丁美洲和加勒比地区业务的重点是解决边缘化等问题，优先确保更多的妇女、青年和原住民成为项目受益群体。截至2019年底，拉丁美洲和加勒比地区共有在建项目28个，覆盖17个国家，总投资额约

5.54亿美元。

（5）近东、北非和欧洲地区。环境脆弱和局势不稳定是近东、北非和东欧国家农村地区面临的两大严峻挑战。长期持续的地区冲突造成大量难民流离失所，而气候变化带来的荒漠化又使本已脆弱的地区问题变得更加严重。此外，地区冲突也严重影响着农业生产，使得这个地区营养不良的人口数量在过去十年间翻了一番。脆弱的体制和经济发展往往带来更为严重的社会不平等问题。在此复杂的社会背景下，国际农发基金聚焦体制能力建设，溯源气候及环境问题，促进青年和妇女就业，多维度帮助受援国逐步建立起稳定的经济社会环境。截至2019年底，近东、北非和欧洲地区共有在建项目35个，涵盖17个国家，总投资额约9.85亿美元。

表4.2　　　　　　1978—2019年国际农发基金各业务地区项目概览

	1978—2009年	2010—2012年	2013—2015年	2016—2018年	2019年	1978—2019年
中西非地区总金额（万美元）	192 620	59 230	58 710	63 950	55 400	429 900
项目数（个）	182	21	18	15	10	246
东南非地区总金额（万美元）	213 110	61 990	60 240	73 100	45 200	453 650
项目数（个）	155	17	15	16	10	213
亚洲和太平洋地区总金额（万美元）	360 540	85 430	102 480	109 570	35 910	693 930
项目数（个）	204	26	27	20	8	285
拉丁美洲和加勒比地区总金额（万美元）	167 000	26 520	22 010	24 790	3 950	244 270
项目数（个）	139	16	12	14	2	183
近东、北非和欧洲地区总金额（万美元）	183 520	36 600	34 920	42 680	23 500	321 210
项目数（个）	144	18	15	17	4	198
国际农发基金总投资（万美元）	1 116 780	269 770	278 350	314 080	163 960	2 142 950
项目总数（个）	824	98	87	82	34	1 125

资料来源：《国际农发基金2019年度报告》。

第二节　国别伙伴战略

国际农发基金和其他联合国机构及国际金融机构一样，在与受援国开展业务合作的过程中，需要定期制定国别战略，确定双方合作的战略方向和目标，指导合作伙伴关系的发展。国际农发基金国别战略的英文全称是Country Strategic Opportunities Programme（COSOP），本书通称为《国别伙伴战略》。

一、《国别伙伴战略》的性质

《国别伙伴战略》是指导国际农发基金与受援国开展合作的纲领性文件，其主要目的有四个：一是全面分析受援国的农村贫困状况和减贫需求、机遇和挑战、其他发展援助机构的业务和经验，以及国际农发基金在该受援国的经验教训；二是充分认识和剖析受援国政府以及各类发展援助机构的减贫政策和关注重点，确定国际农发基金的作用、合作潜力和角色；三是明确国际农发基金与受援国开展农村减贫政策合作的重点领域和方式，特别是在改善农村贫困人口平等获取发展资源的机会和创造有利于他们发展的政策环境两大方面的合作方式；四是制定业务合作的战略目标、预期结果、政策影响、创新的引入和推广、项目投资计划以及其他形式的合作。

国际农发基金于1995年首次推出《国别伙伴战略》，并于次年在乍得和多哥两国进行试点。经过十年的实践，2006年9月，执董会第88次会议批准新的《国别伙伴战略》格式，并将其更名为《基于绩效的国别伙伴战略》（Results Based COSOP，RB-COSOP）。RB-COSOP的涵盖时间跨度通常是五至六年。

与之前的《国别伙伴战略》相比较，RB-COSOP更加突出战略目标和绩效的量化管理，并对战略文件的若干主要构成要素提出了明确要求，其中包括国际农发基金的战略定位、比较优势、目标群体的确定、瞄准策略、受援国主导权和参与度、战略目标构架、与其他机构的协调合作、创新和扩展效果、绩效管理框架等。此外，RB-COSOP还需要提出战略文件涵盖期内的备选贷款项目方案，并以"项目概念说明"（Project Concept Note，PCN）的形式对各项目予以简要介绍（参见第五章第一节、第二节）。

《国别伙伴战略》适用于大部分受援国，但在出现下列情形时，国际农发基金通常采用灵活方式进行国别合作规划：

（1）"国别战略概要"（Country Strategy Note，CSN）。"国别战略概要"适用于以下六类例外情形：

①国际农发基金与受援国无法确定合作范围；

②受援国尚未制定本国中期发展战略；

③国际农发基金因与受援国无合作经历等原因而对该受援国国情缺乏足够的了解；

④受援国因大选临近、社会危机、自然灾害和战争冲突等因素而正处于动荡状态；

⑤受援国政府发展战略规划或政治任期相对较短，而国际农发基金国别战略在时间跨度上必须与其相匹配；

⑥国际农发基金分配给受援国的资金额度低于500万美元，或受援国暂时没有被纳入资金分配机制（参见本章第三节）。

"国别战略概要"的涵盖周期最长不超过24个月，因此相对于五至六年周期的《国别伙伴战略》而言，国际农发基金对"国别战略概要"的要求要简单得多，比如不需要提交执董会审批，不需要提供备选项目信息，等等。

（2）"全部门方法"（sector-wide approaches，SWAPs）。部分受援国采用"全部门方法"来规划和协调所有多边、双边发展援助机构在该国的援助业务，通常的做法是由这些机构共同制定国别合作战略。在这种情况下，国际农发基金既可以按照"共同国别合作战略"的安排和格式来制定本机构《国别伙伴战略》，也可以把《国别伙伴战略》作为附件纳入"共同国别合作战略"，目的是使国际农发基金的国别规划成为"全部门方法"整体规划的有机组成部分。

（3）脆弱国家（fragile states）。对于经历战乱或被世界银行定义为脆弱形态的国家，通常的做法是制定一个短期的过渡性的《国别伙伴战略》，突出脆弱性分析和风险管理，确保国别规划具有高度针对性。

（4）区域伙伴战略。对于某些发展情形相似的毗邻小经济体国家，比如太平洋和加勒比岛国、中美洲以及南部非洲部分国家，可以制定跨国伙伴战略或区域伙伴战略。

二、基本原则

《国别伙伴战略》的制定必须做到总体目标符合国际农发基金和受援国双方的战略预期，策略定位和目标诉求恰如其分，实施安排切实可行。因此，在战略制定过程中，必须遵循和充分考虑以下十个方面的基本原则和要素：

（1）确保战略的一致性。《国别伙伴战略》必须与受援国发展战略（尤其是农业农村发展和减贫战略）、国际农发基金的机构战略框架以及联合国系统的《可持续发展合作框架》（UN Sustainable Development Cooperation Framework，UNSDCF）有机结合起来。在具体的制定过程中，需要确保利益相关方，特别是受援国各利益相关方，充分参与战略文件的酝酿和磋商活动，力求使《国别伙伴战略》充分表达和体现国际农发基金和受援国双方推进可持续减贫的共同意愿。

（2）确保精准定位。国别项目的最终目标是践行机构宗旨，帮助受援国实现农村减贫，保障粮食和营养安全。《国别伙伴战略》必须紧紧围绕这个最终目标，通过缜密分析，对贫困人口进行精确定位，提出行之有效的瞄准策略和具有高度针对性的减贫措施，并根据资源规模和能力，对合作领域、合作方式、具体的干预活动等做出准确定位和规范。

（3）把主要挑战纳入国别战略规划。为推动实现可持续发展目标，《国别伙伴战略》的制定必须力求把受援国发展和减贫所面临的重大问题和主要挑战纳入战略规划。作为约束性要求，战略制定阶段必须开展社会、环境和气候影响评估规则（SECAP）背景研究，以此来确定主流化干预措施，比如营养、性别平等和妇女赋权、农村青年就业、原住民、缓解和适应气候变化，等等。对于被列入脆弱国家名单的受援国，需要评估脆弱性对国别项目的影响，并将脆弱性指数评分及相关应对措施纳入《国别伙伴战略》。

（4）坚持"量体裁衣"。鉴于不同国家的需求各不相同，《国别伙伴战略》的制定必须做到"因地制宜"，根据不同国情制定出有针对性的援助方案。作为向成员国做出的承诺之一，国际农发基金在传统贷款赠款业务的基础上，开发出了一系列服务产品，其中包括区域赠款及国别赠款、政策参与、构建战略伙伴关系、知识产品、有偿技术援助（Reimbursable Technical Assistance，RTA）、南南合作与三方合作、机构能力建设等，同时不断尝试新型贷款产品，如试行区域贷款项目和结果导向型贷款等。

（5）加强政策参与。国家层面的政策参与是国际农发基金与受援国政府商讨如何制定更有利于包容性和可持续性农村转型国家政策的主要途径，并且有助于帮助受援国解决自身面临的政策瓶颈。政策参与对合作双方均有益处：一方面，受援国可以从全球可持续农业发展的知识成果中得到有益经验，并利用创新和试点来找出更适合本国国情的政策方案；另一方面，国际农发基金可以借此增强业务产品和服务的相关性和有效性。

（6）充分挖掘和发展战略伙伴关系。为了最大限度地发挥国际农发基金国别项目的影响力，《国别伙伴战略》必须对建立和发展伙伴关系提出明确要求。战略筹备阶段需要大力挖掘与其他发展援助机构的合作潜力，探讨和商定合作方向和做法，其中包括联合融资、私营部门参与、政策制定和交流对话、知识分享和运用、创新应用和推广、发展活动协调等。国际农发基金为了系统性地了解国别伙伴关系的发展情况，于2020年推出一年一次的客户和合作伙伴问卷调查，这项活动对制定《国别伙伴战略》具有重要参考价值。

（7）保持透明度。国际农发基金致力于增加机构业务的透明度，因此整个《国别伙伴战略》文件及相关业务产品均须对外公开。这也意味着除了战略文件本身之外，其实施结果、年度审查和最终审查报告等也需要对外公布。尤其需要指出的是，战略制定阶段必须确保受益群体和代表其利益的农民组织、妇女小组等团体充分参与战略规划活动，使他们有机会提出自己的主要关切，对战略规划建言献策。这些参与和磋商活动均须记录在案，作为附件纳入《国别伙伴战略》文件。

（8）确保受益群体参与。《国别伙伴战略》须说明如何通过国际农发基金贷款和非贷款活动促进受益人的参与度，尤其要制定受益人在项目实施期间的反馈机制，并酌情建立由非政府组织实施的申诉机制或第三方监测系统。此外，还应对支持受益人及其组织参与政策进程的机制加以规范。

（9）加强信息传播。从2019年起，国际农发基金要求把国别项目的传播和沟通计划纳入所有新制定的《国别伙伴战略》之中。加强国别项目成果的宣传和信息传播有助于分享可行发展方案，扩大减贫影响力。

（10）管理风险。充分识别和分析影响国别项目的各种现实和潜在风险，其中包括宏观环境风险（政治、经济和社会等）、自然风险（如气候变化）、机构能力风险、财务管理风险等。《国别伙伴战略》需要明确提出应对这些风险的管理措施。

三、制定程序

制定《国别伙伴战略》的程序和要求如下：

（1）筹划。制定《国别伙伴战略》的第一步是由国际农发基金国别团队拟定详细的制定方案，提出整个制定流程的总体时间安排、阶段性工作计划、实地调查分析研讨和磋商等活动的组织、咨询专家人员构成和工作任务大纲。

（2）成立指导小组。国际农发基金《国别伙伴战略》业务指南要求：在战略制定阶段，国别团队必须在受援国和国际农发基金内部各自设立一个由相关机构和部门人员组成的《国别伙伴战略》指导小组，在战略的制定和实施过程中发挥宏观引领作用。受援国的指导小组通常由国际农发基金业务合作归口管理部门、相关政府机构、发展援助伙伴机构、联合国相关机构、民间社会组织等各有关方面代表组成。

（3）调研分析。在战略制定阶段前期，国别团队通常会酌情开展必要的调研分析活动，比如贫困状况基线分析、机构能力评估、主题研究等，为《国别伙伴战略》文件的编制打好基础。

（4）文件起草。国别团队在咨询专家配合下负责战略文件的起草。为了确保《国别伙伴战略》聚焦关键主题和突出减贫影响，国别团队需要加强与各利益相关方，特别是政府部门和发展合作伙伴的沟通和协商，以研讨会等形式来征求他们的意见和看法，并将其有机融入文件之中。

（5）内部审核。国别团队需要按照国际农发基金业务指南的规定将《国别伙伴战略》提交内部审核流程进行完善和审核。前述设立在机构内部的《国别伙伴战略》指导小组在这个阶段具有重要作用。

（6）总结讨论会。战略制定阶段在受援国开展的最后一项活动是召开《国别伙伴战略》总结讨论会，广邀受援国各利益相关方参与，对战略文件的内容进行认真讨论和最后确认。总结讨论会是《国别伙伴战略》制定的一个约束性环节，目的是确保受援国对合作战略的主导权，使《国别伙伴战略》与国家总体发展规划及减贫战略保持一致。

（7）执董会批准。《国别伙伴战略》须提交国际农发基金执董会审批。批准后的战略文件在国际农发基金官网予以公布。

《国别伙伴战略》的具体编制及审核流程详见附录5。

四、主要内容

根据国际农发基金的业务指南，《国别伙伴战略》文件由正文和若干附件组成。正文部分的主要内容如下：

执行摘要。概述《国别伙伴战略》关键信息，包括受援国国家背景和政府计划摘要，总体目标、战略目标和目标群体，国际农发基金项目和非贷款干预措施，主要风险；指出战略文件涵盖的时间段；等等。

第一章，国家发展背景及农业领域议题：主要挑战及机遇。这一部分是制定《国别伙伴战略》的基础性背景信息，包括受援国宏观经济、债务状况和前景展望，农村贫困状况及原因，农业部门状况和制约因素；宏观经济和农业发展面临的挑战和机遇；确定潜在的转型情景，概述对宏观经济前景的预测（包括基本情景及高低点情景）。

第二章，政府政策和机构框架。分析受援国政府的农业农村部门发展规划、战略和现行政策，对其趋势和优先重点作出判断；分析农业农村部门相关机构的现状和主要特征；提出与《国别伙伴战略》密切相关的重大政策性和制度性问题。

第三章，国际农发基金参与：经验总结。分析国际农发基金与受援国项目合作的历史和现状，取得的结果、经验和教训。

第四章，国别战略。这是《国别伙伴战略》的核心章节，分为四个部分：（1）阐述国际农发基金在受援国的比较优势；（2）描述目标群体及相应的瞄准策略，包括社会性别公平和妇女赋权；（3）确定总体目标和战略目标,其中战略目标不得超过三个,并明确说明各战略目标间的相互关系,以及这种相互关系对实现农村减贫目标的重要意义;(4)国际农发基金实现战略目标的工具和措施,主要包括贷款和赠款、政策对话、能力建设、知识管理、南南合作与三方合作、宣传传播六个方面。

第五章,为实现可持续发展效果的创新和扩展规模。阐述潜在的创新点以及鼓励和推动创新的方式方法,提出把创新成果加以推广、扩展可持续减贫成果的主要路径。

第六章,《国别伙伴战略》的实施。描述实施《国别伙伴战略》的具体安排,包括(1)贷款赠款项目总规模和联合融资目标;(2)非贷款活动资金配额;(3)主要合作伙伴机构和协调机制;(4)受益人参与和透明度;(5)国别项目管理;(6)监测评价等六个方面的安排。在这一部分,提出国际农发基金国别资金分配机制目前情形下的基本额度(base case)以及出现高、低两种情形时的预测额度,同时对受援国形势变化对贷款条件和国别规划的影响加以讨论。

第七章,风险管理。分析风险的种类、对实现战略目标的影响和管控措施。

《国别伙伴战略》共有11个主要附件,其中9个适用于所有的战略文件,分别是:成果管理框架、可能出现的贷款条件过渡情形预测、农业农村部门分析、SECAP背景研究报告、《国别伙伴战略》制定过程说明、战略伙伴关系、南南合作与三方合作策略、国别情况概览、财务管理问题综述。另外两个附件是脆弱性分析和国际农发基金国别项目评价最终总结,分别适用于脆弱国家和开展过国别项目评价的受援国。

正文和附件的详细内容参见附录6。

五、国别伙伴战略的实施

《国别伙伴战略》的实施主要按照战略文件正文第六章及本书附录6详细描述的安排来开展。实施管理主要有以下几个环节:

(1)年度实施进展审查。国际农发基金每年均会对《国别伙伴战略》的实施情况进行审查并编制实施进展报告,主要内容包括成果管理框架指标的实施进展、所有在建项目的进展情况和国别项目问题分析。另外，年度审查还会对宏观政策和环境等方面的重要变化进行跟踪，判断其对《国别伙伴战略》实施的影响。

（2）中期审查。在《国别伙伴战略》实施2—3年后，通常会开展中期审查，对战略文件的主要内容进行全面评估，剖析和解答哪些方面行之有效、哪些方面没有得到实施、面临着哪些挑战、战略目标和方向是否需要调整等事关《国别伙伴战略》相关性的重要问题。如果中期审查确认《国别伙伴战略》仍然具有较长的时效性，则可以提出战略文件延期建议（延期时间最长不能超过3年）。

（3）终期评估。《国别伙伴战略》实施结束前，国际农发基金会组织一次自评估，评价战略文件的相关性和实施效果（包括贷款赠款项目、政策参与、知识管理、伙伴关系、南南合作与三方合作等诸要素），并对实施经验和教训进行总结，作为后续国别合作的有益借鉴。

第三节　基于绩效的资金分配机制

根据《国际农发基金成立协议》规定，机构业务涵盖所有发展中成员国。为确保贷款赠款资金的最大减贫效益，国际农发基金自1977年成立以来直到2004年，一直以国别需求和减贫潜在影响作为国别资金分配标准。其中，1994年启动的第四轮增资磋商为了把"撒哈拉以南非洲国家特别计划"（参见本章第五节）有效纳入机构贷款业务，首次引入"区域贷款份额"（regional lending shares）机制，用若干指标对国别需求进行量化，各区域国别数据汇总后得出具体的区域贷款指标。在1994年至1999年第五轮增资磋商启动的5年时间里，34个发展中国家（大部分为北非和近东国家）加入了国际农发基金。考虑到这些新成员国的资金需求，第五轮增资磋商在调整"区域贷款份额"的同时，对机构未来资金分配机制的方向提出了建议，要求参照其他国际金融机构的做法，把绩效和治理这两个重要问题有效融入机构资金分配机制之中。"区域贷款份额"内的国别资金分配则根据国别需求、项目绩效和宏观政策环境三个方面的因素来确定，并向最穷国家倾斜。

表4.3	1994年和1999年区域贷款份额对照表	单位：%
区域	1994年份额	1999年修订后份额
非洲	37.2	36.7
亚洲和太平洋地区	31.4	31.0
拉丁美洲和加勒比地区	17.9	17.0
近东和北非	13.5	15.2
总计	100.0	100.0

资料来源：*The Report of the Chairman of the Ad-Hoc Committee on Regional Allocations.*EB 99/67/R.10. 4 August 1999.

在2002年2月启动的第六轮增资磋商中，成员国对国际农发基金核心资源中贷款赠款资金的分配模式进行了认真探讨和审议，一致同意"把资金分配与绩效挂钩"，提出参照其他国际金融机构的做法，建立国际农发基金"基于绩效的资金分配机制"（Performance-based allocation system，PBAS）[①]的意见，并将此意见纳入磋商报告。2003年2月，理事会第26届年会审议和批准了第六轮增资磋商报告，其中包括批准建立PBAS，同时授权执董会加以落实。2003年9月，执董会第79次会议批准PBAS机制的具体实施方案。该机制于2004年开始启用，对2005年起的贷款赠款资金进行首轮分配，国际农发基金从而成为第六个使用PBAS的国际金融机构[②]。

一、PBAS的目的和结构

（一）目的

PBAS的主要目的有三个：一是为国际农发基金提供一个具有透明

[①]　Enabling the Rural Poor to Overcome their Poverty：Report of the Consultation on the Sixth Replenishment of IFAD's Resources（2004–2006），GC 26/L.4. www.ifad.org.

[②]　在国际农发基金之前采用PBAS的其他五个国际金融机构分别是：国际开发协会（1977年）、非洲开发银行（1999年）、加勒比开发银行（2000年）、亚洲开发银行（2001年）和美洲开发银行（2002年）（参见IFAD's Performance-Based Allocation System Corporate Evaluation，Independent Evaluation Office of IFAD，April 2016. www.ifad.org.）

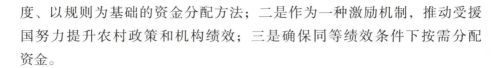
度、以规则为基础的资金分配方法；二是作为一种激励机制，推动受援国努力提升农村政策和机构绩效；三是确保同等绩效条件下按需分配资金。

（二）结构

国际农发基金的资金分配以三年为一个周期。自 PBAS 启用以来，机构全部核心资源贷款和国别赠款（包括向"债务可持续性框架"国家提供的赠款）均通过 PBAS 进行分配。具体分为两步：第一步是在每个资金分配周期开始的时候，由国际农发基金通过 PBAS 预先确定各受援国的贷款赠款额度；然后，在第一步的基础上，每年视受援国需求和绩效指标，再对国别预设额度进行审核和进一步调整。

PBAS 的操作主要涉及两个运算公式，分别计算国别分数（country scores）和具体的国别资金额度（country allocation）。自 2003 年以来，国际农发基金在执董会指导下，多次对运算公式及其变量进行调整和更新，努力使优惠资金向最贫困国家和人口倾斜。

PBAS 的总体结构如图 4.1 所示。

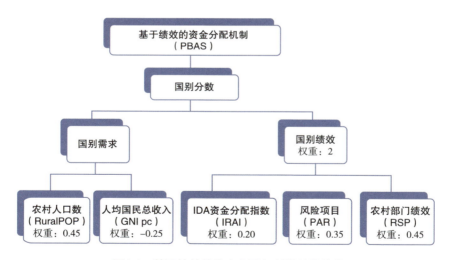

图4.1　基于绩效的资金分配机制的总体结构

资料来源：IFAD's Performance-Based Allocation System Corporate Evaluation，Independent Evaluation Office of IFAD，April 2016.

图4.1中的"国别分数"依照规定的运算公式进行计算。总的来说，根据对运算公式结构的重大调整来划分，迄今为止PBAS机制的实施大致可以分为两个阶段：2003—2018年和2019—2021年。

1. 2003—2018年阶段

（1）计算公式。图4.1中的"国别分数"一项按下列公式计算：

$$\underbrace{Ruralpop^{0.45} \times GNI\,pc^{-0.25}}_{\text{国别需求}} \times \underbrace{\left[\, 0.2IRAI + 0.35PAR + 0.45RSP \,\right]^{2}}_{\text{国别绩效}}$$

公式中的"国别需求"部分包括两个变量：一是 $RuralPOP$，指农村人口数，权重为0.45；二是 $GNI\,pc$，指人均国民总收入（采用世界银行地图集标准，折合为美元），权重为 -0.25。"国别绩效"部分包括三个变量：一是 $IARI$，指国际开发协会资金分配指数，通常称为"国别政策和机构评估"（Country Policy and Institutional Assessment，CPIA），权重为0.2；二是 PAR，指风险项目，权重为0.35；三是 RSP，指农村部门绩效，权重为0.45。

通过以上公式计算出"国别分数"之后，接下来是计算各受援国下一年度的资金分配额度，即"国别预设配额"。具体的运算公式是：

（可分配资金总额 ÷ 所有国家国别分数总和）× 国别分数 = 国别预设配额

这里值得一提的是，PBAS运算公式中的"农村部门绩效"（RSP）的聚焦点是受援国农村政策和发展活动的绩效评估。由于农村部门绩效对可持续发展和农村减贫影响最大，因此相对于"国别政策和机构评估"（CPIA）而言，"农村部门绩效"在国际农发基金PBAS机制的运作中具有明显优势。

评估"农村部门绩效"的依据是由12个指标和若干个调查问答题组成的五大指标群。各指标群内单项指标采用6分制，所有单项分数汇总得出该指标群的总分，最后在各指标群总分基础上计算出"农村部门绩效"平均总分数。五大指标群分别是：提升农村贫困人口及其组织机构的能力、促进公平获得生产性自然资源和技术、改善金融服务和市场连接、性别平等，以及公共资源管理与问责制。

（2）例外。虽然国际农发基金大部分资金都通过PBAS来分配，但是也有两个例外。一是"冲突后国家"（post-conflict countries），二是"小规模农业适应规划"资金。对于"冲突后国家"的资金分配，国际农发基金依照PBAS方法、采用国际开发协会相关指南加以确定，因此这类国家的资金配额通常高于PBAS分配数额。"小规模农业适应规划"资金属于捐款方明确规定的专款专用资源，因此其分配和使用均不采用PBAS。

（3）和其他机构PBAS的主要区别。与其他国际金融机构的PBAS相比，国际农发基金的机制有三个主要不同点：第一，国际农发基金的资金结构是单一窗口，而除了全球环境基金（GEF）之外的其他国际金融机构和地区开发银行均设有两个窗口。因此，如前所述，国际农发基金的所有贷款和国别赠款资金均通过PBAS进行分配，而其他国际金融机构的PBAS只适用于提供给符合资格国家的优惠条件资金。第二，相对于世界银行等主要多边开发银行（MDB）而言，国际农发基金PBAS涵盖的受援国数量最多，而可支配资源规模最小。第三，根据《国际农发基金债务可持续性框架政策》规定，成员国中无债务风险受援国（"绿灯"国家）获得的资金为贷款，而债务可持续性低的受援国（"红灯"国家）获得的资金为全额赠款，债务可持续性适中的国家（"黄灯"国家）获得的资金赠款和贷款各半（参见本章第六节）。不过，"红灯"和"黄灯"国家的资金配额会分别减少5%和2.5%，目的是确保资金分配与绩效挂钩，同时也向受援国展示运作良好的公共财务管理所带来的好处。

（4）PBAS的进一步完善。自2006年以来，国际农发基金根据PBAS运用过程中积累的经验，不断对其构成要素进行调整和完善。比如，2006年执董会同意将原公式中的"总人口"变量改为"农村人口数"，权重从原来的0.75降为0.45；同时，把"最低配额"和"最高配额"两个概念制度化，使每个受援国不论其PBAS计算结果如何，均可获得执董会规定的最低资金分配额度，而任何受援国获得的资金分配额度均不得超过执董会规定的最高限额，从而确保国际农发基金资金的公平分配。

表4.4展示了2015年前PBAS的设立和演变过程。

表4.4	2015年前基于绩效的资金分配机制的设立和完善
年份	PBAS的设立和完善
2002	国际农发基金第六轮增资磋商过程中，成员国同意设立具有透明度的PBAS，用于分配国际农发基金的项目资金
2003	• 理事会批准《国际农发基金第六轮增资磋商报告》，其中包括设立PBAS，并授权执董会负责创建该机制 • 执董会批准PBAS结构及运作
2004	执董会批准第一个分配周期（2005年）的资金分配数额
2005	执董会批准执行PBAS后的第一批贷款和国别赠款
2006	• 理事会批准《国际农发基金第七轮增资磋商报告》，决定全面实施PBAS，同时要求执董会成立PBAS工作组 • 执董会批准修改人口数的权重并引入农村人口数
2007	执董会批准使PBAS的三年分配周期与国际农发基金增资周期保持同步
2009	理事会批准《国际农发基金第八轮增资磋商报告》，同意执董会可以考虑在PBAS三年分配周期的最后一年把起初未列入分配名单的国家纳入PBAS；要求执董会继续设立PBAS工作组，并在工作组的任务大纲中加上"评审国际金融机构做法"和"进一步完善PBAS"两项任务
2015	理事会批准《国际农发基金第十轮增资磋商报告》，其中专门提及独立评估办公室关于PBAS的整体评价

2017年9月，执董会根据独立评估办公室2016年PBAS整体评价报告提出的建议和执董会PBAS工作组多次协商后形成的意见，决定采用新的PBAS运算公式[①]：

$$\left(Ruralpop^{0.405} \times GNIpc^{-0.265} \right) \times IVI^{0.95} \times \left(0.35RSP+0.65PAD \right)^{1}$$

运算公式中的新变量IVI指"国际农发基金脆弱性指标"（IFAD Vulnerability Index）。从广义上讲，IVI是一个衡量农村居民生活水平的指标，其中考虑到了气候变化带来的影响。IVI由12个同等权重的指标构成，涉及IVI关注的一个或多个领域（比如，粮食安全、营养、不平等和气候脆弱性等），以此来充分体现国际农发基金对农村贫困人口的高度关注。另一个新变量PAD指"项目绩效与支付"（Portfolio Performance and Disbursement）。这个变量通过整合"绩效"和"支付"这两个互补性指标，来对项目的整体绩效进行综合衡量。其中，正向指标"支付"主要衡量项目实施的进度以

[①]　PBAS Formula Enhancements，EB 2017/121/R.3，www.ifad.org.

及灵活性，而负向指标"问题项目"则反映在建项目中实施进度及效果不
理想项目的比例。

新的运算公式具有三大特征：一是"国别绩效"中农村部门绩效
（RSP）和项目绩效与支付（PAD）两个变量的权重有所调整，使其向 RSP
倾斜，突出了 PBAS 的外向性。二是增加了脆弱性指标的弹性，确保新的脆
弱情形能够及时纳入 PBAS。三是使国际农发基金第十一轮增资对低收入国
家的资金配额高于第十轮增资。

2. 2019—2021 年阶段

在 2018 年的国际农发基金第十一轮增资磋商过程中，成员国同意把下
列七个要素纳入 PBAS：（1）在资金总规模中，撒哈拉以南非洲国家的配额
增至 45%，整个非洲国家在总额中的占比为 50%；（2）资金总额的三分之二
分配给"高度优惠条件"受援国；（3）任何一个受援国获得的贷款赠款额
度均不得超过国际农发基金资金总额的 5%；（4）分配周期的"最低配额"
为 450 万美元；（5）综合平衡国别需求和绩效两大要素，必要时向绩效倾
斜；（6）核心资源的 90% 分配给低收入和中等偏下收入国家，剩余的 10%
分配给中等偏上收入国家；（7）纳入分配周期的受援国必须符合专门设定
的国别挑选标准。

在 2019—2021 年阶段，PBAS 的操作继续采用前述 2017 年 9 月执董会批
准的运算公式。

二、PBAS 的管理和运作安排

（一）治理层面

执董会经理事会授权，负责 PBAS 的设计和实施，因此对 PBAS 的运作
具有重要监管责任。自 2003 年以来，国际农发基金每年均向执董会提交一
份 PBAS 实施进展报告，并将其提交下年的理事会年会。

（二）执董会 PBAS 工作组

2006 年 4 月，执董会根据理事会的决定，专门成立 PBAS 工作组，对

PBAS执行过程中出现的新问题进行跟踪和研究，一直延续至今。工作组由9名执董会成员组成，包括A组4名、B组2名、C组3名，名额分配与执董会下属审计和评价两大委员会相同，组长由组成人员推选。中国作为C2组国家代表，一直是该工作组成员。

PBAS工作组的职责是对五个方面进行定期讨论并达成共识：（1）对PBAS公式中绩效评估、人口权重、收入权重等要素的修订，同时确保"绩效"权重保持不变；（2）其他机构实施PBAS的经验教训；（3）农村人口数的数据来源；（4）PBAS对优惠条件和非优惠条件借款方的实用性；（5）营养、农村人均收入等其他潜在贫困指标。

（三）机构内部管理安排

在机构内部，PBAS的运作均由项目管理部具体负责，包括系统操作、资金使用监测、年度进展报告编写、系统调整建议的提出等。自2014年以来，为了加强对PBAS的监管，由总裁主持、其他高管参加的执行管理委员会定期对国别分配额度以及再分配额度进行审查，并对调整议案做出决定，然后再提交执董会审批。

三、PBAS演变方向前瞻

国际农发基金于2020年2月启动国际农发基金第十二轮增资磋商。在此过程中，成员国一致同意进一步改进国际农发基金的资金分配模式。根据2021年2月理事会第44届大会批准的《国际农发基金第十二轮增资磋商报告》[①]，第十二轮增资期（2022—2024年）除了核心资金外，新设立"借款资金"机制（详见本章第四节），这两个部分的资金共同组成国际农发基金贷款赠款总规划（Programme of Loans and Grants，PoLG）。

图4.2展示了国际农发基金第十一轮和第十二轮增资的资金分配模式。

---

① Report of the Consultation on the Twelfth Replenishment of IFAD's Resources，GC 44/L.6/Rev.1，ww.ifad.org。

国际农发基金第十一轮增资资金分配机制、来源和用途

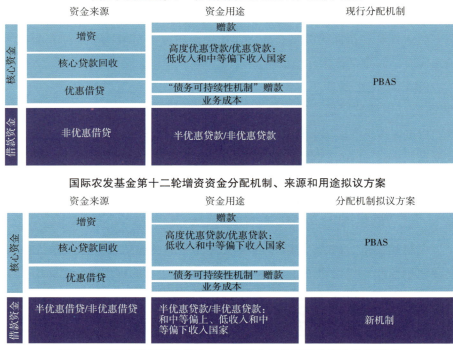

图4.2　国际农发展基金第十一轮和第十二轮增资的资金分配模式

第四节　借款资金分配机制

如上节所述，2021年2月理事会第44届年会批准第十二轮增资磋商建议，引入"借款资金"新业务。由于资金结构发生变化，国际农发基金的PBAS也需要作出进一步调整。具体来说，第十二轮增资期内的国别贷款赠款资金分配必须遵循以下六个主要原则：

（1）核心资金全部用于低收入和中等偏下收入国家。

（2）在核心资金中，须为享受优惠资金的小国提供特定配额。

（3）核心资金的国别分配采用现行PBAS。

（4）核心资金的贷款条件按现行标准执行。

（5）国际农发基金贷款赠款总规划中11%—20%的资金用于中等偏上收入国家，这部分资金全部来自"借款资金"。

（6）若部分低收入和中等偏下收入国家愿意使用"借款资金"，国际农发基金在确保债务可持续性前提下，可以向这些国家提供"借款资金"。

2021年4月，执董会正式批准设立"借款资金分配机制"（Borrowed Resources Access Mechanism，BRAM），并对机制的相关实施原则及资格作出了规定。以此为标志，自2022年起，国际农发基金的国别资金分配采用两个机制，即用于"核心资金"的基于绩效的资金分配机制（PBAS）和用于"借款资金"的借款资金分配机制（BRAM）。资金分配实行双轨制运营后，国际农发基金能够更好地为不同发展水平的发展中成员国提供符合国别需求的支持。

一、借款资金分配机制的设立背景

"借款资金分配机制"（BRAM）的设立主要是出于两个方面的原因。

一是财务原因。如前所述，PBAS是国际农发基金对国别贷款赠款资金进行分配的主要机制，它最大限度地兼顾了国别需求和绩效两大要素。概而言之，PBAS应对的是在可分配资金以及具体需求已知的情况下，如何将资金分配给既定数目国家的问题。对于受援国来说，这种分配机制本身并不会影响资金的使用条件和优惠性。

自2004年PBAS实施以来，国际农发基金的财务框架发生了很大变化。尽管成员国的捐资依然是主要资金来源，但是机构对借款资金的依赖性也逐年增加。从目前的估算看，2022—2024年，国际农发基金通过外部借款获得的资金占机构可分配资金总量的25%。由于这部分资金属于从外部获得的借款，其借款成本及其他支出都需要国际农发基金担负，因此"借多少"和"如何用"是必须慎重考虑的两大问题。总之，国际农发基金在向成员国提供"借款资金"时，必须确保转贷款条件足以支付国际农发基金的借款成本。由于资金来源和属性不同，现行PBAS无法用于"借款资金"，因此国际农发基金必须引进新的专门机制来指导"借款资金"的业务运营。

二是发展援助方面的原因。鉴于国际农发基金的核心资金规模有限，PBAS远远不能满足所有发展中成员国对发展援助资金的需求。而BRAM则

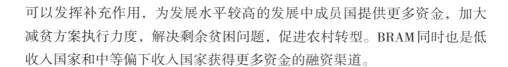

可以发挥补充作用，为发展水平较高的发展中成员国提供更多资金，加大减贫方案执行力度，解决剩余贫困问题，促进农村转型。BRAM 同时也是低收入国家和中等偏下收入国家获得更多资金的融资渠道。

二、基本原则

BRAM 运营必须遵循五项基本原则，即国别资格、借款资金的供给、基于风险的国别限额、差异化融资条件和以国别需求为基础。

（一）国别资格

自 2018 年第十一轮增资磋商以来，国际农发基金先后制定了四个明确的国别选择标准，用于规范国别资金分配：

（1）战略重点：指在资金分配周期开始阶段，国际农发基金的国别战略（COSOP 或 CSN）仍然有效，确保受援国对如何使用国际农发基金资金有明确的战略构想，并且随时都可以开展具体的业务对话。

（2）消化吸收能力：指受援国内所有已经生效一年以上的项目在过去 18 个月中至少进行过一次资金支付。

（3）主导权：所有项目均在批准日 12 个月之内签字生效。

（4）负债水平：凡是符合资格条件的低收入国家、中等偏下收入国家和中等偏上收入国家，均可根据相关财务标准获得"借款资金"。债务高风险国家和陷入债务困境的国家则不具备使用"借款资金"的资格。对中度债务压力国家，应予特别关注，慎重评估它们面临债务冲击的可能性和消化吸收半优惠债务的能力。

上述四个标准中，前三个适用于 PBAS 和 BRAM，而第四个只适用于 BRAM。在 IFAD 12 期间（2022—2024 年），中等偏上收入国家作为一个整体，从国际农发基金获得的资金份额至少应与 2019—2021 年周期持平，即贷款赠款总规模的 11%。

（二）借款资源的供给

国际农发基金根据成员国达成的增资目标以及贷款赠款总规模方案，

按照规定的计算方法来确定每年的可承诺资金数额（resources available for commitment，RAC）[①]，制定专门的"借款资金"使用规划，确保资金的有序分配。借款来源已有保障和已做规划是向成员国提供"借款资金"的两个前提条件。

（三）基于风险的国别限额

BRAM不同于PBAS，对国别分配数额不预先设限，而是在风险评估基础上根据国别需求来确定每个国家的借款上限。国际农发基金现行政策规定，任何国家获得的资金数额均不得超过机构贷款赠款总规模的5%，BRAM资金是对这个限制措施的有益补充。至于国别上限，则根据国际农发基金《资本金充足率政策》（Capital Adequacy Policy）通过对成员国资本消耗的计算加以确定，并定期进行调整。

（四）差异化融资条件

BRAM通过以下两个途径践行成员国议定的"毕业"原则：

（1）借款国承担的平均融资条件高于国际农发基金的平均借款成本，以确保机构的财务可持续性。不得以核心资金补贴借款资金。

（2）继续根据成员国经济发展水平，实行差异化融资条件，即人均国民总收入超过"毕业讨论过程中商定收入门槛"的中等偏上收入国家（UMICs）所付利率高于处于门槛线下的中等偏上收入国家，而所有中等偏上收入国家所付利率均适当高于低收入国家和中等偏下收入国家。限制中等偏上收入国家使用还款期限相对较长的资金，确保较低收入国家享受更多优惠。贷款定价应确保国际农发基金提供的资金比市场融资更具吸引力。

2021年4月，执董会审议并原则同意随着BRAM的设立而引入的差异化融资条件，待2022年2月理事会第45届年会批准后执行[②]。

---

①　国际农发基金RAC的计算涉及三个方面的测算：流动性存量（stock of liquity）、现金流预测（cash flow projections）和非核心资源的可用性（availability of non-core resources）。参见2020 Update to the Methodology for Determination of IFAD's Resources Available for Commitment，EB 2020/130/R.35，www.ifad.org。

②　Update to IFAD's Financing Conditions，EB 2021/132/R.10/Rev.1，www.ifad.org .

（五）以国别需求为基础

符合资格条件的成员国向国际农发基金确认借款意愿后，双方按现有流程开展项目设计，并严格遵守国际农发基金所有项目均需遵循的三个基本原则，即符合国际农发基金使命、符合政府发展重点和发展有效性。

（1）符合国际农发基金使命。BRAM资金资助的所有项目必须符合国际农发基金使命、可持续发展目标、国际农发基金战略目标和国别战略。这些项目是机构贷款赠款总规模的有机组成部分，因此必须遵守国际农发基金所有政策规定、第十二轮增资磋商承诺及相关成果管理框架。

（2）符合政府发展重点。BRAM资助项目与核心资金项目一样，必须符合成员国国情和体制结构，并与农业农村发展相关在建项目协调一致。

（3）发展有效性。所有项目必须符合国际农发基金标准并遵循机构审查流程，以确保项目的发展有效性和潜在影响。此外，所有项目均须沿用现行审批机制，报执董会批准。

国际农发基金利用与成员国的对话以及成员国的借款意愿来进行BRAM资金的需求管理，努力优化供需平衡，确保需求增加时也能够得到满足。当成员国对BRAM资金的需求超过资金供给时，则需要根据国别指标（比如农村贫困人口、项目绩效等）来确定需求的优先顺序，确保符合国际农发基金第十二轮增资的资金分配承诺（特别是把贷款赠款总规模至少11%的数额分配给中等偏上收入国家的承诺）和保持区域分配平衡。

第五节　贷款业务

贷款和赠款是国际农发基金开展农村减贫业务的两个主要融资工具，其中的核心部分是贷款业务。按资金来源划分，国际农发基金的贷款分为常规资源（regular resources）贷款和额外资源（additional resources）贷款两种，前者原则上面向全体受援国，后者则适用于资金供给方与国际农发基金商定的特定受援国和特定投资活动。

一、常规资源贷款

常规资源贷款是国际农发基金利用其核心资源向发展中成员国提供的贷款。这类贷款均通过"基于绩效的国别分配机制"（PBAS，参见本章第三节）进行分配、按照机构"年度贷款赠款总规划"加以执行，用于资助受援国实施减贫融资项目。目前，每年常规资源贷款总额在"年度贷款赠款总规划"中的占比是93.5%。

常规资源贷款主要是公共部门贷款。与此同时，国际农发基金的融资政策也不排除私营部门贷款。

（一）公共部门贷款

公共部门贷款属于主权贷款，以特别提款权计价。此外，国际农发基金于2016年推出单一货币贷款新产品，以欧元或者美元计价。对受援国而言，单一货币贷款是一项便利化举措，因为相对于以特别提款权计价，使用单一货币更有助于受援国管控汇率风险。

根据《国际农发基金融资政策和标准》的规定，适用于所有公共部门的贷款条件有下列三种：

（1）高度优惠条件：无息，每年收取待还本金金额0.75%的服务费，还款期40年，含宽限期10年，自执董会批准贷款之日起生效。

（2）混合条件：每年收取待还本金金额0.75%的服务费，年固定利率1.25%，还款期25年，含宽限期5年，自执董会批准贷款之日起生效。

（3）普通条件：采用可变参考利率（variable reference interest rate），即浮动利率（参照国际复兴开发银行利率标准执行，每季度调整一次），还款期不等，以最多35年为限，但最后的加权平均还款期限不得超过20年，自借款方满足贷款提款条件之日起生效。

混合条件是国际农发基金理事会批准，于2013年2月推出的新贷款条件，用于取代2010年之前使用的中等条件和2010—2013年使用的硬化条件[1]。截至2019年底，在当初使用中等和硬化条件贷款的融资项目中，尚有

---

[1]　参见 Revisions to the General Conditions for Agricultural Development Financing，EB 2013/108/R.19，https：//webapps.ifad.org/members/eb/108/docs/EB-2013-108-R-19.pdf。

少部分处于实施阶段。

《国际农发基金融资政策和标准》规定，国际农发基金对所有贷款均不收取承诺费（commitment charge）。在这一点上，国际农发基金的政策有别于世界银行等主要国际金融机构。至于各发展中成员国究竟应该享受哪种贷款条件，则由国际农发基金定期逐一审查和确定。这项工作通常在每个增资期开始之前进行。以最新的第十二轮增资（2022—2024 年）为例，鉴于本轮增资期的起始年是 2022 年，所以国际农发基金必须在 2021 年内完成对受援国 2022—2024 年期间适用贷款条件的审定。具体的判定标准是：

（1）人均国民总收入（gross national income，GNI）低于国际开发协会每年设定门槛的发展中成员国，通常享受高度优惠条件贷款。

（2）国际开发协会划为小国（small state economy）[①]的发展中成员国，通常享受高度优惠条件贷款。

（3）人均国民总收入高于国际开发协会设定门槛，但仍然有资格获得国际开发协会融资的发展中成员国，只要没有被国际开发协会划为过渡国家或混合国家，通常也享受高度优惠条件贷款。

（4）被国际开发协会划为过渡国家或混合国家的发展中成员国享受混合条件贷款。

（5）凡不享受高度优惠条件和混合条件贷款的发展中成员国，均适用普通贷款条件。

（6）对于享受同等贷款条件的成员国，在资金分配时优先分配给以下三类国家：一是粮食安全水平低和农村贫困严重的国家，二是脆弱国家，三是小国。

（7）每年的高度优惠条件贷款总额在年度贷款总规模中的占比须达三分之二左右。

为配合《重债穷国债务减免倡议》（Heavily-Indebted Poor Countries Debt

---

① 根据世界银行定义，小国通常是指人口少、经济基础薄弱的国家。在小国论坛（Small States Forum）50 个成员国中，42 个属于世界银行定义的小国。另外的 8 个国家的人口相对多一些（最多为牙买加，总人口 296 万人），但是面临着相同的挑战。参见 https：//www.worldbank.org/en/country/smallstates/overview。

Initiative）的实施，执董会可以根据重债穷国的具体国情，对贷款条件做出相应调整，确保国际农发基金在确定这些国家的贷款宽限期、还款期和分期还款金额时，充分考虑到它们的债务压力和债务可持续性。

（二）私营部门贷款

《国际农发基金融资政策和标准》规定，国际农发基金根据其"私营部门战略"或者经执董会批准，可以向私营实体提供贷款。2019年，执董会批准《与私营部门合作战略（2019—2024年）》（IFAD Private Sector Engagement Strategy 2019–2024）；同时利用欧盟和卢森堡政府提供的资金设立"农业企业资本基金"（Agri-Business Capital Fund，ABC Fund），为农村小微企业、农民组织、农村创业者和农村金融机构提供贷款和股权投资。2020年，执董会批准首个私营部门项目，向尼日利亚 Babban Gona 农民服务有限公司提供500万美元贷款，用于支持小农户发展玉米和稻谷价值链，提高粮食生产能力和收入水平。《国际农发基金第十二轮增资磋商报告》明确表示，机构将尽快推出筹办中的"私营部门融资计划"，作为机构与私营实体开展直接合作的专门平台。该平台的目的是吸引私营部门投资，促进私营部门专用技术和创新在扶贫项目活动中的运用，惠及广大小生产者和农村民众。

二、额外资源贷款

额外资源贷款是国际农发基金利用来自资金供给方，通常是成员国政府和发展融资机构的资金，向受援国提供的贷款或转贷款，不纳入"基于绩效的资金分配机制"（PBAS），目前也尚未纳入"年度贷款赠款总规划"，但是在运营过程中执行《国际农发基金融资政策和标准》规定的贷款条件，即采用与常规资源贷款完全相同的贷款条件。

到目前为止，额外资源贷款项目主要涉及两个渠道，一是"受干旱和沙漠化影响的撒哈拉以南非洲国家特别计划"（Special Programme for Sub-Saharan African Countries Affected by Drought and Desertification），二是"西班牙粮食安全联合融资信托基金"（Spanish Food Security Cofinancing Facility

Trust Fund)。

（一）"受干旱和沙漠化影响的撒哈拉以南非洲国家特别计划"

从 1983 年开始，撒哈拉以南非洲国家连年遭遇严重旱灾，导致空前的大范围饥荒。为应对旱灾和饥荒带来的重大社会经济危机，国际农发基金于 1986 年 1 月启动"受干旱和沙漠化影响的撒哈拉以南非洲国家特别计划"，帮助受灾国家小农恢复生产能力，促进传统粮食作物生产，建设小型水利设施和保护环境，实现粮食安全目标。该计划分两期执行，分别是 1986 年 1 月至 1992 年 12 月的第一期和 1993 年 1 月至 1995 年 12 月的第二期，总共筹得资金 3.23 亿美元，超过 3 亿美元的原定目标。在该特别计划实施的八年期间，国际农发基金共向 26 个国家提供"高度优惠条件"贷款，帮助沙漠化易发地区小农和贫困人口保护自然资源，发展粮食生产，引入和推广适应旱地农业体系的可持续技术。该特别计划的实践经验对实施 1996 年 12 月 26 日生效的《联合国防治荒漠化公约》具有重要参考价值和借鉴意义。

（二）"西班牙粮食安全联合融资信托基金"

2010 年，西班牙政府出资 3 亿欧元（含优惠贷款 2.855 亿欧元和赠款 1 450 万欧元），在国际农发基金设立"西班牙粮食安全联合融资信托基金"。该基金采用与常规资源贷款完全相同的贷款条件，在第八轮增资期（2010—2012 年）的三年内为阿根廷、巴西、莫桑比克、柬埔寨等 24 个成员国[①]提供项目联合融资。

2020 年，双方在信托基金实施经验基础上达成新的联合融资框架，作为西班牙政府在第十一轮增资期（2019—2021 年）以及 2022 年以后进一步为国际农发基金投资项目提供联合融资的指南。

---

① 参见 Establishment of the Spanish Food Security Cofinancing Facility Trust Fund，EB 2010/100/R.29/Rev.2，www.ifad.org。该 24 个成员国均为西班牙国际发展援助的重点支持国家，但因联合融资的贷款性质，故不含根据《债务可持续性框架》而标为"红色"的重债穷国（向此类国家提供的国际援助通常为赠款）。

第六节　赠款业务

国际农发基金的赠款业务包括常规赠款（regular grants）、"债务可持续性机制"赠款、"小规模农业适应规划升级版"（ASAP+）赠款以及补充基金赠款。本节简要介绍前三类赠款，补充基金赠款则在第七节加以介绍。

一、常规赠款

根据《国际农发基金融资政策和标准》第四部分B段的规定，国际农发基金可以向三大类受援方提供常规赠款：一是发展中成员国，二是成员国参与的政府间组织（包括联合国机构和国际农业研究磋商小组下属各研究中心），三是执董会特批的其他实体（比如民间社会组织、学术团体等）。

常规赠款的总体投资方向和具体用途由执董会在专门的赠款融资政策中加以规范。2003年，国际农发基金出台机构历史上第一个赠款政策，随后又分别于2009年和2015年对政策进行了修订和更新。为配合第十二轮增资磋商，确保常规赠款业务与2022—2024年期间的战略目标和重点任务紧密结合，国际农发基金于2020年制定了新的赠款政策，经2021年4月执董会第132次会议批准执行。该政策文件提出，常规赠款的总目标是"推动国际农发基金完成可持续和包容性农村转型任务，助力实现可持续发展目标"。常规赠款有两大战略目标：一是提高国际农发基金国别业务的影响力，其中包括支持受援国提升能力，增强减贫效益的可持续性；二是为小农农业和农村发展营造更加有利的政策和投资环境。在两个战略目标中，第一个目标是赠款支持的重点。

截止到第十一轮增资期（2019—2021年），国际农发基金常规赠款在机构年度贷款赠款总规模中的占比均为6.5%。在2020年的第十二轮增资磋商过程中，成员国一致同意从2022年起，常规赠款的配额不再采用这种固定比例资金分配办法，改为一个预先确定的具体数额，由增资磋商会协商决定。第十二轮增资期（2022—2024年）的配额为1亿美元。

二、"债务可持续性机制"赠款

《国际农发基金融资政策和标准》第四部分C段规定，国际农发基金在"债务可持续性机制"下可以采用两种形式向重债穷国提供融资：一是100%赠款形式，二是赠款和"高度优惠条件"贷款混合搭配形式。某个受援国是否有资格享受"债务可持续性机制"融资，则根据世界银行和国际货币基金组织的国别债务可持续性分析报告加以确定。

具体的运作模式是：凡属债务可持续性低的国家（"红灯"国家），国际农发基金提供的融资为100%赠款；凡属债务可持续性适中的国家（"黄灯"国家），国际农发基金提供的融资为50%赠款和50%贷款的混合搭配；凡属债务可持续性高的国家（"绿灯"国家），国际农发基金提供的融资则为100%贷款。

三、"小规模农业适应规划"赠款

2012年4月，国际农发基金执董会第105次会议批准由11个发达国家捐资3.66亿美元建立的"小规模农业适应规划（ASAP）信托基金"，用于推动气候变化在国际农发基金业务活动中的主流化，实现到2020年改善800万农民的气候韧性的目标。

ASAP分两期执行，一期为2012年9月至2017年9月，二期为2017年9月至2025年12月31日。ASAP资金依托国际农发基金常规投资项目，以赠款联合融资形式支持受援国实施小农适应气候变化的项目活动。ASAP是迄今为止全球范围内唯一支持小农户应对气候变化挑战的专项基金。

第七节　补充基金和知识产品

一、补充基金

补充基金系指成员国和其他捐款方为项目联合融资、创新举措、研究和技术援助、青年专家项目（JPO）等活动提供的赠款资金。以投资项目联合融资形式提供的补充基金是项目创新试点经费的重要来源，而主题性补充基金则使国际农发基金能够开展侨汇、农民组织等重点领域的创新活动。最新数据表明，截至2018年12月31日，国际农发基金的补充基金总额为7.845亿美元，来源包括22个成员国政府、11个国际组织和6家基金会。[①]

在上述39个补充基金来源中，9个主要捐款方提供了91%的补充基金资金额，约为7.1亿美元。欧盟是最大的捐款方，捐款额为2.823亿美元，其次是适应基金（Adaption Fund，AF）、全球环境基金（Global Environment Facility，GEF）、最不发达国家基金（Least Developed Country Fund，LDCF）和气候变化特别基金（Special Climate Change Fund，SCCF）等环境及气候基金，累计提供资金1.779亿美元。从总体分布情况看，补充基金的63%属于对投资项目的联合融资，37%用于支持全球性主题项目活动。表4.5为2018年底补充基金资助的主要项目。

表4.5 2018年底补充基金资助的主要项目

序号	项目名称及主要目的	捐款方	捐款总额（万美元）
1	农业企业资本基金（ABC Fund）：为农村小微企业、农民组织、农村创业者和农村金融机构提供贷款和股权投资	欧盟、卢森堡	5 801.49
2	难民/移民/被迫流离失所者和农村稳定基金（FARMS）：帮助接收社区为难民和流离失所人口提供技能训练和能力建设等谋生手段	欧盟、挪威、欧佩克基金、开放社会基金会、瑞士	2 771.12
3	侨汇融资基金（Financing Facility for Remittances）：通过创新型项目，促进侨汇和侨民投资对原籍国发展的推动作用，支持侨汇领域的能力建设、政策对话和研究	欧盟、卢森堡、西班牙	3 349.89
4	粮食减损（Food Loss Reduction）：用于实施罗马粮农三机构"缺粮地区小农粮食减损主流化"联合项目	联合国粮农组织、洛克菲勒基金会	40.25

---

① Overview of Supplementary Funds Received，Committed and Used in 2018，EB 2019/127/INF.4.

续表

序号	项目名称及主要目的	捐款方	捐款总额（万美元）
5	国际土地联盟（International Land Coalition，ICL）：支持国际土地联盟开展业务活动	欧盟、德国、爱尔兰、荷兰	1 556.89
6	性别平等主流化（Mainstreaming gender equality）：推动性别平等在机构和业务中的主流化，发挥青年女性的作用	加拿大、挪威、瑞典、欧盟	517.93
7	气候适应主流化（Mainstreaming climate adaptation）：聚焦增强气候韧性的各种途径	挪威、瑞典	1 545.40
8	营养敏感型农业（Nutrition sensitive agriculture）：支持营养在国际农发基金项目中的主流化	加拿大	495.20
9	农业风险管理平台（Platform for agriculture risk management，PARM）：对受援国农业风险进行评估和量化，制定应对措施，促进粮食和营养安全	欧盟、法国、意大利	704.21
10	对农民组织的支持（Support to farmers' organizations）：支持各地区农民组织的机构和能力建设，提升它们在国家农业政策和项目规划中的话语权	欧盟、法国、瑞士	3 745.62
11	农民论坛（Farmers' Forum）：支持运作全球小农和农村生产者组织自下而上的协商对话机制	瑞士、意大利	80
12	小农户与农业中小企业融资投资网络（SAFIN）：促进对农村中小企业的金融及相关服务	意大利、新风险基金、小基金会、美国	66.29
13	非洲农业基金技术援助基金（Technical Assistance Facility for the African Agriculture Fund）：支持非洲农业中小企业和小农的经济发展	欧盟、意大利	1 163.15
14	天气风险管理基金（Weather risk management facility）：推动包容性保险，增强小农农业和农村生计韧性	法国、瑞典	441.27

续表

序号	项目名称及主要目的	捐款方	捐款总额（万美元）
15	项目联合融资：捐款方为若干项目提供的联合融资赠款	加拿大、丹麦、欧盟、全球农业粮食安全计划、德国、意大利、日本、新西兰、欧佩克基金、沙特发展基金、联合国南南合作办公室、荷兰	29 228.72
16	主题补充基金：粮食安全、私营部门合作、南南合作、农业研究、太平洋岛国发展、原住民等，其中包括中国提供1 000万美元设立的"中国—国际农发基金南南及三方合作专项基金"	阿布扎比发展基金、比尔及梅琳达·盖茨基金会、加拿大、中国、欧盟、粮农组织、爱沙尼亚、德国、匈牙利、意大利、韩国、俄罗斯、荷兰、联合国南南合作办公室、大卫与露西·帕卡德基金会	9 158.00
17	气候环境融资（AF、GEF、LDCF、SCCF）		17 793.06

二、知识产品

知识管理是国际农发基金分享可持续减贫方案、助力实现可持续发展目标的重要手段，由出版物、多媒体产品、评价报告、研究报告等一系列知识产品组成，其中最重要的是定期发布的旗舰出版物《农村发展报告》。

《农村发展报告》展现全球农村发展状况，为国际社会推动农业农村发展事业提供政策性建议。截至2021年底，国际农发基金分别在2011年、2016年和2019年先后发布过三次《农村发展报告》，其中2019年首次在中国发布此报告。

2011年《农村发展报告》的主题是"新现实、新挑战：下一代的新机遇"。报告深入分析了世界农村贫困状况，对发展中国家的农村贫困人口数量和贫困率做出了新的预测。报告指出，在过去十年时间里，尽管全球共同努力，使大约3.5亿人口摆脱贫困，但是农村贫困问题依然十分严重。在整个发展中国家大约14亿的绝对贫困人口中，有70%生活在农村。因此，全球贫困问题在本质上主要是农村贫困问题。从地区分布看，东亚、拉丁美洲、中东和北非的减贫进展明显，而南亚和撒哈拉以南非洲则面临严峻挑战。与此同时，气候变化、粮价波动和自然资源制约因素对农村发展形成持续威胁。报告以大量事例说明，维持农业生产的生态系统和生物多样性正在发生变化，因而提高农业生产力水平会越来越困难。在此背景下，发展中心城镇和更好地把农业市场组织起来，是推动可持续减贫的新机遇。

2016年《农村发展报告》的主题是"促进包容性农村转型"。报告聚焦包容性农村转型，将其作为全球消除贫困和饥饿、建设包容性可持续社会的核心要素。报告分析了世界各国农村转型的主要途径和经验，认为农村转型不可能孤立地发生，而是结构转型的有机组成部分，受到农业、非农经济、制造业和服务业之间相互关系的重大影响。同时，农村转型也不可能自发产生，必须加以推动才能实现，而且农村转型和结构转型并不会自然而然地加速农村减贫进程，可能会给贫困群体带来各种积极和消极影响，需要通过适当的政策和制度加以引导，确保转型过程的包容性。报告指出，农业在农村转型过程中具有重要地位和作用，但是不同的转型阶段需要与之相匹配的不同农业政策。各国制定包容性农村转型背景下的农村发展战略虽然总体方向一致，但是必须因地制宜，使发展战略符合国情。报告建议采取切实措施和行动，确保贫困人口和弱势群体有机融入农村转型之中并从相关政策、制度和投资中受益。

2019年《农村发展报告》的主题是"为农村青年创造机会"。报告表明，全球约有5亿青年生活农村地区，如果加上与农村地区具有共性的半农村地区及城镇郊区，这一数字将增至7.8亿人。广大青年对农村发展至关重要，但是缺乏市场准入严重制约着农业青年的发展。报告认为，要消除农村贫困，必须要解决青年面临的发展问题，农业不仅仅是让人们就业，也是一种推动力，推动着农村地区的产业转型。报告分析了气候变化、移民、排斥、性别歧视、贫困和饥饿等其他全球性问题，建议对于农村转型程度低、农业在经济中仍然发挥着关键作用的国家，投资应侧重于促进农村的广泛发展，为年轻人创造机会。在转型程度更高、农业生产率更高、粮食系统更现代化的经济体中，尤其需要提高农村青年的技能，增加他们获得非农工作的机会，同时帮助农业领域的年轻人利用资源，开展营销活动和发展小企业。报告认为，广大农村青年一旦获得发展机会，就能够为国家社会和经济发展带来巨大红利。2019年《农村发展报告》于当年11月15日在北京发布，这是国际农发基金第一次在中国境内发布这个报告。

提供优惠条件贷款和赠款实施减贫项目，是国际农发基金促进发展中成员国减贫与农业农村发展、实现2030年可持续发展目标的主要手段。本章介绍国际农发基金项目周期和项目周期管理的总体安排、主要环节以及各个环节的具体做法，由八部分组成。第一节是概览，对整个项目周期的大致轮廓进行归纳性描述。第二节至第八节分别介绍组成项目周期的各个主要环节和要素，分别是：项目设计、贷款谈判和项目启动、项目实施、项目监督、项目财务管理和项目采购、项目竣工以及项目评价。

第一节　项目周期概览

国际农发基金的投资项目周期一般从项目概念的提出开始，经过项目设计、贷款谈判、执董会批准、《融资协议》签署、项目启动、项目实施等环节，到项目竣工和评价结束。这个周期的设置与世界银行、亚洲开发银行等主要国际金融机构的项目周期基本相同。不过，不同机构对其中某些环节的称谓可能会有所不同，比如项目设计也可以称为项目准备或者项目制定，等等。但是，不管是采用哪一种称谓，每个环节的主要任务并没有本质区别。项目周期的主要环节如图5.1所示。

图5.1　项目周期的主要环节

一、项目概念和设计阶段

项目概念的提出是项目周期开始的标志。它和项目设计是项目周期两个不同的业务环节，但在具体实践中，这两个环节往往又是紧密相连的，多数时候甚至完全相融在一起而无法单独分开。因此，国际农发基金通常把项目概念和项目设计当作项目周期的同一个阶段来对待，统称为项目设计。整个项目设计阶段大体涉及四个流程——项目概念的提出、项目全面设计、融资谈判和执董会审批。

第一个流程是项目概念的提出。作为国际农发基金开展国别活动的宏观指导性文件，《国别伙伴战略》是提出项目概念的主要工具。"项目识别表"（Project Identification Form，PIF）或"项目概念说明"（Project Concept Note，PCN）是项目概念的具体载体，按照统一规定的文件格式加以编制，是《国别伙伴战略》的标配附件。

第二个流程是项目的全面设计。在项目概念基础上，项目设计团队对备选项目开展全方位的实地考察、技术论证和详细设计，最终形成《项目设计报告》（Project Design Report，PDR）。《项目设计报告》的根本目的是厘清与项目相关的各方面背景情况和实施安排，比如项目活动规划细节、项目的组织管理、投资安排、效益分析、风险分析，等等。在项目设计过程中，国际农发基金的设计团队和受援国双方紧密配合，对项目的各项主要活动和安排进行反复协商并达成一致意见。《项目设计报告》需要按照统一规定的报告格式进行编写，完稿后提交国际农发基金的内部质量保证机制进行审核和批准。完成这个内部流程后，国际农发基金方可进入与受援国的项目融资谈判和提交执董会审批这两个环节。

第三个流程是融资谈判，即国际农发基金和受援国政府双方对项目贷款的融资条件、支付安排、项目实施责任等进行谈判。谈判地点通常是罗马国际农发基金总部，也可以是双方约定的其他地点。谈判的方式既可以是面谈，也可以采用视频或者互换信函的形式。双方完成融资谈判并草签《融资协议》，是国际农发基金将贷款项目提交执董会审批的前提条件。

最后一个流程是报请执董会审批。每个贷款项目视贷款赠款额度的大小，或由执董会在会议期间讨论批准，或依照简易的"限时通过"（lapse of time，LoT）程序，在规定的日期内由执董会通过函件批准。

二、项目实施阶段

贷款赠款项目获得执董会批准后，借贷双方会做出安排，争取尽快正式签署在此之前已经草签过的项目《融资协议》。签字仪式通常在罗马国际农发基金总部举行，代表国际农发基金签字的一般是总裁，代表受援国政府签字的是其授权代表。《融资协议》的签字之日即是其生效之时。这个日期标志着项目正式进入实施阶段。

在具体实践中，《融资协议》签字生效后，国际农发基金和受援国项目主管部门一般都会联合举办专门的、面向项目相关单位和人员的项目启动会。召开项目启动会的主要目的是向参会人员详细介绍项目的总体规划、实施安排、组织管理等情况，使大家对整个项目和主要实施要求有比较全面的了解，形成一致认识，从而为项目活动的实施做好准备。在启动会期间，国际农发基金通常会为项目人员提供专题培训，使他们了解和熟悉与项目实施紧密相关的各种要求、规定和程序。一般来说，专题培训涵盖《年度工作计划和预算》（Annual Work Plan & Budget，AWP/B）制定、采购计划编制和采购程序、资金管理、财务管理、监测评价体系建设等。

根据国际农发基金《农业发展融资通则》的规定[①]，所有项目均由受援国政府牵头实施。项目主管单位开展项目实施工作的基本依据是"年度工

---

① General Conditions for Agricultural Development Financing，IFAD，December 2018，www.ifad.org.

作计划"（含"采购计划"）。在项目实施期内，国际农发基金的责任仅限于定期开展项目监督，并为项目实施提供支持。

中期审查（mid-term review，MTR）是项目实施阶段非常重要的一项活动和时间节点，由受援国项目主管单位与国际农发基金共同组织。《农业发展融资通则》第8.03（b）条要求，双方"应不晚于项目实施期的中点，共同开展对项目实施的审查"[1]。其主要目的是，评估项目实施进展，找出项目实施过程中出现的各种困难和问题，提出解决办法。中期审查可以对项目建设方向和项目活动提出调整意见。

三、项目竣工阶段

项目建设活动和项目实施期正式截止的时间节点是项目竣工日。在这个日期之前开展的项目竣工流程，是项目实施期的最后一个环节。这一阶段最主要的任务是编写《项目竣工报告》，由受援国项目主管单位负责。国际农发基金《农业发展融资通则》第8.04条要求："在项目竣工日……之后，贷款文件中指定的项目方应尽快向本基金和合作机构提交一份反映项目全面实施情况的报告……"。这里提及的"报告"即《项目竣工报告》。虽然这些工作是受援国的责任，但是在实际操作过程中，国际农发基金通常会积极参与项目竣工流程，目的是确保《项目竣工报告》能够按时保质完成。

四、项目评价[2]阶段

项目评价是项目周期的最后一个环节，由国际农业发展基金独立评估办公室负责，目的是对项目的效果和影响进行客观评价。项目评价一般采用两种形式[3]：一种是项目竣工报告验证（Project Completion Report Validation，PCRV），另一种是项目绩效评价（Project Performance Evaluation，PPE）。前

---

① General Conditions for Agricultural Development Financing，IFAD，December 2018，www.ifad.org.

② Revised IFAD Evaluation Policy，IFAD EB 2011/102/R.7/Rev.3，December 2015，www.ifad.org/en/web/ioe/policy.

③ Evaluation Manual Second Edition，IFAD，February 2016，www.ifad.org/en/web/ioe.

者以"案头审查"方法完成，每年涵盖25个《项目竣工报告》；后者则是在前者的基础上，涵盖其中25%的项目，通常需要进行额外的信息收集、分析和实地考察。

第二节 项目设计

国际农发基金的项目设计是指，从项目概念的提出（亦称项目识别）开始，到项目方案的最后定型为止的整个过程。它是项目周期的第一个环节，也是最核心的环节之一。国际农发基金的项目设计在其《国别伙伴战略》指导下，结合本机构和受援国的相关政策、战略，与受援国政府密切合作，全面深入地分析与项目有关的各种情况和要素，经过实地考察、技术论证和设计、反复核实、不断完善，对项目目标、受益群体、干预措施、资金时间计划、管理组织安排等项目活动细节进行全面规划，最后形成《项目设计报告》。项目设计是一个递进式的过程，一般至少需要七八个月的时间。《项目设计报告》是国际农发基金将项目方案提交执董会审批的基本依据。

下面将从项目设计的启动、项目设计的主要内容、国际农发基金的基本要求和程序，对国际农发基金的项目设计流程进行详细介绍，并介绍中国国内项目设计的基本程序。

一、项目设计的启动

根据受援国政府提出的贷款项目申请，国际农发基金启动项目设计程序。这个申请以两种方式提出，其中《国别伙伴战略》是较为常见的一种方式，另一种方式则是专门的项目申请书。

通常情况下，作为项目申请的依据，《国别伙伴战略》会提出该战略期内国际农发基金将提供贷款赠款进行建设的备选项目。这些备选项目会以"项目识别表"或"项目概念说明"的形式，作为附件编入《国别伙伴战略》。一般来说，结合国际农发基金每三年一个增资周期的节奏，受援国会一次性准备三年内的项目申请，列入《国别伙伴战略》，在增资期内按先后次序逐个进行设计。以中国为例，尽管国际农发基金的中国《国别伙伴战略》是结合中国的五年发展规划来编制的，即每五年一个周期，但是中国政府一般按照国际农发基金的增资周期来提出三年内的项目申请。

"项目识别表"是一种简要格式的项目申请，而"项目概念说明"则内容相对详尽，两者均有固定的文件格式。以"项目识别表"为例，它简要提供项目的基本信息，包括项目的主题、干预领域等，为国际农发基金成立机构内部跨部门的项目设计实施团队（Project Delivery Team，PDT）提供参考。在"项目识别表"的基础上，项目设计团队和政府相关部门开展磋商，编制"项目概念说明"，并将其提交国际农发基金内部的审核机制加以审核，确认是否可以开展项目的具体设计。无论是采用哪个方式提出项目概念，国际农发基金项目团队都会将其录入机构内部的网上处理系统——运营成果管理系统（Operational Results Management System，ORMS）[①]。

二、项目设计的主要内容

一般来说，项目设计分为项目识别、项目详细设计和项目最终设计三个阶段，但根据实际情况，也可以把设计各阶段加以整合。特别是项目的最终设计这个阶段，国际农发基金可以根据详细设计阶段的结果来确定是否需要开展。项目识别主要是为了制定项目的概念说明，而项目的详细设计和最终设计则是为了完成《项目设计报告》。

在项目设计的每一个阶段，国际农发基金都会组织由相关技术领域专家组成的项目设计团队，负责具体执行项目活动的论证和设计任务。首先，是制定任务大纲（Terms of Reference，TOR），征求受援国的意见并取得对开始项目设计实地考察的同意。接下来，项目设计团队会访问项目区，了解、收集和分析相关的信息，与包括受益群体在内的各有关方面进行讨论沟通。每个设计团队在实地工作完成时，都会和政府相关部门签署对项目设计达

[①] ORMS 是国际农发基金最主要的内部运营在线报告平台，利用更智能的逻辑框架、统一的报告模板、简化的程序和更可靠的结果测量，对业务成果和项目绩效进行系统性的监测。所有项目信息的报告均由国际农发基金职员在 ORMS 平台在线录入。ORMS 涵盖整个项目周期的所有阶段（即设计、实施和竣工）和所有要素，包括逻辑框架、项目设计、项目实施和项目竣工的相关文档。它是国际农发基金汇总报告项目运营绩效和监测项目整体风险的基本工具。

成共识的备忘录。最后，设计团队根据在实地考察期间收集到的、设计项目所需的信息和建议，撰写《项目设计报告》。

不管在哪个阶段，项目设计一般会涉及以下五个主要方面的内容，由设计团队加以分析和描述并体现在《项目设计报告》里，分别是：国家层面的项目背景情况分析、项目核心内容设计、项目的投资预算和融资计划、项目实施的组织管理安排，以及项目设计需要准备和考虑的其他方面。

（一）国家层面的项目背景情况分析

《项目设计报告》需要分析各种与项目主题、目标地区、目标人群相关的国内发展背景情况，包括政治、社会和经济简况，以及农村变革情况和发展障碍；项目目标人群的贫困状况、粮食安全和营养状况以及农村发展状况；和项目相关的国家"三农"战略策略、政策和项目；国内和项目有关的组织机构情况等。通过分析，确定对实现项目目标有利的因素、不足的方面、项目的机遇和风险，以便在设计项目时予以充分考虑。

背景分析也需要深入国际农发基金重点关注的若干主题领域，比如社会性别和社会包容性、营养、青年发展和环境与气候变化。项目设计需要分析这些领域（尤其是与目标群体相关的方面）的现状，面临的挑战和风险，项目可以提供的改善现状的机会，以及潜在得失。

同时，背景分析需要重点论证清楚项目的理由，即国际农发基金为什么要支持项目采取拟议的干预措施。更确切地说，背景分析需要回答：究竟是什么样的问题需要得到解决，才能为项目区和项目群体的发展带来理想的结果？国际农发基金有哪些比较优势和经验来妥善解决这些问题？

另外，背景分析章节还需要回顾和分析国际农发基金在项目受援国国内和项目地区以往项目的经验教训，同时对受援国国内相关项目的经验教训加以概括总结。这样做的目的是避免以往项目不成功的做法，吸取成功的经验，把它们借鉴运用到新项目中，提高项目成功率。

（二）项目核心内容设计

《项目设计报告》需要全面反映四个方面的核心内容，即确定项目目标、地区和受益群体；确定项目的活动内容；确定项目的"变革理论"；明

确项目与相关政策及其他类似项目的关联性。

1.确定项目目标、地区和受益群体

首先，《项目设计报告》需要对项目的愿景和具体目标、项目区域和项目目标群体进行清晰的描述。考虑到项目本身的有限性，项目目标不宜特别宏观，但也不能太过微观。项目目标的清晰和准确制定，对于项目的实施起着极其重要的指导作用。比如，2020 年最新批准的湖南乡村振兴示范项目把项目的愿景目标定位为"保持贫困和脆弱农户长久摆脱绝对贫困并提高他们生产和经济方面的抗风险能力"，把具体项目目标定位为"改善项目区贫困人口，特别是青年和妇女的创收能力，加强农业经营主体与农户利益联结和包容性，提高目标群体应对气候变化的能力和恢复力"。这样的表述对于项目的导向就比较清晰，也很好地呼应了项目的设计内容。项目目标的确定也需要和国际农发基金的总体战略框架以及《国别伙伴战略》的目标相关联。

其次，《项目设计报告》需要对项目区的相关情况进行分析性描述，包括农业生态特点、农业发展和扶贫的潜在机会和制约因素、气候变化的影响情况、提供项目支持的理由。《项目设计报告》尤其需要着重分析描述的是和项目群体生计以及他们的贫困状况相关的信息，比如生产模式、自然资源禀赋、主要生计来源、社会经济和人文特征，以及发展机遇和障碍（技能和知识等方面），等等。

《项目设计报告》需要对项目可以覆盖的贫困人口数量加以估算，并根据性别、年龄、少数民族、青年以及其他必要的人群特征，加以分类和区分。此外，必须清晰地描述项目的受益群体瞄准机制，确保项目采用的机制符合国际农发基金的《精准扶贫政策》及瞄准策略。

2.确定项目的活动内容

项目一般通过设置二至三个子项目，来归类构建出整个项目的活动结构。为对项目实施提供准确无误的指导，子项目的设计一般需要给出足够的细节，使《项目设计报告》能够清晰地描绘具体的项目活动和产出、实施这些活动的具体程序和组织机构安排、项目活动的受益对象、项目投入和资金安排等。这些细节的详尽程度根据项目内容的繁杂程度和实施方的需求而各不相同，《项目设计报告》需要在内容的精炼和充分之间求得适当平

衡。总的来说，国际农发基金越来越鼓励《项目设计报告》精简化。

在确定项目活动内容过程中，有一点需要特别注意，即项目活动内容的设计和项目逻辑框架（logical framework，logframe）的结果体系两者之间有着直接的联系。逻辑框架中的结果指标体系要尽可能地体现国际农发基金的核心指标，以便国际农发基金能够在机构层面对所有项目的结果进行汇总，然后向成员国和国际社会反馈与报告机构的项目成果和援助有效性。

3.确定项目的"变革理论"

国际农发基金于2016年前后引进"变革理论"这一概念，并将其逐步运用到机构的政策制定、战略规划和项目设计之中（参见第三章第三节对"变革理论"概念的解释）。《项目设计报告》需要重点厘清项目的"变革理论"。

具体来说，《项目设计报告》要清晰地展现项目从原点到终点究竟采取何种策略和行动，它们之间是如何有机结合的，有哪些阻碍因素，如何去克服这些因素，又有哪些有利因素，如何利用这些有利因素来实现项目的哪一个目标，以及要达到什么效果。《项目设计报告》需要通过明晰和形象的表达，使读者快速而准确地了解项目的策略，加深对项目的理解和认识。

4.明确项目与相关政策及其他类似项目的关联性

在确定了项目的主要目标、内容和策略路径后，项目设计需要通盘考虑联合国可持续发展目标、受援国的国家和部门政策目标、国际农发基金的机构目标以及其他发展机构在国内的发展援助项目，厘清项目与这些宏观因素是如何协调和结合在一起的。如果有可能和其他类似项目形成协同关联关系，提高实施效果，那么项目设计团队也需要探讨和拓展这方面的可能性。

（三）项目的投资预算和融资计划

设计团队需要按照项目的活动内容，对项目的投资明细和总体投资做出估算。估算应该分项目实施地区、年度、投资方、具体活动来进行。项目投资除了现金投入外，还需要考虑有形物的投入，比如受益人的劳务投入等。为了提高项目投资估算的准确性，项目投资预算需要考虑项目实施期间的通货膨胀、汇率变化、价格工程量方面的浮动和其他不可预见费用，以及项目投资费用相关的税收因素。

按照国际农发基金财务管理的要求，项目投资（特别是贷款投资部分）还需要按照支付类别加以归类，并确定各类别中不同资金来源的投资比例。这样做的目的是为以后项目贷款的报账支付提供参考。项目的投资预算最终以成本表（Cost Tables）的方式、利用COSTAB软件构建并呈现出来。

项目的成本预算不仅为项目实施提供参考，也为国际农发基金对项目投资的财务和经济可行性分析提供依据。项目既是一项发展活动，同时也是一项经济活动，它的实施必须在具有一定的财务效益和经济效益的情况下才能开展。同时，项目投资对于不同的受益群体——包括直接受益人和间接受益人——究竟能够带来多大的利益，也必须要通过项目的财务和经济分析来进行估算。因此，国际农发基金和其他类似的国际金融组织一样，非常重视项目投资的财务和经济分析。经典的项目财务经济分析通常以投入产出分析为基础，通过代表项目投资活动的典型的生产模型，在考虑各种内外部因素、定性定量收益的情况下进行。一般来说，通过项目的财务经济分析，项目设计可以估算出项目直接和间接受益群体的数量；项目的盈利指标，包括经济内部收益率（economic internal rate of return，EIRR）、经济投资净现值（economic net present value，ENPV）和经济效益成本比（benefit-cost ratio，BCR）；以及效益程度，包括收入、产量、劳务报酬等。在分析过程中，还需要对相关假设、数据指标的敏感性、不可量化的项目效益等做出说明。

国际农发基金项目的实施期虽然有限，但是如何确保项目发挥持续作用和长远影响，始终是项目设计需要认真考虑和应对的重要课题。因此，项目设计必须对项目竣工后的退出机制和可持续性做出适当安排。设计过程中需要考虑的主要问题是：项目的策略、机制、实践和组织机构等在项目结束以后如何继续发挥作用，谁可以受益，如何受益，如何确保项目的社会、经济、环境和气候可持续性，如何监测这些后续影响等。除此之外，项目设计还要找出那些影响项目可持续性的风险因素，并提前设定化解措施。

（四）项目实施的组织管理安排

为确保项目建设的如期完成和项目目标的顺利实现，项目设计需要对项目实施所需要的各方面的机构、组织管理和人员配备做出妥善安排。国际农发基金的贷款属于政府主权贷款，因此项目一般都通过各级政府部门来牵头实施和管理。项目实施管理的机构安排原则上包括政府项目主管机构、具体参与项目实施的部门机构、地方和社区一级项目组织机构。基层项目机构的设置形式多样，因各国国情不同而没有定规。以中国项目为例，村一级通常设立村项目实施小组。另外，有些项目的实施可能需要相关实施机构成立专门的项目管理办公室。还有一些项目可能涉及联合融资，或者与其他发展援助项目合并实施。凡此种种，由于各个国家和项目情况的不同，项目实施的组织管理安排也各不相同。但总的来说，项目设计需要对国内和项目区相关的项目机构情况进行调查分析，确定项目条件下的最佳组织机构安排，明确各方职责、人员配置、关键岗位的职责、能力建设需求、项目协调合作机制等。

　　项目实施的组织管理本身也是一项重要的项目活动。《项目设计报告》在这项活动下，除了机构人员配备之外，还需要对项目的工作计划组织、财务管理和采购、监测评价、知识管理和能力培训等各项具体活动做出安排，并配以必要的预算。《项目设计报告》需要对项目的创新点进行专门的描述，并规划出如何通过创新的引入和实施，使其得到进一步扩大和推广，发挥更大的减贫作用和影响。

　　项目设计需要对项目的实施计划——尤其是前期计划——做出妥善规划和安排，这样才能确保项目的按时启动和顺利实施，并使项目实施与政府的投资策略和进程保持一致。但是在实践过程中，项目启动缓慢或者延迟一直是一个普遍存在的问题。之所以会经常出现这个问题，是因为在项目正式启动之前，绝大多数项目单位都没有开展前期准备活动的资金。为解决这个问题，提高项目在启动阶段的效率，国际农发基金于2018年专门推出了"项目启动的快速实施安排"（Faster Implementation of Project Start-Up，FIPS），设立了名为"项目预用款机制"（Project pre-Finance Facility，PFF）的金融工具，为项目的实施准备和启动工作提供有针对性的支持。"项目预用款机制"允许贷款国提前使用一定额度的贷款资金，支持项目开展在《融资协议》生效前必须完成的项目准备工作。《项目设计报告》应说明哪些活动需要提前使用资金，或者是否需要提前使用资金。"项目预用款机制"为项目提供的资金额度为50万至150万美元。

　　项目设计还需要对项目实施过程中的项目监督做出安排。国际农发基金从2007年起对其资助的项目开始采取直接监督的方式，除少数特殊情况（比如世界银行、亚洲开发银行等其他主要国际金融机构牵头的联合融资项目）外，项目的监督均由国际农发基金主持开展。一般要求每个项目年度开展至少一次项目检查和一次项目跟踪支持活动，而在项目中期和竣工阶段则分别开展对项目的中期和竣工审查。

（五）项目设计需要准备和考虑的其他方面

对于关乎众多农村贫困人口，乃至地区或国家福祉的发展项目，除了上述主要的项目设计内容之外，还有其他一些相关联的主题和要素也需要在项目设计时给予充分的考虑和论证。主要包括以下六个方面：

一是项目的环境和气候影响。国际农发基金要求，设计团队在项目设计时必须充分分析和评估项目的社会、环境和气候影响，提出必要的应对措施，减缓项目可能产生的负面影响。为此，国际农发基金专门制定了"社会、环境和气候影响评估规则"（参见第三章第三节），作为项目周期从设计到竣工全过程的约束性要求。根据影响分析得出的结论，所有项目会按照不同的社会和环境影响，从高到低划分为A、B、C三个类别，按照不同的气候变化影响，也划分为高、中、低三个类别。影响"高"的项目类别需要开展额外的分析和化解方案设计。同时，对于风险类别为"A"的项目，国际农发基金内部设置了相对严格的评审过程；而对于风险类别为"B"和"C"的项目，评审过程则相对简单快速。通过"社会、环境和气候影响评估规则"的施行，国际农发基金在区分风险的基础上提高了项目设计和审批的效率，同时又保证了项目的质量。

二是项目的逻辑框架（logframe）。逻辑框架是项目设计不可或缺的一个产出，也是项目监测评价的主要参考依据。和项目的"变革理论"一样，它简明扼要地把项目的核心结果以系统分层级的方式，通过逻辑的关系展示出来。具体来说，根据不同的项目组成部分和结果层级，逻辑框架会相应地列出反映项目产出、效果和影响的各项指标和目标，使人们对项目的预期结果一目了然。为了便于汇总国际农发基金所有项目的建设成果，国际农发基金在若干指标的基础上设置了机构的核心指标，并鼓励各项目尽可能地把它们应用到实践之中。当然，项目的内容各不相同，因此每个项目也需要设置特定的项目指标来反映项目自身的实施成果。

三是首个"年度工作计划"和"采购计划"。为了使项目设计和实施衔接得更加紧密，国际农发基金要求《项目设计报告》涵盖项目第一个实施年度的工作计划和采购计划。通过这两个计划，设计团队要对项目在第一年需要开展的活动进行初步规划，列出资金预算和投资来源，预设需要采购的工程、货物和服务的数量和采购方法等。项目启动会需要对这两个计划做进一步的讨论和完善。

四是《项目实施手册》(Project Implementation Manual，PIM)。《项目实施手册》是国际农发基金非常重视的项目设计产品，也是《项目设计报告》的一个标配附件。为了尽量精简《项目设计报告》正文部分的篇幅，同时考虑到需要为以后的项目实施人员提供足够详尽的项目信息，国际农发基金要求项目设计团队按固定格式编制《项目实施手册》，详细解释项目设计的策略、目标、瞄准机制、项目具体活动的设计考量和实施程序方法、项目的组织管理安排、财务管理、采购管理、监测评价等各个方面的信息和设置安排。在项目获得批准之后，项目主管机构要对《项目实施手册》的内容做进一步的梳理和完善，使之在各级机构和部门实施项目的过程中能够发挥真正的指导作用。

五是风险管理。从2019年开始，国际农发基金对项目设计和实施提出了一项新的要求，即随时掌握并采取措施化解项目风险。设计团队在项目设计阶段必须充分分析项目的综合风险，并提出相应的应对措施。国际农发基金对项目风险实行常态化管理，要求项目管理部国别团队通过机构内部在线系统，每年定期更新各个项目的综合风险矩阵（Integrated Project Risk Matrix，IPRM ）[①]。

六是受益人参与和投诉机制。为了增强受益人对项目的参与度和自主

---

① 综合项目风险矩阵（Integrated Project Risk Matrix，IPRM ）是国际农发基金监测和管理项目风险的重要工具。在项目年度检查完成后，国别项目团队需要对"矩阵"信息和数据进行更新，具体包括：项目实施的国家环境（政治承诺、政府治理、宏观经济、发展的脆弱性）；部门战略和政策（和政府政策的一致性、政府政策设计和实施情况）；自然环境和气候（项目在环境和气候变化方面的脆弱性）；项目范畴（项目的相关性和技术合理性）；机构执行能力和可持续性（机构安排、监测评价安排）；财务管理（机构和人员安排、预算、资金拨付安排、内控机制）；项目采购（法律法规框架、问责机制和透明度、采购能力、采购程序）；环境、社会和气候变化影响（生物多样性保护、资源效率和环境保护、文化遗产保护、对少数族裔的关注）；项目受益群体（参与和协调、投诉机制）。

权，提高项目减贫效益，国际农发基金于2019年做出安排，要求设计团队在项目设计过程中研究和设置适当的受益人反馈投诉机制，并作为绩效指标纳入项目的逻辑框架。具体要求是：项目逻辑框架应设置两个与受益人参与有关的核心指标——一个是"对项目提供服务感到满意的农户的比例"，另一个是"自认为可以影响项目实施者决策的农户的比例"。至于如何实现受益人充分参与这个目的，项目设计需要从以下几个方面来考虑：（1）项目的"变革理论"清晰地反映受益群体如何参与项目，有什么样的反馈机制，如何应用这个机制；（2）采取多种方式，在项目周期中连续地，而非一次性地应用参与和反馈机制；（3）采用第三方监测评价来进行跟踪评估；（4）采用通报公众知晓的方式，使受益人了解这些机制；（5）在项目投资中安排一定资金，用来支持和开展这些参与和反馈活动；（6）营造有利的政策、社会和管理环境，为受益人参与创造条件。

项目设计团队根据以上六大方面的内容要求，按照规定的文件格式编制《项目设计报告》。整个《项目设计报告》由一个主报告和11个附件组成，初稿经机构内部的项目设计实施团队（PDT）修改完善后，进入内部评审流程。

三、国际农发基金对项目设计的基本要求和程序

（一）基本要求

项目设计是实现项目结果的最重要环节之一。为了提高设计的质量和效率，国际农发基金制定了专门的项目设计指南，对项目设计的各个环节提供具体指导。这个指南是一个"活"文件，因为国际农发基金会根据实践经验，定期进行更新和完善。目前执行的是2018年推出的新版指南。

国际农发基金的项目设计业务模式和程序以三个原则为指导：（1）注重结果和发展的有效性；（2）体现受援国的自主权；（3）与能够代表目标群体的相关组织和机构紧密合作，包括农民合作组织、社会团体、农业生产者和用户协会、妇女和青年组织等。此外，在机构内部，为每个项目设立一个跨部门的设计实施团队（PDT），对项目的设计负责并提供质量保障。

提高发展有效性是国际农发基金对项目设计的一个基本要求。根据2016年执董会批准的"发展有效性框架"的规定，每个项目设计都需要提供清晰

的"变革理论"，阐述项目的投入与活动如何能取得效果和影响。同时，国际农发基金制定了"发展有效性矩阵框架"（Development Effectiveness Matrix Plus，DEM+），作为项目评审的依据和菜单，运用到机构内部的项目评审过程中。"发展有效性矩阵框架"提出了项目策略方式、技术合理性、合规性、项目实施和项目设计总体质量五个方面的评审要求和标准，涉及20个具体指标，适用于项目概念和《项目设计报告》的评审（见表5.1）。"发展有效性矩阵框架"的运用对于保障项目的设计质量具有十分重要的意义。

表5.1 发展有效性矩阵框架（DEM+）

关注领域	具体指标	一般要求（参照国际农发基金2019—2021年周期）
项目方法	战略的一致性	项目与国际农发基金、可持续发展目标以及受援国国内相关战略和政策保持一致
	项目的有效性	项目设计有清晰和具有说服力的"变革理论"，项目目标能够得以实现
	目标群体瞄准	以明确的方法和机制瞄准目标群体，包括对少数民族的包容性
	社会性别	满足国际农发基金的衡量标准，使25%的项目达到社会性别变革，100%的项目达到社会性别主流化
	青年	至少50%的项目成为具有青年敏感性的项目
	营养	至少50%的项目成为具有营养敏感性的项目
	环境与气候变化的脆弱性	对环境风险和气候变化的影响做了充分分析，规划了适当的应对措施
	政策参与	针对挑战设计了相应的政策干预活动，并规划了项目经验的推广和可持续性
	联合融资与伙伴关系	清晰的投资计划，确定参与融资的其他相关方，充分挖掘了南南合作的可能性
技术合理性	风险及应对策略	根据综合项目风险矩阵（IPRM），分析了九个方面的风险，并规划了适当的应对措施
	逻辑框架与指标质量	逻辑框架的结果层级合理，指标描述符合SMART要求，即具体（specific）、可衡量（measurable）、可实现（achievable）、有关联性（relevant）、时间点明确（time-bond）
	财务经济分析	充分、符合要求、有说服力
	退出机制	合理并具有可操作性

续表

关注领域	具体指标	一般要求（参照国际农发基金 2019—2021 年周期）
合规性	社会、环境和气候变化评估	对相关方面进行了充分的风险分析并规划了应对措施
	采购	有合理的采购计划，对采购方面的风险进行了分析并规划了化解措施
	财务管理	对与项目财务相关的政策、能力和机构安排、资金配套能力及其风险进行了充分分析，并在设计中采取了适当的应对措施
	资金分配方案和贷款工具应用	核实贷款国的资金分配额度及项目应该采用的贷款工具
	对上轮评审意见的响应程度	充分考虑了前一次评审的意见和建议，并根据需要修改了项目设计
项目实施	机构能力	分析了机构能力，为项目实施配置了合理的机构安排
	项目启动准备	设计做了必要的安排和准备，便于项目批准后尽快启动实施
	监测评价系统	制定了合理完善的项目监测评价安排
	年度工作计划	年度工作计划明确合理
	项目实施手册	《项目实施手册》具备足够的细节并符合项目战略和目标
	知识管理计划	合理的知识管理计划，明确了职责、预算、方法、产出等
评审汇总	总体设计质量	对设计的总体评价

除了机构内部的效率和效果方面的提升，国际农发基金还响应《巴黎援助有效性宣言》[①]的号召，特别重视开展和加强与其他发展援助机构的项目合作，并设置了专门指标来衡量联合融资和伙伴关系方面的绩效。以联合融资指标为例，国际农发基金要求，在2019—2021年期间，本机构贷款与其撬动的联合融资资金比例应为 1:2.11，其中国内联合融资为 1.12，国际联合融资为 0.99。在项目设计过程中，国际农发基金通常会积极探讨项目与其他类似项目的合作潜力，重点关注项目是否尽力寻求和其他发展援助机构的联合融资或其他形式的合作，国际农发基金的贷款资金是否较好地撬动了包括国内投资在内的项目联合融资，等等。

（二）基本程序

国际农发基金的整个项目设计过程主要涉及项目概念的提出和编制《项目设计报告》这两个环节，经过对项目设计的不断完善，在完成相应的

---

① Paris Declaration on Aid Effectiveness，February 2005.

内部评审流程后，项目即可提交给执董会审批，随后进入《融资协议》签署和项目生效实施环节。为了提高机构效率，国际农发基金于2018年提出要求，项目团队必须在8个月内完成整个项目设计过程，即从审批项目概念开始到获得执董会批准的这个过程，参见图5.2。

在内部流程的安排上，国际农发基金会根据风险大小（主要根据"社会、环境和气候变化影响评估"的风险等级），将后备项目归类为三个不同的内部"评审轨道"。"轨道1"或称1类项目，风险最大，因而评审最为严格；"轨道2"或称2类项目，各类风险较为一般，因此评审过程相对灵活；而对于特殊情况下和低风险的3类项目，通常采取简化设计和快速评审，在三个月内完成对项目方案的评审审批和执董会批准。这类项目一般为对已有项目的追加投资、应对紧急情况的项目或提供给脆弱国家的特别项目（一般为赠款）。

鉴于大部分项目均为1类和2类项目，图5.2简要展示了1类和2类项目内部评审的整个过程。

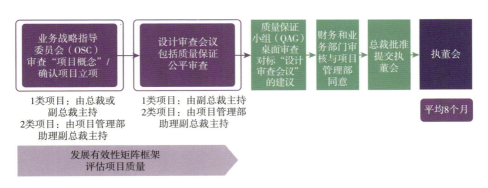

图5.2　1类和2类项目内部评审过程

如图5.2所示，国际农发基金项目在经过机构内部的评审通过后，将由总裁批准并通过"总裁报告"（President's Report）的形式呈报给执董会审批。

四、中国国内项目设计的基本程序

中国申请国际农发基金贷款支持的项目同时需要经过国内的立项和审批程序。项目申请一般由相关的省市县提出，通过所在省、自治区、直辖市发改委和财政部门的审核后，提交国家发改委和财政部。国家发改委和财政部根据国际农发基金的贷款预算规划方案进行总体考虑，在平衡其他国际金融组织和捐赠机构对华援助项目的基础上，筛选出符合国家发展战略的备选项目，联合上报国务院，获得批准后提交国际农业发展基金。鉴于国际农发基金的贷款分配每三年确定一次，中国申请国际农发基金的备选项目规划也按照每三年为一轮来准备。

随着国际农发基金对项目设计的展开和项目设计报告的逐步完善，国内的程序也随后跟上。在项目的详细设计和最终设计开展的时候，国内的设计也基本同步进行，主要是通过聘请有资质的咨询公司参与或部分参与国际农发基金的项目设计团队，了解项目设计的主要内容并提供相关的建议和意见。国际农发基金设计团队与国内相关政府部门签署备忘录，对阶段性的设计所达成的共识进行确认。这些设计团队的备忘录将作为国内咨询公司项目设计的参考。在国际农发基金完成最终项目设计后，聘请的咨询公司将按照国内对项目可行性研究报告的格式完成国内版本的项目设计文件。项目设计文件通过相关部门的审核，报送项目省的发改委批准。如果项目涉及国家级的执行机构，则需要通过国家发改委批准项目的可行性研究报告。在批准可行性研究报告的同时，按照国内程序，还将完成项目环境影响评价。

在完成项目可行性研究报告的批准后，相关省（自治区、直辖市）的发改委将向国家发改委上报资金申请报告，同时财政部门将向财政部上报债务评估申请。在这些都获得批准以后，即可与国际农发基金就项目的融资协议进行谈判，并在执董会召开前完成《融资协议》的谈判，便于项目提交执董会审批。

第三节　贷款谈判和项目启动准备

一、贷款谈判

项目设计在通过国际农发基金和受援国各自的内部审批程序（该程序

因不同贷款国要求的不同而有差异）后，双方即可开展项目贷款的谈判。贷款谈判的目的是双方就项目贷款需要签署的法律文件——《融资协议》达成一致意见，确定双方在该项目上的法律关系和权责，并对项目相关的核心信息进行确认和约定。

《融资协议》一般由国际农发基金法务部门根据《项目设计报告》起草，主要涉及与贷款和项目实施有关的主要信息，比如适用的文件、项目融资及条件、项目期限和还款安排、贷款支付条件、项目内容和主要实施安排、贷款类别分配和报账比例等。上一节已经提到过，国际农发基金和贷款国必须在执董会召开之前完成对项目贷款的谈判，草签《融资协议》（又称《贷款协议》）。

至于贷款谈判的具体安排，这里以中国项目的实践经验来加以说明。参加贷款谈判的人员一般包括负责项目设计和实施部门的管理人员、财务官员、法务官员和项目采购官员。这些人员必须事先熟悉和掌握项目的总体思路及《项目设计报告》的内容，了解国际农发基金的相关文件和规定。为了确保谈判的顺利进行，国际农发基金通常会提前把《融资协议》草稿发给政府相关部门，供他们事先审核。在正式的面对面谈判之前，双方需要交换正式的授权公文，确认参加谈判人员的有效资格。除了《融资协议》本身，国际农发基金也会向政府谈判代表提供和谈判有关的涉及国际农发基金和项目管理的法律文件，比如《国际农发基金成立协议》《融资政策和条件》《项目采购指南》《农业发展融资通则》、国际农发基金项目财务报告和审计手册、国际农发基金项目财务报告和外部审计概念框架、国际农发基金反腐败政策等。

尽管贷款谈判的主要目的是借贷双方对《融资协议》文本进行协商并达成共识，但是它的实际功能远远大于《融资协议》条款谈判本身。具体来说，贷款谈判实际上也是双方对项目相关事项进行共同沟通和确认的过程。比如，在贷款资金方面，谈判可能涉及贷款币种、贷款条件（还款期和宽限期）、支付条件、资金类别和报账比例、追溯报账安排、快速启动资金安排等问题。在项目设计和实施要素方面，《融资协议》专门有一个附件确定项目的核心内容，包括项目区、项目目标、项目组成部分（亦称子项目）和有关的实施要点、项目实施的组织机构安排、项目报告、监测评价、项目财务审计要求等重要信息。因此，项目主管部门对贷款谈判应当予以足够重视。

贷款谈判完成后，双方草签《融资协议》，并同时签署"谈判纪要"。这个"谈判纪要"的目的是记录谈判的主要过程、参加人员和在谈判中涉及的重要问题。与世界银行及亚洲开发银行不同的是，国际农发基金除了和政府签署《融资协议》外，无《项目协议》等其他需要签署的法律文件。

最后需要特别指出的是，如果双方在谈判过程中一致认为项目设计需要做某些调整和修改，国际农发基金项目团队则需要对《项目设计报告》进行相应的调整和修正，并把这些调整和修正反映在提交给执董会的"总裁报告"中。

二、贷款项目批准与生效

1. 项目的审批

执董会是国际农发基金贷款项目的最高审批机构，因此原则上所有贷款项目均需提交执董会审议和批准。但是为了提高机构营运效率，执董会对贷款额度不超过 4 000 万美元的部分贷款项目采取了两个比较灵活快捷的审批程序：一是由国际农发基金总裁直接批准，二是采用"限时通过"（LOT）审批办法。因此，归纳起来，国际农发基金的项目审批程序共有以下三种：

（1）执董会审批。所有 1 类项目和所有贷款金额超过 4 000 万美元的项目，均由执董会审批。

（2）国际农发基金总裁可以直接批准的项目。这个审批程序主要适用于两类项目：第一类是贷款金额在 500 万美元以下的新项目，第二类是在现有贷款项目的基础上，额外追加不超过原贷款额度 50% 的增资项目。采用这个审批程序时，需提前 14 个工作日告知执董会。在此期间，如果有任何执董会成员对总裁直接批准提出异议而希望由执董会批准项目，则该新项目或增资项目需要提交给执董会审批。

（3）"限时通过"审批办法。对于贷款金额不超过 4 000 万美元的属于 2 类和 3 类的项目（参见本章第二节），可以采用"限时通过"的办法，而不必提交每年召开三次的执董会会议审批。这个办法是国际农发基金参考其他国际金融机构做法出台的一个增效措施，使一部分贷款金额较小而又没有特别因素需要考虑的项目能得到及时批准实施。根据2009年执董会批准的项目"限时通过"方案，国际农发基金在确定是否采用这个办法的时候，除了贷款资金额度这个指标外，还需要慎重考虑项目的创新程度、项目的复杂性等因素。如果项目创新内容过多，或者项目涉及比较复杂的因素，那么即使项目贷款资金小于规定的限额，仍然需要提交给执董会审批。

"限时通过"审批办法的具体操作步骤是：国际农发基金需要把项目"总裁报告"和《项目设计报告》分发给执董会成员，在文件分发日之后的21天内，如果国际农发基金没有收到执董会成员要求将项目提交执董会审批的提议，则意味着执董会自动授权国际农发基金总裁直接批准该项目。除此之外，在21天截止日至少5天之前，国际农发基金还需要把谈判达成的《融资协议》也发给执董会成员。如果《融资协议》与"总裁报告"和《项目设计报告》有原则性的出入，项目则无法采用"限时通过"机制。出现这种情况时，项目必须重新履行"限时通过"程序，或者履行正常的执董会审批程序。

2.贷款生效

项目获得执董会批准之后，国际农发基金和受援国即可正式签署《融资协议》。协议签订日期也是项目贷款的生效日期，标志着项目正式进入实施期。由于《融资协议》具有法律效力，有些国家在签署《融资协议》之前或之后还需根据国内相关规定，从政府程序角度或者法律程序上对《贷款协议》进行审查和批准（比如某些拉丁美洲国家需要将这类协议提交议会批准），从而可能在时间上耽误项目的实施。从实践经验来看，项目主管机构应力求在项目设计阶段就做好必要的实施准备前期工作，争取项目《融资协议》签署后，即可实施项目活动，使项目投资尽早发挥作用。

为了避免贷款项目批准过后长时间得不到具体实施，国际农发基金规定[①]：从执董会批准之日算起，如果双方在18个月之内未能签署《融资协议》，或者项目在《融资协议》签字生效后18个月内未能向国际农发基金提

---

① General Conditions for Agricultural Financing，IFAD.

取项目贷款资金，那么该项目将自动取消，不再予以实施。

三、贷款项目启动准备

项目启动的准备活动是指，项目在贷款生效之前和生效后的初始阶段，为实质性开展项目投资活动所做的一系列准备和基础工作。对于项目来说，尽管只有当《融资协议》签署之后才可以正式实施，但是启动实施的准备工作实际上早在项目设计阶段就已经开始了，而且要一直不间断地进行，到贷款生效后还要继续完善和落实。

项目启动阶段的工作通常都是比较繁杂的，总体来说，基本围绕着"人""钱""事"展开。

"人"，即项目组织机构设置、机构人员配备、能力建设等。比如，在组织机构和人员配备方面，项目主管机构在设计阶段就需要确定项目组织机构构架，明确参与项目管理和实施的机构及必要的人员配备，而不能等到项目批准生效后再组建项目办公室。有些管理和专业人员必须提前到位，有的可以从现有机构中委派，而有的则需要公开招聘。这些人员需要进行学习和培训，并通过参与国际农发基金项目设计团队的活动来熟悉、理解和领会项目设计理念、实施方法、实施组织管理要求等。

"钱"，即项目资金筹措、开设专用账户、制定使用规则和资金计划、财务制度和财务管理工具等。

"事"，即项目实施的基本准备工作，主要涉及基线调查、可行性研究、年度工作计划等。项目通过开展基线调查，建立起项目监测评价的基线数据。必要时也可能需要开展专题调查研究（农村青年的挑战和机会、农村妇女的社会经济现状发展障碍和潜在的机会、农村合作组织的发展状况和小农户参与状况、农户和经营主体获得信贷服务的情况，等等），以及社会、环境和气候变化影响的评估。编制第一年度的工作计划和采购计划以及《项目实施手册》也是非常重要的项目启动准备工作。

这里需要特别强调《项目实施手册》的重要性。这个手册是《项目设计报告》的标配附件（参见本章第四节），国际农发基金的项目设计团队在项目设计过程中会编写《项目实施手册》（草稿）。为了确保《项目实施手册》的适用性，项目主管机构应指派相关专业技术人员配合国际农发基金设计团队的工作，共同编写《项目实施手册》，力求内容充实、信息全面、贴近实际。《项目实施手册》通常是向国际农发基金申请第一笔提款的前提条件之一。

从各国实施项目的实践经验来看，缺乏必要的活动经费是开展项目启动准备活动的主要制约因素。为了提高项目的实施效率，国际农发基金专门制定了三种措施，为项目启动阶段的必要活动提供资金支持，有需要的受援国可以酌情选择申请。

（1）项目预用款机制（PFF）。为了加快项目启动活动的实施步伐，国际农发基金创建了"项目预用款机制"，允许受援国申请和提前使用50万至150万美元的贷款资金，用于开展项目贷款生效前必要的项目活动，但不能用于项目本身的投资活动。具体的操作方法是：受援国在项目周期内尽早向国际农发基金提出使用"项目预用款机制"资金的申请。一般是越早越好，最好是在"项目识别表"或"项目概念说明"环节就提出，而项目批准日之前的最后6个月则不能再使用这个办法。"项目预用款机制"申请获得批准后，国际农发基金会和受援国签署《预用款协议》，正式同意预先用款。鉴于预用款是用于支持项目设计阶段的一些必要的活动，所以协议的签署不能晚于执董会批准项目的日期。

预用款资金来源于国际农发基金分配给相关受援国的国别贷款赠款总额度（参见第四章），因此贷款条件和贷款币种必须和所要设计的贷款项目完全一致。《预用款协议》的终止日期是所支持设计项目的贷款生效日。但如果设计的项目最后没有得到批准，那么《预用款协议》的终止日期则是其签署日后的两年。如果设计的项目已经获得批准，但在18个月之内因为没有提款或者没有签署《融资协议》而自动取消，那么通过"预用款协议"使用的贷款资金就需要在其协议签署后的24个月内一次性全额偿还给国际农发基金。

（2）追溯报账。在贷款项目的《融资协议》里，国际农发基金可以和受援国约定，把不超过10%的贷款资金用于支持项目设计阶段某一个时间点之后至《融资协议》生效前这个时间段所发生的某些费用。这些费用需要由政府提前垫付，待《融资协议》生效后予以提款报账，即国际农发基金可以利用追溯报账程序来报销政府为项目启动所支出的符合追溯报账规定的项目费用。具体的时间节点和追溯报账费用的范畴由双方在《融资协议》里给予描述和界定。追溯报账不属于《农业发展融资通则》规范的资金范围，因此国际农发基金必须在项目的"总裁报告"里加以专门说明，知会执董会。

（3）预拨资金。在项目《融资协议》里，国际农发基金也可以和受援国约定，由国际农发基金向受援国提供一定额度的预拨贷款资金，用于支持贷款生效后到项目满足提款条件为止这段时间里项目开展的各项启动活动。预拨资金的具体金额、合格费用等可以在贷款谈判时商定，并载入《融资协议》。

除了上述资金支持，在项目设计阶段和项目批准之后，国际农发基金的国家团队（比如国际农发基金中国代表处）也可以安排一定的技术支持和项目启动支持，指导和培训项目机构及其工作人员，加深他们对项目设计理念、项目组织管理和项目实施等方面的熟悉和了解，为高质量高效率地实施项目夯实基础。

第四节　项目实施

《融资协议》一经签署，项目即开始生效，进入具体的实施期。实施期从生效日开始，到竣工日结束。但在某些特殊情况下，项目即使批准，也有可能不能最终实施。比如，《融资协议》如果在执董会批准后的 18 个月内仍没有签署，或者项目生效 18 个月后贷款人仍未能向国际农发基金申请提款，那么该项目将自动终止。

一、项目实施开始阶段的重要注意事项

项目实施意味着项目活动的开展和资金的使用，通过项目实施来实现项目的预期目标和效果。这里我们需要首先厘清以下几个概念和信息：

1.项目实施期和竣工日的确定

项目实施期以年度为计算单位，通常在项目概念或者项目设计阶段加

以确定，是项目具体设计（比如，项目活动安排、进度规划、成本计算、经济分析等）的基本依据之一。《融资协议》也会对项目竣工日做出明确规定。国际农发基金的项目实施期短则5年，长的有7—8年，中国项目的项目实施期一般为5—6年。项目的具体实施期从《融资协议》签字日（即生效日）开始计算，到实施期满那个季度的最后一天（即项目竣工日）为止。比如，项目是2020年8月5日签字生效的，设计的实施期为5年，那么该项目的具体实施期就应该是2020年8月5日至2025年9月30日（竣工日）。

2.项目投资资金合格性的时间界定

项目资金必须用于项目活动的实施。《融资协议》对项目资金的具体用途做出规定，只有符合这些规定用途的资金才能称为合格费用（eligible expenditure）。一般来说，合格费用必须在项目实施期内使用并全部用完，通常以项目提款（withdrawal）的方式向国际农发基金申报领取。这个程序适用于大部分项目资金的使用，但有例外：一是追溯报账形式的资金，二是项目竣工日后用于竣工扫尾活动的资金。对于追溯报账，《融资协议》一般都会规定追溯期限和适用于追溯报账的资金类别及相应活动。对于竣工扫尾活动，项目实施单位一般需要在竣工日之前预先向国际农发基金提交扫尾活动和费用的大致计划，获得国际农发基金的"不反对"意见后才能实施。

3.项目提款的条件

项目通常需要满足一些必要的前提条件和关键安排，然后才能通过提款程序向国际农发基金提出发放贷款的要求。《融资协议》一般会特别对项目提款的前提条件做出明确规定，虽然每个项目的具体提款条件不尽相同，但原则上不外乎是项目开设账户、项目办人员到位、《项目实施手册》制定等普遍适用的前提条件。

4.项目实施的重要参考文件

除了《融资协议》、谈判纪要和《项目设计报告》外，与项目实施相关的重要参考文件还包括：致借款方①信函（Letter to the Borrower，详见本章第六节）、《农业发展融资通则》《项目采购指南》（Procurement Guideline）和

---

① 指受援国政府。

《采购手册》(Procurement Handbook)、《贷款支付手册》(Loan Disbursement Handbook)等。其他的政策文件包括反腐败政策、防止性骚扰和性剥削政策等。根据项目的具体内容，项目实施也需要参考有些方面的技术政策文件，以便提高项目实施效果。

对于国际农发基金中国项目而言，按照中国国内的项目审批和实施程序，实施过程中除国际农发基金的相关文件外，一般还需要参考国内审批时由国家或省级发改委批准的项目可行性研究报告和资金使用报告。可行性研究报告和国际农发基金的《项目设计报告》原则上应该是内容相同的两个文件，但是有时候会出现些许差异，容易造成实施偏差，需要项目管理部门慎重对待和妥善处理。

二、项目实施的工作要点

项目实施是一项长期复杂的工程，每个项目因为国情、区情和项目内容不同，会有各自不同的项目实施组织安排和管理方式。下面介绍具有共性和普遍意义的项目实施工作要点，主要包括建立项目管理和实施机构、确定项目受益群体并安排其参与、编制《项目实施手册》、制定并实施年度工作计划和预算、建立项目监测评价系统、开展项目的基线调查、开展项目采购、安排项目报告和开展知识管理九个方面。

1.建立项目管理和实施机构

项目的实施有赖于建立健全完善的项目组织机构和人员配备。项目的机构体系一般包括领导协调机构（如项目领导小组）、各级项目管理办公室、技术行业的各级项目实施机构、社区或村一级的项目实施小组，以及其他一些和项目相关的利益方，比如农民合作组织、金融机构、其他非政府组织和经济组织等。项目设计一般会对项目的管理和实施机构安排提出明确要求，《融资协议》也会对项目实施安排的关键要素做出说明。项目管理在整个项目中通常是单独的子项目，设有具体的项目管理活动和资金配额。项目管理机构一般需要配置项目主任，以及计划、监评、采购、财务、社会性别、技术实施等方面的人员。《项目实施手册》通常会详细说明项目管理机构的设置、机构和人员的配备与职责、各级项目机构之间的业务关

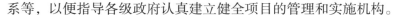

系等，以便指导各级政府认真建立健全项目的管理和实施机构。

2. 确定项目受益群体

对于国际农发基金的项目来说，项目目标和项目结果的实现最终都离不开项目受益群体的福祉改善这一核心结果。因此，项目实施最重要的是确定项目的受益群体。具体来说，需要遵照项目设计的瞄准策略和措施，确定项目支持的目标乡村和农户，尤其是需要对其中的弱势群体进一步细分（如女性、少数民族、青年、残疾人等），通过项目的瞄准活动和瞄准性措施，较好地识别和充分涵盖项目需要覆盖的受益群体。国际农发基金十分重视受益群体的参与，项目实施部门需要采取相应措施，在项目实施过程中确保受益群体及时了解项目信息，积极支持他们及其组织机构的能力建设，听取他们对项目的诉求、意见和监测反馈等，最大限度地让他们参与到项目活动的实施中来。

3. 编制《项目实施手册》

完善和分发《项目实施手册》是项目管理机构在项目实施初期的一项重要工作。这个手册是《项目设计报告》的标配附件，也是项目实施的主要指导文件之一。项目进入实施期以后，项目主管机构需要根据项目实际情况和管理需要，对《项目实施手册》做进一步的充实和完善，然后提交给国际农发基金审核，在得到"不反对"反馈意见后加以具体应用。这里需要强调的是，《项目实施手册》的内容并非一成不变，而是应该根据实际需要加以及时更新和调整。当然，所有的更新和调整也必须事先征得国际农发基金的同意，才能运用到项目实施之中。

《项目实施手册》的主要使用者是所有参加项目实施的人员，其内容通常会涵盖项目实施需要了解和参考的基本信息，主要包括：项目基本信息、受益人瞄准和参与机制、项目目标和逻辑框架、项目组成部分（子项目）及具体内容的实施要点、管理机构和人员组成及其职责、监测评价和报告要求、项目基线调查、中期调查和竣工调查的要求、财务管理规定、采购规定、在项目实施活动中防止性骚扰与性剥削以及反腐败要求和措施等。

4. 制定并实施"年度工作计划和预算"

项目"年度工作计划和预算"是项目实施的重要参考文件。"年度工作计划和预算"是项目实施单位根据《项目设计报告》或可行性研究报告，提前对下一个项目年度实施活动做出的规划。在计划的编制过程中，项目管理办公室原则上要参照项目的内容结构，按一定的模板（分为描述部分和表格部分）规划出项目的主要实施重点、覆盖和支持目标群体的措施、开展各项项目活动的资金来源和采购计划。"年度工作计划和预算"也可以对项目实施已经积累的经验教训加以总结，提出下一步项目实施需要关注的重点，以及实施过程中期望得到的其他支持。

由于项目活动基本上是围绕着采购活动开展的，因此国际农发基金要求在制定"年度工作计划和预算"的同时，制定出相应的、时间跨度为18个月的采购计划，列出这个时间段内计划采购的工程、货物、咨询和非咨询类服务，详细说明采购的内容、数量和采购方法。

"年度工作计划和预算"一般需要得到项目各层级的领导机构批准后，才能向上或对外呈报。汇总的"年度工作计划和预算"及"采购计划"需要通过"不反对意见追踪系统"（NOTUS）线上系统提交国际农发基金审核。如果反馈意见是"不反对"，则表示国际农发基金同意项目提交的计划；如果国际农发基金提出修改意见，项目管理办公室则需要对计划进行相应调整，然后再通过NOTUS系统重新提交给国际农发基金。在实施过程中，项目如需调整"年度工作计划和预算"，可以遵循同样的审批程序。

由于项目实施期跨度比较长，项目区的社会经济发展情况在此期间可能会发生较大变化，因此相对于《项目设计报告》而言，"年度工作计划和预算"是一个更加实用的项目具体实施指南。从实践经验来看，整个实施期的各个"年度工作计划和预算"最终可能会和《项目设计报告》或国内的可行性研究报告有较大出入。这就对项目审计和绩效考核提出了一个特殊要求——既要参考项目最初的可行性研究报告或《项目设计报告》，也要充分考虑到项目"年度工作计划和预算"确定的阶段性任务，综合权衡，避免由于对客观形势和条件的变化认识不足而造成判断和结论上的偏差。

5.建立项目监测评价系统

项目监测是对项目执行情况开展的阶段性全面监督检查，其目的是判断项目执行程序是否合理、合规、有效，确定项目受益人的初步反应是否与最初设计相符，以便及时发现执行中存在的问题，提出改正偏差和解决问题的可行方案，对后续执行进行必要的调整。项目评价是对项目执行效果和影响进行的阶段性评议，目的是判断项目执行的效果和影响是否达到预定目标，同时总结项目实施的经验教训，为新项目设计提供有益参考，并为形成知识产品和政策建议提供实证和素材。

国际农发基金非常注重以结果为导向的项目设计、项目实施和项目管理。在项目实施阶段，所有项目都需要建立健全良好的监测评价系统，对项目的实施进展和成果进行实时跟踪。监测评价体系的建设通常涉及多种要素的合理配置和整合，包括机构人员和资金配备、指标体系、分阶段目标、信息管理工具等。

项目的逻辑框架是项目监测评价的重要依据。国际农发基金现行项目逻辑框架由四个层级的结果组成，分别是总目标（goal）、项目目标（objective）、效果（outcomes）和产出（outputs），各自设置数量不等的衡量指标，四个层级的指标汇总在一起通常会有二十余个。除了这些最重要的结果指标之外，项目实施还会涉及其他结果产出，项目管理部门也需要通过项目监测评价体系加以监测和评价。

为了确保机构层面对项目结果的统一监测和报告，国际农发基金从2016年12月起启用称为"核心指标"的一系列新指标，涵盖家庭人口状况、房屋和财产、生产和自然资源、加工设施和市场对接、金融服务、营养、环境可持续性和气候韧性、参与和赋权、农村企业、生产者组织十大模块。这些核心指标的运用对于发挥项目在农村发展进程中的引领作用也具有重要意义。2017年7月，国际农发基金建成"营运成果管理系统"（ORMS，参见本章第二节），取代原来的"结果与影响管理系统"（Results & Impact Management Sytem，RIMS）。"营运成果管理系统"全面涵盖了上述"核心指标"，因此是一个更加一体化的在线系统。

6.开展项目的基线调查

基线调查的目的是建立基期的项目信息，为项目中期调查和竣工调查奠定基础。它是项目监测评价体系的重要一环，最晚必须在项目生效后12个月内完成。基线调查从建立一定数量的受益群体样本入手，通常是以农户为主，有时也包括农民组织，然后对项目实施产生的效果与影响进行调查和对比。调查的内容既包括项目逻辑框架中的效果和影响指标，也包括受益群体基本情况、农业生产经营和其他经济活动、收入和资产、食物营

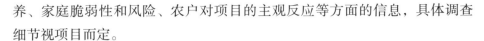

养、家庭脆弱性和风险、农户对项目的主观反应等方面的信息，具体调查细节视项目而定。

7. 开展项目采购

项目的实施基本上需要通过项目采购活动来完成，因为项目资金的使用无不涉及工程、货物和服务的采购。作为项目的所有人，受援国对项目采购负有直接和主要责任。国际农发基金作为贷款资金提供方，对项目采购负有监督责任，确保贷款资金的使用符合项目《融资协议》的规定。对于项目采购的具体要求和安排，详见本章第六节。

8. 安排项目报告

项目《融资协议》通常会对各类项目报告的编制和上报做出具体规定，以便国际农发基金全面了解和掌握项目的执行情况。项目管理机构需要安排和提供的项目报告大致包括下列七类：

（1）半年度进展报告：自项目实施第一年起，项目主管机构应在每半年后的45天之内，向国际农发基金提交"半年度进展报告"，涵盖项目在工程和财务方面的进展情况、项目实施过程中出现的问题和其他需要注意的事项、拟采取的解决办法、希望获得的支持等。

（2）年度进展报告：自项目实施第一年起，项目主管机构应在每年度结束后的45天之内，向国际农发基金提供"年度进展报告"，涵盖项目过去一年里在工程和财务方面的进展情况、项目对受益人的覆盖和受益情况、项目管理开展主要的活动和经验总结、项目实施过程中碰到的问题等。

（3）年度监测评价报告：从项目实施第二年开始，项目主管机构应在每年1月底之前，向国际农发基金提交"年度监测评价报告"，涵盖项目产出、项目效果、项目受益人覆盖等方面的信息。这些信息和数据出自项目的监测评价体系。

（4）财务报告：从项目实施第二年开始，项目主管机构需要向国际农发基金提交未经审计的财务报告（参见本章第六节）。

（5）审计报告：除特殊情况外，从项目实施第二年开始，项目主管机构应在每年的6月30日之前，向国际农发基金提交上一个财政年度的项目审计报告。项目审计必须由国际农发基金同意的外部审计机构开展（参见本章第六节）。

（6）项目基线、中期和竣工调查报告：这三项调查是对项目受益群体的抽样调查，是项目监测评价的重要组成部分。基线调查需要在项目生效后12个月之内完成并提交调查报告，中期调查最好是在项目中期审查（MTR）前完成，而项目竣工调查则应该在项目竣工日之后发起并于项目竣工审查（PCR）开始之前完成。中期调查和竣工调查分别是项目中期审查和竣工审查的重要参考。

（7）项目竣工报告：在项目竣工日后，项目主管机构应尽早完成《项目竣工报告》，并在项目关账日之前将报告提交给国际农发基金（参见本章第七节）。

9. 开展知识管理

知识管理（Knowledge Management）与中国项目管理中的经验教训总结和宣传推广的含义是一致的。它的主要目的是：

（1）为项目管理服务。利用已有的项目知识、历次检查团队提出的意见和建议、监测评价体系等，总结经验，吸取教训，提升项目的管理能力和水平，更好地进行项目管理。

（2）促进创新和推广。总结好的经验和做法，并在此基础上尝试创新，促进项目复制、推广，更好地发挥项目的效益，为政府部门及国际机构的减贫作贡献。

（3）将国际农发基金项目实施过程中总结出的经验教训和最佳实践通过提交报告、典型案例等方式，与其他发展中国家分享。

项目实施期间需要制定具体的知识管理计划，配备人员和预算，设定产出和目标。在不断丰富项目管理经验的基础上，项目管理部门和人员需要系统化、条理化地进行项目资料收集、管理、运用，不断总结项目管理经验并致力于知识的推广和创新，与相关部门、人员进行分享；将项目知识高效地应用于项目的管理、实施中；在项目实施阶段或项目结束后，有效地宣传项目的成果以及良好经验，使更多的非项目区受益。

根据国家和项目情况的不同，具体的知识管理活动也会有差异。这里以在中国开展的某项目为例，简要说明国际农发基金项目开展的知识管理活动：（1）举办项目启动活动、各级知识管理和分享学习培训班；（2）建立监测与评价体系和管理信息系统，通过对比逻辑框架和年度实施计划的进展提供信息和分析，并在项目的计划和总结讨论会中进行分享；（3）撰写项目创新的实例分析，以供分享和改进项目实施；（4）定期或不定期举办计划和总结会议，以及监测评价讨论会等；（5）参与其他金融机构或政府间，以及国际农发基金项目的考察、学习和交流；（6）尽可能利用现代通信手段来加强各级项目办与其他相关部门的资料记录、信息交流和发布等；（7）定期或不定期地使用简报或其他大众媒体（电视、网络等）分享知识、经验等，包括国际农发基金的一些平台；（8）项目中期评估和项目完工评估；（9）通过项目网络进行的学习、分享等活动。

第五节　项目监督

一、项目监督的重要性

2007 年以前，国际农发基金基本上通过第三方机构来对项目提供监督。国际农发基金只负责项目的设计和《融资协议》的签署，此后便由第三方机构接手，对项目的实施开展监督。这种安排有两个方面的缺陷：首先，项目实施过程中产生的经验和教训不能很好地反馈给国际农发基金，因而无法将它们有效应用到新项目的设计中；其次，受援国项目人员无法快速有效地和国际农发基金直接沟通，解决项目实施中碰到的问题，从而影响项目实施效率。以中国的国际农发基金项目为例，除了在 20 世纪 80 年代早期由世界银行负责监督外，大部分项目的实施在 2007 年之前均由联合国项目事务办公室（UNOPS）负责监督，包括对项目的年度检查指导、中期和竣工审查以及项目提款报账的审核。

为了进一步提高项目的相关性、有效性、效率和影响，从 2007 年起国际农发基金改变了以往通过第三方机构监督项目实施的安排，开始对项目实施进行直接监督，并出台了相应的项目监督和实施政策以及项目实施监督指南。这些政策和指南的制定是对项目实施的直接支持，从而确保项目取得可持续结果和使项目影响最大化，同时也有助于国际农发基金战略目标的实现，尤其是项目实施相关重要指标。

国际农发基金对项目的直接监督基本上通过两种方式进行：一是每年对每个项目开展1—2次的正式项目检查，主要关注项目进展和项目实施合规性，发现项目实施中的问题并提供解决方案，对项目实施的绩效指标打分；二是根据需要，及时开展项目实施支持。正式的年度检查需要形成项目检查报告、和项目主管机构签署的备忘录以及国际农发基金给受援国借方代表的"管理层建议书"（Management Letter），并需要对监测项目实施情况的各项指标打分。临时的项目实施支持则不需要形成正式报告，但重要信息需要以"项目支持报告"的形式加以记录和分享。

正式监督和根据需要提供及时的实施支持，体现了国际农发基金项目监督文化的改变，即从单向的监督转为对共同承担责任的支持，从尽责审查转为注重培养受益人和相关机构的能力，从关注采购支付转为关注总体结果。

二、项目监督和项目实施支持的开展

项目监督检查是国际农发基金识别和管理项目风险、提高项目质量的重要手段。通常情况下，国际农发基金每年会对项目开展至少一次正式检查，对于"问题项目"（problem project，定义详见本节以下论述）则需要开展两次正式检查。除了每年规定的监督检查之外，项目实施期间国际农发基金还会安排一次中期审查，对于比较复杂的项目，也可以根据需要开展两次中期审查。这些监督检查一般是实地现场检查，但在特殊情况下，如果无法开展实地活动，也可以采取远程方式进行检查。比如，由于地区冲突之类的安全因素或者类似2020年新冠肺炎疫情造成的旅行限制，国际农发基金通常会灵活安排项目检查方式，或者只聘用当地专家，或者以项目提交的进度报告为依据开展项目检查。

项目年度监督检查团队由国际农发基金职员及有关咨询专家组成，检查的重点领域包括发展的有效性和关注点、项目的可持续性和拓展性、项目管理、项目财务管理四个方面，主要任务是：

（1）确保项目资金的使用符合项目目标、有关程序和法律文件的规定。

（2）报告项目实施情况和项目结果，如需要调整或改进，则列出需要采取的改进建议和行动。

（3）采用"综合项目风险矩阵"（IPRM）来评估并力图化解项目实施中面临的风险。

（4）通过项目进度报告，分析项目的实施进度和实施情况，以及项目存在的问题。

（5）更新项目的逻辑框架结果，通过项目报告和检查，获得项目实施的年度结果，通过国际农发基金的项目信息系统，记录项目的结果进度，包括国际农发基金项目的核心指标。

（6）发现、分析和努力解决项目实施中的问题。发现制约项目实施的因素和瓶颈，不管是技术方面的还是管理方面的。检查团队和项目机构共同协商，找出解决办法，达成一致的行动。如果项目属于潜在问题或现实问题项目，应对这些行动进行定期跟踪。

（7）对项目实施的诸多方面进行评估，通过评分系统（Project Status Rating，PSR）[①]对项目实施表现给予评价。项目评分既是国际农发基金区分项目风险的依据，也是在机构层面总体监控项目实施情况的指标。

（8）监测项目年度工作计划的实施情况。

（9）对财务和资金相关的管理进行监督。有效的项目财务管理是实现项目结果的关键。良好的项目实施需要严谨地对项目资金风险进行防范和控制。检查团队对项目财务管理的关注集中于财务制度的制定应用和机构人员的配置、财务管理手段和工具的应用、内控制度、财务报告和监督、资金周转和支付的效率、项目支付进度、配套资金到位情况、审计报告的及时性和质量等。

（10）对项目采购活动和采购管理的情况进行监督。按照采购原则和相关的采购政策，检查团队总体审核并抽查部分采购合同，判断在采购组织、实施和管理方面的风险，并提出改进意见。

（11）检查项目在社会、环境和气候方面有关规则和标准的合规性，以最大限度地降低在这些方面的风险和影响。

（12）听取受益群体对项目的意见和建议。

---

① 国际农发基金1—6分制每个评分的含义是：6分为最满意（highly satisfactory），5分为满意（satisfactory），4分为基本满意（moderately satisfactory），3分为不太满意（moderately unsatisfactory），2分为不满意（unsatisfactory），1分为最不满意（highly unsatisfactory）。

（13）促进或动员伙伴关系。通过项目检查，国际农发基金在项目实施阶段继续寻求与其他伙伴合作的可能性，或者检查拟建立的伙伴关系的进展情况。

（14）获得和总结项目实施的经验教训，探索可以推动的项目创新。

（15）发现或评估项目可能需要做出的调整。

国际农发基金要求，所有在建项目均需根据风险大小分为"没有问题的项目""潜在问题的项目"和"现实问题项目"三类。判断项目风险的主要依据是项目监督检查报告中对项目的打分情况（详见表5.2）。根据国际农发基金的评分规则，项目监督检查团队需要对衡量项目实施表现的二十多个指标按照1—6分制，从最不满意到最满意六个级别进行打分。

表5.2　　　　　　　　　　　衡量项目实施表现的指标

A1：项目整体的实施表现（基于B1和B2的平均分）	
B1财务方面	B2项目实施进度
1.1财务管理质量	**2.1项目管理质量**
1.2支付进度	**2.2监测评价的表现**
1.3配套资金	2.3计划和实施的一致性
1.4贷款协议条款的遵循	**2.4社会性别关注**
1.5采购要求的遵循	**2.5贫困关注**
1.6审计质量和及时性	**2.6瞄准机制的有效性**
	2.7创新与学习
	2.8气候和环境的关注
A2：实现项目发展目标的程度（基于B3和B4的平均分）	
B3产出与效果	B4可持续性
3.1项目子项一	4.1机构建设
3.2项目子项二	4.2赋权
3.3项目子项三	**4.3受益人参与**
	4.4服务机构的响应和质量
	4.5退出机制
	4.6环境可持续性
	4.7推广和复制潜力

在上述指标中，如果 A1 和 A2 中任何一个指标的评分在 3 分或以下，则被归类为"问题项目"。如果 A1 和 A2 的评分虽然高于 3，但在表中加粗的指标中有五个指标的评分在 3 或以下，则被归类为"潜在问题项目"。如果一个项目在五次项目检查评价中有三次被归类为"问题项目"或者"潜在问题项目"，该项目就属于"持续性问题项目"。

此外，通过年度项目检查，国际农发基金还会以红、黄、绿三色来显示项目的财务风险等级。对于标为红色（高风险）和黄色（中等风险）的项目，国际农发基金会以更加审慎的方式处理项目提款报账等财务方面的事项。

检查活动结束后，检查团队会按照固定格式编写项目检查报告。国际农发基金随后会对检查报告进行内部审核，包括核实打分情况。完成内部审核后，项目检查报告通过国际农发基金网站对外公布。与此同时，国际农发基金将给政府主管部门寄出"管理层建议书"，把项目实施过程中值得肯定的方面、不足之处以及重要后续行动等概括出来，提醒项目主管部门关注。项目检查从任务完成到公布报告的时间一般控制在 30 天之内。

项目检查流程结束后，检查报告、备忘录、项目实施表现打分以及综合项目风险矩阵将由国际农发基金录入机构内部的"项目管理信息系统"。此外，项目检查过程中双方达成一致的行动和后续措施也要单独记录在这个系统里，由国际农发基金的相关部门定期跟踪这些行动的落实情况。

对于根据项目实施需要而灵活开展的项目实施支持团队，国际农发基金没有对其报告格式进行明确要求，也不公开其报告。但实施支持团队需要把重要的发现和信息（包括达成一致的行动等）记录在检查报告中，并录入项目信息管理平台。

三、项目监督后续问题的处理

出现"问题项目"对于受援国而言有一定的影响。它不仅意味着项目本身的效果会打不同程度的折扣，也会影响国际农发基金对该国贷款资金的分配（参见第四章第三节）。因此，国际农发基金非常重视"问题项目"的解决，采取积极应对措施，努力使它们尽早回到正常的实施轨道。具体的应对措施包括增加年度检查的次数和频率，制定和实施"项目改进计划"

（Project Improvement Plan），必要时考虑项目关闭、贷款取消、暂停实施、项目调整等措施。

在上述措施中，"项目改进计划"是较为务实的项目纠偏工具。"项目改进计划"通常会明确提出项目需要采取的改进措施、相关机构职责、时间节点、所需投入、监测安排等。

项目调整是根据客观情况的变化，对项目设计进行变更，其目的是使项目活动安排和项目资金运用与项目实施的大环境保持一致，确保项目目标的实现。从理论上说，项目调整可以发生在项目实施期的任何时间节点；只要合情合理，调整的范围可以是项目的任何方面。为确保项目调整的质量和效率，国际农发基金把项目调整分为两种类型——1类和2类调整。1类调整通常指项目设计发生重大变更，或者项目的"社会、环境和气候变化评估风险"等级调整为风险较大的A类。这类调整需要提交执董会审批。2类调整则是非1类调整之外的其他项目变更，比如逻辑框架、项目竣工日期、项目区、项目费用、配套资金、子项目内容等方面的调整。这类调整由国际农发基金管理层自行决定。

贷款取消分为两种形式，一种是自动取消，另一种是借贷双方任何一方提出的取消。从2019年1月1日开始，如果项目在批准之日起的18个月内未能签署《融资协议》，或者《融资协议》签字生效后18个月内未能向国际农发基金提取项目贷款，那么该项目将自动取消，不再实施。唯一的例外情况是，在上述期限截止日前，如果经过执董会特批允许项目顺延一年执行，则贷款仍属有效。至于由受援国或者国际农发基金提出的贷款取消，既可以针对部分"未支付的"贷款资金，也可以针对全部"未支付的"贷款资金。被取消的贷款资金可以继续按照原先批准的贷款条件，调整到现有项目或新项目继续使用。但如果贷款取消发生在项目竣工日之前的12个月以内，受援国则无法重新使用被取消的那部分资金。在建项目如果已经实施，并且已经使用和支付一半以上的项目贷款资金，那么即使取消部分贷款，也需要编制《项目竣工报告》。

项目延期，即项目竣工日的延期，是项目调整的措施之一。国际农发基金鼓励受援国尽量运用其他项目调整措施，只有在别无他法的情况下才能考虑项目延期，而且这个措施不能用于"问题项目"。凡是申请项目延期的，都必须提供非常有说服力的理由，阐明采取这项措施的预期项目结果、项目可持续性、确保项目如期竣工的各种措施等。项目延期通常需要和其他项目调整措施结合一起实施，才能较好地推进项目实施。

除上述措施外，追加项目贷款资金也是项目调整的措施之一，仅用于实施表现较好的项目。

第六节　项目财务管理和项目采购

一、项目财务管理

1. 基本原则

《国际农发基金成立协议》规定了支付国际农发基金融资需要恪守的基本原则："在适当考虑经济、效率和社会公平等因素的情况下，本基金应确保资金只用于既定用途"（第 7 条第 1 款（c）项）[1]。这项责任通常被称为国际农发基金投资资金使用的"信义义务"（fiduciary obligation）。

《农业发展融资通则》也做出专门规定："如果借款方/接受方要求从贷款/赠款账户中提款以支付其后的合格费用，本基金可以在拨付所申请款项之前，要求借款方/接受方向本基金提供符合基金要求的证据，证明此前提取的款项已经合理用于支付合格费用。本基金可以对借款方/接受方得到预付的单笔或者总体额度进行合理限制，并可以要求该预付款项以可自由兑换货币形式持有，并且/或者在本基金认可的银行的指定账户中保有此款项"（第Ⅳ条，第 4.04（d）款）[2]。《农业发展融资通则》还规定了项目提款的基本要求，即当《融资协议》生效且提款前提条件得到满足后，受援国具有从融资中按照国际农发基金定期发布的程序和指南进行提款的权利。

根据国际农发基金 2015 年制定的反腐败政策[3]要求，国际农发基金对融资资金的使用采用十分严格的审查流程，防范项目实施及各类采购合同操

---

① Agreement Establishing the International Fund for Agricultural Development，参见本书附录一《国际农业发展基金成立协议》中译本。

② General Conditions for Agricultural Development Financing，IFAD，www.ifad.org.

③ IFAD Policy on Preventing Fraud and Corruption，document EB/2005/86/INF.8，www.ifad.org.

办过程中出现欺诈和腐败行为。该政策对国际农发基金贷款赠款项目中的不规范行为"零容忍"，即国际农发基金将追究其反腐败政策范畴内的所有指控，一旦指控得以证实，国际农发基金将采取恰当的惩罚措施。

2.项目财务管理工作要点

项目财务管理是指，受援国为了接收项目资金、支出资金和记录资金使用情况而做出的组织、预算、会计、内部控制、资金流向、财务报告以及内外部审计安排。建立运作良好的项目财务管理体系是受援国的重要职责。财务管理体系是否健全，事关"信义义务"的履行和项目资金的专款专用。在受援国履行财务管理职责过程中，国际农发基金提供能力方面的支持，并对项目实施期的财务管理体系设计和运作进行总体监督。为了增强发展援助的有效性，国际农发基金鼓励项目采用适当的国别体系，并力求使各项程序和做法与相关国别体系保持一致。

项目财务管理工作职能重要、涉及面广，这里择要对建立项目财务组织机构和财务管理系统、制定项目财务管理规章制度、领会和遵守"致借款方/接受方信函"及《贷款支付手册》规定、开设管理项目专用账户、开展项目提款报账、编制项目财务报告、安排项目审计、掌握"国际农发基金客户门户网站"应用八个主要方面加以介绍。

（1）建立项目财务机构和财务管理系统是项目财务管理的最基本环节。项目管理办公室需要配备业务素质高、工作能力强的专职财务人员（主要是会计和出纳），负责专用账户管理、提款报账申请及相关文件保管、资金拨付及资金使用监督管理、会计核算与财务报告编制、会计资料和凭证归档、参与项目年度工作计划及预算编制、配合项目审计等日常工作。各级财务人员必须具备必要的专业知识、经验和业务能力。以国际农发基金中国项目的经验为例，对他们的基本要求包括具有两年以上从事财务工作的经历，了解国家有关法律、法规和财经政策，了解国际金融组织贷（赠）款项目管理的有关知识，具备一定的计算机操作水平，在以往工作中有过使用财务软件的经历等。

项目需要建立完善的财务管理系统。它可以是一个独立的系统，也可以是项目管理信息系统（Management Information System，MIS）的财务管理板块。无论采用哪种形式，项目都需要使用自动化财务会计软件。国际农发基金财务管理部门通常会在这方面为项目提供必要的指导和支持。

（2）制定项目财务管理规章制度。财务管理是项目管理的核心工作之一。为确保项目资金的有效利用和相关业务工作有章可循，项目主管机构需要根据《融资协议》《农业发展融资通则》和受援国有关法规，结合项目自身特点，制定项目的财务管理规章制度（中国项目通常称之为"项目财务管理手册"），对项目的财务管理组织（机构设置、人员配备和职能等）、资金管理（资金来源、开支范围等）、资产管理（流动资产、固定资产和递延资产）、会计核算（核算办法、资料管理等）、财务报告（编制方法、关键时间节点，报告内容包括财务报表、资金平衡表、项目工程进度表、贷款资金使用情况表、专用账户表等）、提款报账程序（项目专用账户管理、提款报账程序、贷款资金拨付程序、提款报账文件的管理等）、内部控制和财务监督、外部审计等方面加以规范。

（3）深刻领会和严格遵守"致借款方/接受方信函"及《贷款支付手册》规定。国际农发基金"致借款方/接受方信函"（Letter to the Borrower/Recipient）和《贷款支付手册》（Loan Disbursement Handbook）是项目财务管理最重要的指导性文件。项目主管机构，尤其是项目各级财务人员，需要认真研读这两个文件，并深刻领会和严格遵守其中的各项要求和规定。

① "致借款方/接受方信函"。在《融资协议》签字仪式上，国际农发基金将向受援国授权代表递交一封由国际农发基金总裁签署的"致借款方/接受方信函"①，概括说明融资的重要条款以及该项目需要遵循的方法和程序。信函的主要内容包括《融资协议》的生效日期和/或生效条件、《贷款支付手册》的性质、支付程序、项目账户、提款报账方式、资金分配、采购安排、财务报告和审计、反腐败措施、性骚扰性剥削和性虐待防范、项目竣工和贷款关闭等，并附有"国际农发基金客户门户网站"（IFAD Client Portal，ICP）简要使用说明。

② 《贷款支付手册》。在向受援国代表递交"致借款方/接受方信函"的时候，国际农发基金会同时提供一本《贷款支付手册》，其中详细描述了与贷款资金支付有关的融资管理、提款申请书、支付程序、费用报表、合

---

① 国际农发基金要求，其财务管理部门应在《融资协议》谈判过程中与借款方/接受方分享和讨论"信函"草案的内容，并于《融资协议》签字仪式筹备期间将"信函"呈送总裁签字。

同登记等方面的各种具体程序、指南和操作说明。该手册还提供了项目需要使用的贷款支付表格式样以及如何填写表格的说明。主要的表格式样包括：

- 提款申请书授权签字人证明和费用报表证明。
- 专用账户/直接付款/支付所用表格，包括启动后首笔提款的申请、提款申请书、申请书摘要表、费用报表（专用账户回补）。
- 费用报表（借款方/受赠人垫付费用）。
- 特别承诺函和承诺函申请书。
- 提款申请书核对表。
- 合同登记表和合同付款监测表。
- 专用账户调节表，包括备用金账户和周转金账户。
- 供审计用的附加模板，包括审计用专用账户调节表、费用报表—提款申请安排模板、财务报表状况表、审计报告状况表、审计意见登记表、审计意见摘要状态表。

（4）开设管理项目专用账户。《融资协议》通常在第 B 段界定专用账户的开设，要求借款方在受援国当地一家合适的银行以可自由兑换货币为项目开设一个"指定账户"（多数受援国通常开设美元账户），用于《融资协议》生效后接受国际农发基金支付的项目资金预付款。"致借款方/接受方信函"和《贷款支付手册》明确要求项目按照备用金账户或者周转金账户的方式来管理指定账户。无论采用哪种管理方式，"致借款方/接受方信函"均会对预付款限额做出规定：

①若采用备用金账户方式，信函会规定一个上限，一般来说是足够支付项目六个月左右平均合格费用的金额。上限金额可以通过一次或几次提款申请支付。从实践经验看，在项目实施早期，比较好的做法是只申请一部分预付款。随着项目实施加速，项目可申请追加预付款，直至达到上限。

②若采用周转金账户方式，信函则会根据"年度工作计划和预算"的费用预测，对第一笔预付款的数额做出限定，通常是足够支付项目某一报告期（比如六个月或者九个月等）内合格费用的金额。从第二笔起，国际农发基金采用两个依据来确定预付款的额度：一是"年度工作计划和预算"，二是项目在该"年度工作计划和预算"期之内预期实际花费和预计费

用的具体报告。

除了指定账户外，项目主管机构还需要以当地货币为项目开设项目账户，用于项目实施开始后的资金接受和使用等日常业务。项目账户由项目主管机构按照项目财务管理规章制度进行运营和管理。

（5）开展项目提款报账。《融资协议》通常在第E段对支付条件做出规定，条件满足后项目即可向国际农发基金申请提款报账。提取融资资金可以采用四种标准支付程序：

①程序Ⅰ：提取预付款，即在使用备用金账户或周转金账户向指定接收预付融资资源的银行账户回补。这种方式用于向借款方专用银行账户预付和/或回补资金。国际农发基金可能设立预付和/或回补金额上限。这种方式的相关详情因项目而异，由借款方与国际农发基金协商一致并在"致借款方信函"中详细说明。

②程序Ⅱ：直接付款。这种方式用于由国际农发基金按照借款方授权直接支付的合格项目费用，付款对象为大型合同的供应商、合同商、咨询专家等。

③程序Ⅲ：特别承诺。这种方式用于与项目实施机构应用信用证进口物资相关的合格项目费用的情况，要求国际农发基金向议付银行签发报销担保。

④程序Ⅳ：报销。这种方式适用于由借款方预先垫付融资中可报销的项目合格费用的情况，不得晚于借款方付款日期之后90个日历日提出报销申请。

《贷款支付手册》对上述四种支付程序的具体要求和使用方法做了详细描述和解释。在项目启动会期间，国际农发基金财务管理职员通常会与项目财务人员认真讨论这些程序、要求和方法，提供必要的培训和能力建设支持。

（6）编制项目财务报告。财务报告是国际农发基金监测资金使用情况和专款专用的主要工具。根据国际农发基金的规定，编制项目会计记录和财务报表必须遵循公认的会计准则，包括《国际公共部门会计准则》[①]、《国

[①] 由国际公共部门会计准则理事会（IPSASB）发布。

际公共部门会计准则》中的"收付实现制下的财务报告"[①]、《国际财务报告准则》[②]、国家/区域会计准则。国际农发基金通常在项目设计阶段与受援国商定适用于项目的具体会计准则（上述四种之一）。经国际农发基金认可，中国项目均采用中国政府的财务制度。

项目主管机构需按照国际农发基金的要求，按时编制和提交各类财务报告报表，其中主要包括七项：所有项目资金的来源和使用情况；费用摘要表（按贷款赠款类别和融资渠道划分）；财务绩效状况（按融资渠道和子项目划分）；费用报表/支付—提款申请报表；专用账户对账报告（包括备用金账户/周转金账户）；现金流量预测；审计建议落实情况。

除了上述各项目均需提供的报告报表外，国际农发基金还会视项目活动性质和风险程度，要求某些项目提供额外的财务报告报表，通常包括采购进展报告、项目活动执行进展报告、信贷报告、项目实施机构监测报告、培训和研讨会监测报告、项目管理费用报告、固定资产登记册等。

国际农发基金建议项目单位采用规定的标准格式来编制各类财务报告。项目监督检查期间，监督团队负责财务管理的成员（职员或咨询专家）通常会以国际农发基金的报告报表样本为基础，与项目财务人员详细讨论项目需要采用的报告格式。双方达成一致意见后，报告格式由国际农发基金以"致借款方信函修订函"的形式通知项目主管机构使用。

（7）安排项目审计。根据《农业发展融资通则》的规定，项目必须按照国际农发基金可接受的准则和程序，接受独立审计机构（公共审计师和私营部门审计师）的审计[③]。中国项目的审计一般由审计署或省级审计部门承担。审计人员根据费用报表和财务报表，对每个财政年度各级项目账户的提款情况进行审查，并出具独立的意见，说明费用支出是否依据项目《融资协议》规定办理，是否合格。同时，审计人员还审查贷款资金的流动效率和配套资金的交付情况。审计报告根据《融资协议》要求出具，并在规定的时间内提交给国际农发基金（一般是在借款方/接受方财政年度结

---

① https：//www.iaasb.org/system/files/publications/files/IPSASB-2016-Handbook-Volume-2.pdf.

② 指国际会计准则理事会（IASB）在2001年之后发布的《国际财务报告准则》，以及国际会计准则委员会（IASC）在2001年之前发布的相关国际会计准则。

③ General Conditions for Agricultural Development Financing，section 9.03. IFAD，www.ifad.org.

束后六个月内提交）。为配合审计，项目需要准备和提供项目财务报表与其他必要的文件。作为其监督职能的一部分，国际农发基金通常会在项目监督期间对项目账户进行检查，确保项目账户符合认可的标准。

审计机构会对项目财务报表、指定账户使用、提款申请和支出报表三个方面提出的审计意见，并出具一份单独的"管理层建议书"，列出审计人员为解决已发现的内部控制问题而提出的建议，以及项目管理层对这些建议的回应。必要时，审计人员也会就上一年的管理建议书中发现的问题作出后续评论。此外，"管理层建议书"会列出审计过程中发现的任何不合格支出，包括对项目会计和内部控制系统适当性的审计意见。

国际农发基金对借款方/接受方审计报告进行审查，主要目的是确定审计机构是否进行了高质量的审计，从而得出了国际农发基金可以接受的审计意见，并评估借款方/接受方财务报告的质量。国际农发基金在收到审计报告 60 天内通报审查流程结果，必要时会要求借款方/接受方在规定的时间范围内采取纠正措施。根据《国际援助透明度倡议》的标准，国际农发基金鼓励借款方/接受方在自己的网站上公布相关财务信息，以加强问责。

（8）掌握"国际农发基金客户门户网站"（ICP）应用。ICP 是国际农发基金专门为外部利益相关者建立的在线门户网站，到 2019 年底，在所有有可支付项目的受援国中，它的覆盖面已经到达 76%，办理项目提款报账金额逾 6 亿美元[①]。ICP 具有两大功能：一是提供相关的机构和业务数据信息，二是为项目申办提款报账和上传项目文件资料提供一个安全环境。其中，第二项功能对项目财务管理来说极为重要，因为国际农发基金要求：凡是 ICP 已覆盖的受援国，所有项目均需通过 ICP 提交提款申请书、提交财务报表和报告、征询国际农发基金"不反对"反馈意见和了解采购合同办理情况[②]。

如前所述，"致借款方/接受方信函"附有 ICP 使用说明，其中的要点包括：第一，ICP 仅对授权用户开放，因此项目主管机构需要按照国际农发基金的有关要求和条件及时指定专门的授权用户，熟悉和掌握 ICP 的使用；第二，为确保系统安全，访问 ICP 采用"双因素认证"（two-factor

---

① IFAD Annual Report 2019，https：//www.ifad.org/documents/38714170/41784870/AR2019+EN.pdf/ba495c3d-7db8-a688-08d2-1589ade15f4f
② "致借款方/接受方信函"。

authentication）机制。

二、项目采购

（一）政策和原则

《采购指南》和《采购手册》是国际农发基金项目采购工作的指导性文件。根据《巴黎援助有效性宣言》的精神，国际农发基金鼓励在条件许可的情况下，项目可以采用受援国国内的采购政策和制度体系。当受援国的采购政策和国际农发基金的指南要求不一致时，项目采购则必须按照国际农发基金的要求和国际通行做法实施。

国际农发基金项目采购需要遵循的七项原则是：

（1）道德：指公正、自主和诚实。任何个人或实体在使用国际农发基金所提供资金进行的采购时，不能利用其权力、职位来获得个人利益。

（2）责任：借款人要对与项目采购相关的活动和决策负责。

（3）竞争：符合条件的供应商、承包商之间完全、公平、合法的竞争是国际农发基金项目采购活动应该遵循的基础。

（4）公平：所有投标人均应遵循相同的法律、条例和要求，在公正的环境下展开真实的竞争，确保在所有的采购活动中体现公平和机会平等的原则。

（5）透明：在项目采购过程中保持最高程度的透明度和开放性。

（6）效率、有效性和经济性：借款人应在采购中体现效率和节约，避免实施延迟，并实现资金的价值。在数量、质量、时间和适宜价格的选择上，必须遵循适宜的指南、原则和条例，以确保采购过程的全部费用最小化。

（7）物有所值：通过良好的采购安排，获得项目采购活动的资金价值。当然，最好的价值不一定意味着最低的报价，而是在考虑每个采购活动的特殊性后，反映出最好的投资回报，并且考虑时间、费用和质量要求的平衡，最后达到原定目标的采购结果。

（二）项目采购计划和方式

项目采购从制定项目采购计划开始——实施单位需要把项目的采购计划列入每年的"年度工作计划和预算"之中，提交给国际农发基金审核，获得"不反对"意见后加以实施。根据国际农发基金的要求，采购计划的时间跨度为18个月。

对于采购流程，国际农发基金按惯例会通过"致借款人信函"明确说明项目采购的具体规定和采购活动审核的要求。根据项目的特点和采购标的物的类型，项目中的采购类别分为三种，即土建工程、货物、咨询或非咨询类服务。

工程和货物类采购常用的采购方式是国际竞争性招标（international competitive bidding，ICB）、国内竞争性招标（national competitive bidding，NCB）、询价采购（shopping）和直接采购（direct purchase）。其他采购方式，比如从商品市场采购（procurement from commodity markets）、通过联合国机构采购（procurement from UN agencies）、自营工程（work by force account）等，则不太常用。表5.3列出了常用的工程和货物类采购方法。

表5.3　　　　　　　　　　常用的工程和货物类采购方法一览表

采购方法	基本说明	适用范围	特点
国际竞争性招标（ICB）	工程和货物在国际市场上公开竞争的默认流程	• 工程和货物的大额合同 • 外国投标人可能会参与的招标 • 拟采购的商品货源充足/工程供应商众多	• 公开广告 • 适用国内优先权 • 公开招标，通常以"主要"货币投标
有限国际招标（LIB）	与国际竞争性招标相同，但采用直接邀请，而不是公开广告	• 仅有少数知名的供应商（在这种情况下，应允许所有的供应商投标） • 合同价值低 • 特殊情况，如重大自然灾害下的紧急行动（有理由免除任何广告或竞争性投标）	• 无公开广告 • 投标清单有一定限制 • 无国内优先权 • 公开开标
国内竞争性招标（NCB）	国内市场上最常用的方法 提供出价/投标机会的完整招标流程，仅向国内市场公布	• 工程和货物在当地可以以远低于国际市场的价格获得 • 根据其性质或范围，采购商品或工程的最有效和最经济方式，而这些商品或工程的性质或范围不太可能吸引外国厂商竞标 • 合同值低于外国投标人愿意竞标此类业务的最低水平 • 工程地理分布分散或时间跨度大，没有规模效益 • 实施国际竞争性招标的费用过高	• 广告通常仅限于国内媒体 • 招标文件可以采用受援国官方语言 • 通常使用本地货币进行评标 • 公开开标

采购方法	基本说明	适用范围	特点
国内/国际询价采购	至少三家公司的报价比较	• 所需货物是现货，或相对廉价的标准商品 • 范围简单明了的工程	• 无广告 • 无公开开标 • "报价"代替"竞价"
直接签约	在没有竞标情况下签约一家公司	• 现有工程和货物合同需要延期时，涉及价值低于合同额的10% • 所需设备属于专有设备，只有一个货源，而没有其他选择 • 需要确保零部件与现有设备相匹配 • 需要快速交货的紧急情况	• 价格协商 • 由于缺乏竞争力，通常需要使用特别许可/弃权

　　服务类采购常用的采购方法有七种：基于质量和费用的选择（quality-and-cost-based selection，QCBS）、基于质量的选择（quality-based selection，QBS）、基于固定预算的选择（fixed budget selection，FBS）、最低费用选择（Least-cost selection，LCS）、基于咨询公司专家资历的选择（consultant qualification selection，CQS）、单一来源选择（sole-source selection，SSS）、个人咨询专家选择（individual consultant selection，IC），如表5.4所示。

表5.4　　　　　　　　　常用咨询类服务采购方式一览表

采购方法	基本说明	适用范围和特点	授予合同标准
基于质量和费用的选择（QCBS）	以质量和费用为依据，对入围咨询公司的竞争性选择	• 大多数咨询服务（包括项目审计）的首选方法 • 两步评估：质量（技术建议）和费用 • （财务建议）	最高综合得分
基于质量的选择（QBS）	完全以质量为依据，对入围咨询公司的竞争性选择	• 复杂/高度专业化的咨询任务 • 对下游业务影响大 • 只邀请提交技术方案	最高技术分数
基于固定预算的选择（FBS）	在预算范围内，以最佳技术方案为依据，对入围咨询公司的竞争性选择	• 简单且范围明确的咨询任务 • 要求咨询公司在固定预算内投标	预算内的最高技术分数
最低费用选择（LCS）	在达到技术评标入门分数的前提下，以最低费用为依据，对入围咨询公司的竞争性选择	• 简单且范围明确的咨询任务 • 要求咨询公司在固定预算内投标	符合技术资格要求条件的最低价格

续表

采购方法	基本说明	适用范围和特点	授予合同标准
基于咨询公司专家资历的选择（CQS）	以咨询公司专家的经验和能力为依据进行的选择	• 小规模咨询任务 • 技术方案和报价合并提交	最佳资格
单一来源选择（SSS）	无任何竞争情况下选择一家咨询公司	• 必须是特例 • 以前咨询工作的延续 • 紧急情况 • 非常小的咨询任务 • 只有一家机构符合资格条件且有经验	谈判
个人咨询专家选择（IC）	以个人经验和能力为依据的选择	• 无须团队作业 • 无须额外的专业支持，比如咨询公司总部的支持等 • 个人经验和资格是最重要的前提条件	最佳资格

（三）采购审查

为了确保项目采购活动符合采购原则，国际农发基金在项目采购流程中需要对采购活动进行事前审查（通常简称为前审）和事后审查（通常简称为后审）。

对于需要前审的合同，项目实施部门在以下几个环节必须首先提请国际农发基金审核，获得批准后才能进行下一步操作。涉及前审采购的具体程序和要求是：

（1）在发出招标邀请（招标公告、意向书征询函）前，应将招标公告（或意向书征询函）、拟采用的刊登公告的程序、招标文件草稿（或建议书征询文件）、投标人须知（包括评标的依据和授标的标准）、合同条款、预算、技术规范、工程量清单（设备清单）和招标图纸一并报送国际农发基金，并根据国际农发基金提出的建议做出相应修改。之后，对于招标文件的澄清或补遗，在向潜在的投标人发出之前，须征得国际农发基金的"不反对"意见。

（2）在完成评标后、做出授标的最后决定前，需将开标记录、评标报告、授标建议一并报送国际农发基金审查。只有在获得国际农发基金的"不反对"意见后才能授标。

（3）当要求延长投标有效期时，若第一次延期超过四周，应事先获得国际农发基金的"不反对"意见。对于第一次延期以后的所有延期，不管期限多长，都应事前征得国际农发基金的"不反对"意见。

（4）在授标结果公示后，如果收到投标人的质疑或投诉，应将质疑或投诉的复印件、对质疑或投诉中提出的每一个问题的说明和答复提交国际农发基金审查。

（5）如果在分析投标人的质疑或者投诉后改变授标建议，必须向国际农发基金提交修改的原因和修改过的评标报告，以征得国际农发基金的"不反对"意见。

（6）对于咨询服务采购，短名单评审报告应得到国际农发基金的"不反对"意见。

（7）在合同正式签字前，应将谈判后的合同样稿送交国际农发基金审查，以征得国际农发基金的"不反对"意见。

（8）对于已签字的合同，若发生下述任何一种修改情况，应报国际农发基金审查并获得"不反对"意见：①对规定的合同履约期给予实质性延长；②对合同内容和范围、合同条款和条件进行实质性修改；③任何单个原始合同金额或者若干原始合同汇总金额增加超过15%的变更；④希望终止合同。

所有前审的采购都需要通过国际农发基金的线上平台"'不反对'意见追踪系统"（NOTUS）进行操作。同时，项目签订的所有采购合同也都需要通过这个系统上报登记。以中国某个项目的采购审核要求为例进行说明，见表5.5。

表5.5　　　　　　国际农发基金对某个中国项目采购审查方式及条件

采购类别	采购方法	国际农发基金的审查方式	前审条件
土建工程	国际竞争性招标（ICB）	前审	所有合同
	国内竞争性招标（NCB）	前审	单个合同金额大于或等于700万元人民币；各县每年第一个
	询价采购（Shopping）	后审	

续表

采购类别	采购方法	国际农发基金的审查方式	前审条件
货物	国内竞争性招标（NCB）	前审	单个合同金额大于或等于140万元人民币；
	询价采购（Shopping）	后审	
咨询服务	基于质量和费用的选择/基于质量的选择（QCBS/QBS）	前审	单个合同金额大于或等于70万元人民币
	基于咨询专家资历的选择（CQS）	前审	单个合同金额大于或等于70万元人民币
	个人咨询专家选择（IC）	前审	单个合同金额大于或等于35万元人民币
	单一来源选择（SSS）	前审	单个合同金额大于或等于14万元人民币

后审程序通常适用于通过询价等方式开展的小额采购活动，其实施方式包括项目年度监督检查时的现场审核、项目提款报账时对提交相关资料的审核、项目外部审计时的年度抽查审核等。

（四）采购实施管理

项目实施方在项目执行过程中需要配备专门负责项目采购管理的人员，按照年度工作计划来制定采购计划并开展采购活动，如有需要，可聘请采购代理公司协助采购的招投标工作。采购人员还需要监督采购合同的实施情况，有些采购合同的实施还可聘请监理公司监督采购标的的进度和质量。在合同实施后，采购人员还需协助合同的支付和管理相关采购的档案。

具体而言，省级和县级项目办应负责本省和县项目采购的组织与管理，指导、监督和检查下级项目办采购工作实施情况。负责审查下级项目办采购计划，编报和更新本省（县）项目采购计划，并上报国际农发基金，得到国际农发基金"不反对"意见后组织实施。各级项目办将负责组织本级项目采购，同时负责审查下级项目办组织开展的土建工程和货物的国内竞争性招标、询价采购以及咨询服务采购的招标公告、招标文件、评标报告及合同等有关采购文件，负责汇总、公示本省（县）授标结果信息。

第七节 项目竣工

项目竣工意味着项目实施期和项目建设正式结束。在这个环节，最重要的任务是项目竣工审查（project completion review）。项目单位通过这个流程，开展对项目建设工作及其经验教训的总结，提出切实有效的保障措施，推动项目建设成果的可持续性和长远影响。

一、项目竣工审查的目的和职责范围

（一）目的

项目竣工审查工作一般安排在项目实施期的最后几个月，由受援国（项目主管单位）负责完成，同时需要与国际农发基金密切配合。具体来说，竣工审查主要有下列七个作用：

（1）评估项目各项干预措施在项目设计阶段和竣工阶段的相关性。

（2）评估项目实施的有效性（即项目目标实现程度），并对项目的直接结果和影响形成文字记录。

（3）审查项目的成本和收益；审查整个项目实施过程的效率，包括国际农发基金和合作伙伴在项目实施过程中的表现。

（4）评估项目竣工后实现项目收益可持续性的可能性。

（5）从实施过程中吸取有益经验教训，用于改善未来的项目设计与实施。

（6）确定复制或扩大项目最佳实践的潜力。

（7）鼓励跨区域相互学习借鉴。

（二）各方职责

项目竣工审查通常涉及四个方面的机构和人员，即受援国（项目主管机构）、国际农发基金、其他项目单位和人员等利益相关方，以及项目联合融资机构。

受援国（项目主管机构）负责牵头组织项目竣工审查工作，编写《项目竣工报告》（Project Completion Report），原则上应承担项目竣工审查的相关费用。总之，受援国政府对项目竣工审查的成功开展负有主要责任。

国际农发基金密切参与项目竣工阶段的工作，提供必要的能力建设和技术支持，帮助受援国确保项目竣工审查的质量。在极少数特殊情况下，受援国可以要求国际农发基金牵头组织进行项目竣工审查。当出现这种特例时，国际农发基金应当确保受援国在相关工作中的主导地位，最基本的要求是项目竣工审查团队应由国际农发基金和受援国联合组建。

其他项目单位和人员等利益相关方系指与项目实施有关的任何单位和个体，通常涉及面较广，主要包括项目管理办公室（PMU）、项目指导或协调委员会（中国项目通常设有"项目领导小组"）、所有与项目实施有关的各级各类机构和合作单位、项目最终受益人等。这些单位和人员是竣工审查团队收集不同视角下项目相关数据和信息的主要来源。因此，竣工审查团队必须积极征求他们的意见，使其有机会充分分享对项目实施的看法和见解。

有些项目除了利用国际农发基金的贷款外，还使用其他机构（比如全球环境基金等）提供的联合融资。对于这类项目，通常的做法是由国际农发基金与联合融资机构协商达成一致意见，只要求项目单位编制一份《项目竣工报告》，以减轻受援国的负担。必要时，受援国也可以提出要求，由国际农发基金和联合融资机构共同牵头开展项目竣工审查。需要注意的是，即便是采用这种安排，受援国仍然需要派人加入项目竣工审查团队。在某些情况下，项目竣工审查流程由联合融资机构牵头执行，国际农发基金则需要事先与受援国、联合融资机构协商，确保充分涵盖国际农发基金重点关注的领域。

二、项目竣工审查的流程

项目《融资协议》通常会做出专门规定，明确受援国向国际农发基金提交《项目竣工报告》的具体日期。根据国际农发基金《农业发展融资通则》的要求，这个日期一般定在项目竣工日之后的六个月内。[①]尽管编制

---

① General Conditions for Agricultural Development Financing, Article 8.04, IFAD, www.ifad.org.

《项目竣工报告》是受援国的责任，但是国际农发基金通常对整个流程予以密切配合，确保审查工作和报告编制按时按质完成。

整个项目竣工审查流程一般包括审查之前的准备工作和审查工作本身。

（一）项目竣工审查的准备工作

从原则上说，在项目资金支付额达到贷款额度的85%之后，就可以在任何时间节点启动项目竣工审查流程。在整个流程启动之前，受援国需要进行仔细谋划和筹备，以确保项目竣工审查工作的成功开展。国际农发基金建议，以项目竣工日为节点，受援国至少应该提前12个月，着手规划项目竣工审查的各项活动，并开展必要的准备工作，其中最主要的几个步骤是：

（1）制定初步方案。作为筹备工作的第一步，项目主管机构需要制定项目竣工审查的具体实施初步方案，明确整个审查活动的总体目标、时间安排、审查团队人员构成等。项目主管机构应尽早将方案提交项目指导委员会审批。

（2）项目监督检查对项目竣工审查筹备工作的指导。国际农发基金对项目的最后一次监督检查（final supervision mission）是指导和确保项目竣工审查筹备工作顺利开展的关键环节。最后一次监督检查的时间大概是项目竣工前的12个月到6个月。国际农发基金和受援国需要讨论和研究项目竣工审查活动的筹备工作进展，尤其是要对项目竣工审查阶段的具体工作做好安排。双方需要商讨竣工审查团队的具体构成，包括人数、专家类型等，并形成一致意见。

（3）制定详细规划。项目办公室应根据国际农发基金与受援国商定的项目竣工审查时间表，制定出详细的项目竣工审查活动安排。

（4）开展项目影响调查。在最后一次监督检查期间，国际农发基金和受援国会对反映项目效果和影响的各种现有数据进行审核，确定这些数据是否充分。如果需要对相关数据再做进一步的调查和研究，双方则应做出相应安排，并由受援国按照商定的时间表按时按质完成。

（5）组建竣工审查团队。受援国在项目竣工审查活动开始之前6个月或者项目资金使用到达85%的时候，着手组建竣工审查团队，制定任务大纲

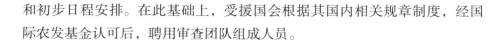

和初步日程安排。在此基础上，受援国会根据其国内相关规章制度，经国际农发基金认可后，聘用审查团队组成人员。

（二）项目竣工审查工作的具体步骤

项目竣工审查工作通常按以下具体步骤来进行：

（1）情况介绍会。项目竣工审查工作通常以情况介绍会的方式正式启动，由受援国召集，竣工审查团队全体成员、各项目单位代表及有关人员参加。会上受援国和国际农发基金会将做专门的情况介绍，对"项目竣工审查"工作提出要求，对需要注意的重要事项予以说明。会议也将讨论具体行程安排、访谈对象清单等工作细节。

（2）项目办工作层面讨论会。情况介绍会之后，竣工审查团队通常会利用接下来的几天时间，在项目办开展工作，包括收集项目材料，审查影响调查报告，与项目管理人员以及项目办其他成员集体或单独交流，等等。在此基础上，竣工审查团队将确定实地工作期间需要访问的项目点，并制定必要的"面谈指南"（interview guides），供团队成员在实地工作期间使用。

（3）实地工作。竣工审查团队通常会开展为期2—4个星期的实地工作，具体时间长度视不同国家和项目情况而定。在实地工作期间，竣工审查团队需要查访尽可能多的项目点，并通过一对一访谈、专题讨论或会议等形式，访谈尽可能多的项目受益人、基层项目实施单位、服务供应单位以及其他与项目有关的机构和人员。在选择项目点时，要综合考虑和兼顾项目实施经验、地点、行业和项目活动、项目成果等因素，确保所选项目点的多元化。在实地查访期间，尤其要注意听取妇女、边缘弱势群体和青年的看法。实地查访也是难得的验证项目数据的机会。竣工审查团队应尽可能在当地收集相关辅助信息和数据，用来验证项目影响调查得出的结论。

（4）利益相关方研讨会（stakeholders' workshop）。要尽可能召开一次所有项目单位和人员等利益相关方都参加的研讨会。研讨会可以在实地工作开始之前举办，以便收集与会人员对项目绩效的看法和见解；也可以在总结会议之前召开，由竣工审查团队介绍其对项目实施绩效的初步结论，听取与会人员对这些结论的反馈意见。无论是在哪个时间节点召开，研讨会都应重点探讨项目成功的关键因素、实施欠佳的主要原因、主要经验教训、主要风险以及增强可持续性的主要措施。研讨会是一个难得的学习和分享经验的机会，通常应该使各种类型的项目单位和人员都积极参加进来，比如各级政府部门、受益对象（尤其是妇女、青年、少数族群、弱势群体等）、服务供应单位、联合融资机构、项目区其他发展援助项目、民间团体，等等。

（5）总结会。总结会是竣工审查团队在受援国开展的最后一项活动，其主要目的是由竣工审查团队介绍竣工审查工作情况和得出的主要结论，听取受援国、国际农发基金、项目办以及相关项目单位的反馈意见。按照通常做法，竣工审查团队会提前准备一份"备忘录"（草稿），在会前分发给有关各方。凡是总结会做出的结论，都需要记录在案。会议纪要应作为附件，纳入《项目竣工报告》。

实地活动结束后两个月之内，竣工审查团队需要按照固定的格式编写并提交《项目竣工报告》，供国际农发基金和受援国审阅。受援国必须在《融资协议》规定的时间内——通常是项目竣工日之后的6个月内——将《项目竣工报告》提交给国际农发基金，整个项目竣工审查流程到此结束。项目竣工审查流程结束后，国际农发基金还需要履行相关内部程序，主要包括：《项目竣工报告》（终稿）纳入机构的"运营成果管理系统"、在官网上对外公布《项目竣工报告》全文（受援国政府因特殊原因以书面形式表达不同意见的除外），以及《项目竣工报告》与评分的后续使用（主要是用于评价流程、学习交流等）。

三、《项目竣工报告》的编制

在开展项目竣工审查和编写《项目竣工报告》过程中，竣工审查团队应熟练掌握所采用的主要评估标准、所要回答的主要绩效评估问题、所要厘清的项目影响范畴，以及所要运用的方式方法。

（一）主要评价标准和问题

对于国际农发基金来说，项目竣工审查是自我评价的有机组成部分，也是独立评估办公室开展项目独立评估的基础。从概念上说，自我评价和独立评价虽然是各不相同的两个活动，但两者的目的是一致的，即评价项目的绩效。因此，竣工审查流程也采用独立评价的各项评估原则与方法。

具体而言，和独立评价一样，竣工审查的四个主要评价标准是：相关性、有效性、效率和可持续性。根据经济合作与发展组织发展援助委员会的定义，这四个评价标准的具体含义分别是：（1）相关性：项目目标与受益对象要求、国家需求、全球优先事项、合作伙伴和援助机构政策之间的契合度。在项目层面，相关性是指在项目竣工阶段项目环境已经发生变化的背景下，项目活动的预期目标或者项目设计的预期目标是否依然恰如其分。（2）有效性：项目活动的预期目标在多大程度上已经实现。（3）效率：衡量经济资源和投入物（资金、专业知识、时间等）是如何转变为结果的。（4）可持续性：主要发展援助终止后，发展活动的效益是否得以延续，持久长期效益的可能性，未来应对净收益流（net benefit flows）风险的能力。

在每个主要评价标准之下，通常都会提出一系列详细的绩效评价问题，纳入竣工审查团队的任务大纲，从而成为开展审查和查访工作的具体业务指南。

（二）项目影响的范畴

项目影响的广义定义是："发展干预措施直接或间接、有意或无意带来的正面和负面的、主要和次要的长期影响"[1]。这正是国际农发基金所有项目追求的最终效果。

为确保《项目竣工报告》在影响分析方面的完整性，同时也便于对机构的项目成果进行汇总，国际农发基金对项目影响的具体类型做出统一规范，要求所有项目竣工审查团队在项目竣工审查流程中予以遵守和使用，包括以下五个范畴：

（1）家庭收入和资产：主要通过终端调查（endline survey）来衡量，包括有形资产（土地、牲畜、工具、设备等）和金融资产（用于投资和消费的资金）。这个范畴的指标适用于所有项目。

（2）人力和社会资本：指受益对象（个人或机构）赋权水平的变化程

---

[1]　参见 OECD-DAC，Glossary of key terms in evaluation and results-based management.

度，包括个人能力和集体行动两个方面。

（3）粮食安全：指一个家庭获得充足、安全和营养丰富的食物，满足全体家庭成员健康生活所必需的饮食需求与偏好。粮食安全的变化通常通过项目结果/影响调查（results/impact survey）来衡量，比如儿童营养不良状况的变化、家庭粮食安全状况的演变，等等。这个范畴的指标适用于所有项目。

（4）农业劳动生产率：指项目区作物产量、种植密度和土地生产力的提高，以及农业生产水平的变化。这个范畴涵盖整个农业生产，包括畜牧业、水产和非木材森林资源产品。

（5）机构和政策：指项目实施过程中，因项目活动和项目能力建设而带来的各级组织机构（含农村生产者小组、用户协会等基层组织）内部发生的任何变化，以及因项目政策对话活动而带来的政策或者机构框架方面（行业、国家或地方性法规、条例、规章制度等）的变化。

此外，考虑到国际农发基金专责扶贫的特殊宗旨，"项目竣工审查"也需要对其他相关绩效问题予以认真对待和评价，尤其是性别平等和妇女赋权、市场对接、创新、项目扶贫方法的推广运用、环境和自然资源管理、适应气候变化、精准扶贫和扩大覆盖面等。

需要指出的是，虽然项目竣工审查原则上应该涵盖尽可能多的影响范畴，但是如前所述，所有项目都必须涵盖的只是其中的两个类别，即家庭收入和财产、粮食安全。

（三）项目竣工审查运用的主要方法

充分分析各种来源的数据，广泛开展与受益对象的座谈和专门讨论，仔细查访项目点，对于竣工审查团队顺利完成项目竣工审查任务起着十分重要的保障作用。竣工审查团队通常需要事先制定好收集和运用项目数据与信息的方法，作为开展实地工作的具体指南。

1.数据和信息来源

（1）主要来源。在项目设计和实施过程中，项目办、国际农发基金和相关项目机构都会收集各种反映项目进度和绩效的信息与数据，并通过不同形式加以报告，主要包括：各类项目报告和文件（项目设计文件、项目监督报告、审计报告、实施进展报告、中期审查报告、项目各种性质团队的备忘录、讨论会报告等）；项目逻辑框架；管理信息系统数据；调查和案例研究；项目办和服务供应机构的记录；获得项目支持的各类小组的记录；项目区其他地方机构的数据。

（2）次要来源，即辅助数据，通常是指同项目实施没有任何关系的个人和机构为了自身目的（如研究等）而收集的数据，包括国家和地方各级政府的统计数据（比如人口普查、社会调查、家庭开支调查、进出口统计数据、农业统计数据等）；其他发展援助机构的统计数据和报告（比如有关国际机构的人类发展、贫困、农业和粮食安全统计数据、项目报告等）；民间团体；私营实体等。这类辅助数据有其特有的优势。举例来说，项目层面的调查往往样本量较小，而大规模调查或者全国性人口普查则可以在某些方面提供更为准确的信息。而且，这类来源的数据还会提供一些额外的有价值信息，比如贫困程度、生产方式、社会经济状况等，从而比较准确地反映目标群体及项目区的真实情况。

当然，上述来源的辅助数据也有其局限性，比如各种数据的定义和收集方法不一定完全清晰、可靠，涵盖区域与项目区不一定完全吻合，数据可能已经过时，等等。竣工审查团队在予以足够重视的同时，需要有所取舍，以充分利用好这些辅助数据。

2. 数据收集工具和技术

（1）定量工具，主要包括调查（surveys）和小型调查（mini-surveys）。

调查分为项目启动阶段的调查和竣工阶段的调查，有时候项目也会有中期审查阶段的调查。这类调查得出的信息和数据是竣工审查团队的重要信息来源。当然，这里有一个前提条件，即项目至少在启动和竣工两阶段都分别开展过调查。这类调查取得的结果是竣工审查团队评估家庭财产、儿童营养状况、粮食安全等方面的重要依据。

小型调查是竣工审查团队自己做的小规模调查，是在无法取得可靠数据来反映项目效果和影响的情况下而开展的一项活动。在规划这项调查时，竣工审查团队必须精心设计有针对性的、简明扼要的调查问卷，确定调查所要采用的最佳抽样方法。

（2）定性工具，主要包括个人访谈（key informant interviews）、小组座

谈（focus group discussions）、直接观察、案例研究、财富排行、社区地图绘制、农村快速评估等。由于在项目区的时间有限，竣工审查团队通常采用访谈、小组座谈等定性工具进行数据的收集，从而深入了解人们的行为、这些行为的成因以及项目受益人口的看法、意见和关注的事项。

（3）三角剖分法（triangulation）。为了避免采用单一工具而引起的误差和问题，竣工审查团队需要混合使用多种数据收集技术、理论、方法和经验，力求使项目竣工审查流程得出的结论准确可信。

（4）环境、社会和气候影响评估。所有的《项目竣工审查报告》均应专门分析项目实施产生的环境、社会和气候影响。在分析过程中，尤其要充分考虑农村受益人口的看法。对于划入"高风险"类别的项目，则需要在项目竣工审查流程开始之前或者过程中开展"环境、社会和气候影响事后评估"（ex-post assessment）。

（5）项目经济收益率估算是确定项目投资物有所值的重要环节，通常会涉及项目成本和效益的比较。其中的项目成本相对容易衡量，而项目效益估算则较为复杂，一般需要评估不同模型和类别的项目投资所带来的财务与经济效益。项目经济收益率的计算一般考虑两种情形，一种是项目带来的实际效果和收益，另一种是"无项目"时的预期结果。竣工审查团队通过对这两种情形的比较和分析，得出项目的经济收益率。

（四）《项目竣工报告》的主要内容

根据国际农发基金的文件格式，《项目竣工报告》由正文和七个附件组成。正文部分除"内容摘要"外，主要章节包括项目说明（背景、目标、实施方式、目标人群），项目相关性评估（与外部环境的相关性、内在逻辑、项目设计变更的充分程度），项目有效性评估（实际目标和产出的交付、农村减贫影响、性别平等与妇女赋权、适应气候变化、环境与自然资源管理、目标人群定位和扩大辐射面、创新、推广项目方法），项目效率评估（项目成本与资金来源、项目管理质量、财务管理质量、项目内部收益率），合作伙伴的表现（包括国际农发基金、政府和其他合作机构），可持续性评估，项目取得的经验教训及知识，以及结论和建议。

第八节 项目评价

国际农发基金的项目评价是独立于机构内部组织构架的业务职能，也是整个项目周期的最后一环，由国际农发基金独立评估办公室负责组织和履行。根据独立评估办公室2015年发布的《评价手册第二版》[①]的规定，项目评价采取两种形式，一种是项目竣工报告验证（Project Completion Report Validation，PCRV），另一种是项目绩效评价（Project Performance Evaluation，PPE）。

一、项目竣工报告验证

（一）目的

项目竣工报告验证是以"桌面审查"方式对《项目竣工报告》进行的验证，是对国际农发基金项目效果和影响的评价。《国际农发基金评估政策》明确指出，项目竣工报告验证的主要目的是强化责任制和促进学习，以提高发展活动的有效性。[②]它不仅要对项目绩效进行评价和打分，也要对《项目竣工报告》做一个总体评价。

项目竣工报告验证是独立评估办公室开展主要评估活动和编写主要评估报告的基本素材来源之一。这类评估活动和报告通常包括"国际农发基金业务活动绩效和影响年报"（ARRI）和"评价综合报告"（Evaluation Synthesis Report）、"国别战略和规划方案评价"（Country Strategy and Programme Evaluation，CSPE）、"机构整体评价"（Corporate Level Evaluation，CLE）等。项目竣工报告验证得出的结论对新项目设计和在建项目实施具有重要的参考价值，在国际农发基金提高项目整体质量过程中发挥着积极的促进作用。

项目竣工报告验证适用于当年竣工的所有项目，通常每年有25—30个。

---

① Evaluation Manual Second Edition, Independent Office of Evaluation of IFAD, February 2016, https://www.ifad.org/en/web/ioe/evaluations.

② Revised IFAD Evaluation Policy, IFAD, December 2015, https://www.ifad.org/en/web/ioe/evaluations.

（二）方法

对所有与项目有关的文字材料进行全面温习和审阅是开展项目竣工报告验证的最基本一环，其中最主要的是《国别伙伴战略》、所有的项目文件和项目监测报告，以及任何与"相关性"评价标准有关的主要政策和战略文件。

根据《评价手册第二版》的要求，项目竣工报告验证流程需要从五个方面验证《项目竣工报告》，针对一系列问题进行探讨并得出验证答案。具体来说，包括以下：

（1）广度：《项目竣工报告》在多大程度上充分涵盖了《项目竣工审查指南》规定的所有章节和内容？

（2）数据：《项目竣工报告》在多大程度上使用了真实可靠的数据？已经收集到的数据能否满足预定用途、其可靠性是否得到过确认？当项目监测评价体系数据不足时，是否开展过补充性的调查和研究？是否对数据做了系统性分析，这些数据是否满足报告的信息需求？

（3）经验教训：《项目竣工报告》在多大程度上吸取了项目设计和项目实施过程中积累的经验教训？这些经验教训是不是来自评估活动？

（4）流程：项目利益相关方在多大程度上参与了项目竣工审查流程？

（5）诚实度：《项目竣工报告》在文字叙述方面是否客观？是否充分反映了项目正反两方面的结果？绩效打分与文字叙述是否一致？

（三）流程

项目竣工报告验证从开始起草到最后定稿，一般有四个步骤：

（1）准备工作。包括收集相关文档、数据和信息，主要是《项目设计报告》（最终版）、项目"总裁报告"、基线调查报告、《中期审查报告》、项目监督报告、在线平台数据、项目状态报告、影响力研究和《项目竣工报告》，以及《国别战略伙伴》、有关专项研究报告、介绍受援国和项目区背景情况的文档等。

（2）案头审查、分析和报告起草。由独立评估办公室的职员具体承担，按照上面介绍过的方法展开。

（3）独立评估办公室内部审核流程。所有项目竣工报告验证报告均须经过严格内部审核后，方可分享给国际农发基金项目管理部门。

（4）定稿、传播和后续措施。

（四）项目竣工报告验证报告

整个报告由正文和必要的附件组成，正文部分涵盖五个章节，分别是：基本项目数据、项目概述、审查结论、对《项目竣工报告》质量的评估，以及结束语和经验教训。其中，审查结论一章涉及内容较广，包括农村贫困影响、核心评估标准、其他绩效标准、项目所取得的整体成就，以及合作伙伴的表现。

二、项目绩效评价

（一）目的

项目绩效评价以项目竣工报告验证为基础，但是两者的主要目的完全相同，即强化责任制和促进学习，以提高发展活动的有效性。相对而言，项目绩效评价需要对项目绩效和影响进行比较全面的分析，因此独立评估办公室通常会安排一次短期实地考察，收集评价所需的额外信息和数据，并对评价指标打分。

项目绩效评价十分重视项目绩效好和绩效欠佳成因的识别和探讨，并向国际农发基金管理层和受援国政府提出相应建议。它是独立评估办公室核心评价产品——《国际农发基金业务活动绩效和影响年报》和"评价综合报告"——以及"国别战略和规划方案评价""机构整体评价"等的重要基石。

（二）方法

项目绩效评价由独立评估办公室职工牵头、1—2 名咨询专家协助完成，每年的任务为十个左右。它的两个基本构成要素是项目竣工报告验证和实地考察。项目竣工报告验证流程操作方法前面已经详细介绍过，此处不再赘述。实地考察需要查访相关项目点，访谈项目受益群体，并与有关政府部门、项目单位、合作伙伴机构和人员进行交流和座谈，以便收集更多的信息和数据来比较全面地评价项目的绩效和影响。需要说明的是，实地考察团队由于时间和经费上的制约，通常不太可能涵盖项目的所有活动，或者开展深入的项目影响评估。

（三）流程

一般来说，项目绩效评价会安排在项目竣工后的1—3年内开展。虽然这个时间间隔会给评价活动带来一些困难，比如无法找到当初的项目人员和其他熟悉项目实施情况的人员等，但是它也有一大优势，即正是由于与项目竣工日有较长的时间间隔，项目绩效评价反而可以更全面地了解项目的影响和可持续性。

整个项目绩效评价流程需要耗时六个月左右的时间，包括准备工作、实地考察、分析和报告编写、独立评估办公室内部审核、国际农发基金管理层与政府评论、国际农发基金管理层对报告终稿的反馈、出版和传播七个步骤。

（四）项目绩效评价报告

整个报告由正文和若干附件组成，正文部分涵盖四个方面，分别是：评价的目标、方法和流程，项目（背景和实施），主要评价结论（农村贫困影响、核心评估标准、其他绩效标准、项目的整体成就、合作伙伴的表现、对《项目竣工报告》质量的评价），以及结论和建议。附件部分包含国际农发基金项目主管部门和项目绩效评价双方的打分。

项目绩效评价报告以受援国使用的国际农发基金官方语言（阿拉伯文、英文、法文和西班牙文四种语言中的一种）编写。若使用英文之外的其他官方语言，报告的"执行摘要"则需译成英文。"执行摘要"原文版和英文版以及农发基金管理层的回应均需编入报告终稿。

第六章
财务管理与风险控制

本章首先介绍国际农发基金财务和风险管理的基本制度框架，通过重点解读2019年财务报表的关键数据，分析国际农发基金的资产、负债和收入结构及财务特性。随后，简要回顾近年来对国际农发基金财务可持续性产生重大影响的债务可持续性框架（DSF）的实施结果与改革方案。最后，介绍国际农发基金日益完善的风险管理体系，以及在获取AA+国际信用评级、扩大融资渠道方面取得的重大历史性进展。

第一节　财务和风险管理的基本制度框架

稳健的财务管理和系统的风险控制是金融机构可持续经营的重要前提。国际农发基金的财务管理与风险控制框架是在两份纲领性法律文件的基础上设计的。

首先，《国际农发基金成立协议》（Agreement Establishing IFAD，AEI）确立了国际农发基金的财务属性、资金来源和公开财务数据的义务等内容。《国际农发基金成立协议》第四条（Article 4）规定资金来源主要为成员国捐资，并且确立了增资的基本规则；第六条第十一款（Article 6，Section 11）规定国际农发基金有义务接受外部审计并向公众披露财务数据。

其次，《国际农发基金财务制度》（Financial Regulations of IFAD，以下简称财务制度）明确了资金来源、预算体系、投资策略、财务数据披露、内控管理等方面的基本原则。例如，财务制度第三条规定，国际农发基金的财务年度始于每年1月1日，终于12月31日；第七条规定："在制定年度预算时，总裁也应基于未来现金流预测、运营计划以及同期贷款和赠款发放计划，制定中期预算计划。"第八条规定："当账面有暂不使用的资金时，总裁可以在考虑资金安全性和流动性需求的前提下利用该笔资金进行投资。在执董会批准的各类政策约束以及不投机的前提下，总裁应尽可能寻求投资收益的最大化。投资收益应该用于支付日常运营费用。"第十条规定了内部控制原则："在遵循国际领先财务管理实践的基础上，总裁应制定详尽的财务控制规范和流程，以确保有效的财务资源管理和固定资产管理，确保每一笔资金交易都有据可循。"

近年来，随着国际农发基金业务模式调整机构改革步伐的加快，强化财务和风险管理架构被提上了重要议程。2018年独立评估办公室（Independent Office of Evaluation，IOE）所做的《国际农发基金财务框架评估报告》（Corporate-level Evaluation on IFAD's Financial Architecture）和2018年下半年外部评估机构Alvarez & Marsal所做的《国际农发基金财务风险管理外部独立评估报告》（External Independent Assessment of IFAD's Financial Risk Management）是指导国际农发基金财务和风险管理改革最重要的两份外部报告。根据两份报告所提出的改革建议及自身业务发展需要，国际农发基金修改完善了风险管理纲领性政策《企业风险管理政策》（ERM Policy），明确了风险分类、风险管理职责划分、风险上报原则等，同时在现有财务风险框架下完善了《流动性管理政策》（Liquidity Policy），制定出台了《资本金充足率政策》（Capital Adequacy Policy）、《资产负债管理框架》（Asset Liability Management Framework）和《综合借款框架》（Integrated Borrowing Framework，IBF）。至此，经过不断的补充完善，国际农发基金的财务和风险管理框架已经达到其他国际金融机构的同等水平。

第二节　资产、负债及收入结构

截至2019年末，国际农发基金合并财务报表的总资产为90.5亿美元，相比成立初期（1978年末）10.78亿美元的资产规模，增长了将近9倍。其中，70%左右为贷款资产，13%的短期投资为国际农发基金提供短期流动性保障，9.8%为应收捐资及期票，剩余5.3%左右为其他资产，包括固定资产、租赁资产、其他应收款等日常运营所需的资产（如图6.1和图6.2所示）。

Consolidated and IFAD-only balance sheet
As at 31 December 2019 and 2018
(Thousands of United States dollars)

Assets	Note/appendix	Consolidated		IFAD-only	
		2019	2018	2019	2018
Cash on hand and in banks	4	308 309	190 322	162 342	56 258
Investments					
Investment at amortized cost		-	143 968	-	143 968
Investment at fair value		1 213 170	1 331 830	841 578	839 043
Subtotal investments	4	1 213 170	1 475 798	841 578	983 011
Contributions and promissory notes receivables					
Contributors' promissory notes	5	188 215	133 045	188 215	133 045
Contributions receivable	5	896 364	1 156 410	604 412	884 136
Less: qualified contribution receivables	5	(72 551)	(67 465)	(72 551)	(67 465)
Less: accumulated allowance for contribution impairment loss	6	(121 798)	(121 630)	(121 798)	(121 630)
Net contribution and promissory notes receivables		890 230	1 100 360	598 278	828 085
Other receivables	7	40 022	34 671	169 979	196 258
Fixed and intangible assets	8(a)	15 562	15 379	15 562	15 379
Right-of-use assets	8(b)	98 611	-	98 611	-
Loans outstanding					
Loans outstanding	9(a)I	6 575 310	6 269 567	6 348 544	6 057 446
Less: accumulated allowance for loan impairment losses	9(b)	(88 190)	(93 251)	(86 278)	(91 257)
Less: accumulated allowance for the Heavily Indebted Poor Countries (HIPC) Initiative	11(b)/J	(6 286)	(7 907)	(6 286)	(7 907)
Net loans outstanding		6 480 834	6 168 409	6 255 980	5 958 283
Total assets		9 046 738	8 984 939	8 142 330	8 037 274

Liabilities and equity	Note/appendix	Consolidated		IFAD-only	
		2019	2018	2019	2018
Liabilities					
Payables and liabilities	12	237 861	206 192	229 109	198 615
Undisbursed grants	14/12	438 268	444 715	119 622	91 913
Deferred revenues	13	361 220	360 782	80 481	87 415
Lease Liabilities	8(b)	98 563	-	98 563	-
Borrowing liabilities	15	1 039 539	877 603	741 573	571 603
Total liabilities		2 175 451	1 889 292	1 269 348	949 546
Equity					
Contributions					
Regular		9 040 532	8 893 175	9 040 532	8 893 175
Special		20 349	20 349	20 349	20 349
Total contributions	H	9 060 881	8 913 524	9 060 881	8 913 524
Retained earnings					
General Reserve		95 000	95 000	95 000	95 000
Accumulated deficit		(2 284 594)	(1 912 877)	(2 282 899)	(1 920 796)
Total retained earnings		(2 189 594)	(1 817 877)	(2 187 899)	(1 825 796)
Total equity		6 871 287	7 095 647	6 872 982	7 087 728
Total liabilities and equity		9 046 738	8 984 939	8 142 330	8 037 274

图6.1　国际农发基金2019年末资产负债表

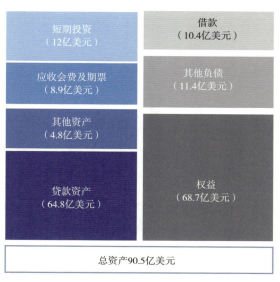

短期投资 （12亿美元）	借款 （10.4亿美元）
应收会费及期票 （8.9亿美元）	其他负债 （11.4亿美元）
其他资产 （4.8亿美元）	权益 （68.7亿美元）
贷款资产 （64.8亿美元）	

总资产90.5亿美元

图6.2 2019年国际农发基金合并资产负债表结构

从资金来源看，2019年末净权益68.7亿美元，占总资产的75.9%，相比1978年末净资产水平10.64亿美元，增长超过6倍，其中成员国捐资90.6亿美元，一般储备金9 500万美元，累计亏损22.8亿美元；借款占总资产的11.5%。在国际农发基金第九轮增资（IFAD9）后，传统的资金来源（成员国捐资、投资收益和贷款本息回流）已经不足以支撑财务可持续和业务发展的需要，自此国际农发基金开始利用其坚实的资本基础进行主权借款。2014年，国际农发基金从德国复兴开发银行（KfW）融资4亿欧元主权借款，该笔借款是其成立以来的第一笔借款。与其他的多边开发银行及国际金融机构相比，国际农发基金的杠杆率相对较低（见图6.3）。根据2018年独立评估办公室所做的《国际农发基金财务框架评估报告》，国际农发基金理想的杠杆率（即负债/权益）应该在2倍，甚至以上，而2018年其合并报表的杠杆率只有0.27。

国际农发基金作为联合国专门机构及国际金融机构，它的收入结构有区别于私营部门金融机构的特点。

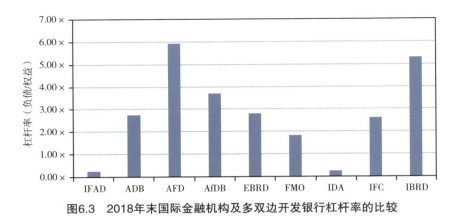

图6.3　2018年末国际金融机构及多双边开发银行杠杆率的比较

注：IFAD=图际农发基金；ADB=亚洲开发银行；AFD=法国开发署；AfDB=非洲开发银行；EBRD=欧洲复兴开发银行；FMO=荷兰开发金融公司；IDA=国际开发协会；IFC=国际金融公司；IBRD=国际复兴开发银行。

资料来源：债务融资工具（DFI）网站及文献资料。

Consolidated statement of comprehensive income
For the years ended 31 December 2019 and 2018
(Thousands of United States dollars)

	Note	2019	2018
Revenue			
Income from loans		70 638	67 362
Income/(losses) from cash and investments	17	30 178	5 715
Income from other sources	18	10 076	10 874
Income from contributions	19	154 862	85 201
Total revenue		**265 754**	**169 152**
Operating expenses	20		
Staff salaries and benefits	21	(95 064)	(96 530)
Office and general expenses		(31 452)	(41 234)
Consultants and other non-staff costs		(53 822)	(48 900)
Direct bank and investment costs	24	(1 772)	(1 761)
Subtotal operating expenses		**(182 110)**	**(188 425)**
Other expenses			
Loan and lease interest expenditures		(1 054)	(820)
Allowance for loan impairment losses	9	14 601	(8 203)
HIPC Initiative expenses	26	(3 189)	(4 473)
Grant expenses	22	(194 921)	(108 947)
Debt Sustainability Framework (DSF) expenses	23	(174 689)	(138 625)
Depreciation	8	(12 094)	(3 279)
Subtotal other expenses		**(370 717)**	**(264 347)**
Total expenses		**(552 827)**	**(452 772)**
(Deficit) before fair value and foreign exchange adjustments		**(287 073)**	**(283 620)**
Adjustment for changes in fair value	25	(44 280)	(215)
(Losses)/gains from currency exchange movements IFAD	16	(21 794)	(150 550)
Net (loss)/profit		**(353 147)**	**(434 385)**
Other comprehensive income/(loss):			
(Losses)/gains from currency exchange movements and retranslation of consolidated entities	16	(5 287)	(13 987)
Change in provision for After-Service Medical Coverage Scheme (ASMCS) benefits	21	(19 271)	21 239
Total other comprehensive (loss)/income		**(24 558)**	**7 252**
Total comprehensive (loss)/income		**(377 705)**	**(427 133)**

图6.4　国际农发基金2019年损益表

2019年全年国际农发基金实现收入2.7亿美元，其中超过一半为成员国当年的捐资，26%为贷款利息收入，剩余为资本市场投资收益及其他收入（见图6.5）。

图6.5　国际农发基金2019年合并报表收入结构

2019年总支出5.5亿美元，其中债务可持续性框架（DSF）赠款、普通赠款和重债穷国倡议（HIPC）赠款合计占总支出的67%左右，32%左右为营运费用，包括职员薪资、咨询专家费用、办公费用等（见图6.6）。

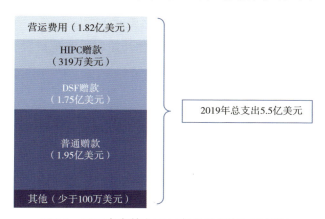

图6.6　国际农发基金2019年合并报表支出结构

注：DSF=债务可持续性框架；HIPC=重债穷国倡议。

如果不考虑汇率影响，自2010年以来国际农发基金的财务报表每年都处于净亏损状态。截至2019年底，累计亏损达到22.8亿美元。连年亏损是由于国际农发基金特殊的业务模式导致的。首先，国际农发基金的主营业务涵盖普通赠款（regular grants）、DSF 赠款、优惠贷款、混合贷款及普通贷款。其中，普通赠款和 DSF 赠款业务直接以费用的形式记录在当年的损益表中。因为没有资金回流，这就意味着每发放一笔普通赠款或者 DSF 赠款，国际农发基金就多记录一笔亏损，资本金则相应被削减。其次，国际农发基金主要发放超长期优惠贷款，利率普遍低于市场利率，贷款的利息收入不足以覆盖日常运营成本。根据独立评估办公室所做的《国际农发基金财务框架评估报告》，若从目前的市场情况看，国际农发基金必须将平均贷款利率从目前的约 1% 增加到约 3%，才能覆盖日常的运营成本。

与国际农发基金性质类似的世界银行集团成员国际开发协会（IDA）的主营业务也以优惠贷款与赠款为主。截至 2019 年 6 月末，IDA 总资产中有 80% 为贷款资产，杠杆率为 0.14。2019 财年净亏损 67 亿美元，如果排除其中投资资产账面亏损的影响，当年实现净利润 2 亿美元。IDA 的优势在于成员国捐资力度大，且能够每年从世界银行集团的另外两个成员国际复兴开发银行（IBRD）和国际金融公司（IFC）得到净收入转移。同时，IDA 在拓宽融资渠道的方面先行一步，于 2018 财年首次进入资本市场，发行了 15 亿美元的基准债券（全球认购总额达到 46 亿美元）。

为保持财务可持续性，国际农发基金开始着手改革增资方式，调整资金来源结构，并全面整合风险管理体系。

第三节　债务可持续性框架的实施影响与改革方案

由于国内储蓄不足，低收入国家往往需要通过举借外债用于社会经济发展或作为应对外部危机的补充资金。受诸多因素影响（其中既有外部原因，也有内部原因），许多低收入国家在一定时期积累了庞大的债务负担和沉重的偿债义务。当外债过高时，这些国家不得不将其本来应该用于经济社会发展核心领域的资金来偿还债务，从而阻碍了自身发展，许多国家甚至陷入债务危机。为了帮助低收入国家降低债务危机风险，2005 年国际货币基金组织（IMF）和世界银行共同创立和实施了"低收入国家债务可持续性框架"（Debt Sustainability Framework，DSF），用于评估低收入国家公共债务和外债风险水平并识别脆弱性来源，根据债务可持续性框架分析（Debt Sustainability Analysis，DSA）的结果，向债务风险高的国家提供赠款或条件高度优惠的贷款。

国际农发基金于2007年开始实施债务可持续性框架（DSF），成员国通过随用随付（pay-as-you-go）的补充捐资来弥补因发放 DSF 赠款而形成的缺口。截至2019年底，国际农发基金已累计发放12.47亿美元 DSF 赠款，未发放 DSF 赠款承诺10.62亿美元。债务可持续性框架的实施理论上可以保持国际农发基金财务中性[①]，因为成员国承诺在未来的几十年中补偿所有的 DSF 赠款本金。

根据2018年财务运营部（FOD）所做的《审查国际农发基金的债务可持续性框架和关于未来方案的建议》（Review of IFAD's Debt Sustainability Framework and Proposal on Future Approach），截至2018年第三季度末，国际农发基金分别通过第十轮增资（IFAD10）和第十一轮增资（IFAD11）收到用于补充 DSF 赠款的捐资290万美元和3 100万美元，但均没有达到340万美元和3 950万美元的目标金额。

究其原因，首先是成员国虽然承诺在 DSF 赠款发放之后若干年内将资金补充到位，但与 IDA 不同，这种承诺仅是一种口头承诺，并没有实际意义上的法律约束力，所以很难保证成员国按时、足额将资金补充到位。DSF 需补充资金会随着每一轮增资逐渐增长，如第十二轮增资（IFAD12）的 DSF 还款目标为8950万美元，现行的 DSF 赠款补偿机制已经无法保证国际农发基金长期的财务可持续性。

如图6.7所示，纵坐标代表国际农发基金的流动性水平，绿色折线代表在成员国按时足额补充 DSF 赠款缺口的情况下国际农发基金的预期流动性水平，虚线则表示保证国际农发基金安全运营的最低流动性水平。假设成员国按照其在第十轮增资和第十一轮增资的方式和规模补偿 DSF 赠款，国际农发基金的预期流动性水平将遵循图中黄色折线的轨迹，国际农发基金的流动性水平在不久的将来将低于最低流动性水平的要求。

---

① 财务中性（financial neutrality）是指某种金融产品的发放不会导致金融机构亏损，同时也不会使其盈利。

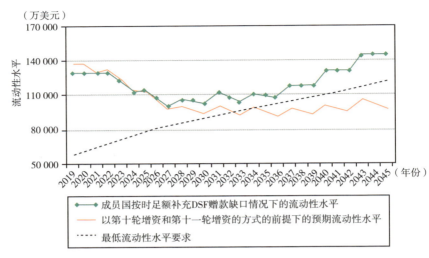

图6.7　国际农发基金预期流动性水平

资料来源：Review of IFAD's Debt Sustainability Framework and Proposal on Future Approach。

其次，一笔DSF赠款的发放会立即以费用的形式体现在当年的损益表中，而第一笔资金所需的补充捐资回流则开始于放款的10年后。图6.8展示了DSF赠款发放与资金回流的时间差。

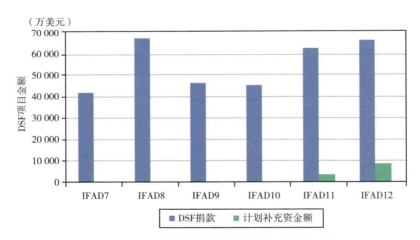

图6.8　DSF赠款支付金额和补充资金金额对比

注：蓝色柱体高度代表DSF赠款支付金额，绿色柱体高度代表计划补充资金金额。

资料来源：Review of IFAD's Debt Sustainability Framework and Proposal on Future Approach。

总而言之，现行的DSF赠款资金补偿机制将会导致长期流动性不足，核心资本被削减，从而限制其发放贷款和赠款的能力。《国际农发基金财务框架评估报告》也同样指出，DSF的实施会很大程度上影响国际农发基金的财务可持续性，因此需要改革现有的资金补偿方式以提高可预测性，防止资本金侵蚀和流动性受损。

自2017年以来，国际农发基金管理层就开始与成员国探讨DSF改革事宜。2019年12月召开的第128次执董会批准了《债务可持续性框架改革方案》（Debt Sustainability Framework Reform）。该方案主要内容包括：

首先，明确成员国的增资应至少覆盖日常营运费用、常规赠款、新增DSF赠款以及已经发放的DSF赠款未补偿部分。常规赠款规模将不再由贷款赠款规模（PoLG）的固定比例确定，这将防止赠款业务对资本金的侵蚀，保障未来贷款业务的规模。

其次，改变DSF现行的先放款再补充资金的业务模式，通过成员国为新批准的DSF赠款提前供资，确保新增的DSF赠款与成员国的补充捐款直接挂钩。

最后，进一步细分借款国债务风险级别，为中度债务风险国家提供超级优惠贷款（Super Highly Concessional Loan，SHL），将稀缺的DSF赠款资源分配给债务危机风险最高、最贫穷和最脆弱的借款国。

该方案将从第十二轮增资的第一年，即2022年1月1日起开始实施，新方案实施前现行措施继续有效。

第四节　风险管理政策与治理结构

一、国际农发基金主要风险种类

国际农发基金面临的风险主要分为财务风险和非财务风险两大类。其中，财务风险主要包括：

（1）错配风险。错配风险是指资产产生的现金流（偿还的贷款本金和利息）与融资负债不匹配产生的风险。因为国际农发基金用于开展贷款赠款业务的资金主要来源于股本（即增资和储备金），融资负债比例较小，所以不存在重大的错配风险。

（2）流动性风险。流动性风险是指国际农发基金虽然有足够的清偿能力，但是不能及时获得充足资金或无法以合理的成本获得充足资金以应对资产增长和支付到期债务的风险。根据《对国际农发基金2019年财务报表的高级别审查》（High-level Review of IFAD's Financial Statements for 2019），国际农发基金流动资产约占最低流动性要求的150%，流动性风险敞口较小。

（3）利率风险。由于引进了债权融资，国际农发基金需要考虑当市场利率变化时，资产（贷款）与负债（借款）利息结构错配产生的风险。

（4）汇率风险。国际农发基金资产的大部分以特别提款权（SDR）计价，而出于财务披露目的，其财务报表以美元为单位。美元相对特别提款权的汇率波动会造成国际农发基金账面盈亏的波动。

（5）信用风险。信用风险主要指借款国或交易对手违约的风险。

（6）国际农发基金在运营中也面临着非财务风险，包括操作风险、合规风险、项目实施风险、战略风险、声誉风险、法律风险等。其中，操作风险是指由于不完善或存在问题的内部操作过程、人员、系统或外部事件而导致的直接或间接损失风险；项目实施风险是指在贷款赠款项目实施过程中面临的不能达到项目预期效果及其导致的不良后果的风险。

二、《企业风险管理政策》及风险治理结构

由于以前分散的风险管理架构已经不能适应国际农发基金去中心化运营和更高的国别办公室（ICO）管理权限，自2018年以来国际农发基金加快了机构改革步伐。成员国、债权人和评级机构都期待国际农发基金尽快建立一个统一、全面的风险管理框架，用于指导相关部门识别、评估、监控和化解风险。2020年，管理层向审计委员会提交了新的《企业风险管理政策》（ERM Policy，以下简称ERM政策）和《风险偏好框架草案》（Draft Risk Appetite Framework）。新的ERM政策明确了风险分类、风险管理职责、风险上报原则，更好地适应了新的业务模式。各个层级的决策者将根据该政策权衡风险与收益，做出符合机构整体利益的决策。

新的ERM政策参照国际农发基金《内部控制框架》（Internal Control

Framework，ICF），强调了风险管理的"三道防线"（Three Lines of Defense）原则，如图6.9所示。第一道防线由负责日常运营的业务部门组成。比如资金管理局（Treasury Division），作为第一道防线，其掌握资金组合所面临的市场风险和流动性风险的一手资料，因此负责设计与资金管理有关的风险分析和内控流程。第二道防线包括首席风险官（Chief Risk Officer，CRO）负责的风险管理办公室，其与其他相关的财务及非财务风险管理团队一同分析和控制业务部门承担的风险以及内控流程的有效性，同时直接向董事会报告整个机构的总体风险状况。第三道防线由审计监督办公室（Office of Audit and Oversight，AUO）和独立评估办公室等部门组成，共同对第一道防线和第二道防线进行事后监督和控制。

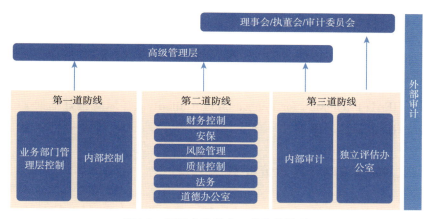

图6.9　国际农发基金三道防线模型

资料来源：国际农发基金最新企业风险管理政策（New Enterprise Risk Management Policy，2020）。

　　国际农发基金的风险治理结构相对精简高效，在完善制度设计的基础上重点关注风险的测量与监控，鼓励员工提高风险管理意识，大力提倡以风险控制为基础的决策思维。国际农发基金风险治理包括风险上报流程和风险管理职责（见图6.10）。各类风险委员会中，企业风险管理委员会（ERMC）为最高层级的风险委员会，由首席风险官（CRO）和高级管理层构成，负责协调各风险管理团队统一监控各类财务及非财务风险、制定和执行风险偏好框架、上报各类风险议题等。其下设三个专业委员会（Technical Committees），包括财务风险委员会（Financial Risk Sub-Committee）、操作风险及合规风险

委员会（Operational Risk and Compliance Sub-Committe）、项目实施风险委员会
（Program Delivery Risk Sub-Committee），负责监控管理相关的风险类型。

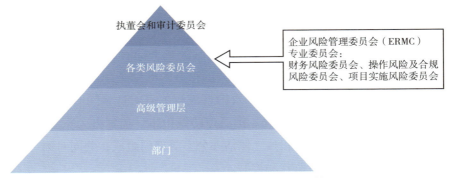

图6.10　国际农发基金风险治理结构

ERM政策作为国际农发基金风险管理的纲领性政策，与其他许多政策
有关联性，相关政策包括：《企业风险登记册》（Corporate Risk Register）、
《内控管理框架》（Internal Control Framework）、《国际农发基金授权管理
框架》（IFAD Framework for Delegation of Authority）、《风险偏好框架》（Risk
Appetite Framework）等。

三、财务风险管理政策框架

2014年之前，国际农发基金的业务运营主要依靠成员国增资，因为是
权益性注资，不必考虑到期偿还问题，所以在这一时期国际农发基金的财
务管理相对简单，主要集中在对资金投资组合的流动性风险管理上。指导
性的政策主要有《流动性管理政策》（Liquidity Policy）和《资金组合投资
政策声明》（Investment Policy Statement）。如前所述，成员国增资已经不能
完全满足赠款和贷款业务发展需要，所以国际农发基金通过制定《主权借
款框架》（Sovereign Borrowing Framework，SBF）和《合作伙伴优惠借款政
策》（Concessional Partner Loan，CPL）引进了债权融资，以补充业务发展所
需的资金。为确保债权人的资金得以合理使用和按时偿还，同时为未来进
入公开市场融资做准备，国际农发基金的财务风险管理模式开始向市场化
的国际金融机构靠拢，补充发布了《资本金充足率政策》（Capital Adequacy

Policy）、《资产负债管理框架》（Asset Liability Management Framework）和
《综合借款框架》（Integrated Borrowing Framework，IBF），并且更新了2006
年开始实施的《流动性管理政策》，如图6.11所示。

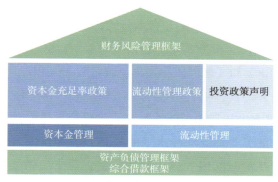

图6.11　国际农发基金财务风险管理框架

　　《资本金充足率政策》制定了确认资本金水平的主要原则，提供了计
算覆盖信用风险、利率风险、市场风险、汇率风险和操作风险的经济资本
（Economic Capital）方法。优惠贷款资产组合的经济资本配置由贷款组合名
义价值与净现值差值来确定；覆盖信用风险的经济资本水平主要由内部评
级系统确定相应参数；覆盖汇率风险的经济资本水平由汇率变动历史模拟
法确定；覆盖操作风险的经济资本等于过去三年最高毛利润的15%。该政
策确定国际农发基金长期目标杠杆率为35%—50%，核心风险资本占用比[①]
小于80%。

　　在引入主要的中长期风险管理工具《资本金充足率政策》之后，2020
年12月执董会批准了新的短期流动性规划工具《流动性管理政策》。该政策
规定，最低流动性水平（minimum liquidity requirement，MLR）应等于未来
一年净支付资金总额，目标流动性水平（target liquidity level，TLL）应为未来
24个月内压力测试下净现金流的80%—100%，净现金流的预测周期也从之前
的40年缩短到了1—2年，同时增加了流动性管理应急方案。该政策的实施旨
在提高国际农发基金抵御资金不确定性的能力，确保在无须成员国额外支持
的前提下保持足够的流动性，满足正常的贷款赠款业务支付需求。

---

　　① 　核心风险资本占用比=（贷款组合信用风险+贷款组合净现值）/初始可用资本

《资产负债管理框架》明确了管理资产负债错配风险的系统方法。该政策与《资本金充足率政策》和《流动性管理政策》相互呼应，目的是保证足够的流动性水平以满足支付贷款和偿还借款的需求，匹配管理资产负债的各货币头寸以减少由于汇率波动引起的汇率损失，匹配资产负债的利率结构以减少市场利率波动对利润和资本金的影响。

2020 年 12 月执董会批准的《综合借款框架》（IBF）整合并取代了《主权借款框架》（SBF）和《合作伙伴优惠借款政策》（CPL），拓宽了债权人准入范围和可用债务工具种类，明确了借入资金的用途、借款金额限制和风险管理措施。IBF 大大拓展了国际农发基金的融资渠道，从而更加有利于降低融资成本；升级了管理流动性水平的工具，倡导渐进的借款政策，即国际农发基金不会在短时间内大幅度增加负债，第十二轮增资期间（2022—2024 年）的杠杆率（债务/权益）仍将低于 35%。

第五节　获得国际信用评级与融资渠道多元化

1947 年，国际复兴开发银行（IBRD）从标准普尔和惠誉分别获得了 AA 和 A 评级，成为全球第一个获取外部信用评级的国际金融机构。截至 2019 年底，已经有 70% 的国际金融机构和超主权组织获得了三家主要评级机构（标准普尔、穆迪和惠誉）AA 以上的评级，使这些机构得以进入国际资本市场融资，获得更加广泛多元的融资渠道，并有效降低资金成本。

国际农发基金的资金来源主要是每三年一次的成员国增资（replenishment）。近年来，国际农发基金一直在积极探索新的融资模式，以在官方发展援助（ODA）资金面临巨大压力的背景下满足借款国不断变化的需求，实现其在2030 年前将对全球减贫和消除饥饿的影响增加一倍（Doubling Impact by 2030）的战略目标。从 2014 年起，国际农发基金开始通过主权借款（SBF）和合作伙伴优惠借款（CPL）等方式引入债权资金，2020 年又推出了《综合借款框架》（IBF），大大扩展了原来单一的双边借款模式。为进入公开市场并吸引更多的投资者，国际农发基金从 2018 年起开始为获取国际信用评级做各方面的准备。

2020年10月2日，国际农发基金获得了惠誉（Fitch）的AA+长期信用评级及F+短期信用评级，前景展望稳定，从而成为首家获得国际信用评级的联合国基金。

在获得首个外部信用评级后不久，国际农发基金又于2020年11月18日获得了由标准普尔（S&P）给予的AA+长期信用评级和A-1短期信用评级，前景展望稳定。惠誉及标准普尔先后给予国际农发基金AA+信用评级，主要基于对以下七个方面的积极评价：

1.资本结构

根据惠誉对资本结构的评价标准，超过25%的权益资产比代表优秀的资本结构。国际农发基金2019年末的权益资产比达到85%左右[①]，远远超过该标准。从中长期来看，国际农发基金的权益资产比将持续大幅高于该标准。另一个用于衡量资本充足率的指标为可支配资本和加权风险资产比例，2019年末该比例为75%，远远超过该指标35%的"优秀"门槛。标准普尔同样认为，90.1%的风险调整资本（RAC）证明国际农发基金拥有非常良好的财务风险状况。

两家评级机构均认为，随着杠杆率逐渐增加，国际农发基金仍将在中长期内保持优秀的资本充足率。目前，其借款主要局限于主权及准主权双边渠道，而在未来，从私营部门融资将用于为收益更高的普通贷款项目提供资金。

2.贷款资产质量

国际农发基金的贷款组合全部由主权借款人组成，其中约三分之二是中等偏下收入国家，三分之一是中等偏上收入国家。截至2019年底，贷款组合信用风险评级为B+，与IDA的贷款资产信用水平相似。2019年末的不良贷款率为2.8%，2009年到2019年发放的109笔贷款中仅有9笔贷款的逾期超过180天（见表6.1）。截至2020年底，仅4个国家有逾期贷款。国际农发基金贷款的历史坏账率非常低，这主要得益于其非常强的追偿能力：当借款国贷款逾期超过75天时，整个贷款将立即被冻结；此外，成员国对重债穷国倡议（HIPC）中的不良贷款有相应的资金补偿机制。

---

① 该数据来自2019年国际农发基金单体资产负债表。

表6.1　　　　　　　　2019年末不同多边开发银行的贷款组合评级概况

机构名称	借款人平均评级	主权贷款占比（%）	前十大借款人贷款头寸占比（%）	不良贷款率（%）
IFAD	B+	100	43	2.8
IDA	B+	100	67	1.6
AfDB	BB–	80	65	2.5
ADB	BB	92	82	0.1
IADB	BB–	94	74	0.3
IBRD	BB	100	65	0.2
IsDB	B	92	52	0.6

注：IFAD=国际农发基金；IDA=国际开发协会；AfDB=非洲开发银行；ADB=亚洲开发银行；IADB=美洲开发银行；IBRD=国际复兴开发银行；IsDB=伊斯兰开发银行。

3.优先债权人待遇（PCT）

有助于国际金融机构获取较高信用评级的另一个重要特征是被称为"优先债权人待遇"（Preferred Creditor Treatment）的行业惯例，即受援国优先偿还多边开发银行（MDB）或国际金融机构贷款。国际农发基金的PCT待遇被惠誉评价为"优秀"，在现有的未违约的借款国中，某些借款国已经对其他债权人（包括一些多边开发银行）的贷款违约。

4.贷款集中度

金融机构的资产对于某一客户或某一地区的贷款敞口过大会导致贷款组合集中度风险上升。国际农发基金的贷款集中度较低，借款国多元化，地理位置较分散。2019年末，前五大借款国的贷款占总贷款组合的比重为25%—30%。这对于评级机构而言是一个重要的加分因素。

5.流动性水平

两家评级机构均认为，国际农发基金有非常充足的流动性水平来满足短期贷款支付等需求。目前的流动资金足以覆盖其一年60%的支付金额，国际农发基金将在未来几年重新调整其流动性管理政策，12个月总贷款支付流动性覆盖率将从目前的60%大幅增加。2019年末，流动资产对短期负债的覆盖率达到1 000%，短期负债压力非常小。此外，国际农发基金制定了适当的投资政策，流动资产以评级较高的固定收益工具为主，到2019年底，其所有投资均为投资级产品。

6.风险管理政策

惠誉对国际农发基金的风险管理政策评价为"较强"，标准普尔评定国际农发基金的政策重要性为"强"，这反映了国际农发基金较全面的风险管理制度及有效的制度实施。随着国际农发基金朝着更趋杠杆化的资产负债过渡，国际农发基金不断调整内部风险管理制度，其中最重要的是资本金充足率管理政策。随着这些制度的不断完善，国际农发基金有望在这一方面获得更高的评价。

7.成员国支持力度

国际农发基金是否能取得好的信用评级还取决于成员国的支持力度。国际农发基金有177个成员国（占联合国成员国的91%），二十国集团（G20）的所有成员都是国际农发基金的成员（澳大利亚是唯一退出该机构的成员）。成员国捐资一律不可召回，自成立以来，成员国在过去11次增资周期和其他补充捐资中均给予了有力支持。

先后获得两大国际知名评级机构的AA+信用评级对国际农发基金具有重大的历史意义。一方面，在获取信用评级的过程中，国际农发基金得以全面审视自身运营和治理方面存在的问题，通过参考国际知名评级公司提供的专业意见提升自身标准并采用行业最佳实践。另一方面，这不仅标志着国际农发基金基本完成财务转型目标，而且大大有利于其优化财务结构，拓宽融资渠道，降低融资成本，为更好地履行自身宗旨提供强有力的资金保障。正如洪博总裁所说，两个AA+评级夯实了国际农发基金的信用水平，使我们有能力形成更加多元、更加广泛、更有可预测性的资金基础，从而更好地帮助全球最贫困人口。

在已经获得两个AA+信用评级的基础上，2021年2月理事会通过了对《国际农发基金成立协议》（AEI）的修订，新的AEI在成员国捐资的基础上正式纳入借款等其他融资渠道，为多元化融资提供了重要的法律依据。2020年12月董事会通过的《综合借款框架》（IBF）则从政策层面上放开了从私营部门借款和发行双边私募债券的限制。新修订的AEI、IBF和市场信用评级共同为多元化融资奠定了坚实基础。当然，国际农发基金将采取渐进方式，近期将主要在主权借款的基础上，通过发行双边私募债券的方式拓宽融资渠道。如果管理层认为进行公开市场融资的条件成熟，将提交执董会和理事会批准。

第七章
组织架构与人力资源管理

人力资源是一个机构最重要、最宝贵的资产，而组织架构、职员规模和素质能力要求等会随着机构战略目标、业务模式的调整和业务规模的扩大而不断变化。本章首先回顾国际农发基金自1977年成立以来组织架构的演变与发展，介绍高级管理层的构成和各部门主要职责，分析员工的类别、结构、来源与分布，以及不同类别和层级职员的工作经历和素质能力要求；然后阐述人力资源管理制度框架的主要组成部分，包括人力资源政策、准则、执行程序以及核心价值观、薪酬福利、绩效考核等；最后梳理人员招聘的程序和规则，通过选取部分样题进行分析，就如何做好应聘准备提出有针对性的建议。

第一节　机构设置与高级管理层构成

一、组织架构的演变与发展

《国际农发基金成立协议》第6条"组织与管理"明确规定了该机构的三层管理架构：第一层为理事会，第二层为执行董事会，第三层为总裁和业务运营所需的工作人员。总裁作为机构负责人，依照执行董事会通过的规定，确定组织架构，任命和解雇职员。

自1977年成立以来，国际农发基金作为联合国专门机构之一，一直沿用联合国共同制度（UN Common System）的相关人事制度以及薪酬、福利待遇（见图7.1）。1978年是投入运营的第一年，设定员工总数为101人，其中49人为专业职员（professional staff），52人为一般服务类职员（general services staff）。首任总裁任命了一名副总裁和三名助理总裁，分别负责项目管理部、经济和计划部、总务部。截至1978年底，员工总数为80人，其中35人为管理人员和专业职员，45人为一般服务类职员。他们来自35个国家，办公地点均在罗马总部。

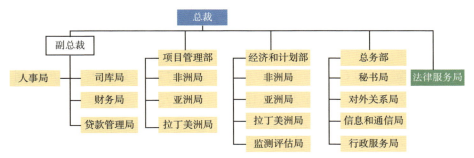

图7.1　1978年国际农发基金组织架构

经过40多年的不断发展壮大，国际农发基金的组织架构发生了很大变化，办公场所从最初的罗马总部拓展到在43个国家设立的区域中心（Regional Hub）和国别办公室（IFAD Country Offices，ICOs），职员规模也随之大幅增加。截至2020年12月底，国际农发基金下设六大部门、26个局和三个办公室，正式职员达687人（见图7.2）。

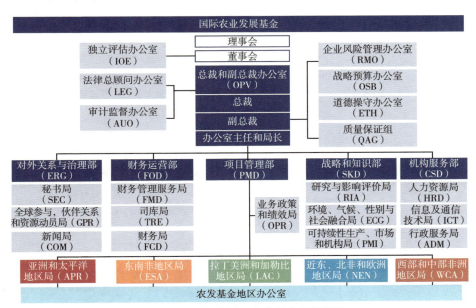

图7.2　2020年底国际农发基金组织架构

二、高级管理层构成

国际农发基金的高级管理层包括总裁、副总裁（Vice President）和助理副总裁（Associate Vice President）。总裁是国际农发基金的法定代表和高级管理层的领导核心，由理事会以总票数的2/3多数任命，每届任期4年，只能连任一届。如有特殊需要，理事会可以根据执董会的建议，延长总裁任期，但最长不超过6个月。理事会可以总票数的2/3多数终止总裁的任期。从成立至今，国际农发基金共有六任总裁（见表7.1）。

表7.1 国际农发基金历任总裁一览表

姓名	国籍	任期	简介	备注
阿卜杜勒莫森·阿尔苏德里（Abdelmuhsin M.Al-Sudeary）	沙特阿拉伯	1977—1984年	男，1936年出生。曾在沙特阿拉伯农业和水利部担任不同要职达10年。1972年被任命为沙特阿拉伯驻联合国粮农组织大使并担任多个委员会主席。1976年9月当选为国际农发基金筹备委员会主席，对国际农发基金的成立发挥了关键作用。拥有美国亚利桑那大学农艺学硕士学位，精通阿拉伯语和英语	B组国家
伊德里斯·贾扎里（Idriss Jazairy）	阿尔及利亚	1984—1993年	男，1936年出生。曾担任阿尔及利亚外交部副秘书长，阿尔及利亚驻比利时、卢森堡、欧洲共同体大使，阿尔及利亚总统经济事务和国际合作顾问，以及其他重要职务，如非洲开发银行董事会主席、联合国大会阿尔及利亚代表团团长，并在联合国教科文组织等机构任职。拥有哈佛大学公共管理硕士学位和牛津大学政治学硕士学位，精通阿拉伯语、法语和英语	B组国家
法兹·阿尔苏丹（Fawzi Al-Sultan）	科威特	1993—2001年	男，1944年出生。曾担任科威特和中东银行的执行董事，以及阿拉伯经济发展科威特基金的研究局长和经济学家，并于1984—1993年在世界银行任执行董事。拥有耶鲁大学经济学硕士学位，精通阿拉伯语和英语	B组国家
伦纳特·鲍格（Lennart Båge）	瑞典	2001—2009年	男，1947年出生。曾供职于瑞典外交部，负责国际经济发展和合作。拥有斯德哥尔摩经济学院商业管理硕士学位，精通英语和法语	A组国家

姓名	国籍	任期	简介	备注
卡纳尤·内旺泽（Kanayo F. Nwanze）	尼日利亚	2009—2017年	男，1947年出生。曾任非洲大米中心主席，半干旱热带地区国际粮食研究机构首席科学家。当选总裁前为副总裁。拥有美国堪萨斯州立大学农业昆虫学硕士和博士学位，精通英语和法语	B组国家
吉尔贝·洪博（Gilbert Houngbo）	多哥	2017年至今	男，1961年出生，于2017年4月上任并于2021年4月成功连任。曾担任联合国开发计划署非洲局局长、国际劳工组织副总干事和多哥总理。拥有加拿大魁北克大学会计和金融硕士学位，加拿大特许会计师协会会员，精通英语和法语	C组国家

如表7.1所示，就三个国家组别分类而言，国际农发基金六任总裁中有4位来自B组国家，1位来自A组国家，1位来自C组国家。

《国际农发基金成立协议》第6条第8款规定，总裁可以任命一位副总裁；在雇用职员和确定工作条件时，应考虑确保最高标准的效率、能力和职业操守的必要性，以及遵循公平的地域分布标准的重要性。国际农发基金成立之初，副总裁为美国籍，三位助理总裁分别来自巴基斯坦、伊朗和贝宁。在截至2020年底的组织架构中，副总裁为德国籍，5位助理副总裁分别来自中国、荷兰、挪威、西班牙和英国。

三、各部门主要职责

（一）机构服务支持部（Corporate Services Support Group，CSSG）

1.总裁和副总裁办公室（Office of the President and Vice-President，OPV）

总裁和副总裁办公室负责整个机构的全面管理与综合协调。

2.法律总顾问办公室（Office of the General Counsel，LEG）

法律总顾问办公室负责所有法律事务，提供行政、财务和项目谈判、运行和实施等方面的法律建议，制定和完善相关规定和规则，以避免和

降低法律风险。代表机构处理不同国家和国际法院或法庭的司法或法外诉讼。

3.企业风险管理办公室（The Office of Enterprise Risk Management，RMO）

企业风险管理办公室于2020年成立，由首席风险官领导，直接向副总裁报告。作为国际农发基金风险管理与内部控制的第二道防线，全面负责实施、监控并保持有效的风险管理框架，在财务、项目实施、操作与合规、声誉等风险管理领域采用最佳方案，支持国际农发基金有效实施其长期战略目标。

4.审计监督办公室（Office of Audit and Oversight，AUO）

审计监督办公室有两个职能，审计和监督调查。一是负责内部审计，包括项目、财务和人事审计，通过采用系统、规范的方法来评估和提高风险管理、控制和治理流程的有效性；二是负责调查各种违纪违规行为，并根据调查结果向管理层提出相关处理建议。

5.战略预算办公室（Office of Strategic Budgeting，OSB）

战略预算办公室主要负责预算编制与执行管理，跟踪业务活动费用支出进展，以提高绩效和影响力，并做到物有所值。

6.道德操守办公室（Ethics Office，ETH）

道德操守办公室负责制定和实施道德操守政策，指导员工的日常行为，接受员工相关投诉，以维护机构形象和声誉。

7.质量保证组（Quality Assurance Group，QAG）

质量保证组负责审查国别战略报告、贷款赠款项目概念书、设计报告等重要文件是否符合业务战略和政策要求，确保贷款赠款项目的质量和效益；总结经验教训，为相关部门提供有价值的知识产品，促进内部的知识共享。

8.变革、交付和创新处（Change，Delivery and Innovation Unit，CDI）

变革、交付和创新处成立于2019年，职能是通过强化变革管理，不断创新，以寻求产生更大影响的新方法。工作重点包括：最大限度地提高业务效率，如重新设计业务流程并将其主流化；引入并推广激励创新的机制；促进形成有利的机构氛围；总结改革的经验教训并持续改进。

（二）机构服务部（Corporate Service Department，CSD）

1.人力资源局（Human Resources Division，HRD）

人力资源局负责制定和实施基于最佳实践的人力资源管理政策、制度规定和解决方案，招募和培养最合适的人才，以满足履行机构宗旨的需要。下设三个处：政策与战略支持处（Policy and Strategic Support Unit）、业务伙伴处（Business Partner Unit）和人才管理处（Talent Management Unit）。

2.信息及通信技术局（Information and Communications Technology Division，ICT）

信息及通信技术局负责信息技术软硬件开发与维护，提供安全、可靠和集成的技术解决方案，包括提供简化内部流程的解决方案，建立完善的技术平台以保护数据和资产，在全球范围内确保信息和通信手段的安全可靠，提供可持续和安全的数字环境，降低网络安全风险。

3.行政服务局（Administrative Services Division，ADM）

行政服务局负责行政后勤方面的服务保障，包括办公场所和办公设施更新维护、招标采购与合同管理、员工出差旅行、全球员工及办公场所安全、员工特权与豁免待遇以及档案资料管理等。

4.分支机构支持处（Field Support Unit，FSU）

分支机构支持处负责协调总部相关部门为各分支机构及员工提供支持服务，为顺利开展业务创造有效的工作和运行环境。为权力下放改革提供战略指导，不断促进与其他联合国机构和国际组织的合作关系。

5.医疗服务处（Medical Services Unit，MSU）

医疗服务处为员工提供职业健康和旅行医疗诊断和咨询，包括体格检查、旅行审核、疫苗接种等，并提供与工作压力和心理需求有关的咨询和治疗服务。

（三）对外关系与治理部（External Relations and Governance Department，ERG）

1.新闻局（Communications Division，COM）

新闻局负责通过新闻宣传和信息交流提高机构知名度和影响力，激发更多的投资者和成员国关注和支持国际农发基金、小农户和其他贫困人口。

2. 全球参与、伙伴关系和资源动员局（Global Engagement, Partnership and Resource Mobilization Division，GPR）

全球参与、伙伴关系和资源动员局主要负责参与全球多双边合作，与各利益相关方建立广泛的伙伴关系，牵头负责每三年一次的增资磋商，动员各方面资金支持国际农发基金更好地履行自身宗旨，深化南南合作与三方合作等。

3. 秘书局（Office of the Secretary，SEC）

秘书局作为成员国与管理层沟通协调的窗口和桥梁，下设两个处。其中，会议和语言服务处为各类会议提供服务，并以四种官方语言（阿拉伯文、英文、法文和西班牙文）提供口译和笔译服务；机构治理和成员关系处（Institutional Governance and Member Relations Office，IGMR）负责处理与成员国、潜在成员国之间的关系。

（四）财务运营部（Financial Operations Department，FOD）

1. 财务局（Financial Controller's Division，FCD）

财务局主要负责编制财务报表、费用支出、会计处理和内部控制，确保机构免受财务欺诈、违规行为和其他风险的影响。

2. 财务管理服务局（Financial Management Services Division，FMD）

财务管理服务局主要负责制定与贷款赠款项目相关的财务管理办法，审核项目审计报告，提供基于风险的财务指导和监督，确保合理、有效使用贷款赠款资金。

3. 司库局（Treasury Services Division，TRE）

司库局提供专业和高质量的现金管理和投资服务，并通过多元化渠道筹集资金，实现成本效益最大化。

（五）项目管理部（Programme Management Department，PMD）

1. 业务政策和绩效局（Operational Policy and Results Division，OPR）

作为项目管理部下设的综合业务局，业务政策和绩效局的主要职责是制定贷款赠款业务政策、操作指南、程序规定，制定绩效框架、监督执行并定期报告进展，以提高运营效率，扩大项目影响，并负责协调五大地区业务局。

2.亚洲和太平洋地区局（Asia and the Pacific Division，APR）

3.东南非地区局（East and Southern Africa Division，ESA）

4.拉丁美洲和加勒比地区局（Latin America and Caribbean Division，LAC）

5.近东、北非和欧洲地区局（Near East, North Africa and Europe Division，NEN）

6.西部和中部非洲地区局（West and Central Africa Division，WCA）

（六）战略与知识部（Strategy and Knowledge Department，SKD）

1.环境、气候、性别与社会融合局（Environment, Climate, Gender and Social Inclusion Division，ECG）

环境、气候、性别与社会融合局负责制定和监督实施与环境、气候、营养、性别平等、青年就业等主题相关的战略和政策，以确保贷款赠款项目在环境上具有可持续性，对气候变化具有适应力，有助于提高营养水平，并涵盖边缘化群体，尤其是妇女、农村青年和原住民。

2.可持续生产、市场和机构局（Sustainable Production, Markets and Institutions Division，PMI）

可持续生产、市场和机构局为贷款赠款项目设计和实施提供技术支持，包括农业系统（农作物、牲畜）、渔业、土地、自然资源管理、水和农村基础设施、金融服务、市场准入和企业发展，以及农村机构能力等。负责私营部门业务的设计和实施管理。

3.研究与影响评价局（Research and Impact Assessment Division，RIA）

研究与影响评价局通过开展战略研究和系统评价贷款赠款项目的实际影响，实现发展援助有效性最大化目标。

（七）独立评估办公室（Independent Office of Evaluation，IOE）

独立评估办公室负责评估国际农发基金在支持发展中成员国减贫与农村转型方面的援助政策、战略和项目实施效果，以促进问责制和经验分享。独立评估办公室在业务上直接向执董会负责。

第二节　员工类别、结构和来源

一、总体情况

根据截至 2020 年 12 月 31 日的统计数据，下面以图形的形式介绍员工类别、国别与性别分布等总体情况（见图 7.3）。

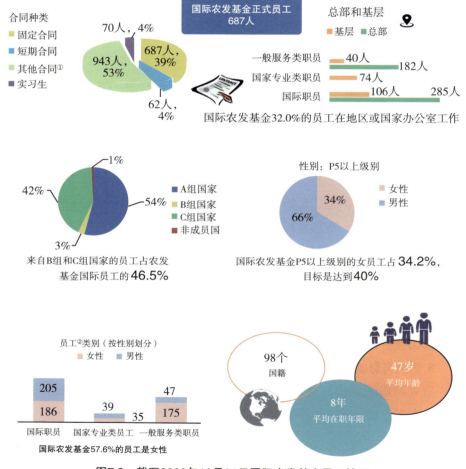

图7.3　截至2020年12月31日国际农发基金员工情况

注：①咨询专家、笔译、口译、语言老师、会议服务人员、编辑、校对等人员的合同。
②固定合同和无固定期限合同的员工。

参照联合国国际公务员制度委员会（International Civil Service Commission，ICSC）的相关规定，国际农发基金将员工分为四大类，即全球招聘的高级管理人员、全球招聘的专业职员、国家专业类职员、一般服务类职员。下面分别进行详细说明。

二、全球招聘的高级管理人员

全球招聘的高级管理人员分为两类：

第一类是副总裁和助理副总裁（Associate Vice President），分别属于联合国系统的副秘书长级（Under Secretary General，USG）和助理秘书长级（Assistant Secretary General，ASG）。

第二类是局长（Director，D1 或 D2）：根据每个局的重要性、业务性质和职员规模来确定级别（D1 或 D2）。局长职位需要至少10年相关工作经验，其中包括3年以上的管理经验。D2级别的局长需要至少15年的相关工作经验，包括3年以上的管理经验。

三、全球招聘的专业职员（Professional Staff）

专业职员面向177个成员国公民招聘，分五个级别，如表7.2和表7.3所示。

表7.2　　　　　　　　　　全球招聘的专业职员招聘要求

级别		工作经验年限要求	学历要求
一级（P1）	入门级	无须工作经验	研究生（advanced university degree）
二级（P2）	起步级/初级	至少2年相关工作经验	研究生（advanced university degree）
三级（P3）	中级	至少5年相关工作经验	研究生（advanced university degree）
四级（P4）	资深专业人员或初级管理人员	至少8年相关工作经验	研究生（advanced university degree）
五级（P5）	高级资深专业人员或中级管理人员	至少10年相关工作经验	研究生（advanced university degree）

表7.3　　截至2020年12月31日国际专业职员排名位居前列的国家及人数

国家	女（人）	男（人）	总数（人）
意大利	33	31	64
英国	8	13	21
法国	7	11	18
美国	13	5	18
加拿大	7	7	14
德国	3	10	13
印度	3	8	11
荷兰	5	4	9
中国	6	2	8
肯尼亚	4	4	8
西班牙	4	4	8
芬兰	4	4	8
爱尔兰	4	3	8

就学历而言，部分技术性极强的职位会优先考虑博士生。以上所有职位都要求精通英语，如果掌握法语、阿拉伯语或西班牙语等其他官方语言，在招聘时将会优先考虑。

四、国家专业类职员（National Officer）

截至2020年12月底，国际农发基金在世界五大区域设置了15个区域中心和28个国家代表处，共有74名国家专业类职员（National Officer）。

国家专业类职员必须拥有所在国的公民身份和硕士以上学位。根据各国劳动力市场的资源状况，可以用本科学历和4年相关工作经验来代替硕士研究生学历。具体招聘需求如表7.4所示。

表7.4　　　　　　　　　　国家专业类职员招聘需求

级别	名称	需求
分析员一级（Analyst）	National Officer–A（NOA）	不需要相关工作经验
分析员二级（Analyst）	National Officer–B（NOB）	至少2年相关工作经验
官员一级（Officer）	National Officer–C（NOC）	至少5年相关工作经验
官员二级（Officer）	National Officer – D（NOD）	至少8年相关工作经验

五、一般服务类职员（General Services Staff）

一般服务类职员分布在总部和各个分支机构，可以是所在国的公民，也可以是有效工作签证或工作许可的持有者。对这类员工的要求是高中学历。具体招聘需求如表7.5所示。

表7.5   一般服务类职员招聘需求

级别	最少相关工作年限
G–1	0
G–2	1
G–3	2
G–4	3
G–5	4
G–6	5
G–7	6

六、其他类别员工

（一）初级专业职员（Junior Professional Officer，JPO）

初级专业职员的任期一般为两年，相当于P1或P2级。是否延期视资助国的资金情况和初级专业职员的在岗绩效考核确定。延期超过两年的，延期期间的费用应由资助国和国际农发基金共同承担。初级专业职员的年龄一般不超过35岁，需有研究生学历和至少两年的相关工作经验，熟练掌握英语。目前，资助初级专业职员的国家主要有德国、法国、荷兰、瑞士、瑞典、芬兰、意大利、日本、韩国等。

2020年，国际农发基金与中国财政部、中国国家留学基金管理委员会签署合作协议，由中国国家留学基金管理委员会出资，每年资助3—5名初级专业职员到国际农发基金工作，在国际农发基金与中方人事合作方面取得了历史性突破。

（二）实习生项目（Internship Programme）

实习生项目一般为期3—6个月，由国际农发基金提供一定补助（包括往返机票和每月生活费）。要求年龄在30岁以下，研究生在读、本科生已完成至少两年学业或刚毕业一年的研究生和本科生。

实习生项目为刚毕业和在读的本科生及研究生提供了很好的学习和了解国际农发基金以及联合国机构的平台，有助于他们应用自己所学的专业知识，更好地明确未来的职业选择。对于英语为非母语的学生，实习也会给他们提供一个提高语言能力的机会。

2020年，国际农发基金与中国国家留学基金管理委员会签署合作协议，由后者出资，每年资助20名中国实习生到国际农发基金实习，为更多的中国优秀青年人才了解联合国机构，进而成功竞聘国际组织职位提供了宝贵机会。2021年，国际农发基金与清华大学签署合作协议，开启了与中国一流大学在人才培养等方面的合作。

（三）咨询专家（Consultants）

咨询专家是国际农发基金人力资源的重要组成部分。他们不仅在专业技术领域支持配合国际农发基金职员开展工作，同时也分享和传播专业知识和技能。咨询专家来自世界各地，有刚毕业的大学生和初入职场的年轻人，也有大学教授、资深专业人员等。

（四）特别项目官员（Special Programme Officer, SPO）

特别项目官员由成员国出资，针对国际农发基金的业务需要，在某些技术领域提供支持，引入更多的专业知识。特别项目官员多为经验丰富的资深人士，级别为P4或以上。目前，资助特别项目官员的国家主要有德国、法国、韩国、科威特等。

第三节　人力资源管理制度框架

一、三大制度文件

国际农发基金的人力资源管理制度框架主要包括以下三大文件：

人力资源政策（Human Resources Policy）是国际农发基金制定各类人力

资源管理制度、规则和流程的指导原则。该政策阐述了国际农发基金的宗旨和使命，就员工的义务和责任、任职誓言、员工的流动性、招聘、薪酬、工作时间、绩效考核、职业发展、品行操守、骚扰和歧视、申述解决和离职等做出原则规定。

员工准则（Staff Rules）对人力资源政策所涉及的内容做出具体规定。

人力资源实施程序（Human Resources Implementing Procedures）在人力资源准则的框架下，详细列数具体实施程序，使员工和主管在工作中做到有据可依。

二、核心价值观与行为准则（Core Values and Code of Conduct）

作为履行自身宗旨的重要保障和构建机构文化的基石，国际农发基金的核心价值观体现在四个方面，每个员工都应该认真遵守。

注重结果（focus on results），即努力取得优异成绩。员工对自己的行为和结果负责，机构认可员工取得的优异成绩并给予应有的奖励。员工应及时回应客户和其他利益相关方的需求和期望，凭借良好的判断力来满足不断变化的需求。

专业精神（professionalism）。员工在工作中应展现高度的专业素养，运用最适宜的素质和能力，不断寻求机会来通过创新改进工作。每个员工均应在其岗位上致力于实现为农村贫困人口服务的共同目标，并与合作伙伴秉承相同的精神。各级员工应共享最佳实践知识，以提高服务质量。

诚信（integrity）。员工的动力是使农村贫困人口摆脱贫困的承诺，而不是基于个人利益或既得利益。应秉承诚实、诚信的原则保护并提升机构声誉；面对违反道德的行为，员工不论处在什么岗位，均不能容忍这种行为，并应采取适当行动。

尊重（respect）。员工应相互尊重，并尊重合作伙伴和农村贫困人口。应重视多样性，并充分利用与众不同的优势、文化、思想、经验和才华。为就业、职业发展和学习提供公平机会，确保积极向上的工作环境。

人力资源政策和道德操守局的行为准则手册中详细阐述了员工的行为准则，包括在个人生活上遵守相关的法律规定和着装规定，为自己的行为负责。主管应该尊重、平等对待下属。在招聘和工作中做到主动避嫌。要完全服务于机构利益，处理好与成员国政府、媒体、私营部门、非政府机构及公众的关系，妥善处理从第三方收到的礼物和酬劳。同时，员工还必须就其工作之外的各类活动和所收到的酬劳，以及任何有可能的利益冲突向道德操守局报告，包括政治活动和民事活动。2018 年国际农发基金公布了性骚扰、性剥削和性虐待政策（Policy on Sexual Harassment，Sexual Exploitation and Abuse，SEA），进一步界定了国际农发基金及其工作人员和合作伙伴的义务，规定了有关性骚扰和战略性环境评估的适用规则、程序和方法。

三、薪酬福利（以全球招聘职员为例）

全球招聘职员的薪酬分为两部分，即基本工资和岗位调整。

基本工资（basic salary）：依照联合国国际公务员制度委员会（ICSC）的标准，以美元计价，每年均有调整。每个级别设不同的档位的工资。

岗位调整（post adjustment）：取决于工作地点的物价消费指数以及美元与当地货币的汇率，因此即使在同一地区，岗位调整也会经常变化。比如，2020 年 1 月罗马的岗位调整为 29.8%，3 月为 32.6%；2020 年 1 月内罗毕的岗位调整为 35%，3 月为 35%。

养老金（pension）：全球招聘的职员参加联合国职员联合养老基金（United Nations Joint Staff Pension Fund，UNJPF）。如果员工参加养老金计划达五年以上，离职时可以在达到规定退休年龄后，按月领取养老金。

医疗保险（medical insurance）：参保对象包括职员和直系亲属（指配偶及一定年龄以下的子女）。保险费由机构承担三分之二，员工承担三分之一。参保十年以上的职员可以在退休后继续享受医疗保险，参保费从养老金中直接扣缴。

补助（allowance）：包括一定的子女教育补助、安家和搬迁补助，以及配偶和子女补助。根据职员所在地的安全情况，还可享受一定的安全补助等。

四、工作时间和假期

参照联合国机构的通行做法，国际农发基金的工作时间为每周37.5小时，从8点30到17点，1个小时的午餐休息。员工如有特殊需要，可以和其主管达成灵活的工作时间安排，但是必须保证10点到16点的核心工作时间。

员工还可以根据工作性质，经不同级别的主管批准，进行远程办公。2020年新冠肺炎疫情暴发后，远程办公成为普遍做法。

假期主要包括每年30天的带薪休假，从2020年起，女员工的产假从16周增加到24周，男员工的产假由原来的8周增加到12周。全球招聘员工每两年可以享受一次探亲假，由机构支付员工及其家属的往返机票（经济舱）费用。

此外，每年还有10天公共假期，并充分考虑不同宗教信仰的需求。

员工如有照顾家人、学习、去其他机构借调等特殊需要，还可以申请不超过一年的停薪留职假（special leave without pay）。

五、合同类型

国际农发基金职员的合同分为固定期限合同和无限期合同。新入职员工的第一个合同期为两年，其中第一年为试用期。员工连续工作7年以上，同时绩效考核良好且无其他违规行为，可以申请无限期合同。为满足业务需要，可采用临时合同用来临时填补岗位空缺，最长期限为36个月。

六、绩效考核

国际农发基金的年度绩效考核包括对年度目标实现情况和行为能力两大方面的评估。员工不仅要完成年初确定的目标任务，同时还要符合国际农发基金的行为准则框架，即九个方面的行为能力（behavioural competences），具体包括：

- 战略思维与组织发展（strategic thinking and organizational development）；
- 展示领导才能（demonstrating leadership）；

- 学习、知识分享和创新（learning, sharing knowledge and innovating）；
- 关注客户（focusing on clients）；
- 解决问题和决策（problem solving and decision making）；
- 管理时间、资源和信息（managing time, resources and information）；
- 团队合作、沟通和谈判（team work, communicating and negotiating）；
- 建立关系和伙伴关系（building relationships and partnerships）；
- 管理绩效和员工职业发展（managing performance and developing staff）。

为更好地适应机构发展壮大的战略需要，国际农发基金从2020年开始实施每年一度的岗位流动（reassignment），促进员工在不同工作岗位和不同办公地点间的流动。这项政策有助于每个员工有更多机会接触和学习新的技能，提高自身的学习和适应能力，更加有效地激发员工的积极性和创造性。

第四节　招聘程序规则与应试准备

国际农发基金的所有关招聘信息均在官网（www.ifad.org/en/careers）上公布，同时发送给联合国系统的其他机构，必要时会在不同的地区和国家发布招聘信息，以吸引更多的优秀人才。求职者需要在国际农发基金的网上注册账号，填写申请表，申请适合自己的职位。具体程序规则以及每个环节的考核要求与应试准备建议如下：

一、长名单（Longlist）

长名单由系统自动生成，求职者需要在申请表上详尽描述自己的工作经历、主要成果、学历和所掌握的语言，以及申请该岗位的动机。长名单由人事局提交用人部门的局长。

二、预筛选名单（Pre-screening List）

用人部门收到长名单后进行初审，向人事局提交10人左右的求职者名单，即预筛选名单，然后由人事局负责组织进一步的测试。测试方式有以下几种：

（1）笔试。笔试是和职位相关的技术性测试，一般有2—3个题，时间为120分钟左右，字数不限。个别部门要求写案例分析，需要读篇幅较长的文章，时间大约为3—4个小时，并有一定字数限制。字数、篇幅不是考评重点，重点是看文章或答案的文字表述是否通顺、逻辑性强，内容是否清晰、准确、针对性强，结构是否合理。短名单原则上根据笔试结果而定。

> **样题：**
>
> ✔ Describe the difference between offering loans and making equity investments to private sector entities to assist IFAD deliver on its operational mandate of investing in the rural poor, and further, describe what would be the necessary accounting treatment of these products in alignment with the provisions of IFRS accounting regulations. (Senior Finance Officer, P4)
>
> ✔ Identify 5 key risks with regard to the preparation, execution, and monitoring of the annual budget of an international organization and how you would mitigate them. (Senior Budget Specialist, P4)

（2）电话或网络面试。用人单位主管对求职者的面试可以以电话或网络的形式进行，如Skype、Zoom，时间从15分钟到30分钟不等，一般包含技术问题和行为能力问题。

（3）网上录像。网上录像是近年来国际机构普遍采用的确定短名单的测试方式。求职者会收到一个网络链接，在规定时间内（3—5天）进入链接的界面，回答3—5个问题，根据问题的难度和用人单位的要求，每个问题的回答时间大约为3—5分钟。用人单位可以随时上网观看录像并打分。这种测试方式要求求职者有稳定的网络链接，开始正式回答问题前，在网上做几次测试，确定系统所录下的声音清晰，人物头像可见。同时，求职者要有强烈的时间观念，必须在规定的时间内回答问题，因为时间一到，

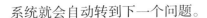

系统就会自动转到下一个问题。

三、短名单（Shortlist）

用人单位在人事局的协助下，根据笔试、网上录像或电话/网络面试的结果，确定短名单。短名单通常有4—5个候选人，其中应包括三分之一的女性和三分之一的B组和C组国家的候选人。这种强制性要求的目的在于提高女性在国际农发基金的比例，符合联合国系统提高员工构成多样性，特别是来自发展中国家员工比例的共同目标。

四、面试（Panel Interview）

面试是招聘的最后一个环节。进入短名单的候选人将收到人事局关于面试具体时间和方式的邮件。同时，人事局还会要求候选人提供其最近三年的年度业绩考核报告，以及三个主管（现在和以前单位）的联系方式，如电话和电子邮件，以便了解其现在和过去的工作表现。如候选人不希望联系和告知现在的单位主管，人事局会尊重候选人的请求。

面试一般是网上视频连线，候选人应保证网络连接稳定，并事先确保耳机和话筒信号良好，以免影响现场发挥。

面试一般用时60分钟左右，包括以下环节：

（1）宣讲（presentation）。人事局一般在面试前四天左右把题目发给候选人。候选人用10分钟进行宣讲，随后是5分钟的问答环节。候选人需要在视频软件上分享PowerPoint演示文稿。文稿内容以图文并茂为宜，不要有过多的文字描述，以便评委把握重点，并与候选人进行充分交流。

（2）自我介绍（self-presentation）。候选人有5分钟左右的时间介绍自己，并阐述自己是最合适人选的原因。候选人应事先做好充分准备，做到回答有条理、有重点、不超时。要避免重复申请表中已经提到的工作和学习经历，把重点放在申请表中没有提及但能够引起评委关注的内容。

We have all read your resume, so without restating what it says, tell us how your experience qualifies you for the position of this position. What do you think are the key competencies and skills needed to be successful on this position? Why? What motivated you to apply?

（3）技术问题（technical questions）。技术问题一般有2—3个，与职位描述中的技术方面相关。举例说明，如果职位是关于妇女和青年就业的，问题可能是围绕国际农发基金应如何在某地区执行相关政策，以提高妇女和青年在农业方面的技能，以及提高就业率。候选人应该熟知岗位描述中的各项职能，在国际农发基金官网搜集相关的文件资料并做好准备。如果能够在充分表述自己想法的同时提供有说服力的实例，可以达到更好的效果。

样题:

What do you think are the challenges in incorporating social inclusion in IFAD funded programs in Asia and Pacific region? What are the tools and methods you suggest to tackles these challenges?

How do you make sure that development effectiveness is incorporated in IFAD projects?

（4）基于行为能力的问题（competency based questions）。此类问题一般为2—3个，候选人可以在岗位描述中看到对行为能力的要求。在回答行为问题时，候选人可以采用STAR Model，即从情节（situation）、任务（task）、行动（action）和结果（result）四个方面进行阐述。

样题:

Please describe a situation where you had to explain technical terms to non-technical persons in order to get their buy-in. What was the situation? How did you go about it? What was the results and lessons learnt?

Describe a time when you communicated negative information or news to your clients or team. How did you go about the situation? What was results achieved? What would you have done differently?

Share with the panel an experience where you worked in a dysfunctional team. Why was it dysfunctional? We would like to hear from you the description of situation，task，actions you took，results achieved.

Describe a situation where you faced serious challenges and had to change your planned course of action and come up with innovative approaches to overcome these challenges. What was the situation? What were the challenges? How did your new approaches contribute to overcoming these challenges?

（5）结束环节。面试结束时，评委一般会问候选人：如果入选，多长时间能够入职。候选人也可以提出自己想了解的问题，建议此时不要涉及工资待遇问题。在回答何时入职时应实事求是，给出较为合理的时间，除特殊情况外，不宜为取悦评委而承诺随时可以就职。

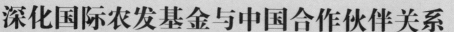

第八章
深化国际农发基金与中国合作伙伴关系

四十多年来，在双方共同努力下，国际农发基金与中国的合作伙伴关系经历了以贷款项目合作为主到多领域全方位合作的发展历程，并取得了丰硕成果。一方面，国际农发基金积极参与和见证了中国消除绝对贫困的历史性进程；另一方面，中国通过国际农发基金这一重要国际组织平台，加强与广大发展中国家的交流与合作，为国际减贫与发展事业贡献了中国智慧和中国方案。本章第一节简要回顾双方开启合作的历史背景和合作伙伴关系的演变进程，第二节介绍双方巩固和发展合作伙伴关系的主要形式及其特点，第三节着重剖析国际农发基金在华贷款赠款项目的主要特点、成果和有益经验，第四节对双方未来合作伙伴关系发展前景做出展望。

第一节　合作伙伴关系的开启和演变

一、合作伙伴关系的开启

1979年7月，中国代表团利用在意大利罗马参加"世界农村改革和乡村发展大会"之机，与国际农发基金官员进行接触沟通。同年11月，中国代表团在罗马参加联合国粮农组织第二十届大会的同时，与国际农发基金正式协调加入事宜。经过双方精心准备，1980年1月召开的国际农发基金理事会第三届年会正式批准中国成为该机构第122个成员国。

中国在20世纪70年代末提出加入国际农发基金是由当时推进改革开放的战略决策决定的。1978年12月，中国共产党十一届三中全会作出把工作重心转移到经济建设上来、实行改革开放的历史性决策[1]，中国改革开放的大幕从此全面拉开。经济改革率先从农村开始，而以实行家庭联产承包责任制为核心的农村改革则开启了全面改革的先河。改革开放伊始，百业待举，国民经济发展在资金、技术、人才等方面面临着诸多制约因素。要有效应对这些挑战，无疑需要大力开展与各国及国际组织的广泛合作，争取资金投入、知识转移、技术援助等方面的支持[2]。在改革开放大潮兴起的背景下，加入国际农发基金等国际组织自然被纳入中国政府的重要议事日程。

　　国际农发基金是第一个为中国农业农村领域发展项目提供资金支持的国际金融机构。1981年4月，国际农发基金执董会批准以"高度优惠条件"（highly concessional terms，参见本书第四章第五节）向中国政府提供额度为2 870万特别提款权（Special Drawing Rights，SDR，约合3 500万美元）的贷款，用于实施"北方草原和畜牧发展项目"，支持河北、内蒙古和黑龙江三省（区）八个项目县（市、旗）改进草场管理，改善畜产品加工设施，提高畜牧业生产力水平。这个贷款项目的批准标志着国际农发基金与中国实质性合作伙伴关系的正式开启。

二、合作伙伴关系的演变

　　四十多年来，国际农发基金与中国的合作伙伴关系稳步发展，已经从当初以贷款合作为主逐步演变为涵盖高层战略引领、政策交流对话、贷款赠款项目、增资认捐、机构治理、知识管理、南南合作、人事合作等多维度的全方位合作。

　　从双方合作伙伴关系发展的广度和深度来看，四十多年来的发展历程大体上可以分为两个阶段，即1981—2004年以贷款项目合作为主的阶段和2005年以来的多领域全方位合作阶段。1981—2004年，国际农发基金与中国合作的形式主要是贷款项目合作，辅以少量围绕着贷款项目建设开展的其他形式合作，重心是新项目的设计和在建项目的顺利实施。双方逐步开

---

[1]　中央党史和文献研究院，《改革开放四十年大事记》，http：//www.xinhuanet.com/2018-12/17/c_1123861055.htm 。

[2]　《人类减贫的中国实践》白皮书，http：//www.xinhuanet.com/politics/2021-04/06/c_1127295868.htm。

始对项目范围内的政策性合作进行探索，比如1994年起的贫困农户瞄准方法试点和2001年的农村金融专题调研等（参见本章第三节）。

从2005年起，双方的合作步伐明显加快，主要表现在以下方面：

一是机构设置助力沟通互动。2005年，中国财政部首次向中国驻罗马联合国粮农机构代表处派遣三名外交官（其中包括一名参赞级高级外交官），专门负责与国际农发基金的合作事宜，这个安排延续至今。与此同时，国际农发基金启动实施为期三年的"国别办公室试点方案"（Field Presence Pilot Programme），通过设立国别办事机构来提升合作伙伴关系的作用和影响，中国是十五个试点国家之一。在此背景下，国际农发基金于2005年首次在北京设立联络办公室，并于2017年将其升级为驻中国代表处，同时兼作"东亚南南与三方合作及知识中心"[①]。随着职员配备的不断增强，该中心从2019年起实际负责国际农发基金整个亚太地区的南南合作，还陆续承担起协调管理国际农发基金巴基斯坦、阿富汗、蒙古等国国别业务的职能。双方做出的这种机构设置安排对促进日常沟通互动、加强信息交流起到了重要作用。

二是多元化合作陆续展开。2005年，适逢国际农发基金第七轮增资（2007—2009年）磋商启动，中国积极参与磋商对话，并将认捐额从第六轮的1 050万美元增加到1 600万美元，增幅达52%。在随后的历次增资认捐中，中国均不同幅度地增加捐款额，并于2015年增至第十轮增资（2016—2018年）的6 000万美元，首次成为捐资最多的发展中成员国。在继续加强贷款项目合作的同时，其他维度的合作陆续展开，尤其是加强了知识和政策合作、南南合作与三方合作、能力建设等方面的合作。合作范围逐步扩展到扶贫影响评估、创新模式调研、减贫案例分享平台建设、巩固脱贫成果政策性建议、南南合作培训及相关知识产品开发、扶贫开发新理念和新

---

① "SSTC & Knowledge Centre"，南南与三方合作及知识中心。国际农发基金在2016年12月向执董会提交的"机构职能转变下放计划"（EB 2016/119/R.11，www.ifad.org）中提出在亚太、东南非、中西非、拉丁美洲及近东、北非五个机构业务区域设立次区域一级协调机制，随后自2017年起陆续开设12个次区域中心（sub-regional hub）和三个南南与三方合作及知识中心，前者负责协调管理次区域中心东道国及周边国家的机构国别业务，后者则主要负责机构在东道国的国别业务并支持区域内的南南合作和知识管理活动。三个南南与三方合作及知识中心分别设在北京、巴西利亚和亚的斯亚贝巴。

方法的能力建设支持等方面。

第二节　合作伙伴关系的主要形式

国际农发基金与中国合作伙伴关系的主要表现形式包括：高层战略引领、政策交流对话、国际农发基金在华项目、中国对国际农发基金的资金支持、机构治理、知识管理、政策交流、南南合作和人事合作。

一、高层战略引领

在国际农发基金与中国的合作历程中，高层领导交往和互动起着十分重要的战略引领作用。

中国国家领导人出访意大利期间，通常会专门会见国际农发基金等罗马联合国粮农机构主要负责人，就国际减贫与发展事业交换意见。中国政府指定国内归口部门部级官员担任国际农发基金中国理事，率团出席国际农发基金理事会年会，分享中国减贫经验，提出机构治理的中国方案。2006年，时任财政部副部长李勇出席国际农发基金理事会第29届大会并会见时任总裁鲍格。2013年，时任国务院副总理回良玉出席在罗马举行的国际农发基金理事会第36届大会并会见时任总裁内旺泽，呼吁国际社会把帮助发展中国家解决粮食安全问题、消除农村贫困作为合作重点，表示中国将与国际农发基金保持良好合作关系，为建立更加包容和谐的世界作出贡献。2019年，时任农业农村部部长韩长赋在罗马会见国际农发基金总裁洪博，就双方在扶贫、小农发展和乡村振兴领域的进一步合作进行深入交流和探讨。此外，时任财政部副部长史耀斌、时任农业部副部长屈冬玉、时任中国驻联合国粮农机构大使牛盾等部门领导均在中国—国际农发基金南南合作研讨班等不同场合，多次会晤国际农发基金总裁和其他高管。

国际农发基金十分重视与中国的合作伙伴关系，历任总裁均定期访华，尤其是最近两位总裁内旺泽和洪博更是先后多次访问中国，实地考察在华项目，并拜会国务院领导和财政部、农业农村部等相关部委负责人。上一任总裁内旺泽基本上每年访问中国一次，到访过甘肃、湖南、陕西等地项目区，其中2009年访华时曾拜会时任国务院副总理回良玉。现任总裁洪博在2017—2019年连续三次访问中国，考察青海和湖南项目，分别拜会时任国务院副总理汪洋、副总理胡春华、财政部部长刘昆以及农业部、国务院扶贫办等部委负责人。2019年4月，国际农发基金总裁洪博应邀出席在北京举办的第二届"一带一路"国际合作高峰论坛，分别拜会财政部部长刘昆、副部长邹加怡、国务院扶贫办主任刘永富等部委负责人。国际农发基金多位副总裁和助理副总裁也多次访问过中国并实地考察在华项目。

2020年2月，新冠肺炎疫情暴发初期，国际农发基金总裁洪博即与联合国粮农组织、世界粮食计划署负责人联名致信习近平主席，对中国为抗击疫情作出的巨大努力给予高度评价，表示国际农发基金将依托四十年来与中国政府在减贫、促进农村发展领域所建立的战略合作伙伴关系，继续支持中国农村转型，为中国实施乡村振兴战略作出贡献。

事实表明，双方高层领导的频繁交往和互动对双方关系的深化起到了至关重要的战略引领作用。

二、政策交流对话

中国积极为国际农发基金参与政策对话和交流提供机会，近年来比较突出的例子包括：2016年中国在担任G20东道国期间，邀请国际农发基金时任总裁内旺泽出席当年6月在西安召开的G20农业部长会议，参与会议联合宣言的发布；2017年，国际农发基金应邀参加在江苏南京举办的金砖国家第七次农业部长会议；2018年11月，国际农发基金总裁洪博出席在北京举行的"改革开放四十周年与中国扶贫"国际论坛和在长沙举行的全球农业南南合作高层论坛，并会同联合国粮农组织、世界粮食计划署与中国农业农村部共同发布《关于支持中国实施乡村振兴战略　助力2030年可持续发展议程的联合声明》——这是联合国系统机构首次以正式文件形式明确表达对中国乡村振兴战略的支持。所有这些政策交流活动对国际农发基金开展减贫领域的国际合作具有非常重要的意义。

2019年，国际农发基金会同亚洲基础设施投资银行、亚洲开发银行、拉美开发银行、欧洲复兴开发银行、欧洲投资银行、美洲开发银行、世界银行集团等八家主要国际金融机构，与中国财政部在北京签署《关于共同设立多边开发融资合作中心的谅解备忘录》。该中心作为基础设施开发融资多边合作的协调机制，旨在通过知识和信息分享、项目前期准备和能力建设，推动国际金融机构及相关发展伙伴支持"一带一路"建设等基础设施的互联互通。

与此同时，国际农发基金也根据在华融资项目的实践经验，积极与中国分享可持续农村减贫的政策性建议。比如，2020年，在中国制定国民经济和社会发展第十四个五年规划过程中，国际农发基金应中国政府要求，从机构扶贫业务角度提出了相关政策建议。2021年，中国政府有关部门为筹备"世界粮食体系峰会"而举办一系列政策交流和对话活动，国际农发基金均积极参与并建言献策。

三、在华项目

国际农发基金主要通过贷款、赠款和联合融资对中国提供项目支持。贷款是国际农发基金国别项目业务的主要金融工具。在国别项目规划和《国别伙伴战略》①指导下，国际农发基金开展与中国的项目合作。自1981年以来，国际农发基金累计向中国提供了大约11.46亿美元的贷款，资助33个扶贫开发项目的实施（参见本章第三节）。从累计贷款规模来看，中国是仅次于印度的国际农发基金第二大借款国。

赠款主要用于能力建设、技术和政策支持、创新示范等项目活动，一般来说有两种形式：一是国别赠款（country grant），在中国通常纳入贷款项目加以实施。到目前为止，国际农发基金总共向中国提供了18个国别赠款，金额约为400万美元，其中绝大部分实施于2000—2010年期间，支持社会性别、金融服务、贫困瞄准、项目管理等方面的项目活动。二是区域赠款（regional grant），由国际农发基金提供赠款资金，其他国际或区域性组织牵头实施，覆盖区域内两个以上国家的无偿援助项目，目的是推动地区国家

---

① 1999年，国际农发基金制定首个中国《国别战略伙伴》。在此之前，国际农发基金与中国的项目合作通常在"国别项目规划"基础上开展。国别规划的主要形式是"一般识别"（general identification）和"国别项目规划"（country programming）。

在相关主题领域的交流合作、技术改进、政策创新和能力提高等。中国总共参与了40余个区域赠款项目的实施。

联合融资是指国际农发基金与其他多双边发展援助等机构共同为项目提供资金的融资模式[①]。国际农发基金鼓励与其他机构的联合融资，实现优势互补，提高项目可持续效果和影响。在20世纪八九十年代，国际农发基金以其在华融资项目为平台，吸引世界粮食计划署、澳大利亚发展署、德国技术合作公司等机构为项目提供联合融资，尤其是在1995—2005年的十年间，国际农发基金与世界粮食计划署共同为中国设计和实施了10个扶贫开发项目，堪称机构间合作和联合融资的最佳实践。此外，国际农发基金利用全球环境基金（GEF）赠款，支持山西、甘肃和宁夏国际农发基金项目区的旱地生态保护和恢复，有效促进了贷款项目效果和项目区生态可持续性。

四、中国对国际农发基金的资金支持

中国作为国际农发基金重要股东国，不断通过增资认捐和补充基金捐款等方式加大对国际农发基金的资金支持力度。

增资（replenishment）是国际农发基金核心资金的主要来源之一[②]，一般每三年左右开展一次，到目前为止已经进行了十二次。中国从1981年国际农发基金第一轮增资（IFAD1）起，积极参加历次增资认捐，总共十二轮增资累计认捐达3.311亿美元（见表8.1），是向国际农发基金增资捐资最多的发展中国家。

表8.1　　　　　　　　　中国向国际农发基金增资捐资情况　　　　　　单位：万美元

国际农发基金创始认捐和历次增资	中国认捐数额
创始认捐（1978—1980年）	—
IFAD1（1981—1984年）	130
IFAD2（1985—1987年）	180
IFAD3（1988—1996年）	800

---

① 广义的"联合融资"通常还包括受援国国内各种渠道为项目提供的资金。
② 国际农发基金的核心资金主要有三个来源：增资认捐、投资收入和贷款资金回收。

续表

国际农发基金创始认捐和历次增资	中国认捐数额
IFAD4（1997—2000年）	850
IFAD5（2001—2003年）	1 000
IFAD6（2004—2006年）	1 050
IFAD7（2007—2009年）	1 600
IFAD8（2010—2012年）	2 200
IFAD9（2013—2015年）	2 700
IFAD10（2016—2018年）	6 000
IFAD11（2019—2021年）	8 100
IFAD12（2022—2024年）	8 500
IFAD1到IFAD12总计	33 110

补充基金（supplementary funds）是成员国在增资认捐以外提供的额外捐款，通常用于捐款国确定的投资方向和用途，专款专用，不计入国际农发基金年度贷赠款计划。2018年，中国捐资 1 000万美元设立"中国—国际农发基金南南与三方合作专项基金"，成为第一个在南南合作领域向国际农发基金提供资金支持的国家（详见本节"南南合作"部分）。从实践来看，这个专项基金支持实施的项目极具示范意义，不仅为国际农发基金制定新的南南合作战略提供项目实证和经验，也为筹建中的"南南与三方合作多方融资专项基金"（SSTC multi-donor financing facility）树立了可以借鉴的样板。

五、机构治理

国际农发基金的主要治理机构是理事会、执董会以及执董会下设的两个专门委员会——审计委员会和评价委员会。理事会是最高权力机构，由全体成员国组成，每年开会一次。执董会是仅次于理事会的重要决策机构，由36名成员组成，执董和副执董各18名，其中中国所在的C2组成员国有2名执董和2名副执董，通常每年开会三次。同时，增资磋商会、理事会或执董会设立的临时专题工作小组等机制也是机构治理结构的重要组成部分。

增资磋商会是国际农发基金筹措核心捐资的主要机制，"从技术上讲，是理事会的一个委员会"[①]，由 25 个 A 组国家、10 个 B 组国家和 22 个 C 组国家组成[②]。由于磋商过程是成员国共同商讨和决定机构中长期发展目标与战略方向的重要契机，因此各国都十分重视参与其中。此外，三个类别的成员国各自设有内部协商协调机制，对机构治理也有重要影响（参见第二章第一节）。

1996 年，中国第一次成功出任国际农发基金执董，此后除 2005 年为副执董外，一直担任执董。中国同时也是执董会审计委员会委员。近年来，中国一直担任增资磋商会成员、执董会"基于绩效的资金分配机制"（PBAS）工作组成员、"融资条件过渡框架"（Transition Framework）工作组成员和 C2 组国家召集人。2015—2017 年，中国曾首次出任 C 组国家召集人。目前，中国在国际农发基金几乎所有的治理机制中均拥有席位，凸显其在整个机构治理中的重要地位和全方位影响。

六、知识管理

双方组织和实施了一系列知识管理活动，促进知识分享，增强扶贫开发项目的可持续影响。有的知识管理活动是由中国牵头发起的，比如中国财政部于 2005 年对国际农发基金项目扶贫影响的评估、2006 年对广西项目区农村金融服务的调研、2007 年对国际农发基金项目信贷模式的研究等。有的是由国际农发基金发起的，比如 2007 年对农村金融创新（小贷公司和村镇银行）模式的调研、2011—2015 年对价值链模式和电商扶贫效果的分析、2015 年对建立和完善"中国南南合作减贫知识分享网站"的支持、2020 年对减贫案例的调研等。还有一些活动则由双方或多方共同开展，比如 2007 年国际农发基金和中国财政部共同发布的画册《国际农发基金在中国》、2007—2009 年国际农发基金支持中国等八个亚太国家对益贫政策的分析、2008 年中国农业部会同国际农发基金和世界粮食计划署对农村脆弱地

---

① IFAD Replenishments Evaluation，IOE 2014，https：//www.ifad.org/en/web/ioe/evaluation/asset/39824776.

② https：//www.ifad.org/en/replenishment.

区天气指数农业保险的合作研究、2018年国际农发基金对"订单农业法律指南"撰写工作的参与和贡献、2020年中国财政部和国际农发基金共同编写的画册《中国与国际农发基金合作40周年——四十年携手同行 共促农村减贫发展》等。此外，中国定期举办的中非合作论坛、中国扶贫国际论坛、东盟和中国减贫论坛等国际交流和研讨活动，是国际农发基金分享和交流减贫经验与发展方案的重要平台。国际农发基金还与中国农业大学、中国农科院等科研机构合作，为发展合作伙伴关系，特别是减贫知识管理提供智力保障。

在广义知识管理层面，国际农发基金围绕着贷款项目合作、以专项培训为主要形式，开展与项目有关的知识分享和运用，为中国国内有关机构提供扶贫开发主题领域的能力建设支持，涉及的内容包括社会性别、"对培训者的培训"（Training of Trainers，ToT）、参与式发展、农村快速评估、影响评估、农村金融等。这些知识分享和运用性质的专项培训对中国相关机构人员的能力提升起到了积极的促进作用。

七、南南合作

中国是南南合作的积极推动者和重要贡献者，近年来采取了多种形式与国际农发基金共同推进南南合作，包括南南合作在机构国别业务中的主流化。其中尤其值得着重介绍的是2018年中国政府捐资1 000万美元设立的"中国—国际农发基金南南与三方合作专项基金"。该基金的目的是推动"全球南方"（即发展中国家）相互分享知识、技术和资金，加快发展中成员国减贫进程，促进农业发展，推动可持续乡村转型。专项基金聚焦三个重点领域：一是推动创新，增强农村民众的生产、管理、资金和市场能力；二是开展包容性生产和经营模式试点，增加农民收入；三是推动发展中国家之间的投资和贸易合作，为农村民众提供更好的生产服务，促进他们与市场的连接。

截至2020年底，专项基金先后于2018年和2019年分两批次批准了15个南南合作与三方合作项目，在非洲、亚洲和拉丁美洲十余个国家实施价值链发展、水产养殖改良、气候智能型商业模式、农村青年就业、改善营养、促进农村投资等项目活动。项目合作单位既有政府机构和联合国组织，也有私营企业和科研院所，还有非政府组织和区域性团体。2020年，专项基金为配合国际农发基金的全球疫情应对行动，决定把全部剩余资金用于支持发展中国家农村民生恢复和重建，重点支持农民发展替代型农业和乡村企业，加强粮食生产，提高他们应对各种灾害的能力。同时，促进农民与市场的连接，依托数字服务向小农生产者提供生产、天气、市场价格等与农业密切相关的最新信息。

尽管多数项目的实施都不同程度地受到2020年以来新冠肺炎疫情蔓延的影响，迄今为止的实施效果仍然非常可喜。以"拉丁美洲农村青年创新奖"项目为例，其主要目的是要在拉丁美洲加勒比地区18—35岁的农村青年中挖掘和发现人才，鼓励他们分享行之有效的农村发展方案。项目于2020年初启动，很快就吸引了600多名青年报名参选，最后选出了10个具有创新性和可持续性的发展方案，由项目加以推广。越南农业科学院牵头、柬埔寨、中国和老挝三国有关科研机构参与的"气候韧性价值链最佳实践推广"项目通过2019年底的"对培训者的培训"专项活动以及2020年以来的定期线上交流，已经开发出30多项最佳实践和适用技术。

除了"中国—国际农发基金南南与三方合作专项基金"框架内的合作外，双方还积极为发展中国家之间交流和分享可持续减贫方案提供平台支撑。一个突出的例子是，2009—2018年，中国会同国际农发基金连续九年每年举办一期南南合作研讨班，共有来自40多个国家230余人参加。除了培训和能力建设以外，各国代表交流和探讨了农村扶贫、农业合作、农业综合开发、农业政策体系、小农产业链等方面的做法和经验。其中，2014年的研讨活动特意安排在莫桑比克举办，便于非洲国家代表更好地参与交流分享活动。

在推进双方合作过程中，中国和国际农发基金十分注重与其他发展伙伴的合作。一个非常好的例子是国际农发基金、联合国粮农组织、世界粮食计划署与中国国际扶贫中心、中国互联网新闻中心联合主办的全球减贫伙伴研讨会，自从2017年以来每年召开一次，交流减贫经验，加强知识分享，促进南南合作。此外，国际农发基金也出资支持中国国内机构开展南南合作。比如，2011—2015年，国际农发基金向中国国际扶贫中心提供赠款，支持该中心开发介绍中国扶贫经验的知识产品，分享给其他发展中国家。2018年，国际农发基金与中国蚂蚁金融服务集团（蚂蚁金服）签订战略合作协议，携手为农村贫困人口提供更加便利的小额贷款服务。

八、人事合作

随着中国国际影响力的提升和对国际农发基金支持力度的加大，人事合作日益成为双方合作伙伴关系的重要组成部分。近年来，双方积极采取措施，推动国际农发基金中国籍职员人数逐步增加，初步形成涵盖不同层级职位的人才梯队。特别是从2018年起，国际农发基金历史上首次有中国籍职员进入高级管理层担任助理副总裁，有力提升了中国在机构职员队伍中的代表性。与此同时，双方在实习生项目、初级专业职员机制等方面的合作也取得了历史性突破，为更多中国优秀人才到国际组织工作创造了有利条件。2020年，国际农发基金与中国国家留学基金委员会签署合作协议，由中国国家留学基金委员会出资，每年资助20名中国实习生到国际农发基金实习。同年，国际农发基金与中国财政部、中国国家留学基金委员会签署三方合作协议，由中国国家留学基金委员会出资，每两年资助3—5名初级专业职员到国际农发基金工作。此外，国际农发基金还与清华大学签署合作协议，开启了与中国一流大学在国际人才培养等方面的合作。

第三节　在华项目的主要成果和成功经验

一、概述

如前所述，1981年批准实施的"北方草原和畜牧发展项目"，不仅是国际农发基金的第一个在华贷款项目，也是国际金融机构资助中国实施的第一个农业农村领域发展项目。截至2020年底，国际农发基金累计向中国提供了大约11.46亿美元的贷款，资助33个扶贫开发项目的实施，总投资额达到31亿美元，覆盖了24个省（自治区、直辖市）的274个县（旗、市），惠及大约450万农户、2 000多万农村贫困人口。

　　从项目批准频率来看，1981—1989年，国际农发基金基本每两年批准一个中国贷款项目，1990—2015年通常每年批准一个项目，2016年以后则为每三年批准两个项目。从项目平均贷款额来看，2010年前大约为2 500万美元。2010年以后，随着国际农发基金贷款赠款总规模的不断扩大，大多数受援国的项目平均贷款额度相应增加，中国项目的贷款金额也因此而增至平均4 500万美元以上。为提高机构运营效率，国际农发基金自2016年起鼓励各国进一步增加项目平均贷款额。在此背景下，中国项目的平均贷款额再度增加，比如2018年批准的"四川/宁夏优势特色产业发展示范项目"贷款金额高达7 900万美元。从贷款条件来看，随着中国经济的不断发展和人均国民收入水平的逐年提高，国际农发基金对中国的贷款条件也逐步调整。在1981—2007年的26年间，国际农发基金对中国的项目贷款基本上都是"高度优惠条件"贷款（1983年和1987年除外）。2008年以后，除了两笔"中等条件"贷款外，均为"普通条件"贷款。

　　总的来看，四十多年来，国际农发基金在华项目紧密配合中国农业发展战略和农村扶贫开发规划的实施，为项目区农村贫困人口脱贫发挥了积极促进作用。各项目聚焦中国政府确定的重点贫困地区，以提高农村贫困人口农业生产力、保障粮食安全和改善营养为抓手，注重因时因势精准施策，促进农村社区发展和受益农户脱贫致富，实现可持续减贫影响。早期项目，特别是20世纪80年代的项目，通常把支持的重点放在农业生产条件和生产性基础设施的改善上面。从20世纪90年代开始，社会发展和妇女发展也成为项目关注的重点领域，因而各项目逐步加大了对社区基础教育、健康服务、妇女信贷服务、功能性扫盲等活动的支持力度。2000年以后，中国政府出台相关政策措施，把扶贫项目中国际农发基金贷款资金的性质由信贷资本金逐步向政府公共投资转变。有利的宏观政策环境为国际农发基金项目活动的创新和进一步多元化创造了条件，此后的新项目的重心逐步从过去以传统农业生产活动为主转向对整个农产品价值链的支持，同时积极推动环境可持续性、社会性别、气候变化、农村青年等重点主题在项目中的主流化。

　　项目始终把贫困人口的识别和覆盖放在首位，不断探索和运用行之有效的贫困瞄准方法，确保贫困人口成为项目支持的最主要对象。不同时期

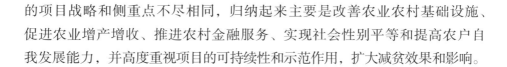

的项目战略和侧重点不尽相同，归纳起来主要是改善农业农村基础设施、促进农业增产增收、推进农村金融服务、实现社会性别平等和提高农户自我发展能力，并高度重视项目的可持续性和示范作用，扩大减贫效果和影响。

二、国别项目战略

国别项目的总体目标始终与中国政府的农业发展战略和农村扶贫开发规划保持高度一致。尤其是自1999年制定首个中国《国别伙伴战略》（COSOP）以来，为配合政府扶贫开发战略的实施周期，国际农发基金每五年一次，与政府共同制定新的《国别伙伴战略》，指导项目业务，助力中国农村扶贫开发和脱贫攻坚。归纳起来，国际农发基金的中国国别项目战略大致经历了四个阶段的演变，分别是1981—1986年的第一阶段、1987—1998年的第二阶段、1999—2010年的第三阶段和2011年至今的第四阶段。演变过程既体现了双方项目合作的逐步加深，也见证了中国农村脱贫攻坚的艰巨历程。

（一）1981—1986年的国别项目战略

20世纪80年代初国际农发基金与中国开启项目合作之时，正值机构运营起始阶段，国别项目规划安排在机构层面尚未形成制度。因此，和其他受援国一样，1981—1986年国际农发基金确定中国后备项目的通常做法是：首先由政府提出若干个备选项目，供国际农发基金识别和筛选，然后再由双方共同商定后备项目方案。

这一阶段双方总共设计和批准了四个贷款项目。总的来说，项目内容比较单一，基本上都是围绕着传统农业生产活动来展开，支持农牧渔业生产，提高生产力水平。在贫困瞄准方面，当时对具体的瞄准措施尚无系统性安排，不过由于项目设计充分考虑到目标群体和贫困相关问题，因此项目实施仍然较好地覆盖了项目区农村贫困人口，使他们从项目支持中受益。项目实施效率普遍较高，基本上都做到按时甚至提前完成项目实施。当然，项目实施过程中也出现过较多调整，主要原因在于，合作伊始，双方都相对缺乏在华项目实践经验，而且改革开放形势下各行各业发展变化较快。

因此，项目实施需要及时做出相应调整，使项目活动符合不断变化的发展环境和需求，无疑也是合情合理之举。

（二）1987—1998年的国别项目战略

在第一阶段项目合作经验的基础上，国际农发基金着手制定并于1989年10月正式推出中国"国别战略"（Country Strategy）。这个战略文件以融资项目为主要聚焦点，因此在广度和深度上与后来于1999年制定的《国别伙伴战略》（COSOP）有较大区别。不过，作为国际农发基金的首个中国国别战略，它仍不失其标志性意义，对机构与中国进一步开展项目合作，特别是新项目的识别和设计，起到了重要指导作用。

1989年"国别战略"要求优先支持边远贫困地区，在农户自愿的基础上加强对集体发展活动的支持，推动农民组织参与项目，鼓励新型实用技术的应用，支持农村金融组织和技术服务体系的机构创新，扶持农产品市场销售，推动劳动密集型加工企业的发展。战略文件强调，只有改变过去过分偏重粮食生产的做法，开展多种经营，才能增加农民收入，使他们脱贫致富。20世纪90年代初，国际农发基金根据各项目区扶贫开发中积累的经验，进一步强调精准确定项目受益对象的重要性，要求因地制宜地选择和运用贫困瞄准方法，确保最贫困群体从项目中受益。1994年，在中国农业部支持下，国际农发基金和世界粮食计划署合作开展试点，运用"脆弱性分析绘图法"[①]来对项目乡镇进行识别，然后再通过"参与式农户贫富分类法"识别贫困农户和确定项目优先支持的扶持对象。在当时中国扶贫开发项目普遍没有定位到乡村一级的背景下，国际农发基金与世界粮食计划署的试点是极具参考价值的有益尝试，为项目区各级政府在扶贫开发中确保贫困农户瞄准起到了积极示范作用。与此同时，考虑到一些少数民族地区社会经济发展相对滞后的现状，国际农发基金主张新项目建设要加大向少数民族地区倾斜。

---

　　①　脆弱性分析绘图法（Vulnerability Analysis Mapping，VAM），采用两阶段的综合指数来确定项目地区。第一阶段是，依据12个风险因素，在全省范围内衡量和确定各县的脆弱程度。每个风险因素均包含自然灾害、生产能力、健康和营养状况等若干相关指标。第二阶段是，在上一阶段确定的县内，采用16个食物生产等相关指标来衡量和确定脆弱乡镇。从当年的实践经验来看，VAM得出的结果和国务院扶贫办确认的重点贫困县名单高度吻合。

这一阶段的新项目集中分布在中国中西部贫困地区，主要的项目模式是农业综合开发。除了与山水林田路有关的项目活动外，农村信贷的实施效果由于采用"周转基金"模式而得到改善，还专门设置了面向广大农村妇女、特困户和残障人士等边缘弱势群体的项目内容。与第一阶段相比较，1987—1998 年的项目扶贫覆盖面有较大幅度增加。

（三）1999—2010 年的国别项目战略

国际农发基金于 1999 年制定首个中国《国别伙伴战略》（COSOP），此后为配合中国政府的扶贫开发规划周期，双方每隔五年共同制定一个新的《国别伙伴战略》。这个阶段的第二个《国别伙伴战略》发布于 2005 年。

1999 年的《国别伙伴战略》与国家发展规划保持一致，积极配合中国政府的西部大开发和新世纪农村扶贫开发战略，瞄准西部地区，强调农业综合开发和水土保持，继续关注少数民族和社会性别平等，加大对非农创收活动和技能培训等农村人力资源开发活动的支持，开展与专业金融机构的合作和金融创新，发展有机农业。这个《国别伙伴战略》也是国际农发基金和世界粮食计划署的共同援华战略，因而提出了一些赠款资金具有比较优势的项目活动，比如"脆弱性分析绘图法"（VAM）的进一步完善和运用、参与式农村快速评估（participatory rural appraisal）方法的开发和培训等。2001 年，国际农发基金在中国人民银行、财政部和农业部的支持下，聚焦农村信用社服务贫困农户的功能，经过充分调查、分析和研究提出建议，把农村信用社转变为所有权透明、资产结构清晰的独立金融机构。这项建议后来被中国政府有关部门采纳，成为农村信用社改革的一个起点。国际农发基金还在这个专题调研基础上与当时的中国银行业监督管理委员会合作，共同设计了陕西和重庆"农村金融项目"。该项目于 2004 年 4 月获得执董会批准，由国际农发基金提供 1 470 万美元贷款，为中国农村信用社系统的改革试点提供资金支持。

2005 年的《国别伙伴战略》进一步强调了引入创新和新扶贫理念的重要性，重点关注农村金融、有机农业和自然资源管理、农业技术服务和农产品市场开发等方面的创新潜力。这个阶段的大多数项目在延续农业综合开发模式的同时努力创新，取得了不同程度的进展，比如模块化设计

（modular design）、绩效管理、金融服务机构可持续性、基于需求的推广服务、农户的组织化和市场连接等。突出创新性和示范性是项目实施的一大亮点。

（四）2011年以来的国别项目战略

国际农发基金分别在2011年和2015年制定了新的《国别伙伴战略》。2011年《国别伙伴战略》聚焦两个目标：一是大力支持农村贫困人口可持续地利用自然经济资源和得到更好的技术服务；二是推动贫困人口与市场连接，促进金融服务，实现创收。2015年《国别伙伴战略》[①]进一步突出了保障贫困农户市场准入的重要性，把农户参与价值链、包容性合作社建设、金融服务以及特色生产作为项目支持、增加农民创收机会的重点，同时注重环境可持续性和农户韧性、创新以及最佳实践的推广运用。两个《国别伙伴战略》都强调了南南合作和知识管理的重要意义。

这一阶段的新项目紧紧围绕着中国政府扶贫战略"五个一批"[②]中的产业扶贫战略来设计和实施，积极支持小农户通过特色农业生产实现增收创收，促进贫困农户融入价值链，支持各种经营主体和小农户建立包容、公平和可持续的商业伙伴关系。继续支持农业基础设施建设和完善，同时更加注重气候变化适应性和韧性。结合国家片区扶贫战略的实施，项目区均为集中连片贫困地区，重中之重是地区内的贫困县。项目目标群体瞄准战略和措施进一步完善，借助国家建立的扶贫建档立卡制度，于2014年第一次把项目活动瞄准到贫困户，从而实现了项目支持精准到户。

中国政府从2018年开始实施乡村振兴战略。在此大背景下，国际农发基金新近设计的项目继续支持包容性产业发展，并加大了对农村青年和妇女的支持，助力他们在乡村创业。运用"商业计划"方式，吸引社会和商业资金加入益贫式农业产业化发展和价值链开发中来，为实现乡村振兴的产业兴旺目标发挥示范作用和作出应有贡献。

---

① 2015年的战略文件是《基于绩效的国别伙伴战略》（Results-based COSOP），其中引入了结果逻辑框架。

② "五个一批"是指发展生产脱贫一批、易地搬迁脱贫一批、生态补偿脱贫一批、发展教育脱贫一批、社会保障兜底一批。

三、项目主要成果和成功经验

根据历年来各类项目绩效与影响评估[①]做出的判断，国际农发基金在华项目的成果主要体现在五个方面。

（1）结合中国农业农村发展和扶贫开发战略，以创新助力脱贫攻坚目标的实现。国别战略始终与中国政府的农业农村发展和扶贫开发战略保持高度一致。倡导扶贫理念及方式方法的创新和运用，积极引荐贫困农户瞄准机制、参与式村级发展规划、商业化可持续金融服务等扶贫最佳实践和做法，努力使之与中国扶贫的具体实际相结合，为政府制定扶贫政策措施提供有益借鉴和参考，助力国家脱贫攻坚目标的实现。国际农发基金项目尽管相对规模不大，但是对于项目地区来说，特别是在改革开放早期发展资金相对短缺条件下，项目提供的优惠资金对促进当地产业发展、解决粮食安全和增加农民收入起到了积极作用。而且项目信贷资金在项目竣工后继续滚动使用，具有较好的可持续支农扶贫效益，比如1992年批准实施的吉林白城低洼地开发项目，其信贷资金在实施结束后的二十多年时间里仍然一直滚动使用。国际农发基金项目通常覆盖项目区40%—45%的贫困户，相当一部分农户在项目支持下基本实现脱贫。比如，在四川成都/南充项目地区，项目初期有90%的农户收入在贫困线以下，项目结束时这个比例几乎为零。

（2）发展农业生产，提高农业生产力水平，促进粮食安全。大多数项目都安排专项资金，支持新建和改造农业基础设施，修建梯田，平整和改良土地，完善供电和排灌设施，建设温室大棚和畜棚。注重农业生产技术运用，积极引入和采用新的有效技术，改善技术推广服务设施，提高推广服务能力，力推改良品种应用，从而大大改善了项目区，尤其是边远贫困地区的农业生产条件，降低生产劳动强度，节约生产成本，提高投入效率，为提高农业生产力水平和促进粮食安全发挥了积极作用。最早的北方草原和畜牧发展项目经过七年实施，使项目区饲草生产总量增加了75.8%，冬春

[①] 主要包括《项目竣工审查报告》及独立评估办公室《竣工审查报告验证》报告、中国财政部2006年对国际农发基金1981—2006年援华项目农村扶贫影响评估、2010年《国别项目审查》报告、2014年独立评估办公室《国别方案评价》等。

储草量提高了3倍，在一定程度上缓解了畜草矛盾，而且项目受益人口人均收入增长了5倍。宁夏中部农村发展项目盐池项目区因为有了项目支持的渠道、水井、截水坝等灌溉设施，2008年遭遇干旱时在其他非项目田块几乎颗粒无收情况下，项目区仍然获得每亩2吨的土豆收成。新疆、内蒙古和河南项目采用科技特派员制度，引入"基于需求的科技推广服务"和"农户评比为参考"的激励机制，开展新品种与新技术的引进、示范、培训和指导，提高了项目农业技术水平。

（3）支持特色产业发展，扩大增收创收渠道，提高贫困农户收入水平。产业扶贫一直是中国脱贫攻坚战略的重要组成部分。国际农发基金在华项目历来注重农业产业发展，近年来又力推项目区特色农产品价值链开发，把当地特色优势农产品发展融入项目群体生产活动之中，使贫困人口能够参与产业发展，分享产业增值收益。充分开发和利用当地自然资源优势，以小农为中心、特色产业发展为目标、农民专业合作组织和各类经营主体为媒介，把千家万户分散经营的"小生产"与千变万化的"大市场"联系起来，既解决了受益群体农副产品的市场销售问题，又提高了农民的组织化程度和收入水平，以可持续减贫助力项目区经济均衡发展。从2013年的湖北十堰项目开始，国际农发基金引入政府、私营部门和生产者三方合作伙伴关系的模式（Public-Private-Producer Partnership，简称4P模式），利用项目资金撬动私营资本，投入特色产业价值链，营造出有利于贫困农户参与并受益的包容、公平和可持续益贫式产业发展模式。4P模式采用农户参与、公开竞争、技术评审和把关的方式，由经营主体通过商业计划制订产业发展的经营方案，既推动了项目区的特色产业发展，也将贫困农户镶嵌在农产品价值链之中，通过劳作和经营获得可持续收益。

（4）支持贫困乡村社区发展，改善农村人居环境。支持项目区乡村社区改善生活条件是1996—2015年的主要项目内容之一。修建乡村道路、解决人畜饮水问题、改善住房条件、安装照明路灯、设置排水管线、完善公共厕所、推广沼气入户、建设乡村文化中心和培训中心等项目活动，使项目村社区环境和农民人居条件得到较大改善。例如，皖西南项目通过新建和改造乡村道路，基本实现了村村通公路，为项目区受益人口连接城镇和农产品市场搭起了桥梁。青海海东项目为了解决人畜饮水安全及农牧民用水便利问题，先后铺设输水管道和打井，将管道直接通入农牧民家中。用水条件的改善不仅降低了因水质低劣而导致的地方病发生率，提高了当地农牧民身体素质，而且将妇女从繁重的取水劳动中解放出来。共有 10 个项目为乡村小学修建校舍，提供课桌和必要的教学用具，培训教师和校长，帮助贫困地区改善村小学校教学条件。仅在青海海南州，项目就新建和扩建了 100 所乡村级小学，实现了县有高中、乡有初中、村有小学的教育网络，基本解决了项目区农牧民适龄儿童入学难问题。

（5）推动能力建设和社会发展，提高贫困人口可持续发展能力。各项目非常重视受益群体能力建设，特别是农业生产技术和创收方面的技能培训。针对基层农业技术推广服务"最后一公里"不通畅问题，项目大力促进基层推广服务以及基层农技人员的服务能力建设，通过在边远山区布置示范点，使远离城镇和交通主干道的贫困农民能够获得新技术和新品种，提高农业生产水平。结合国家设立的科技特派员制度，为项目区招募了大批农技特派员，补充基层农技服务力量，加强"手把手"服务，在技术上赋权于贫困农民，增强他们可持续发展的能力。始终重视女性参与、受益和赋权，制定和实施了有针对性的项目措施，增强女性受益人对生计和经营决策的参与，还培养了一批妇女干部，提高了基层妇联的组织能力、管理能力和服务能力。项目也推动和壮大了各类农民组织的发展，加强了农民的自主发展和管理意识。2019 年实施的四川/宁夏特色产业发展项目和之后的云南乡村振兴示范项目把促进合作社规范化建设作为项目重要目标之一，强调合作社的合作性质，突出管理质量和经营效果，力求示范出几十个组织规范、运作有方的农民专业合作组织，为中国农民专业合作社发展提供借鉴。

在华项目积累的六个主要成功经验如下：

（1）紧密结合国家农业发展和扶贫开发战略，发挥示范和创新作用。项目实践证明，国别项目规划与中国政府农业农村发展和扶贫开发战略紧密结合起来是项目合作成功的关键。双方战略规划和战略目标的高度一致性不仅能够使各级政府充分重视项目合作，提供必要的政策和配套资金支持，也为项目引入和示范扶贫新理念、创新扶贫新举措创造了必不可少的有利政策条件，而且还是增强项目辐射效果和减贫影响的重要保障。

（2）加强贫困瞄准，实现精准扶贫。贫困瞄准是扶贫项目的核心。国际农发基金在华项目不断完善贫困农户瞄准机制，从早期的项目县乡村"地域瞄准"方法到20世纪90年代中期以"脆弱性分析绘图法"（VAM）为基础的参与式农户分类瞄准法，再到近年来借鉴中国扶贫模式的"贫困户建档立卡"方法，逐步演变和不断进化，提高瞄准精度，确保项目活动真正惠及目标群体，并加强向农村妇女、少数民族、青年、残障人士等弱势群体倾斜，实现精准扶贫目标。

（3）有机整合项目内容，推行多位一体扶贫模式。项目把参与式扶贫规划、基础设施建设、农业产业发展、社会和社区发展、金融服务、项目实施监测和灵活调整等要素有机整合在一起，形成了一种既有整体综合性，又有实施相对灵活性的扶贫开发项目模式。在具体实践中，首先采用参与式方法对造成贫困的根源进行识别，确认亟待解决的发展问题，然后筛选出切合实际的项目活动，并开展相应的技术培训，提供资金和信贷支持，同时充分发挥项目监测评价体系的作用，及时发现和解决实施中的问题。实践证明，这种把参与、培训、资金和信贷、监测、调整诸要素融为一体的项目模式，对增强扶贫开发效果具有积极意义。

（4）赋权受益群体，奠定自我发展基础。赋权是项目受益群体迈向自我发展的先决条件。项目通过加强项目瞄准、促进农户参与、提高农户技能、培育农民组织、为农村妇女提供专项支持等策略和措施，有效推进受益群体赋权。

（5）预先筹划项目可持续性举措，实现持久性减贫效果。项目的社会、经济、机构、技术和环境可持续性需要在项目设计阶段就开始筹划，同时对退出机制及促进项目可持续性的措施和方式方法做出妥善安排。项目实施过程中，通过年度检查对项目实现可持续性的各项安排进行定期跟踪监测，并在必要时加以及时调整。在项目竣工阶段，制订项目可持续发展计划，确保项目推行的有效措施、安排和做法在项目竣工后继续发挥作用，推动项目长远效果和影响的实现。

（6）建立健全项目管理机构和制度，确保项目顺利实施。中国政府高度重视国际农发基金融资项目等政府外债项目的实施效果，建立了完善的项目管理制度。健全的项目管理机构、充实稳定和执行力强的项目管理队伍、完善的项目管理规则制度、运转良好的项目信息管理系统（含财务、采购、监测评价和项目内容），这些体制机制安排是项目顺利实施的根本保障。

第四节　未来合作伙伴关系展望

四十多年来，国际农发基金始终保持着与中国的密切合作关系，见证了中国消除绝对贫困的伟大历程，并高度赞赏中国的减贫成就。正如国际农发基金总裁洪博 2020 年 8 月 3 日在《人民日报》发表的署名文章指出："从来没有国家能像中国这样在如此短的时间内让如此庞大的人群摆脱贫困，这是一项非凡的成就。"在全面建成小康社会、实现第一个百年奋斗目标之后，中国现在已经进入向第二个百年奋斗目标进军。新的发展形势为国际农发基金与中国合作伙伴关系的发展带来了新的机遇。

（1）中国已经如期实现农村贫困人口全部脱贫，进入全面实施乡村振兴战略新时期。2021 年 2 月 25 日，中国政府正式宣布：经过八年精准扶贫，到 2020 年底，中国的"脱贫攻坚战取得了全面胜利，现行标准下 9 899 万农村贫困人口全部脱贫，832 个贫困县全部摘帽，12.8 万个贫困村全部出列，区域性整体贫困得到解决，完成了消除绝对贫困的艰巨任务"[①]，提前十年实现《联合国 2030 年可持续发展议程》减贫目标。

在此之前四天，2021 年 2 月 21 日，中国政府发布 21 世纪以来第 18 个指导"三农"工作的中央一号文件，提出了全面推进乡村振兴的指导意见[②]。文件要求，"脱贫攻坚目标任务完成后，对摆脱贫困的县，从脱贫之日起设立 5 年过渡期，做到扶上马送一程"[③]，持续巩固拓展脱贫攻坚成果，实现同乡村振兴有效衔接。文件确定，把乡村建设摆在中国现代化建设的重要位置，全面推进乡村产业、人才、文化、生态、组织振兴，充分发挥农业产品供给、生态屏障、文化传承等功能，走中国特色乡村振兴道路。促进

---

① 习近平：在全国脱贫攻坚总结表彰大会上的讲话，http：//www.xinhuanet.com/politics/leaders/2021−02/25/c_1127140240.htm。

②③ 《中共中央 国务院关于全面推进乡村振兴 加快农业农村现代化的意见》，http：//www.gov.cn/gongbao/content/2021/content_5591401.htm。

农业高质高效、乡村宜居宜业、农民富裕富足①。2021年4月29日，中国出台《中华人民共和国乡村振兴促进法》，自2021年6月1日起施行，是中国农业农村发展的制度支撑和全面实施乡村振兴战略的法治保障，对实现第二个百年奋斗目标具有重要意义。

（2）中国坚持多边主义，致力于积极参与国际减贫合作。中国是多边主义和全球发展伙伴关系的积极倡导者和践行者。国家主席习近平在2021年1月25日出席世界经济论坛"达沃斯议程"对话会时发表题为《让多边主义的火炬照亮人类前行之路》的特别致辞，强调解决好这个时代面临的课题，出路是维护和践行多边主义②。同时，"作为发展中国家的坚定一员，中国将不断深化南南合作，为发展中国家消除贫困、缓解债务压力、实现经济增长作出贡献"。

2021年4月6日，中国政府发布《人类减贫的中国实践》白皮书③，全面回顾了中国脱贫攻坚的艰巨历程，同时充分肯定了国际减贫合作在推动中国减贫的制度创新、管理水平提升和减贫事业发展中的积极作用。白皮书明确表示，中国致力于"积极参与国际减贫合作，做国际减贫事业的倡导者、推动者和贡献者，与各国携手共建没有贫困、共同发展的人类命运共同体"④。

国际农发基金总裁洪博发表在2020年8月3日《人民日报》上的署名文章认同中国减贫经验的积极示范和借鉴意义，指出："中国不仅为全球减贫进程作出了贡献，还为其他发展中国家树立了榜样，积极分享减贫经验，用自身的努力及成就告诉世界——消除贫困并非乌托邦，而是完全可以实现的。"⑤

（3）发展中国家实现《联合国2030年可持续发展议程》减贫目标的前景面临严峻挑战，亟须国际社会加大支持力度，加强包括南南合作在内的

---

① "2021年中央一号文件公布 提出全面推进乡村振兴"，http://www.xinhuanet.com/politics/2021-02/21/c_1127122097.htm。

② "习近平出席世界经济论坛'达沃斯议程'对话会并发表特别致辞"，http://www.xinhuanet.com/politics/leaders/2021-01/25/c_1127023883.htm。

③④ 《人类减贫的中国实践》白皮书，http://www.xinhuanet.com/politics/2021-04/06/c_1127295868.htm。

⑤ 洪博"共建没有贫困和饥饿的世界"，《人民日报》，http://paper.people.com.cn/rmrb/html/2020-08/03/nw.D110000renmrb_20200803_2-03.htm。

多边合作。联合国 2021 年 3 月 25 日发布的《2021 年可持续发展筹资报告》[①]指出，2020 年以来的新冠肺炎疫情严重冲击世界经济，导致九十年来最严重的全球经济衰退。受疫情影响，预计全球已经失去大约 1.14 亿份工作，约 1.2 亿人口陷入绝对贫困。报告预期，新冠肺炎疫情可能将使国际社会实现可持续发展目标的时间表推迟 10 年。报告敦促各国采取切实有效的行动，为发展中国家，尤其是最不发达国家提供新的优惠融资，支持它们应对疫情冲击，实现可持续发展。在严峻挑战面前，南南合作作为南北合作的有益补充，通过促进发展中国家之间相互分享发展方案、知识、适用技术和资源，对建设可持续粮食体系、保障粮食安全、推进后疫情时代经济社会复苏具有十分重要的意义。

（4）国际农发基金第十二轮增资磋商圆满收官，着手实施以建立区域办公室为核心的机构职能转变方案。2021 年 2 月 18 日，国际农发基金理事会第 44 届年会通过"关于国际农发基金第十二轮增资"的第 219/XLIV 决议，批准本轮增资 15.5 亿美元的认捐总目标和 38 亿美元的贷款赠款总规模——两者均创历史纪录，使国际农发基金可以加大对发展中成员国的支持，推动实现可持续发展目标。同时，2021 年是国际农发基金全面实施机构职能转变下放的起始之年，目的是拉近与发展中成员国的距离，更好地为农村贫困人口服务，其核心是在 2023 年底之前建立亚太地区、东南非地区、中西非地区、拉丁美洲和近东、北非地区五个区域办公室，把 45% 的职员职位从总部派往区域办公室和国别办事处，充实一线队伍。

展望未来，在新的形势下，国际农发基金"将继续与中国一起振兴农村地区，追求更加可持续的发展，建设更加繁荣和公平的社会"。[②]早在 2020 年 2 月，国际农业发展基金总裁洪博即与联合国粮农组织、世界粮食计划署负责人联名致信中国国家主席习近平，对中国为抗击疫情做出的巨大努力给予高度评价，同时表示国际农发基金将依托四十年来与中国政府在减贫、促进农村发展领域所建立的战略合作伙伴关系，继续支持中国农村转型，

[①] 2021 Financing for Sustainable Development Report，United Nations. https：//developmentfinance.un.org/fsdr2021.

[②] 洪博："共建没有贫困和饥饿的世界"，《人民日报》，http：//paper.people.com.cn/rmrb/html/2020−08/03/nw.D110000renmrb_20200803_2−03.htm。

为中国实施乡村振兴战略作出贡献。①

　　南南合作与三方合作是未来双方合作的一个重要领域。作为率先实现《联合国2030年可持续发展议程》减贫目标的发展中国家之一和最大的发展中国家，中国脱贫攻坚战取得全面胜利、消除区域性整体贫困和绝对贫困的实践经验具有重要示范意义，可以为广大发展中国家提供有益启示和借鉴，包括和其他发展中国家"通过搭建平台、组织培训、智库交流等多种形式，开展减贫交流，分享减贫经验"②。

　　中国充分肯定多边机制在国际合作中的独特优势和作用，"多边机构是践行多边主义的平台，也是维护多边主义的基本框架"③。国际农发基金作为唯一专注于消除农村贫困和饥饿的多边基金，大力支持各国分享相关领域成功的创新经验，特别赞赏"中国—国际农发基金南南及三方合作专项基金"这一合作模式，因为它促进了发展中国家之间在农村减贫和发展领域的交流与投资④。在第十二轮增资期内，国际农发基金将进一步加强和扩大南南合作和三方合作，将其作为促进合作、分享知识与创新的重要手段⑤，充分利用自身经验和优势，与包括中国在内的各国政府以及其他联合国机构、国际和区域组织一道，为帮助广大发展中国家实现2030年可持续发展目标作出贡献。

---

　　①　吴国起，"加强国际抗疫合作助力全球贫困人口应对危机"，《人民日报》，http：//world. people.com.cn/n1/2020/0521/c1002-31717244.html。

　　②　《人类减贫的中国实践》白皮书，http：//www.xinhuanet.com/politics/2021-04-06/c_1127295868. htm。

　　③　"习近平出席世界经济论坛'达沃斯议程'对话会并发表特别致辞"，http：//www. xinhuanet.com/politics/leaders/2021-01/25/c_1127023883.htm。

　　④　"专访：农村是减少贫困和饥饿的重点所在——访国际农业发展基金总裁吉尔贝·洪博"，http：//www.xinhuanet.com/world/2020-10/15/c_1126613464.htm。

　　⑤　"国际农发基金总裁感谢中方捐资"，http：//www.moa.gov.cn/xw/bmdt/202104/t20210401_6365030. htm。

第九章
迈向2030年：战略转型与业务创新

在距离实现2030年可持续发展目标仅有十年之际，国际社会更加深刻地认识到，面向广大发展中国家农村贫困人口和小农户的包容性、可持续发展，对消除贫困、改善粮食安全和营养状况、增强应对各种冲击的韧性至关重要。2021年9月召开的联合国粮食体系峰会（UN Food System Summit）为实现消除贫困和零饥饿两大目标注入了强大的政治动力，从而成为推进全球2030年可持续发展议程的历史转折点。作为20世纪70年代全球粮食危机背景下应运而生的联合国专门机构和国际金融组织，国际农发基金既面临新的挑战，也拥有难得的历史性机遇。在177个成员国的大力支持下，国际农发基金将依托40多年来积累的丰富经验和独特优势，加大战略转型与业务创新力度，为履行全球减贫与农村发展宗旨作出新的更大贡献。

本章将分析全球减贫与粮食安全事业面临的复杂形势和严峻挑战，特别是全球新冠肺炎疫情给发展中国家带来的粮食危机和债务危机风险，阐述2021年联合国粮食体系峰会在凝聚各方政治共识、制定新的大胆举措方面发挥的战略引领和推动作用，突出国际农发基金在全球发展体系中的独特优势和丰富经验，简要总结国际农发基金为帮助发展中国家应对新冠肺炎疫情冲击所采取的有力措施，通过梳理其即将开始实施的三大战略转型和四大业务创新，明确国际农发基金迈向2030年的战略目标和路线图。

第一节　全球减贫与粮食安全形势依然十分严峻

一、实现消除贫困和零饥饿目标面临巨大不确定性

2015 年以来，国际社会通过共同努力，在推动实现全球可持续发展目标（Sustainable Development Goals，SDGs）方面取得了显著进展。但受经济增长放缓、冲突与战乱、气候变化等各种冲击影响，近年来全球特别是撒哈拉以南非洲和南亚国家减贫成效停滞不前，饥饿状况继续恶化。这意味着 17 个可持续发展目标中的目标 1（消除贫困）、目标 2（零饥饿）能否如期实现面临巨大的挑战和不确定性。

截至 2015 年，全球生活在每天 1.9 美元绝对贫困标准线以下的人口约为 7.36 亿人，其中四分之三生活在农村地区，且主要集中在 30 余个低收入国家。联合国粮农组织、国际农发基金、世界粮食计划署等五个联合国机构共同发布的《2020 年全球粮食安全与营养状况报告》（The State of Food Security and Nutrition in the World 2020，SOFI Report）显示，2014 年以来全球饥饿人口持续增加，2019 年达到 6.88 亿人，占全球总人口的 8.9%，5 年累计增加 6 000 万人，在全球总人口中的占比增加了 0.3 个百分点。造成全球饥饿人口增加的主要原因是国家脆弱性、气候变化与极端天气以及经济衰退。另一个监测饥饿程度的指标——粮食不安全状况也呈现出相同的变化趋势。2019 年全球受粮食不安全状况困扰的人口约 20 亿人，比 2014 年增加了 4 亿人，其中 7.46 人亿处于粮食极度不安全状况，占全球总人口的 9.4%。如果这种状况持续下去，到 2030 年，全球饥饿人口将超过 8.4 亿人，2030 可持续发展目标中的"零饥饿"目标将无法实现（见图 9.1）。

二、新冠肺炎疫情进一步加剧发展中国家粮食危机和债务危机风险

2020 年初在全球暴发的新冠肺炎疫情构成 20 世纪全球大萧条以来对经济社会发展的最大冲击。国际货币基金组织和世界银行于 2020 年中的预测

均显示，受全球新冠肺炎大流行以及相应的封锁措施影响，很多国家已经陷入经济衰退，90%以上的发展中国家2020年人均收入将出现负增长。国际货币基金组织警告，如不能采取有效措施，低收入发展中国家将面临陷入"失去的十年"的风险。世界银行预测，新冠肺炎疫情将导致全球绝对贫困人口增加1亿人，其中撒哈拉以南非洲地区将增加3 900万人，南亚地区将增加4 200万人，仅刚果民主共和国、印度和尼日利亚三国的绝对贫困人口就占全球的三分之一以上（见图9.2）。

图9.1　2005—2019年全球饥饿状况

注：虚线和空心圆表示预测值。阴影区域代表从 2019 年到 2030 目标年的更长时期的预测。

资料来源：FAO，*SOFI 2020 Report*，https：//www.fao.org/3/ca9692en/ca9692en.pdf。

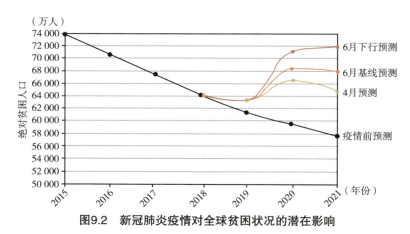

图9.2　新冠肺炎疫情对全球贫困状况的潜在影响

注：绝对贫困的衡量标准是每天生活费低于1.90美元。

资料来源：Lakner et al（2020），PovalNet Global Economic Prospects。

世界银行2020年10月发布的《贫困与共享富裕报告》进一步预测，新冠肺炎疫情将导致2020年全球另有8 800万人至1.15亿人口陷入绝对贫困，这一人数在2021年将达到1.5亿人。这意味着2020年全球绝对贫困人口占全球总人口的比重约为9.1%—9.4%，重新回到2017年9.2%的水平。如果没有受新冠肺炎疫情冲击，2020年全球绝对贫困人口占比本来有望降至7.9%。[①]

2021年3月发布的联合国《2021年可持续发展融资报告》显示，2020年全球经济经历了90年以来最严重的衰退，估计全球损失了1.14亿份工作，约1.2亿人陷入绝对贫困。报告强调，对疫情大流行高度不平衡的反应扩大了不同国家和人民之间已经日渐严重的差距和不平等。最贫穷国家的局势令人深感不安，并可能将实现可持续发展目标的期限再推后10年。

新冠肺炎疫情带来的经济和社会影响对实现"零饥饿"目标构成了巨大威胁。现实表明，作为弱势群体，农村贫困人口，特别是妇女和儿童，受疫情冲击的程度更甚。小规模农户因为可支配的资产极为有限，缺乏甚至没有任何储蓄，更多依赖季节性打工和侨汇收入，面对疫情冲击带来的农产品销售困难和收入损失，根本无法满足最基本的生产和生活需求。《2020年全球粮食安全与营养状况报告》（*SOFI Report*）显示，取决于不同的经济恢复前景，2020年全球饥饿人口预计增加5 600万人到1.2亿人。

新冠肺炎疫情增加了低收入国家的债务可持续性风险，进而削弱其应对冲击的能力。在新冠肺炎疫情暴发之前，2019年已有48%的低收入国家处于债务困境或面临外债偿还高风险，比2013年翻了一番。随着全球经济放缓或陷入衰退，这些国家将面对更大的债务风险。世界银行和国际货币基金组织于2020年4月建议，双边贷款方应国际开发协会（世界银行软贷款）借款国的请求，暂缓债务偿还。非洲国家财政部部长于2020年3月联名呼吁国际社会提供总额达1 000亿美元的紧急经济刺激资金，其中440亿

[①] https://www.worldbank.org/en/news/press-release/2020/10/07/covid-19-to-add-as-many-as-150-million-extreme-poor-by-2021.

美元来自暂缓偿付的贷款利息。2021年4月，二十国集团（G20）财长和央行行长会议决定将"暂缓最贫困国家债务偿付倡议"延期至2021年12月底。随后召开的世界银行和国际货币基金组织2021年春季会议发展委员会部长级会议要求世界银行和国际货币基金组织帮助发展中国家设计和实施相应政策，以从根本上解决过度和不可持续债务问题。

第二节　全球粮食体系峰会发挥强大的政治引领和推动作用

粮食与空气和水一样，对每个人都必不可少。粮食体系是为人类提供食物和营养的所有活动的统称，涵盖粮食生产、收获、加工、运输、营销、消费等各个环节。粮食体系反映人类与土壤、气候、水等自然界关键要素之间的互动关系，不仅直接影响到每个人的生命和营养健康，也深刻影响着全球环境质量、经济增长与文化传承。可持续的粮食体系是指，在不破坏整个星球的健康、不影响下一代利益的前提下，为每个人提供充足的、有营养的食物。然而，如前所述，在距实现2030可持续发展目标仅有十年时间之际，许多目标依然遥不可及，而不安全、不可持续的粮食体系是导致这一问题的主要原因之一。2020年新冠肺炎疫情全球大流行更加凸显了全球粮食体系的脆弱性，其直接后果之一是贫困人口和脆弱群体承受着比普通人更大的冲击和损失。

在此背景下，作为实现2030可持续发展目标"行动十年"（Decade of Action）的重要活动，联合国秘书长古特雷斯决定于2021年9月举行全球粮食体系峰会（Food System Summit 2021），并以此作为推进全球可持续发展议程的历史转折点。

一、峰会的五大目标和四大预期成果

在国际农发基金、联合国粮农组织、世界粮食计划署等联合国机构、各成员国、非政府组织、学术机构、私营部门、农民协会等各利益相关方

的共同参与下，本次峰会确定了以下五大目标：

一是确保安全与营养型粮食的全民可及性；

二是转向可持续的消费模式，促进和创造对健康和可持续饮食的需求，减少浪费；

三是将有利于自然保护的粮食生产提高到充足水平，以应对气候变化，减少排放，提高碳捕捉能力，重塑和保护关键性生态系统，减少粮食损失和能源消耗，避免给健康和营养型饮食带来负面影响；

四是提升公平性生活水平与价值分配，以提高收入水平，分散风险，增强包容性，促进全面和生产性就业，使人人享有体面工作；

五是增强面对脆弱性、冲击和压力的韧性，确保健康与可持续粮食体系持久运行。

与此同时，峰会还提出了四大预期成果：

一是明确有助于实现 2030 可持续发展目标的重要行动与承诺，制定可监测的成果与影响指标，包括宣传推广促进粮食体系转型的成功经验和做法，呼吁所有利益相关方（国家、城市、企业、公民、民间组织、粮食生产者等）采取新的行动；

二是大幅提升公众对粮食体系助力实现可持续发展目标重要性的认识，发动公众共同保护人类和星球；

三是确定一系列基本原则，引导各国政府和其他利益相关方利用粮食体系支持实现可持续发展目标，使粮食体系为建设更加公平、更加可持续的世界发挥核心作用；

四是建立面向新行动的成果跟踪审议机制，促进经验与知识共享，引入新的影响评价体系。

二、国际农发基金提交峰会的六大政策要点

从 2019 年起，国际农发基金就将参与粮食体系峰会设计、筹备，特别是政策和成果准备作为整个机构工作的重中之重，倾尽全力为峰会取得预期成果作出重要贡献。具体而言，在作为第四行动协调小组（Action Track 4）牵头方推动峰会筹备工作的同时，国际农发基金将其参与峰会的总体目标确定为：第一，将小规模农户和其他农村民众置于粮食体系转型与实现可持续发

展目标的核心地位;第二,运用国际农发基金丰富的经验和知识积累,通过广泛深入的磋商,为制定全球层面以行动为导向的粮食体系可持续转型承诺贡献智慧;第三,提升国际农发基金在全球的知名度和影响力,凸显其通过多方动员资金、促进政策对话、分享创新实践而扩大积极影响的关键作用。

为实现上述目标,国际农发基金向峰会提交了以下六大政策要点,着重强调小规模农户在建立可持续粮食体系中的重要性:

一是可持续粮食体系与全球韧性和世界和平密不可分。没有和平的环境,很难建立可持续粮食体系。同样,没有可持续粮食体系,和平也将无从谈起。可持续粮食体系有助于保护生物多样性,同时由于环境恶化与传染性疾病传播密切相关,可持续粮食体系对人类健康与应对各种冲击的韧性也至关重要。

二是可持续粮食体系必须为小规模农户和参与粮食加工、储存和销售的农村民众带来体面的生活,为此应充分听取农村女性、青年、原住民等各方面群体的意见和声音。

三是小规模农业与大规模农业生产相比更具有环境可持续性,小规模农户与他们所赖以生存的自然环境有着天然的联系,从而更加注重保护生物多样性和生态系统。

四是以高产、富裕的小规模农场为主体的粮食体系有助于形成公平、富有韧性的农村社区,并为弱势群体提供食物。以家庭为基础的小规模农业的发展壮大更有利于创造就业机会,促进经济增长,进而提高农村社区的融合。

五是需要通过动员私营部门等所有利益相关方的资金,加大对小规模农业的投资力度。

六是国际农发基金拥有强有力的研究和实证表明哪些行动对促进小规模农户转型发展最有成效。这些行动必须在峰会确定的具体承诺中得到充分体现。

第三节　国际农发基金的独特优势与重要作用

作为唯一致力于促进全球减贫与农村发展的多边发展机构,国际农发基金经过四十多年的不断努力，已经从成立之初仅提供资金支持发展成为集贷款赠款项目准备、执行、评估为一体的真正意义上的发展融资机构。国际农发基金业务主要集中在支持最偏远和最脆弱地区的贫困小规模农户，是全球粮食和营养安全领域投资仅次于世界银行的第二大国际金融机构。其在全球发展领域的独特优势与重要作用主要体现在四大方面。

一是相关性强。全球贫困和饥饿人口绝大多数生活在农村地区并以农业为生。国际农发基金成立四十多年来专注于全球农业发展，通过贷款赠款项目改善发展中国家偏远地区农村基础设施条件，促进农产品与市场连接，为广大青年和妇女创造就业机会，有效应对环境和气候变化带来的冲击，帮助 5 亿多农村贫困人口提高粮食生产能力和收入水平。在新冠肺炎疫情给全球粮食系统带来巨大冲击的背景下，加大对小规模农户的支持比以往任何时候都更加重要。

二是覆盖面广。国际农发基金长期秉持"不让一个人掉队"的理念（leave no one behind），致力于解决"最后一英里"（the last mile）的贫困问题，重点支持全球最偏远、最落后以及脆弱和受冲突影响国家和地区的贫困人口，而这些地区恰恰是其他多双边援助机构很少涉足的。国际农发基金的贷款赠款项目覆盖全球 100 多个发展中国家，全球范围内因国际农发基金投资项目而受益的小农户超过其他任何国际机构。在很多国家，国际农发基金均为减贫与农业发展领域最大的多边融资方。

三是发展绩效好。国际农发基金是唯一对全部援助业务进行系统性发展影响评价（Impact Assessment）的国际组织。最新的影响评价结果显示，国际农发基金项目平均每年提高 1 500 万小规模农户的生产能力，帮助 1 600 万小规模农户增加销售收入，改善 900 万受益人口应对外部冲击的能力，使 2 000 万农村贫困人口的收入提高至少 20%。国际农发基金还通过政策对话、技术援助、知识分享来帮助受援国改善政策环境，提高机构能力，真正做到既"授人以鱼"，又"授人以渔"。

四是捐资回报高。国际农发基金充分发挥动员发展融资的催化剂作用，通过与借款国政府、受益人口以及其他多边、双边发展伙伴联合融资，成员国每提供 1 美元捐资，就能够带来 8.4 美元的实际总投资。

国际农发基金对 2030 年可持续发展议程的贡献在 2015 年 7 月第三届

国际发展融资大会通过的《亚的斯亚贝巴行动议程》（Addis Ababa Action Agenda，AAAA）中得到国际社会充分肯定："我们认识到国际农发基金在动员资金方面所作的努力，这有助于农村贫困做人口改善粮食安全和营养状况，提高收入，增强抗冲击能力。"

由 18 个 OECD 国家发起成立的多边组织绩效评价网络（Multilateral Organization Performance Assessment Network，MOPAN）定期对多家联合国机构和国际金融组织的机构和发展有效性进行绩效评价。MOPAN 2017—2018 年报告认为，国际农发基金是一个具有灵敏度和响应性、绩效显著的多边机构，其战略、组织架构和运营模式确保该机构履行自身宗旨，多年来持续为减少农村贫困作出积极贡献，在适应不断变化的国际环境以及成员国需求方面展示了充分的灵活性。

2021 年 5 月，美国知名智库全球发展中心（Center for Global Development）发布的《2021 年官方发展援助质量报告》将国际农业发展基金排在 49 家多边和双边援助机构的首位。该年度报告从援助优先次序、受援国主导权、透明度、评价体系四个层面，根据 17 项相关指标对参评机构进行综合评估。其中，国际农发基金在透明度方面排名第一，因与受援国战略目标高度契合以及高质量的评价体系而在受援国主导权和评价体系两个方面均排名第四，在援助优先次序方面排名第七。这一殊荣再次确认了国际农发基金在提高援助有效性方面的独特优势和坚定承诺。

第四节　迅速有效支持发展中国家应对新冠肺炎疫情冲击

随着突如其来的新冠肺炎疫情在全球扩散蔓延，各国采取的禁足、封城、关闭边境，乃至禁止粮食出口等措施给全球粮食安全，特别是广大发展中国家贫困人口和小农户带来巨大冲击。国际农发基金遵循与"联合国疫情应对与恢复框架"有机衔接的原则，迅速制定和采取了包括资金和技术支持、政策建议在内的一系列措施，既着眼于应对全球大流行给农村贫困人口带来的直接和短期影响，防止多年来的减贫成果付之东流，也致力于帮助广大发展中国家加快后疫情时代的恢复重建，增强其在长期抗击各种风险和冲击的韧性和能力。

具体而言，国际农发基金主要采取了三大方面的应对措施，得到受援国和小农户等受益群体的高度评价。

一、出资设立"农村贫困人口刺激机制"

经执董会批准，国际农发基金于 2020 年 4 月出资 4 000 万美元设立"农村贫困人口刺激机制"（Rural Poor Stimulus Facility），并面向各成员国、私营部门和慈善机构等广泛筹集资金。截至 2021 年 3 月底，已动员成员国等方面的捐资约 5 300 万美元。该机制主要资助四大方面的活动：一是向小规模农户提供种子、化肥等生产资料；二是为农产品走向市场提供仓储和物流支持；三是为农村贫困人口和中小微企业提供流动资金支持；四是采取数字化手段，确保市场、天气、资金等方面的信息分享。该机制与联合国框架下的"新冠肺炎疫情应对与恢复多方信托基金"（COVID-19 Response and Recovery Multi-Partner Trust Fund）有机衔接并互为补充，截至 2021 年 3 月底，已累计资助 59 个国家，受益家庭达到 760 万个。

二、迅速调整执行中的贷款赠款项目内容

国际农发基金与受援国一道，全面梳理正在执行的贷款赠款项目资金中尚未支付部分，根据受援国的紧急需求，迅速调整项目内容，并尽快将资金拨付到位。截至 2021 年 3 月底，累计对 33 个受援国的 56 个项目进行调整，提供资金支持 1.71 亿美元。

三、及时提供疫情影响评估和政策建议

截至 2021 年 3 月底，国际农发基金与联合国粮农组织、世界粮食计划署等联合国机构以及其他发展伙伴一道，向 41 个国家提供了及时的疫情影响分析评估和政策建议。在玻利维亚，国际农发基金就疫情对农业和粮食体系的影响进行诊断分析，使玻利维亚成为最早制订疫情应对与恢复计划

的国家之一。国际农发基金帮助太平洋岛国创新性地采用数字化技术搜集粮食价格信息，大大提高了疫情应对战略的针对性和有效性。在土耳其，国际农发基金开展的快速影响评估为基于手机和区块链的、覆盖买卖双方的农产品电子营销项目提供了有力支持。

第五节　战略转型及三大支柱

2015年国际社会共同确定2030年可持续发展目标之后，国际农发基金执董会于2016年批准了成立以来的第五个战略框架——《2016—2025年战略框架》（Strategic Framework 2016–2025）。该战略框架与2030可持续发展目标有机衔接，确定2025年前的战略方向为"促进包容性和可持续的农村转型发展"，并制定了三大战略目标，分别为：第一，提高农村贫困人口的生产能力；第二，通过市场参与提高农村贫困人口的受益水平；第三，加强农村贫困人口经济活动的环境可持续性和应对气候变化的韧性。为此，国际农发基金提出，要把自身打造为"业务规模更大、援助绩效更佳、方式更加精准"（Bigger，Better，Smarter）的发展援助机构，即更大规模动员资金投资于农村地区，通过创新、知识分享、伙伴关系与政策对话提高国别规划质量，更加注重发展援助的成本效益和对受援国需求的响应程度。在与受援国合作过程中，国际农发基金将继续遵循五大原则，即目标精准、赋权增能、性别平等、创新学习与推广、伙伴关系。实现上述目标的具体手段有四个，分别为国别援助规划，知识创造传播与政策对话，融资能力与财务工具，机构职能、服务与系统保障。

2020年，在该战略框架执行过半、2030可持续发展目标进入最后的"行动十年"（Decade of Action）的历史背景下，国际农发基金启动了第十二轮增资磋商（IFAD12 Replenishment Consultation）。各成员国对《2016—2025年战略框架》执行情况进行了全面总结与回顾，就未来10年的战略目标、业务模式、保障机制等进行了历时一年的深入磋商并达成重要共识。2021年2月举行的第44届理事会年会批准了主题为"恢复、重建、韧性"的

《国际农发基金第十二轮增资磋商报告》，为国际农发基金未来10年的改革与发展指明了方向。

一、国际农发基金第十二轮增资磋商确定新的战略目标

在《国际农发基金第十二轮增资磋商报告》中，各成员国充分肯定国际农发基金为实现包容性、可持续农村转型所做的重要贡献，一致认为，作为唯一致力于促进全球减贫与农业农村转型的发展援助专门机构，国际农发基金应继续为实现"消除绝对贫困"（SDG1）和"零饥饿"（SDG2）的可持续发展目标发挥更大作用，一致同意将国际农发基金的战略目标确定为2030年前使减贫成效翻一番（Doubling impact by 2030），即通过提高援助业务的效率和可持续性，使每年至少提高20%收入的农村贫困人口从目前的2 000万人增加到4 000万人（见图9.3）。

图9.3　国际农发基金第十二轮增资战略目标

如图9.3所示，在第一层次，国际农发基金将继续为实现2030年可持续发展目标作出重要贡献，其中与国际农发基金最直接相关的是目标1（消除贫困）和目标2（零饥饿），特别是具体目标1.4（确保对经济资源享有平等权利）、具体目标1.5（提高贫困人口应对气候变化的韧性）、具体目标2.3（使

小农户的生产能力和收入翻一番）、具体目标 2.4（建立可持续的粮食生产体系）。同时，国际农发基金的发展援助业务将有助于实现目标 5（性别平等）、目标 8（体面工作与经济增长）、目标 10（减少不平等现象）、目标 13（气候行动）、目标 15（环境可持续性）、目标 17（伙伴关系）。

在第二层次，为实现 2030 年前使减贫成效翻一番的战略目标，需要同时拓展和深化发展效益。拓展发展效益意味着建立更加广泛的合作伙伴关系，通过动员和筹集额外的、来自不同渠道的资金，加快项目成果交付进程，使更多的农村贫困人口受益。深化发展效益则需要进一步瞄准最贫困和最脆弱的农村人口、原住民和残障群体，聚焦最贫困国家和脆弱国家，确保每个受益人均能在生产能力、收入水平、营养状况、抗冲击能力等方面获得更大和更可持续的改善。

上述目标的实现将取决于第三层次的有力保障，即三大转型支柱和两大成果交付原则。三大转型支柱分别为国别规划转型、财务框架转型和机构改革，具体内容将在下文详述。两大成果交付原则（Principles of Results Delivery）分别是：通过加大去中心化改革力度，使职员更加贴近受益人；通过提高职员的学习能力和适应性，更好地满足目标群体的需求。

二、支柱一：国别规划转型

国别援助规划是国际农发基金与受援国开展合作的纲领性文件。制定国别援助规划的主要依据是受援国所处的发展阶段、在农村减贫和粮食安全领域面临的重大挑战，以及获取和消化各种资金的能力。制定国别援助规划的根本原则是与受援国的长期发展战略保持一致，确保受援国享有自主权，并充分调动受援国政府和受益人群的自主性。

国别规划转型对国际农发基金拓展和深化发展效益至关重要，其核心是进一步丰富国别援助手段，从过去的以贷款赠款项目（Programme of Loans and Grants，PoLG）为主，转向更加全面的，涵盖资金支持、政策建议、知识分享以及能力建设的一揽子援助方式。

如图 9.4 所示，在资金支持层面，从 2022 年起，在传统的贷款赠款项目规划基础上，国际农发基金将正式向受援国推出私营部门融资业务

（Private Sector Financing Programme，PSFP）和小规模农业适应规划升级版
（Adaptation for Smallholder Agriculture Programme+，ASAP+），以动员更多私
营部门资金和技术用于农业和农村发展，更加有力地支持农村贫困人口和
弱势群体应对气候变化冲击，提高粮食安全和营养水平。PoLG、PSFP以及
ASAP+三大国别援助工具，加上来自其他国际金融组织、成员国政府、受
益群体和其他发展伙伴的联合融资，共同构成了国际农发基金的总体业务
规模（Program of Work，PoW）。

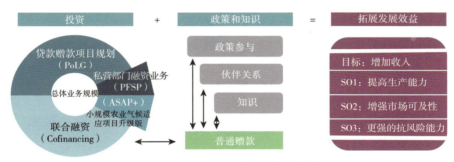

图9.4　IFAD12国别规划主要内容

在政策与知识层面，将进一步强化普通赠款资金（Regular Grants）的
催化剂作用，以提供全球和区域公共产品，促进政策对话和知识分享，开
展创新试点，支持受援国政府和项目执行机构加强能力建设，并建立和深
化广泛的伙伴关系。自国际农发基金成立以来，普通赠款资金一直是其援
助规划的重要组成部分（占贷款赠款规划的比例一度为6.5%）。第十二轮增
资磋商期间，成员国就普通赠款的适宜规模进行深入讨论，并再次确认了
普通赠款的重要作用。下一步，将通过修改完善普通赠款政策和实施细则，
强化赠款项目与国别援助规划的有机衔接以及与贷款资金的协同效应。

在援助效益层面，通过更加丰富的国别援助手段，国际农发基金将更
加有力地帮助受援国和受益群体提高生产能力，增强市场可及性，更好地
应对外部冲击，从而实现提高农村贫困人口收入的目标。

三、支柱二：财务框架转型

近年来，随着贷款赠款规模的逐步扩大、债务可持续性框架（DSF）赠款

占比加大以及资金支付进度加快，国际农发基金的财务可持续性面临较大压力。为此，在成员国的支持下，管理层经过深入研究，实施了一系列财务与风险管理改革（主要内容详见图9.5），于2020年10月和11月先后获得惠誉和标准普尔两大国际评级机构的AA+信用评级，是改革取得显著成效的重要标志。

资本金及流动性管理	可持续发展融资	综合融资策略	内部控制框架
• 资本充足率政策 • 新流动性管理政策 • 资产负债管理框架	• 债务可持续框架改革 • 可持续增资基准 • 较高的总体优惠程度 • 超强优惠融资条件	• 审慎运用资产负债表 • 综合贷款框架 • 外部信用评级	• 内控职能 • 反洗钱与反恐融资政策

图9.5 财务框架改革

以上述改革为基础，成员国就从2022年起继续推进国际农发基金的财务框架转型达成重要共识。

从资金来源角度看，三年一次的成员国捐资仍然是国际农发基金资金实力的根基、资产负债表的核心，以及履行自身宗旨最重要的资金保障。成员国捐资与贷款本息回流和优惠伙伴贷款（Concessional Partner Loan，CPL）一道，共同构成国际农发基金的核心资源。

随着国际农发基金获得惠誉和标准普尔两大国际评级机构的AA+信用评级、执董会于2020年12月批准《综合借款框架》（Integrated Borrowing Framework，IBF）、理事会于2021年2月批准修订后的《国际农发基金成立协议》，国际农发基金将在以前从德国复兴开发银行（KfW）、法国开发署（AFD）等双边发展援助机构筹集主权借款的基础上，通过私募等方式从更加多元化的渠道筹集资金。此举将大大提高国际农发基金的流动性水平、向受援国提供资金支持的可预测性和稳定性，以及贷款条件的竞争力。

从资金分配角度看，为更好地体现对最贫困国家的支持，从2022年起，国际农发基金的核心资源将全部用于支持低收入国家（LICS）和中等偏下收入国家（LMICs），其中，非洲国家占55%，撒哈拉以南非洲地区占50%，脆弱国家占25%。资金分配机制仍采用原有的"以绩效为基础的分配体系"（PBAS）。

同时，鉴于中等偏上收入国家（UMICs）仍存在一定数量的农村贫困人口，对中等偏上收入国家的资金支持将全部来源于国际农发基金的对外借款。为维持并扩大对中等偏上收入国家的资金支持，各成员国决定，第十二轮增资期间贷款赠款规模（POLG）的至少11%将用于中等偏上收入国家，最高占比可达20%，以确保其获得的贷款金额不低于第十一轮增资期间的水平。对外借款筹集资金的剩余部分将分配给中等偏下收入国家和低收入国家。

四、支柱三：机构改革

随着援助规模的逐步扩大和业务模式的不断调整，国际农发基金管理层一直致力于推进机构改革，大胆探索提高机构能力与效率的有效途径，以更好地履行自身宗旨，满足成员国需求。

在第十二轮增资磋商过程中，管理层提出涵盖五大方面的机构改革方案，并得到各成员国的支持（见图9.6）。

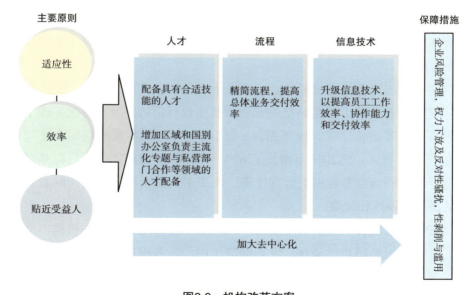

图9.6　机构改革方案

一是继续加大去中心化与权力下放力度（Decentralization 2.0）。在借鉴其他联合国机构和国际金融组织的做法、总结第一阶段去中心化改革经验教训的基础上，在2024年前将45%的职员外派到区域和国别办公室；在巩固项目管理职员队伍的同时，充实负责主流化专题（mainstreaming themes）及相关技术领域、政策对话与伙伴关系的职员配备；合理划分总部与区域和国别办公室之间的权力边界，加大对区域和国别办公室的战略指导和全方位支持力度。

二是实施"人才、流程与信息技术计划"（People Process Technology Plan，PPTP）。根据外部咨询公司对人力资源现状、业务流程和信息支持系统的全面分析评估，并结合职员问卷调查的反馈结果，管理层提出了人才、流程与信息技术计划，并于2020年4月获得执董会批准，实施期为2020—2022年。

三是加强企业风险管理。进一步去中心化、扩大与私营部门合作、更加复杂的融资框架是国际农发基金在第十二轮增资期间及以后业务模式的主要组成部分，而这些将直接影响到其风险管理框架。为此，国际农发基金新设立了风险管理办公室，建立了涵盖财务、项目管理、操作合规三大风险以及信誉、法律等跨领域风险的全方位治理结构，制定了一系列政策制度和操作指南，将现代化的风险管理理念和手段有效贯穿到业务领域的各个方面。

四是更加注重提高机构效益。在第十一轮增资期间（2019—2021年），国际农发基金在成功完成35亿美元贷赠款项目目标的同时，首次实现了行政预算实际零增长。就2019年而言，每1美元行政成本所对应的在建项目总金额为57美元，比2016年增长了20%。第十二轮增资期间的目标是继续保持行政预算与业务规模的合理比率，将更多的资金用于提高国际农发基金的援助有效性和绩效。

五是对性骚扰、性剥削与滥用（SH/SEA）实行零容忍。在机构内部和开展业务过程中防止性骚扰、性剥削与滥用，是各成员国对联合国机构的一致要求。为此，联合国秘书长出台了专门的战略文件，国际农发基金也制定了《防范和应对性骚扰、性剥削与滥用政策》，并加入了联合国系统的季度通报机制和职员录用审查数据库。管理层将继续每两年制定和实施新的一期行动计划，并定期向执董会报告进展情况。

第六节　业务创新四大亮点

为实现前述三大战略转型，国际农发基金将从2022年起对其业务模式和管理方式进行重大创新。具体而言，主要有四大亮点。

一、支持发展中国家应对气候变化的资金规模创历史新高

近年来，虽然全球气候资金已经达到5 000亿美元的规模，但只有1.7%（约100亿）的资金用于小规模农户。国际农发基金的特殊宗旨决定了其有义务发挥领导作用。一方面，在全球应对气候变化政策对话中反映广大小规模农户和农村贫困人口的声音和利益；另一方面，动员更多的气候资金，支持他们提高应对气候冲击的能力和韧性。

与其他多双边援助机构侧重资助气候变化减缓行动不同，国际农发基金长期致力于支持气候适应项目并积累了丰富经验。2012年，国际农发基金推出了小规模农业适应规划（ASAP）。迄今为止，这仍是全球范围内唯一支持小农户应对气候变化挑战的项目。第一期主要以赠款方式为国际农发基金资助项目提供联合融资，第二期主要提供技术援助。通过两期项目的成功实施，国际农发基金在该领域积累了丰富的经验。对第十轮增资期间（2016—2018年）贷款赠款项目进行的影响评价结果显示，与对照组农户相比，国际农发基金项目受益人群应对气候变化等各种外部冲击的能力高出13%。

在第十一轮增资期间（2019—2021年），国际农发基金承诺将核心资源的25%用于应对气候变化。在第十二轮增资期间（2022—2024年），国际农发基金将把贷款赠款总额的40%用于支持小规模农户应对气候变化，比第十一轮增资提高15%；90%的贷款赠款项目将包括提高适应气候变化能力的内容，受益人口将达到2 800万人。

此外，从2022年起，国际农发基金将通过小规模农业适应规划升级版（ASAP+），动员更多资金用于支持农村贫困人口和弱势群体应对气候变化冲击，提高粮食安全和营养水平，减少温室气体排放。具体支持范围包括：一是拓展至气候减缓领域；二是建立有效的政策环境，提高机构能

力和技术水平；三是执行确保妇女和青年受益的气候变化战略；四是提高粮食供应的稳定性和多元化。资金以赠款为主，在适当情况下可提供贷款。

第十二轮增资期间，ASAP+的资金筹集目标为5亿美元，按1 : 0.3的联合融资比例测算，国际农发基金将在通过普通贷款赠款资金提高2 800万农村贫困人口气候韧性的基础上，通过ASAP+额外提高1 000万农村贫困人口应对气候变化冲击的能力。

与此同时，国际农发基金与其他发展伙伴一道，积极参与构建名为"农村韧性规划"（Rural Resilience Program，2RP）的全球合作平台，以有效应对由气候变化导致的粮食安全危机、非正常移民和土地退化，实现协同效应最大化。"农村韧性规划"由三大支柱组成，分别是ASAP+、"非洲可持续性、稳定性与安全倡议"（Initiative for Sustainability，Stability and Security in Africa，3S Initiative，简称3S倡议）、绿色气候基金支持的"绿色长城倡议"（GCF-supported Great Green Wall Initiative，GGWI）。3S倡议是由摩洛哥和塞内加尔发起成立的14个非洲国家政府间倡议，目的是解决导致非洲地区贫困和局势不稳定的根源，特别是农村青年因失业造成的被迫移民以及土地等自然资源退化带来的冲突，国际农发基金将对该倡议下的项目提供资金支持。绿色长城倡议由非洲联盟发起，11个成员国从西向东横跨非洲萨赫勒地区，分别是塞内加尔、毛里塔尼亚、马里、布基纳法索、尼日尔、尼日利亚、乍得、苏丹、埃塞俄比亚、厄立特里亚和吉布提。该倡议旨在2030年前恢复1亿公顷退化土地，完成2.5亿吨碳捕捉，创造1 000万个工作岗位。国际农发基金将与绿色气候基金共同设计该倡议下的投资项目，并与其他发展伙伴一道负责项目的实施。

二、正式向受援国推出私营部门融资业务

鉴于实现2030年可持续发展目标存在的巨大资金缺口，动员私营部门资金已经成为国际社会的广泛共识。在积极借鉴其他国际金融机构开展私营业务成功经验的基础上，国际农发基金在第十一轮增资期间（2019—

2021）进行了积极探索和大胆尝试。2019年，执董会批准《与私营部门合作战略（2019—2024年）》（IFAD Private Sector Engagement Strategy 2019–2024）；与欧盟、非洲加勒比与太平洋地区国家联盟（African, Caribbean and Pacific Group of States）、非洲绿色革命联盟（AGRA）、卢森堡政府共同发起设立"农业企业资本基金"（Agri-Business Capital Fund，ABC Fund），支持中小微农业企业和农民合作组织发展壮大。2020年，执董会批准了首个私营部门项目，通过向尼日利亚 Babban Gona 农民服务有限公司提供500万美元贷款，支持尼日利亚北部近50万个小农户的玉米和稻谷生产、收割与销售，进而提高其粮食生产能力和收入水平。

为动员更多私营部门资金和技术用于农业和农村发展，国际农发基金将从2022年起正式推出私营部门融资业务，作为国别援助的新型工具。该业务首期计划筹集2亿美元资金，并以5倍的杠杆率，力争在2024年底前使项目总投资达到10亿美元，受益人口达到2 500万人。私营部门业务将以贷款、股权投资、担保等方式，重点支持青年就业、妇女赋权、提高小农户应对气候变化的韧性。私营部门业务将面向所有成员国，但在2022—2024年期间，预计90%的资金将投向低收入国家、中等偏下收入国家和脆弱国家。在逐步实现成本回收和财务可持续的同时，私营部门业务将确保与国别援助总体战略（COSOPs）的一致性、与其他国际金融机构的互补性，遵循环境、气候和社会保障标准，促进良政，为受援国深化公共部门与私营部门的伙伴关系带来积极示范效应。

三、新的资金分配原则兼顾不同受援国的发展阶段和需求

国际农发基金减贫宗旨的核心在于其"普遍性原则"（Principle of Universality），即在所有发展中成员国均有资格利用资金支持的前提下，重点向最贫穷国家和最贫困人口倾斜。在第十一轮增资磋商期间，各成员国决定将90%的核心资源用于低收入国家和中等偏下收入国家，10%用于中等偏上收入国家。在第十二轮增资磋商期间，各成员国决定将100%的核心资源用于低收入国家和中等偏下收入国家，中等偏上收入国家改为利用国际农发基金通过对外借款筹集到的资金。这种新的资金分配方式既遵循了

"普遍性原则"，也有助于根据不同国家的发展阶段和发展趋势，提供差异化的资金支持。

在增资磋商过程中，各方一致认识到，尽管中等偏上收入国家有能力从资本市场融资，由于其仍存在一定数量的农村贫困人口，继续提供资金支持依然十分重要。同时，中等偏上收入国家作为重要捐款国和借款国，有利于增强国际农发基金的资金实力和贷款质量、促进经验交流与知识分享，因此保持双方合作对国际农发基金而言是非常必要的。

与第十一轮增资以前所有贷款赠款资金均采用"以绩效为基础的分配体系"（PBAS）不同，2021年4月举行的第132届执董会批准了"借款资金分配机制"文件（Borrowed Resources Access Mechanism，BRAM）。该文件规定，从2022年起执行新的"借款资金分配机制"，在考虑发展有效性、借款需求、借款国信用水平等因素的基础上，通过一系列标准和原则确定如何在不同国家、不同项目之间分配通过对外借款筹集到的资金。

具体而言，"借款资金"是指国际农发基金根据2020年12月第131届执董会批准的"综合借款框架"（Integrated Borrowing Framework，IBF）筹集到的资金。包括低收入国家、中等偏下收入国家、中等偏上收入国家在内的受援国，在满足与国际农发基金战略重点一致、具备贷款吸收能力、拥有主动性等原则的前提下，均有资格申请贷款，但根据国际货币基金组织债务可持续性评估处于高债务风险的国家除外。为防范风险，将在每个受援国最高贷款限额不超过贷款总规模5%的基础上，根据借款国的信用评级逐一确定具体的基于风险的贷款限额（Indicative Risk-based Country Limit）。在该机制下，适用于借款国的贷款条件将高于国际农发基金的平均借款成本，且不同收入水平的借款国之间的贷款条件也有所区别。

四、权力下放等综合改革持续提供强有力保障

着眼于降低成本、提高效率、促进创新的机构改革一直伴随着国际农发基金的发展历程。2017年第六任总裁吉尔贝·洪博就任后，在认真总结以往经验做法的基础上，结合2030可持续发展目标、联合国发展系统改革、

成员国需求和职员反馈，先后推出了涉及面广、影响深远的重大改革举措。

2017—2018 年，国际农发基金实施了业务卓越促绩效改革（Operational Excellence for Results），主要内容包括四个方面：一是加大去中心化力度；二是优化总部的组织架构和职能设置；三是将更多权力下放给一线职员；四是精简优化业务流程。通过上述改革措施，总部以外职员的占比从 2017 年的 18% 大幅提升至 2020 年的 32%，国际农发基金得以更好地与借款国开展政策对话、与其他发展伙伴和利益相关方建立全面合作关系，项目设计所需时间从 2016 年的 17 个月缩短至 2019 年的 10 个月，项目质量得到显著提高。

在前述涵盖五大领域的新一轮综合改革中，"人才、流程与信息技术计划"（People Process Technology Plan，PPTP）已经于 2020 年启动。该计划的主要目标是：第一，在人才领域，合理调整专业职员与行政辅助职员结构，根据业务领域扩展需要，适当增加编制并尽可能充实到业务第一线，通过有针对性的培训提高职员技能和适应不同岗位的能力，改革绩效考核制度规定，加大轮岗力度，更好地激发机构内部活力以及职员的积极性和创造性。第二，在业务流程方面，对贷款赠款项目准备、执行、采购管理、对外宣传、人力资源、行政管理、文件处理等十多个流程进行精简压缩和信息化改造，使职员从繁文缛节中解脱出来，将更多的精力投入业务工作中。第三，在信息技术领域，利用人工智能、机器人等信息化手段支持人力资源改革和业务流程再造，在诸多领域进行自动化试点并加以推广，提高员工运用信息化手段进行数据分析和开展业务的能力。目前该计划进展顺利并已经取得可喜成果。

有研究表明，农业领域带动的经济增长对减贫和粮食安全的影响是其他领域的 2—3 倍。在国际农发基金第十二轮增资磋商过程中，各成员国一致认为，实现 2030 年消除贫困和零饥饿目标，必须加大对农村贫困人口的支持力度。面对新冠肺炎疫情和其他全球性挑战，国际农发基金必须采取强有力手段使减贫成效翻番。在成员国的大力支持下，通过战略转型和业务创新的有效实施，国际农发基金一定能够为实现 2030 可持续发展议程作出新的更大贡献。

专栏9.1	IFAD12关键承诺与预期目标一览表
主题/领域	IFAD12关键承诺与预期目标
覆盖面	1.27亿人接受由项目支持或提供的服务
发展效益	• 提高6 800万人的收入 • 提高5 100万人的生产效率 • 增强5 500万人的市场可及性 • 提高2 800万人的抗风险能力 • 提高1 100万人的营养水平
效果和产出	• 190万公顷土地纳入气候适应性管理 • 325万人接受生产实践和/或技术培训 • 建设、修复或升级1.9万公里道路 • 2 250万人获得金融服务 • 90万家农村企业获得创业服务 • 310万人接受创收活动/企业管理方面的培训 • 有新工作/就业机会的受益人数量（跟踪） • 为600万人提供有针对性的支持以改善营养状况 • 以可持续方式支持11 500个群体管理自然资源和气候相关风险 • 支持100万个农村生产者组织成员
业务运营	• 确保至少10个新项目将原住民列为优先目标群体 • 确保至少五个新项目将残疾人作为优先目标群体 • 制定具体举措以加强农发基金在萨赫勒和非洲之角的参与度 • 将联合融资比例提高到1∶1.5 • 扩大南南合作信托基金 • 50%的《国别伙伴战略》包含私营部门参与内容 • 90%的项目旨在建立气候适应能力 • 确保至少有五个项目运用信息技术或数字农业方法 • 制订和实施涉及项目监测和评价、效率和成果可持续性的行动计划
融资与资金分配	• 100%的核心资金用于支持低收入国家和中等偏下收入国家 • 11%—20%的贷款赠款项目用于支持中等偏上收入国家 • 40%的贷款赠款用于支持气候相关项目 • 50%的核心资金分配给撒哈拉以南非洲 • 25%的核心资金分配给局势脆弱的国家 • 推出私营部门融资业务（PSFP）和小规模农业适应规划升级版（ASAP+）业务，提出建立借款资金分配机制的方案

续表

主题/领域	IFAD12关键承诺与预期目标
战略/政策/方法	• 向执董会提交生物多样性战略方案 • 向执董会提交支持残疾人战略方案 • 为国际农发基金参与小岛屿发展中国家活动制定新战略 • 审视国际农发基金在脆弱环境的参与活动 • 更新国际农发基金的推广和扩大规模战略 • 将毕业政策提交执董会批准
机构改革	• P5级别以上女性职员比例达到40% • 把员工去中心化水平从32%提高到45% • 根据联合国可持续发展工作组的战略和最佳实践，制订两年一度的国际农发基金行动计划，以预防和应对性骚扰、性剥削与滥用

注：不包括私营部门融资计划（Private Sector Financing Programme，PSFP）和小规模农业适应规划升级版（Adaptation for Smallholder Agriculture Programme+，ASAP+）。

参考文献

1.联合国，《第二次联合国南南合作高级别会议布宜诺斯艾利斯成果文件》，2019年4月。

2.中央党史和文献研究院，《改革开放四十年大事记》，http：//www.xinhuanet.com/2018-12/17/c_1123861055.htm。

3.《人类减贫的中国实践》白皮书，http：//www.xinhuanet.com/politics/2021-04/06/c_1127295868.htm。

4.洪博，"共建没有贫困和饥饿的世界"，《人民日报》，http：//paper.people.com.cn/rmrb/html/2020-08/03/nw.D110000renmrb_20200803_2-03.htm。

5."习近平：在全国脱贫攻坚总结表彰大会上的讲话"，http：//www.xinhuanet.com/politics/leaders/2021-02/25/c_1127140240.htm。

6.《中共中央 国务院关于全面推进乡村振兴 加快农业农村现代化的意见》，http：//www.gov.cn/gongbao/content/2021/content_5591401.htm。

7."2021年中央一号文件公布 提出全面推进乡村振兴"，http：//www.xinhuanet.com/politics/2021-02/21/c_1127122097.htm。

8."习近平出席世界经济论坛'达沃斯议程'对话会并发表特别致辞"，http：//www.xinhuanet.com/politics/leaders/2021-01/25/c_1127023883.htm。

9.吴国起，"加强国际抗疫合作 助力全球贫困人口应对危机"，《人民日报》，http：//world.people.com.cn/n1/2020/0521/c1002-31717244.html。

10."专访：农村是减少贫困和饥饿的重点所在——访国际农业发展基金总裁吉尔贝·洪博"，http：//www.xinhuanet.com/world/2020-10/15/c_1126613464.htm。

11."国际农发基金总裁感谢中方捐资"，http：//www.moa.gov.cn/xw/bmdt/202104/t20210401_6365030.htm。

12."为实现全球粮食体系转型提供强有力融资支持——专访国际农

发基金助理副总裁吴国起",http://world.people.com.cn/n1/2021/0729/c1002–32174436.html。

13. Abdelmuhsin Al-Sudeary, In Pursuit of Agricultural Development, 1995.

14. Center for Global Development, Quality of Official Development Assistance Report 2021, www.cgdev.org › quoda-2021.

15. FAO, The State of Agricultural Commodity Markets 2009.

16. FAO, SOFI 2020 report, https：//www.fao.org/3/ca9692en/ca9692en.pdf.

17. Guoqi Wu, Building climate resilient agriculture, http：//www.chinadaily.com.cn/a/202104/27/WS60874be5a31024ad0baba8ab.html.

18. IFAD, Agreement Establishing the International Fund for Agricultural Development. Rome, 13 June 1976.

19. IFAD, Annual Reports, 1978 and following years.

20. IFAD, Agents of Rural Change：The IFAD Story, 2018.

21. IFAD, Report of the Consultation on the Twelfth Replenishment of IFAD's Resources, GC 44/L.6.

22. IFAD, External Independent Assessment of IFAD's Financial Risk Management and Corporate level Evaluation on IFAD's Financial Architecture：Management Appraisal and Action Plan.

23. IFAD, Integrated Borrowing Framework, EB 2020/130/R.31.

24. IFAD, Overview of the Portfolio, Supplementary Funds Portfolio Quarterly Update-Q4 2020.

25. IFAD, Pledges to IFAD12 and the ASAP+and PSFP Trust Funds, Report of the Consultation on the Twelfth Replenishment of IFAD's Resources, Addendum, GC 44/L.6/Add.1.

26. IFAD, Report on IFAD's Development Effectiveness 2020.

27. IFAD Strategic Framework 2016-2025：Enabling inclusive and sustainable rural transformation.

28. IFAD, Community-driven development in IFAD-supported projects Evaluation Synthesis, Independent Evaluation Office of IFAD, 2020, www.ifad.

org/en/web/ioe/evaluation/asset/41898431.

29. IFAD, Revised Operational Guidelines on Targeting, EB 2019/127/R.6/Rev.1.

30. IFAD Strategy and Action Plan on Environment and Climate Change 2019-2025, EB 2018/125/R.12.

31. IFAD, SECAP procedures 2017 edition.

32. IFAD, Updated Social, Environmental and Climate Assessment Procedures（SECAP）, EB 2020/131/R.4, EB 2020/131/R.4+Add.1.

33. IFAD, Policy on Gender Equality and Women's Empowerment.

34. IFAD, Mainstreaming nutrition in IFAD Action Plan 2019-2025.

35. IFAD, Rural Youth Action Plan（2019-2021）.

36. IFAD, Rural Finance Policy, 2009.

37. IFAD, Inclusive financial services for the rural poor Evaluation synthesis, Independent Evaluation Office of IFAD, 2019. www.ifad.org/en/ioe/evaluation/asset/41205725.

38. IFAD's Rural Finance Policy Corporate-level Evaluation, Independent Evaluation Office of IFAD, 2006. www.ifad.org/en/ioe/evaluation/asset/29830551.

39. IFAD Private Sector Engagement Strategy 2019-2024, EB/2019/127/R.3.

40. IFAD, Revised Guidelines and Procedures for Results-based Country Strategic Opportunities Programme, EB 2018/125/R.24.

41. IFAD, Operational Procedures and Guidelines for Country Strategies, 2019.

42. IFAD, Report of the Chairman of the Ad Hoc Committee on Regional Allocations. EB/99/67/R.10.

43. IFAD, Enabling the Rural Poor to Overcome their Poverty：Report of the Consultation on the Sixth Replenishment of IFAD' Resources（2004-2006）, GC 26/L.4.

44. IFAD, IFAD's Performance-Based Allocation System Corporate Evaluation, Independent Evaluation Office of IFAD, 2016.

45. IFAD, PBAS Formula Enhancements，EB 2017/121/R.3.

46. IFAD, Update to the Methodology for Determination of IFAD's Resources Available for Commitment, EB 2020/130/R.35.

47. IFAD, Update to IFAD's Financing Conditions, EB 2021/132/R.10/Rev.1.

48. IFAD, Borrowed Resource Access Mechanism: Framework for Eligibility and Access to Resources, EB 2021/132/R.9.

49. IFAD, Revisions to the General Conditions for Agricultural Development Financing, Governing Council Resolution 178/XXXVI, 2013.

50. IFAD, Policies and Criteria for IFAD Financing.

51. IFAD, Revisions to the General Conditions for Agricultural Development Financing, EB 2013/108/R.19.

52. IFAD, Establishment of the Spanish Food Security Cofinancing Facility Trust Fund, EB 2010/100/R.29/Rev.2.

53. IFAD, Regular Grants Policy, EB 2021/132/R.3.

54. IFAD, Overview of Supplementary Funds Received, Committed and Used in 2018, EB 2019/127/INF.4.

55. IFAD, Rural Poverty Report 2011: New realities, new challenges: new opportunities for tomorrow's generation.

56. IFAD, Rural Poverty Report 2016: Fostering inclusive rural transformation.

57. IFAD, Rural Poverty Report 2019: Creating opportunities for rural youth.

58. IFAD, Adaptation for Smallholder Agriculture Programme, www.ifad.org/en/web/knowledge/-/publication/asap-brochure.

59. IFAD, General Conditions for Agricultural Development Financing, IFAD, 2018.

60. IFAD, Revised IFAD Evaluation Policy, IFAD EB 2011/102/R.7/Rev.3, 2015, www.ifad.org/en/web/ioe/policy.

61. IFAD, Evaluation Manual Second Edition, 2016, www.ifad.org/en/web/ioe.

62. IFAD, Policy on Preventing Fraud and Corruption, document

EB/2005/86/INF.8.

63. IFAD, A guided overview of IFAD financial management practices and procedures.

64. IFAD, Financial Management and Administration Manual.

65. IFAD, Loan Disbursement Handbook.

66. IFAD, Project Procurement Guidelines.

67. IFAD, IFAD Project Procurement Handbook.

68. IFAD, Financial Regulations of IFAD.

69. IFAD, Corporate-level Evaluation on IFAD's Financial Architecture.

70. IFAD, Enterprise Risk Management Policy.

71. IFAD, Liquidity Policy.

72. IFAD, Capital Adequacy Policy.

73. IFAD, Asset Liability Management Framework.

74. IFAD, Integrated Borrowing Framework.

75. IFAD, Corporate-level Evaluation on IFAD's Financial Architecture, 2018.

76. IFAD, Review of IFAD's Debt Sustainability Framework and Proposal on Future Approach, 2018.

77. IFAD, Debt Sustainability Framework Reform, 2019.

78. IFAD, New Enterprise Risk Management Policy, 2020.

79. IFAD, IFAD Replenishments Evaluation, Independent Office of Evaluation, 2014, www.ifad.org/en/web/ioe/evaluation/asset/39824776.

80. IFAD, Update on implementation of the Rural Poor Stimulus Facility and IFAD's wider response to COVID-19, EB 2021/132.

81. Nigel Brett and Ya Tian, Land of Aspirations-IFAD's Partnership Potential with China to Help Poverty Reduction in Africa, China Investment, 2020（7）, p.78-81.

82. OECD, The Future of Rural Youth in Developing Countries. Tapping the potential of local value chains. Paris, 2018.

83. OECD-DAC, Glossary of key terms in evaluation and results-based management.

84. Ross B. Talbot, The International Fund for Agricultural Development, Political Science Quarterly, Volume 95, Number 2, Summer 1980.

85. Sartaj Aziz, Hunger, Poverty and Development：Life and Work of Sartaj Aziz, 2000.

86. Sartaj Aziz, The Untold Story of IFAD, May 2017 in "Sartaj Aziz, A Living Legend" by Abid Suleri, Sang-e-Meel Publications, 2019.

87. UNICEF, A Right to be Heard：Listening to children and young people on the move. December 2018.

88. United Nations, 2021 Financing for Sustainable Development Report, https：//developmentfinance.un.org/fsdr2021.

89. World Bank, Covid-19 to add as many as 150 million extreme poor by 2021, https：//www.worldbank.org/en/news/press-release/2020/10/07/covid-19-to-add-as-many-as-150-million-extreme-poor-by-2021.

附录 1

《国际农业发展基金成立协议》中译本

联合国成立国际农业发展基金大会于1976年6月13日在罗马通过。

➤ 依据第13条第1款（a）项，于1976年12月20日在纽约开放供各方签署。

➤ 依据第13条第3款（a）项，于1977年11月30日生效。

➤ 依据第12条，理事会于1986年12月11日通过第44/Ⅹ号决议，对第6条第8款进行了修正。此修正案于1987年3月11日生效。

➤ 依据第12条，理事会于1995年1月26日通过第86/ⅩⅧ号决议，对第3条第3款和第3条第4款、第4条第2款和第4条第5款、第5条1款、第6条第2、3、5、6款和第12款（a）项及第13条第3项，以及对附件1、附件2和附件3进行了修正。此修正案于1997年2月20日生效。

➤ 依据第12条，理事会于1997年2月21日通过第100/ⅩⅩ号决议，对第4条第1款进行了修正。此修正案于1997年2月21日生效。

➤ 依据第12条，理事会于2001年2月21日通过第124/ⅩⅩⅣ决议和于2006年2月16日通过第141/ⅩⅩⅨ决议，对第7条第2款（a）项和第7条第2款（b）项进行了修正。此修正案于2006年12月22日生效。

➤ 理事会于2006年2月16日通过第143/ⅩⅩⅨ号决议，对第7条第2款（g）项进行了修正。此修正案于2006年2月16日生效。

➤ 理事会于2018年2月14日通过第201/ⅩLⅠ号决议，对第4条第5款进行了修正。此修正案于2018年2月14日生效。

➤ 理事会于2019年2月14日通过第208/ⅩLⅡ号决议，对第7条第1款（b）项、第2款（a）项和第2款（f）项进行了修正。执董会于2019年9月10日第127届会议通过了修订后的《国际农发基金私营部门战略》（EB 2019/127/R.3）。该修正案于同日生效。

➢ 依据第12条，理事会于2021年2月18日通过第220/ XLⅡ 号决议，对第4条第1款（ⅳ）项、第5款（e）项和第7款，以及第6条第3款（b）项，第7条第1款（b）项和第10条第2款（d）项进行了修正。该修正案于2021年2月18日生效。

序言

➢ 认识到世界上持续的粮食问题正在困扰很多发展中国家的人民，并危及与生存权及人类尊严相关的最基本的原则和价值。

➢ 考虑到改善发展中国家的生活条件，结合发展中国家的重点与目标以促进社会和经济发展的需要，并对经济和社会效益给予应有的重视。

➢ 牢记联合国粮农组织在联合国系统内帮助发展中国家提高粮食和农业产量的职责，以及该组织在这一领域的技术能力和经验。

➢ 意识到联合国第二个发展十年国际发展战略的目标任务，特别是使援助惠及每一个人的需要。

➢ 牢记联合国大会第3202（S-Ⅵ）号决议第1条第2款（f）项（"粮食"）关于建立国际经济新秩序的行动规划。

➢ 牢记为粮食和农业发展而实现技术转让的需要，以及联合国大会第3362（S-Ⅶ）号决议第5条（"粮食和农业"）关于发展与国际经济合作的规定，特别是第6款关于成立国际农业发展基金的内容。

➢ 回顾联合国大会第3348（XXIX）号决议第13款和世界粮食大会第1号和第2号决议关于粮食生产的目标和战略以及农业和农村发展重点的规定。

➢ 回顾世界粮食大会第XIII号决议认识到：

（ⅰ）为发展中国家提高粮食和农业产量而大幅增加农业投资的必要性；

（ⅱ）提供充足粮食和合理利用粮食是国际社会所有成员的共同责任；

（ⅲ）世界粮食状况的前景要求所有国家采取紧急协调措施。

大会决定：

应该立即成立国际农业发展基金，为发展中国家主要用于粮食生产的农业发展项目提供资金支持。

> 缔约方已经同意成立国际农业发展基金，该基金应依照如下规定进行管理：

第1条　定义

为本协议之目的，除非正文另有规定，下列术语应具有以下意义：

（a）"基金"应指国际农业发展基金；

（b）"粮食生产"应指粮食的生产，包括渔业和畜牧业的发展；

（c）"国家"应指，依照第3条第1款（b）项，具备成为本基金成员国资格的任何国家或国家集团；

（d）"可自由兑换货币"应指：

　　（i）某一成员的货币，其由本基金商国际货币基金组织后确定，为本基金运营需要可以充分兑换为其他成员国货币；

　　（ii）某一成员的货币，其由该成员同意按照令本基金满意的条件，为本基金运营需要而兑换成其他成员国的货币；

　　当成员是一个国家集团时，"某一成员的货币"应指该集团任何成员国的货币；

（e）"理事"应指成员指定的代表其出席理事会会议的主要代表；

（f）"投票"应指投赞成票和反对票。

第2条　目标和作用

本基金的目标是动员更多的资源，并以优惠条件提供给发展中成员国用于农业发展。为实现这一目标，本基金支持主要旨在引进、扩大或改善粮食生产体系，加强国家战略重点框架下的相关政策和机构的项目，并考虑以下方面：在最贫困的缺粮国家提高粮食生产的需要，在其他发展中国家提高粮食生产的潜力，以及提高发展中国家最贫困人口营养水平和生活条件的重要性。

第3条　成员

第1款　成员资格

（a）本基金的成员资格应向联合国的所有成员国、联合国所有专门机构或国际原子能机构的成员国开放。

（b）成员资格也应向所有国家集团开放，该国家集团的成员已经授予其与本基金职责范围相关的权力，且其有能力履行本基金成员的所有义务。

第2款 创始成员和非创始成员

（a）本基金的创始成员应为附件1所列国家，该附件为协议的组成部分。根据第13条第1款（b）项，这些国家成为该协议的签署方。

（b）非创始成员应为理事会批准后，根据第13条第1款（c）项成为该协议签署方的其他国家。

第3款 有限责任

任何成员均不应因其成员身份为本基金的行为或义务而承担责任。

第4条 资金

第1款 本基金的资金

本基金的资金应包括：

（i）初始捐资；

（ii）补充捐资；

（iii）来自非成员国家和其他方面的特别捐资；

（iv）从运营中获取或即将获取的资金，或本基金在其他方面应计的资金，包括成员提供的贷款等。

第2款 初始捐资

（a）创始成员和非创始成员的初始捐资额应为依据本协议第13条第1款（b）项和（c）项规定，由该成员以核准书、接受书、批准书或加入书等明确并存入的捐资数额和币种。

（b）每个成员的初始捐资应以本条第5款（b）项和（c）项所确定的形式支付，即选择一次性支付或三年等额分期支付。一次性支付或第一年分期支付应在与该成员签订本协议生效后第30天支付；第二年和第三年的分期付款应在第一年和第二年付款的同一日期支付。

第3款 补充捐资

为确保本基金的持续运营，理事会应以适当的频率，定期审查本基金可用资金的充足性；第一次审查不应晚于本基金开始运营的第三年年末。如果理事会根据审查结果认为有必要或适宜，可以根据符合本条第5款规定的条款和条件，

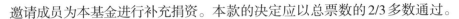

邀请成员为本基金进行补充捐资。本款的决定应以总票数的2/3多数通过。

第4款　增加捐资

理事会可以随时批准一个成员增加其任何捐资数额。

第5款　捐资治理条件

（a）捐资不应设置资金用途限制，并且只能依据第9条第4款退还给捐资国。

（b）应使用可自由兑换货币来捐资。

（c）捐资应采用现金方式，或在一定程度上本基金运营不急需捐资的任一部分的情况下，用不可转让且不可撤销的无利息期票或以应付款的形式支付这部分捐资。为保障业务运营，本基金对捐资（不论采取哪种支付方式）按以下办法提款：

（i）捐资可在执董会决定的合理时间段内按比例提取；

（ii）对于部分以现金支付的捐资，应依据（i）目，在其他捐资之前提取。除提取按现金方式支付的捐资外，本基金可将其用于储蓄或投资，获得的收入可以用于支付行政和其他开支。

（iii）应优先提取初始捐资及其增加部分，随后再提取补充捐资。该原则适用于进一步的补充捐资。

（d）尽管有上述（c）项的规定，成员亦可通过合作伙伴优惠贷款中赠款成分的形式提供捐资；为此，"合作伙伴优惠贷款"是指由成员或国家支持机构提供的贷款，其中包括为本基金利益而设的赠款成分，或符合执董会批准的《合作伙伴优惠贷款框架》。"国家支持机构"是指成员的任何国有或国有控股企业和发展金融机构，但不包括多边机构。

（e）尽管有上述（c）项的规定，成员亦可依照理事会批准的机制，以因提早兑现捐资而获得的折扣或现值差异的形式向本基金捐资①。

第6款　特殊捐资

在遵循第5款规定的条款和条件的前提下，理事会可以根据执董会的建

---

①　国际农发基金为了鼓励成员提前兑现捐资以提高基金的流动性水平引入了两种鼓励机制：（1）成员可以选择在每轮捐资的第一年一次性支付所有认捐额，一次性支付捐资与分三期等额支付捐资情况下的现值差异可以被视为额外的捐资并产生投票权；（2）若成员选择在本轮捐资的第一年一次性支付捐资，亦可获得相应的折扣以减少实际支付的金额。——译者注

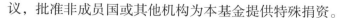

议，批准非成员国或其他机构为本基金提供特殊捐资。

第 7 款 借款活动

本基金可经授权从成员或其他渠道借入资金，买卖本基金已发行的或提供担保的证券，并在必要时行使借款活动所附带的权力以帮助本基金达到其目的。

第 5 条 货币

第 1 款 货币的使用

（a）成员不应对本基金持有或使用可自由兑换货币保留或强加任何限制。

（b）任一成员在 1995 年 1 月 26 日之前支付给本基金作为该成员初始或补充捐资的不可兑换货币，在与有关成员协商后，本基金可以将其用于支付在该成员领土范围内的行政开支和其他费用；或经该成员同意，用于支付在其领土内生产、本基金在其他成员国资助活动所需的商品或服务。

第 2 款 货币的估值

（a）本基金的账户单位应为国际货币基金组织的特别提款权。

（b）为本协议之目的，某一货币相对于特别提款权的价值应依据国际货币基金组织采用的估值方法来计算：

  （i）若国际货币基金组织某一成员的货币没有现行价值供参考，则应与国际货币基金组织商议之后再对其进行计价。

  （ii）就非国际货币基金组织成员的货币而言，在确定其相对于特别提款权的价值时，本基金应选取该货币与国际货币基金组织成员货币之间适当的汇率进行折算。

第 6 条 组织与管理

第 1 款 本基金的架构

本基金应设有：

（a）理事会；

（b）执董会；

（c）总裁及本基金履行职能所需的职员。

第 2 款　理事会

（a）每个成员在理事会都应有代表，并任命一名理事和一名副理事。副理事只有在理事缺席时才可投票。

（b）本基金的所有权力属于理事会。

（c）除下列权力外，理事会可以将其任何权力下放至执董会：

（ⅰ）通过本协议的修正案；

（ⅱ）批准成员资格；

（ⅰ）中止成员资格；

（ⅳ）终止本基金运营并分配资产；

（ⅴ）就执董会与本协议的解释或适用性问题所做决定有关的申诉做出决定；

（ⅵ）确定总裁的薪酬。

（d）理事会应举行年度会议和特别会议。特别会议可以由理事会决定召开，或由占理事会至少 1/4 总票数的成员要求召开，或由执董会以所投票数的 2/3 多数请求召开。

（e）理事会可以根据规定制定程序，使执董会可以在不召开理事会会议的情况下就特定问题请求理事会投票表决。

（f）理事会可以总票数的 2/3 多数通过与本协定不相抵触的、适于本基金开展业务的条例和细则。

（g）理事会任何会议的法定人数应由行使所有成员 2/3 总票数的理事组成。

第 3 款　理事会的投票

（a）理事会的总票数应由原始票和增资票构成。所有成员均应在以下原则的基础上平等获得这些票数：

（ⅰ）原始票应由成员票和捐资票组成，共计一千八百（1 800）票：

（A）成员票应在所有成员中平均分配；

（B）捐资票应在所有成员间分配，依据为各成员在 1995 年 1 月 26 日之前根据理事会授权，依照本协议第 4 条第 2、3 和 4 款规定和累计支付捐资占全部成员已支付捐资的比例。

（ⅱ）增资票应由成员票和捐资票组成。从第四轮增资起，增资票总票数应由理事会根据本协定第 4 条第 3 款（"增资"）的规定在每轮增资时决定。除非理事会以总票数的 2/3 多数另有决定，每轮增资的票数应按全部或部分增资额中每捐资 1.58 亿美元等于 100 票的比例确定：

（A）成员票应根据上述（i）目（A）段规定在成员之间平均分配；

（B）捐资票应按照每个成员对本次增资占增资总额的比例，在成员之间分配。

（iii）理事会应根据本款（i）目和（ii）目来确定总票数中成员票和捐资票的比例。当本基金成员数量发生任何变化时，应根据上述原则对按本款（i）目和（ii）目规定已分配的成员票和捐资票进行重新分配。在分配票数时，理事会应确保在 1995 年 1 月 26 日之前被划为第三类的成员获得总票数的 1/3 作为成员票。

（b）针对上述第 3 款（a）项（i）目（B）段和（ii）目（B）段，合作伙伴优惠贷款的赠款成分，以及因提前兑现捐资而产生的折扣和现值差异应视为"已支付的捐资"，并分配相应的捐资票；

（c）除非本协议另有规定，理事会的决议应由总票数的简单多数通过。

第 4 款　理事会主席

理事会应从各国理事中选出一名主席，每届任期为两年。

第 5 款　执董会

（a）执董会应由理事会年度会议从成员国中选出的 18 名执董和最多 18 名副执董组成。执董会的席位应由理事会按本协议附件 2 的规定分配。执董及只有在执董缺席情况下才有投票权的副执董应按照本协议附件 2 的规定选举和任命。

（b）执董会成员的任期为三年。

（c）执董会对本基金的总体运营负责，并为此行使本协议规定或理事会授予的权力。

（d）执董会应按照本基金运营的需要经常召开会议。

（e）本基金不向执董会的执董或副执董发放薪资，但理事会可以确定给执董和副执董发放合理差旅费和生活费的补助标准。

（f）执董会任何会议的法定人数应由行使全体成员 2/3 总票数的执董组成。

第 6 款　执董会的投票

（a）理事会应根据本协议第 6 条第 3 款（a）项确定的原则，适时决定执董会成员间的票数分配。

（b）除本协议另有规定外，执董会的决定应以所投票数的 3/5 多数通过，前提是该多数票超过所有执董会成员总票数的一半。

第 7 款　执董会主席

本基金总裁应担任执董会主席，参加执董会会议，但没有投票权。

第 8 款　总裁和职员

（a）理事会应以总票数的 2/3 多数任命总裁。总裁任期为四年，并且只能连任一届。理事会可以总票数的 2/3 多数决定终止总裁的任命。

（b）尽管本款（a）项对总裁任期有四年的限制，但在特殊情况下，理事会可应执董会的建议，在以上（a）项规定的任期时限基础上延长总裁的任期。任何此类延期不得超过六个月。

（c）总裁可以任命一名副总裁，其应行使总裁分配给他的各项职责。

（d）总裁应在理事会和执董会的监督和指导下领导职员负责开展本基金的业务。总裁应根据执董会通过的条例组织、任命和解雇职员。

（e）在雇用职员和确定工作条件时，应考虑确保最高标准的效率、能力和诚信的必要性，以及遵循公平地域分布标准的重要性。

（f）总裁和职员在履行职责时应完全听命于本基金，不得从本基金之外的任何机构寻求或接受指示。本基金各成员应尊重职员工作职责的国际性，并应避免对其履职施加任何影响。

（g）总裁和职员不得干涉任何成员的政治事务。他们的决策只能考虑与发展政策相关的因素，并且应公正地权衡这些因素，以实现设立本基金的目标。

（h）总裁是本基金的法定代表。

（i）总裁或由其指定的代表可以参加理事会所有会议，但没有投票权。

第 9 款　本基金驻地

理事会应以总票数的 2/3 多数决定本基金的常驻地。本基金的临时驻地为罗马。

第10款 行政预算

总裁应准备年度行政预算并由执董会提交至理事会，由理事会以总票数的2/3多数通过。

第11款 发布报告及提供信息

本基金应发布年度报告，其中包括经审计的财务报表，并在适当的时间提供其财务状况和运营结果的简报。此类报告、报表和与此有关的其他出版物的副本应分发给所有成员。

第7条 运营

第1款 资金的运用和融资条件

（a）本基金的资金应用于实现第2条规定的目标。

（b）资金只能用于支持作为本基金成员的发展中国家。支持资金可以直接发放给这些成员国或其政治分支机构或者这些成员参加的政府间组织，也可以通过相关的国有开发银行、私营部门组织、企业或者其他经执董会审核通过的机构发放。当贷款发放给某个实体而非成员国时，除非执董会对风险和保障措施全面评估后另有决定，本基金通常应要求适当的政府或其他担保。

（c）在适当考虑经济、效率和社会公平等因素的情况下，本基金应确保资金只用于既定用途。

（d）在分配资金时，本基金应遵循以下优先事项：

（ⅰ）增加粮食生产和提高粮食最短缺国家最贫困人口营养水平的需要；

（ⅱ）其他发展中国家提高粮食生产的潜力。同样，重点应该放在改善这些国家最贫困人口的营养水平和生活水平上。

在上述优先事项的框架内，受援的资格应基于客观的经济和社会标准，并特别重视低收入国家的需求及其增加粮食生产的潜力，同时适当考虑资金使用地域分布的公平性。

（e）在遵守本协议条款的前提下，本基金给予的资金支持应遵循理事会以总票数的2/3多数通过的政策、标准和条例。

第 2 款　融资形式和条件

（a）本基金可以贷款、赠款、债务可持续性机制、权益等形式，以本基金认为合适的条件提供融资，并考虑受益成员的经济形势和前景以及相关活动的特性和要求。本基金也可以根据执董会的决定，以贷款、赠款、债务可持续性机制、权益等形式，为项目与规划的设计和实施提供补充资金。

（b）在任一财政年度，在（a）项中提到的每一种融资形式所占比例都应由执董会根据本基金长期运营的可行性和持续经营的需要适时做出决定。赠款的比例一般不得超过每个财政年度承诺资金的 1/8。执董会应建立债务可持续性机制及相关程序和方式，在该机制下的融资不受 1/8 赠款上限的约束。大部分贷款应以高度优惠的条件提供。

（c）总裁应将项目和规划提交执董会研究和审批。

（d）执董会应就项目和规划的选择与批准做出决定。该类决定应依据理事会制定的一系列政策、标准和条例做出。

（e）当对融资项目和规划进行评估时，本基金一般应使用国际机构的服务，并在适当情况下，使用在这一领域有专长的其他主管部门的服务。这些机构和部门均应由执董会在与有关受援方协商之后进行选择，并在项目评估中直接对本基金负责。

（f）贷款协议及相关协议应由本基金和受援方缔结，受援方应负责相关项目或规划的执行。

（g）除执董会另有决定外，本基金应委托专业的国家级、地区级、国际级或其他机构管理贷款，支付贷款资金，并监督项目或规划的实施。此类机构应具有全球性、区域性或国家性，并均应经受益方同意后选择。在将贷款提交执董会审批之前，本基金应确保受托机构同意有关项目或规划的评估结果。这需要本基金与负责评估项目的机构以及受托进行项目监督的机构之间做出妥善安排。

（h）上述（f）项和（g）项中提到的"贷款"也应包括"赠款"。

（i）在贷款协议条款和本基金同意的框架内，本基金可向国家开发机构提供信贷额度，并由该开发机构为项目提供和管理转贷款。在执董会批准该信贷额度之前，应根据（e）项对相关国家级开发机构及其规划进行评估。该规划的实施应接受根据（g）项规定所选定机构的监督。

（j）执董会应采用适当的条例来管理由本基金提供资金的商品和服务采购。一般而言，这些条例应符合国际竞争性招标原则，并应适当优先考虑来自发展中国家的专家、技术人员和产品。

第3款 其他运营活动

除本协议其他部分规定的业务以外，本基金还可开展辅助运营活动，并行使为实现其目标所必需的与其业务有关的权力。

第8条 与联合国及其他组织和机构的关系

第1款 与联合国的关系

按照《联合国宪章》第57条规定，本基金应与联合国进行谈判，以专门机构身份达成与联合国的关系协议。根据联合国宪章第63条缔结的任何协议均应根据执董会的建议，以总票数的2/3多数获得理事会批准。

第2款 与其他组织和机构的关系

本基金应与联合国粮农组织以及联合国系统其他机构密切合作。本基金也应与从事农业发展的其他政府间组织、国际金融机构、非政府组织和政府部门密切合作。为此，本基金将寻求与联合国粮农组织及上述其他组织的业务合作，并根据执董会的决定，与这些组织和机构达成协议或建立工作安排。

第9条 退出、中止成员资格、终止运营

第1款 退出

（a）除本条第4款（a）项规定的情形外，成员可以通过向协议保管人交存退出本协议文书的方式退出本基金。

（b）成员的退出应在其交存的退出文书中规定的日期生效，但在任何情况下均不得早于交存该文书后的第6个月。

第2款 中止成员资格

（a）如果成员未能履行对本基金的任何义务，理事会可以总票数3/4多数决定中止其成员资格。自中止之日起一年后，该成员资格自动取

消，除非理事会以总票数相同的多数决定恢复其成员资格。

（b）在中止成员资格期间，该成员不能行使本协议下除退出外的任何权利，但仍应承担其义务。

第3款　被终止成员资格国家的权利和义务

当一个国家以退出协议方式或依照本条第2款被中止成员资格时，除本款和第11条第2款规定的权利外，该国在本协议下没有任何其他权利，但仍应承担其作为成员、借款人或其他方式对本基金的所有财务义务。

第4款　终止运营和资产分配

（a）理事会可以总票数3/4多数决定终止本基金的运营。在终止运营后，除有序变现资产、保全资产及偿还债务外，本基金应立即停止所有运营活动。在清偿完所有债务和分配完所有资产之前，本基金应继续存在，本基金及其成员在本协议下的权利和义务不应受到影响，但任何成员国都不得被中止资格或退出。

（b）在债权人的所有债务清偿完毕之前，不得向成员分配资产。本基金应按各成员的捐资比例进行资产分配。分配方案应由理事会以总票数3/4多数决定，并以理事会认为公平合理的时间、货币或其他资产形式进行分配。

第10条　法律地位、特权和豁免

第1款　法律地位

本基金应拥有国际法人地位。

第2款　特权和豁免

（a）在每一成员领土范围内，本基金应享有为行使其职能和实现其目标所必需的特权和豁免。成员国代表、本基金总裁和职员应享有独立行使与本基金相关职能所必需的特权和豁免。

（b）在（a）项中所提到的特权和豁免应：

（i）在任何已加入涉及本基金的《专门机构特权和豁免公约》的成员领土范围内，并且在该公约标准条款及经理事会批准的修订附件的规定下有效。

（ii）在任何已加入不涉及本基金的《专门机构特权和豁免公约》

的其他机构成员领土范围内，并且在该公约标准条款的规定下有效，除非某成员通知本基金协议保管人该公约标准条款不适用于本基金，或应依照通知中所规定的修改后的条款适用于本基金。

（iii）在本基金签署的其他协议中做出规定。

（c）若成员是指国家集团，应确保本条款中提到的特权和豁免在该国家集团下所有成员的领土范围内适用。

（d）尽管上述第2款（a）项至（c）项有规定，但由第4条第7款的授权所引起的诉讼只能在成员领土上具有管辖权的法院向本基金提起，并且：

（i）本基金为接受服务或通知程序的目的已指定代理机构；或者

（ii）本基金已发行或担保证券；

但前提是：

（A）成员国或成员国代理人或成员国向其提出索赔的人不得采取任何行动；

（B）在做出对本基金的最终判决之前，本基金的财物和资产无论位于何处，由谁持有，均不得遭受任何形式的扣押或执行。

第11条　解释与仲裁

第1款　解释

（a）任何成员与本基金之间或本基金成员之间产生的对本协议条款的解释或适用性问题，均应提交执董会做出决定。如果问题涉及在执董会没有代表的成员，该成员有权依据理事会通过的条例委派代表出席执董会会议。

（b）如果执董会已根据上述（a）项做出决定，任何成员可要求将该问题转交至理事会做最终决定。在理事会做出最终决定之前，如本基金认为必要，可先以执董会的决定行事。

第2款　仲裁

如果本基金与已终止成员资格的国家发生争端，或本基金与任何成员之间在本基金终止运营时发生争端，则该争端应提交至由三名仲裁员组成的仲裁庭进行仲裁。其中一名仲裁员应由本基金任命，另一名由相关成员或前成员任命，由双方共同任命第三名仲裁员担任主席。如果在收到仲裁请求45天内没有任何一方指定仲裁员，或者在已任命两名仲裁员的30天内没有任命第三名仲裁员，任何一方均可提请国际法院院长或理事会条例指定的其他权威机构指定一名仲裁员。仲裁程序应由仲裁员确定，如出现分歧，主席有权解决所有仲裁程序问题。仲裁员的多数票即可做出最终决定，并对当事方具有最终约束力。

第12条　修正案

（a）除附件2之外：

（i）成员或执董会提出的任何修改本协议的提案都应通知总裁，然后由总裁通知所有成员。总裁应将成员提出修改本协议的提案提交执董会，然后由执董会将其建议提交理事会。

（ii）修正案应由理事会以总票数4/5多数通过。除非理事会另有说明，否则修正案在决议通过3个月后生效，但以下修正案除外：

（A）从本基金退出的权利；

（B）本协议规定的多数票通过的要求；

（C）第3条第3款关于有限责任的规定；

（D）修正本协议的程序。

上述修正案只有在总裁收到所有成员书面同意后方可生效。

（b）关于附件2部分内容的修改，应依据该部分内容的规定提出建议并予以通过。

（c）总裁应立即把已通过的所有修正案及其生效日期通知所有成员和协议保管人。

第13条　最终条款

第1款　签署、核准、接受、批准和加入

（a）本协议可在联合国成立国际农业发展基金大会上供本协议附件1所列国家签署，并在以自由兑换货币缴纳的初始捐资达到至少10亿美元（按1976年6月10日的价值计算）后，在纽约联合国总部开

放供该附件所列国家签署。如果到1976年9月30日没有满足上述要求，由该大会设立的筹备委员会应在1977年1月31日召集附件1所列国家召开会议，并可以每一类成员总票数2/3多数决定减少上述金额要求，也可为该协议开放签署而规定其他条件。

（b）签署国可通过交存核准书、接受书或批准书而成为缔约方；附件1所列的非签署国可通过提交加入书成为缔约方。第一类或第二类国家提交的核准书、接受书、批准书和加入书应明确该国承诺的初始捐资金额。该类国家可在本协议生效满一年前，加盖签字并交存核准书、接受书、批准书或加入书。

（c）附件1所列国家中没有在协议生效满一年内成为协议缔约方的国家和附件1中没有列出的国家，经理事会批准其成员资格后，可以通过交存加入书成为缔约方。

第2款　保管人

（a）联合国秘书长应为本协议的保管人。

（b）保管人应把关于本协议的通知分发给有关方面：

（ⅰ）在协议生效满一年前，分发给协议附件1中列出的国家，并在生效后分发给协议的所有缔约国和经理事会批准的成员。

（ⅱ）在联合国成立本基金大会设立的筹备委员会存续期间，发送给该筹备委员会，并于之后发送给总裁。

第3款　生效

（a）本协议应在保管人收到来自第一类至少6个国家、第二类至少6个国家和第三类至少24个国家的核准书、接受书、批准书或加入书后生效，但前提是此类文件已由初始捐资总计至少7.5亿美元（按1976年6月10日的价值计算）的第一类和第二类国家交存；并且要在本协议开放供各方签署后的18个月内满足上述要求，若超过18个月交存上述文件，应由相关各类国家中已在截止日前交存上述文件的国家以2/3多数投票通过并通知本协议保管人。

（b）若成员国在协议已生效后存入核准书、接受书、批准书或加入书，则合约关系应在存入该文件的当日起生效。

（c）创始成员和非创始成员在1995年1月26日之前依据本协议接受的

义务应保持不变，并且应是每个成员对本基金的持续义务。

（d）本协议中凡提及成员类别或第一、第二和第三类，均应指附件3中所载1995年1月26日之前有效的成员类别。该附件是本协议的一部分。

第4款　保留意见

只能对本协议第11条第2款持保留意见。

第5款　官方文件

本协议的阿拉伯文、英文、法文和西班牙文的版本均具有同等效力。

授权签字人以阿拉伯文、英文、法文和西班牙文在本协议唯一原件上签字，以昭信守。

附件1

第1部分　　　　　　　　　　**具有创始成员资格的国家**

第一类	第二类	第三类	
澳大利亚	阿尔及利亚	阿根廷	墨西哥
奥地利	加蓬	孟加拉国	摩洛哥
比利时	印度尼西亚	玻利维亚	尼加拉瓜
加拿大	伊朗	博茨瓦纳	巴基斯坦
丹麦	伊拉克	巴西	巴拿马
芬兰	科威特	喀麦隆	巴布亚新几内亚
法国	利比亚	佛得角	秘鲁
德国	尼日利亚	乍得	菲律宾
爱尔兰	卡塔尔	智利	葡萄牙
意大利	沙特阿拉伯	哥伦比亚	韩国
卢森堡	阿拉伯联合酋长国	刚果	罗马尼亚
日本	委内瑞拉	哥斯达黎加	卢旺达
荷兰		古巴	塞内加尔
新西兰		多米尼加共和国	塞拉利昂
挪威		厄瓜多尔	索马里
西班牙		埃及	斯里兰卡
瑞典		萨尔瓦多	苏丹
瑞士		埃塞俄比亚	斯威士兰
英国		加纳	叙利亚
美国		希腊	泰国
		危地马拉	突尼斯

续表

第一类	第二类	第三类	
		几内亚	土耳其
		海地	乌干达
		洪都拉斯	坦桑尼亚
		印度	乌拉圭
		以色列①	南斯拉夫
		牙买加	扎伊尔
		肯尼亚	赞比亚
		利比里亚	
		马里	
		马耳他	

注：①根据第7条第1款（b）项关于本基金资金用于"发展中国家"的规定，该国不包括在本款内，也不会从本基金寻求或获得资金。

第2部分		初始捐资认捐额①	

第一类和第二类国家

类别	国家	货币	金额	SDR等值金额②
	澳大利亚	澳元	8 000 000 a	8 609 840
	奥地利	美元	4 800 000 a	4 197 864
	比利时	比利时法郎	500 000 000 a	
		美元	1 000 000 a	11 930 855
	加拿大	加元	33 000 000 a	29 497 446
	丹麦	美元	7 500 000 a	6 559 163
	芬兰	芬兰马克	12 000 000 a	2 692 320
	法国	美元	25 000 000	21 863 875
	德国	美元	55 000 000 a/b	48 100 525
第一类	爱尔兰	英镑	570 000 a	883 335
	意大利	美元	25 000 000 a	21 863 875
	日本	美元	55 000 000 a	48 100 525
	卢森堡	特别提款权	320 000 a	320 000
	荷兰	荷兰盾	100 000 000	
		美元	3 000 000	34 594 265
	新西兰	新西兰元	2 000 000 a	1 721 998
	挪威	挪威克朗	75 000 000 a	
		美元	9 981 851 a	20 612 228
	西班牙	美元	2 000 000 c	1 749 110
	瑞典	瑞典克朗	100 000 000	
		美元	3 000 000	22 325 265

续表

类别	国家	货币	金额	SDR 等值金额②
第一类	瑞士	瑞士法郎	22 000 000 a	7 720 790
	英国	英镑	18 000 000	27 894 780
	美国	美元	200 000 000	174 911 000
		总计		496 149 059
第二类	阿尔及利亚	美元	10 000 000	8 745 550
	加蓬	美元	500 000	437 278
	印度尼西亚	美元	1 250 000	1 093 194
	伊朗	美元	124 750 000	109 100 736
	伊拉克	美元	20 000 000	17 491 100
	科威特	美元	36 000 000	31 483 980
	利比亚	美元	20 000 000	17 491 100
	尼日利亚	美元	26 000 000	22 738 430
	卡塔尔	美元	9 000 000	7 870 995
	沙特阿拉伯	美元	105 500 000	92 265 553
	阿拉伯联合酋长国	美元	16 500 000	14 430 158
	委内瑞拉	美元	66 000 000	57 720 630

第三类国家

国家	货币	金额	SDR 等值金额	
			可自由兑换	不可自由兑换
阿根廷	阿根廷比索	240 000 000 d		1 499 237
孟加拉国	塔卡（等值美元）	500 000		437 278
喀麦隆	美元	10 000	8 746	
智利	美元	50 000	43 728	
厄瓜多尔	美元	25 000	21 864	
埃及	埃及镑（等值美元）	300 000		262 367
加纳	美元	100 000	87 456	
几内亚	西里	25 000 000 a		1 012 145
洪都拉斯	美元	25 000	21 864	
印度	美元	2 500 000	2 186 388	
	印度卢比	2 500 000		2 186 388
以色列	以色列镑	150 000 a/e		131 183
肯尼亚	肯尼亚先令（等值美元）	1 000 000		874 555
墨西哥	美元	5 000 000	4 372 775	
尼加拉瓜	科尔多瓦	200 000		24 894

国家	货币	金额	SDR等值金额	
			可自由兑换	不可自由兑换
巴基斯坦	美元	500 000	437 278	
	巴基斯坦卢比（等值美元）	500 000		437 278
菲律宾	美元 f	250 000 f	43 728	
韩国	美元	100 000	87 456	
	韩元（等值美元）	100 000		87 456
罗马尼亚	雷（等值美元）	1 000 000		874 555
塞拉利昂	利昂	20 000		15 497
斯里兰卡	美元	500 000	437 278	
	斯里兰卡卢比（等值美元）	500 000		437 278
叙利亚	叙利亚镑	500 000		111 409
泰国	美元	100 000	87 456	
突尼斯	突尼斯第纳尔	50 000		100 621
土耳其	土耳其里拉（等值美元）	100 000		87 456
乌干达	乌干达先令	200 000		20 832
坦桑尼亚	坦桑尼亚先令	300 000		31 056
南斯拉夫	南斯拉夫第纳尔（等值美元）	300 000		262 367
小计			7 836 017	9 068 763
可自由兑换货币总计				884 853 780*
总计（包括可自由兑换和不可自由兑换货币）				893 922 543

注：①必要时需要获得法律核准。

②国际货币基金组织的特别提款权（SDR）以1976年6月10日的价值为准。依照本协议第5条第2款（a）项规定，此处列出的换算值仅供参考，依照本协议第4条第2款（a）项规定，初始捐资应按相关国家指定的货币和金额支付。

a 分三期支付。

b 这一数额包括300万美元的额外认捐额，这取决于1977财政年度必要的预算安排。

c 分两期支付。

d 仅用于在阿根廷境内支付本基金所需的商品或服务。

e 可用于技术援助。

f 该认捐额中的20万美元有待确认，包括付款条件和货币种类。因此，该金额被归入"不可自由兑换"列。

* 相当于1976年6月10日的1 011 776 023美元。

附件2 投票权分配与执董会成员选举

1. 理事会应根据本附件第29段规定的程序，适时决定执董和副执董席位在本基金成员之间的分配，并考虑：（i）加强和保障本基金筹措资金的需要；（ii）上述席位地域分配的公平性；（iii）发展中成员国在本基金治理中的作用。

2. 执董会投票权分配。执董会的每一位成员均有权为其所代表的所有成员投票。如果执董会成员代表一个以上的成员国，可分别为其所代表的成员国投票。

3.（a）成员国名单。为本附件之目的，应适时将成员国划分到A组、B组和C组。一个新成员国加入本基金时，应决定希望归入的组别，并在与该组国家进行磋商后，以适当的书面形式通知本基金总裁。成员国在每次选举执董和副执董作为其所属组别代表时，可以决定从所属的组别退出，并经相关成员国同意后，加入另一个组别。在这种情况下，相关成员国应以书面形式将这种变化通知本基金总裁，总裁则应适时向所有成员国通报全部成员国组别的名单构成。

（b）执董会席位的分配。执董会的18名执董和最多18名副执董应由本基金成员国选举或任命，其中：

（i）八名执董和最多八名副执董应适时从A组成员国中选出或任命；

（ii）四名执董和四名副执董应适时从B组成员国中选出或任命；

（iii）六名执董和六名副执董应适时从C组成员国中选出或任命。

4.执董会成员选举程序。选举或任命执董和副执董以填补空缺席位的程序应根据相应成员国组别遵照以下规定进行。

A.执董与副执董的选举

第1部分 A组成员国

5.所有来自A组成员国的执董和副执董任期均为三年。

6. A组成员国应组成选区，并根据A组成员国和所在选区商定的程序，任命八名执董和最多八名副执董。

7.修正案。A组成员国的理事可以一致决定的方式修订本附件第1部分

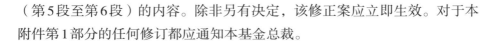

（第5段至第6段）的内容。除非另有决定，该修正案应立即生效。对于本附件第1部分的任何修订都应通知本基金总裁。

第2部分 B组成员国

8. 所有来自B组成员国的执董和副执董任期均为三年。

9. B组成员国应组成与该组所分配到的席位数目相等的选区，每个选区由一名执董和一名副执董代表。B组成员国应适时将各选区的组成情况和其他变化通知本基金总裁。

10. B组成员国应决定选举或任命执董和副执董以填补空缺席位的程序，并向本基金总裁提供一份副本。

11. 修正案。本附件第2部分（第8段至第10段）的规定可通过B组成员国中捐资额（根据第4条第5款（c）项缴纳）占B组成员总捐资70%的理事以2/3的多数票通过而加以修正。对本附件第2部分的任何修订均应通知本基金总裁。

第3部分 C组成员国

选举

12. 所有来自C组成员国的执董和副执董任期均为三年。

13. 除C组成员国另有决定外，该组选举或任命的六名执董和六名副执董中，两名执董和两名副执董应分别来自下列地区，并作为C组的分组：

　　　　非洲（C1组）;

　　　　欧洲、亚洲和太平洋地区（C2组）;

　　　　拉丁美洲和加勒比地区（C3组）

14.（a）依据本附件中第1段和第27段，C组成员国应从所在小组国家中选举两名执董和两名副执董来代表本小组的整体利益。其中，至少应有一名执董或一名副执董来自本小组向本基金捐资最多的国家。

　　（b）在不晚于本基金第六轮补充捐资之前，C组成员国可随时审议上述（a）项内容，并考虑每个小组成员国执行的经验，必要时，根据理事会第86/XVIII决议确定的相关原则加以修订。

15. 当小组出现执董空缺席位时，首先在各小组成员国中提名候选人并进行投票选举，之后在C组成员国中就每个席位进行投票。

16. 选举完所有执董以后，应按照上面15段规定的相同顺序投票选举副执董。

17. 选举结果应以有效票数的简单多数通过，不包括弃权票。

18. 如果在第一轮投票中没有候选人获得上述17段规定的多数票，则应继续进行投票，在每轮投票中淘汰上一轮得票最少的候选人。

19. 如果出现得票相等的情况，应在必要时重新投票。如果重新投票两次后仍为平票，则应通过抽签的方式作出决定。

20. 在一个空缺席位只有一名候选人的情况下，如果没有理事反对，他可不需投票而当选。

21. C组成员国选举或任命执董和副执董的会议应秘密举行。C组成员国应以协商一致方式任命一名主席。

22. 各小组成员应以协商一致方式任命本小组会议的主席。

23. 选举产生的执董和副执董名单，连同各执董和副执董的任职期限和负责人及替补名单，应一并提交本基金总裁。

执董会投票

24. 为在执董会投票之目的，各小组成员国的总票数应在该小组的执董之间平均分配。

修正案

25. 本附件第3部分（第12—24段）的内容可以适时由C组成员国以总票数的2/3多数通过而进行修正。对于本附件第3部分条款的任何修订都应通知本基金总裁。

B.适用于A、B、C组国家的一般条款

26. A、B、C组成员国分别选举或任命的执董和副执董名单应提交给本基金总裁。

27.尽管会与上述5—25段规定冲突，在每次选举时，某一组或某组内一个选区的成员国可以决定任命一定数量的对本基金捐资最多的成员国代表作为该组在执董会中的执董或副执董，以鼓励成员对本基金增加捐资。在这种情况下，决定的结果以书面形式通知本基金总裁。

28. 当新成员国加入某组时，该国理事可指定该组现有的一名执董代表该成员并进行投票，直到下一次执董会选举为止。在此期间，被指定的执董应被视为由新加入成员国理事选举或任命，该成员国也应被视为已经加入这个选区。

29. 对第1—4、7、11和25—29款的修正。本附件第1—4、7、11和25—29段中规定的程序可以适时由理事会以总票数的2/3多数通过而进行修正。除非另有决定，对第1—4、7、11和25—29段的任何修改均应在通过后立即生效。

附件3　截至1995年1月26日各类别中的成员国分布

第一类

澳大利亚	法国	卢森堡	瑞典
奥地利	德国	荷兰	瑞士
比利时	希腊	新西兰	英国
加拿大	爱尔兰	挪威	美国
丹麦	意大利	葡萄牙	
芬兰	日本	西班牙	

第二类

阿尔及利亚	伊朗	利比亚	沙特阿拉伯
加蓬	伊拉克	尼日利亚	阿拉伯联合酋长国
印度尼西亚	科威特	卡塔尔	委内瑞拉

第三类

阿富汗	古巴	利比里亚	圣多美和普林西比
阿尔巴尼亚	塞浦路斯	马达加斯加	塞内加尔
安哥拉	朝鲜	马拉维	塞舌尔
安提瓜和巴布达	吉布提	马来西亚	塞拉利昂
阿根廷	多米尼克	马尔代夫	所罗门群岛
亚美尼亚	多米尼加共和国	马里	索马里
阿塞拜疆	厄瓜多尔	马耳他	斯里兰卡
孟加拉国	埃及	毛里塔尼亚	苏丹
巴巴多斯	萨尔瓦多	毛里求斯	苏里南

续表

第三类

伯利兹	赤道几内亚	墨西哥	斯威士兰
贝宁	厄立特里亚	蒙古	叙利亚
不丹	埃塞俄比亚	摩洛哥	塔吉克斯坦
玻利维亚	斐济	莫桑比克	坦桑尼亚
波黑	冈比亚	缅甸	泰国
博茨瓦纳	格鲁吉亚	纳米比亚	前南斯拉夫
巴西	加纳	尼泊尔	马其顿共和国
布基纳法索	格林纳达	尼加拉瓜	多哥
布隆迪	危地马拉	尼日尔	汤加
柬埔寨	几内亚	阿曼	特立尼达和多巴哥
喀麦隆	几内亚比绍	巴基斯坦	突尼斯
佛得角	圭亚那	巴拿马	土耳其
中非共和国	海地	巴布亚新几内亚	乌干达
乍得	洪都拉斯	巴拉圭	乌拉圭
智利	印度	秘鲁	越南
中国	以色列	菲律宾	西萨摩亚
哥伦比亚	牙买加	韩国	也门
科摩罗	约旦	罗马尼亚	南斯拉夫[①]
刚果	肯尼亚	卢旺达	扎伊尔
库克群岛	吉尔吉斯斯坦	圣克里斯托弗和尼维斯	赞比亚
哥斯达黎加	老挝	圣卢西亚	津巴布韦
科特迪瓦	黎巴嫩	圣文森特和格林纳丁斯	
克罗地亚	莱索托		

注：①20世纪90年代初，由波黑、克罗地亚、马其顿、黑山、塞尔维亚和斯洛文尼亚组成的本基金的创始成员之一南斯拉夫社会主义联邦共和国开始解体。克罗地亚和斯洛文尼亚于1991年6月宣布独立，随后马其顿于1991年9月宣布独立，波黑于1992年3月宣布独立。1994年，波黑、克罗地亚和前南斯拉夫马其顿共和国被接纳为本基金成员。

附录2
国际农发基金大事记

1974年　世界粮食大会决定成立国际农发基金

1977年　首届理事会年会召开，114个成员国参加

1978年　国际农发基金开始运营，成员国捐资规模为10.2亿美元

1979年　派出60个考察团准备投资项目

1980年　国际农发基金提供优惠贷款，帮助成立孟加拉乡村银行（Grameen Bank）

1981年　批准30个新项目，项目总数达89个

1982年　成立五年间累计向80个国家提供贷款赠款资金支持

1983年　国际农发基金优惠贷款惠及所有低收入发展中国家

1984年　比利时生存基金联合项目启动

1985年　受干旱和沙漠化影响撒哈拉以南非洲国家特别计划启动

1986年　国际农发基金投资项目总数比前一年增长25%

1987年　100个信贷项目综合研究启动

1988年　国际农发基金成立10周年，教皇约翰·保罗二世出席理事会年会

1989年　新一批环境可持续小农发展研究赠款项目启动

1990年　成员国联合融资增加362%

1991年　首次实现国际农发基金投资项目全部自主设计

1992年　主办农村妇女经济增长峰会

1993年　对国际农发基金投资活动开展快速外部评估

1994年　通过改革，将项目开发成本降低30%，行政预算降低13.2%

1995年　与联合国粮农组织、世界粮食计划署联合举办饥饿与贫困大会

1996年　国际农发基金总裁主持首个全球农业研究论坛

1997 年　理事会批准对 15 个项目直接进行执行监督

1998 年　首个灵活贷款机制项目由农民协会直接管理

1999 年　比利时生存基金联合项目续延

2000 年　"国际农发基金可用资金充足性审议磋商"发表行动计划

2001 年　发布首份《农村贫困报告》

2002 年　国际农发基金 2002—2006 年战略框架与千年发展目标有机衔接

2003 年　独立评估办公室成立

2004 年　主流化创新倡议进入准备阶段

2005 年　"农民论坛"成立，以加强与农民协会的合作

2006 年　国际农发基金改善发展有效性行动计划开始实施

2007 年　85% 的国际农发基金援助资金支持低收入粮食短缺国家

2008 年　欧盟与国际农发基金建立支持国际农业研究磋商小组（CGIAR）的伙伴关系

2009 年　国际农发基金援助项目总投资增长 19%

2010 年　首个中期规划、绩效预算系统与人力资源战略规划实施

2011 年　启动国际农发基金影响评价倡议，以科学评价援助投资影响

2012 年　设立小规模农业适应规划（ASAP）

2013 年　首届原住民论坛全球大会召开

2014 年　国际农发基金国家办公室增加至 40 个

2015 年　"主权借款框架"获批

2016 年　采用新的发展有效性框架

2017 年　小农户与农业中小企业融资投资网络（SAFIN）设立

2018 年　在国家办公室工作的职员比例从 18% 增加到 30%

2019 年　贷款赠款与联合融资比从国际农发基金第十一轮增资期间的 1∶0.85 提高到 1∶2.05

2020 年　先后从惠誉和标普两大国际评级公司获得 AA+ 信用评级

附录3

国际农发基金与中国合作大事记

年份	主要事件
1980	中国正式加入国际农发基金
1981	• 国际农发基金批准"北方草原和畜牧发展项目",贷款3 500万美元,总投资6 168亿美元。这是国际金融机构资助中国实施的第一个农业农村发展项目 • 中国向国际农发基金第一轮增资(IFAD1,1981—1984年)认捐130万美元
1982	国际农发基金批准"河北农业发展项目",贷款2 500万美元,总投资5 150万美元
1984	• 中国向国际农发基金第二轮增资(IFAD2,1985—1987年)认捐180万美元 • 国际农发基金批准"湖北农村信贷项目",贷款2 500万美元,总投资7 140万美元
1986	国际农发基金批准"广东综合淡水养鱼项目",贷款1 200万美元,总投资3 098万美元
1987	中国向国际农发基金第三轮增资(IFAD3,1988—1996年)认捐800万美元
1988	国际农发基金批准"四川畜牧发展项目",贷款1 730万美元,总投资3 465万美元
1989	国际农发基金批准"山东烟台农业发展项目",贷款2 150万美元,总投资4 290万美元
1990	国际农发基金亚太区域项目工作研讨会在四川召开
1991	国际农发基金批准"山西农业综合发展项目",贷款2 530万美元,总投资5 060万美元
1992	国际农发基金批准"吉林白城低洼地开发项目",贷款2 760万美元,总投资5 522万美元
1993	国际农发基金批准"云南思茅少数民族山区农业发展项目",贷款2 580万美元,总投资5 070万美元
1994	• 在中国农业部的支持下,国际农发基金与世界粮食计划署进行国别项目层面的合作,运用"脆弱性分析绘图"(VAM)方式识别项目区 • 国际农发基金批准"青海海南州农业发展项目",贷款2 000万美元,总投资4 027万美元
1995	国际农发基金批准"江西赣州农业综合发展项目",贷款2 380万美元,总投资4 883万美元
1996	• 国际农发基金批准"四川/重庆/青海农业综合发展项目",贷款2 770万美元,总投资1.081亿美元 • 中国向国际农发基金第四轮增资(IFAD4,1997—2000年)认捐850万美元 • 中国首次出任国际农发基金执董会执董。此后,除2005年为副执董外,中国一直担任执董

续表

年份	主要事件
1997	国际农发基金批准"安徽皖西南农业综合发展项目",贷款 2 650 万美元,总投资 5 570 万美元
1998	国际农发基金批准贵州和湖南"武陵山区农业发展项目",贷款 2 800 万美元,总投资 1.072 亿美元
1999	• 国际农发基金批准陕西和湖北"秦岭山区农业发展项目",贷款 2 900 万美元,总投资 1.063 亿美元 • 国际农发基金制定首个中国《国别伙伴战略》(COSOP)。自 1999 年起,国际农发基金配合中国政府的扶贫开发规划周期,每五年一次,与政府共同制定新的《国别伙伴战略》
2000	• 国际农发基金批准广西"桂西农业综合发展项目",贷款 3 040 万美元,总投资 1.073 亿美元 • 中国向国际农发基金第五轮增资(IFAD5,2001—2003 年)认捐 1 000 万美元
2001	• 国际农发基金在中国人民银行、财政部、农业部的支持下,对中国农村金融开展专题调研,分析农村信用社服务贫困人口的现状和前景 • 国际农发基金亚太区域项目工作研讨会在安徽召开
2002	国际农发基金批准"山西晋北/宁夏中部农村综合开发项目",贷款 2 900 万美元,总投资 9 030 万美元
2003	中国向国际农发基金第六轮增资(IFAD6,2004—2006 年)认捐 1 050 万美元
2004	国际农发基金批准陕西和重庆"农村金融项目",贷款 1 470 万美元,总投资 2 130 万美元
2005	• 国际农发基金在北京设立联络办公室 • 国际农发基金批准"甘肃南部农村综合发展项目",贷款 2 930 万美元,总投资 8 060 万美元 • 国际农发基金制定第二个中国《国别伙伴战略》
2006	• 中国财政部和国际农发基金共同建立定期召开全国项目工作会议的机制,开始每两年组织一次项目工作会议,邀请在建和刚竣工项目相关人员参加 • 中国财政部对国际农发基金 1981—2006 年期间的在华项目开展减贫影响评估 • 中国向国际农发基金第七轮增资(IFAD7,2007—2009 年)认捐 1 600 万美元 • 国际农发基金批准"新疆贫困地区农业综合发展项目",贷款 2 510 万美元,总投资 5 500 万美元
2007	• 中国财政部和国际农发基金在北京共同发布画册《国际农发基金在中国》,介绍双方合作成就 • 国际农发基金批准"内蒙古农业综合发展项目",贷款 3 000 万美元,总投资 7 090 万美元

续表

年份	主要事件
2008	• 中国农业部、国际农发基金、世界粮食计划署签署合作备忘录，共同开展农村脆弱地区天气指数农业保险合作研究，以期提高中国小型农户应对灾害风险的能力 • 国际农发基金批准河南"大别山区农村综合发展项目"，贷款 3 190 万美元，总投资 7 090 万美元
2009	• 国际农发基金批准"四川灾后重建项目"，贷款 2 900 万美元，总投资 7 700 万美元 • 国际农发基金与中国财政部联合举办南南合作研讨班。此后，连续九年（至 2018 年）每年举办一期，共有 40 多个发展中国家 230 余人参加了十期培训，学习、交流和推广农村减贫领域的经验，尤其是中国大规模扶贫开发的做法和经验 • 中国向国际农发基金第八轮增资（IFAD8，2010—2012 年）认捐 2 200 万美元
2010	• 中国资助罗马国际农发基金总部办公大楼内冠名为"中国厅"的会议室装修完工，双方于 2 月举行专门的揭牌仪式 • 国际农发基金对 1997—2010 年期间的在华融资项目实施情况进行审查 • 国际农发基金亚太地区项目工作会在广西南宁召开
2011	• 国际农发基金执董会批准中国《国别伙伴战略》 • 国际农发基金支持中国国务院扶贫办公室外资项目管理中心开展知识管理能力培训，9—11 月总共举办三期，为 99 名国内项目人员提供知识分享和系统化管理培训 • 国际农发基金批准"广西农村综合发展项目"，贷款 4 700 万美元，总投资 9 680 万美元 • 2011—2015 年，国际农发基金提供赠款，支持中国国际扶贫中心围绕国际农发基金在华项目的主题内容，开展价值链模式和电商农村扶贫效果分析
2012	• 国际农发基金批准"湖南农业和农村基础设施发展项目"，贷款 4 600 万美元，总投资 9 360 万美元 • 国际农发基金批准"云南农村综合发展项目"，贷款 4 700 万美元，总投资 9 400 万美元 • 中国向国际农发基金第九轮增资（IFAD9，2013—2015 年）认捐 2 700 万美元
2013	• 国际农发基金批准"湖北秦巴片区十堰农业特色产业开发项目"，贷款 4 380 万美元，总投资 1.02 亿美元 • 国际农发基金与中国中非发展基金签订合作意向书，建立合作伙伴关系，支持非洲国家农村减贫和可持续发展
2014	• 国际农发基金独立评估办公室开展中国国别方案评价（Country Programme Evaluation），涵盖 1999—2013 年期间的国际农发基金在华融资项目和其他业务活动 • 国际农发基金批准"江西罗霄山脉农业综合开发项目"，贷款 4 300 万美元，总投资 1.25 亿美元

年份	主要事件
2015	• 国际农发基金批准"青海六盘山片区扶贫发展项目",贷款 4 260 万美元,总投资 1.25 亿美元 • 中国国际扶贫中心等国内伙伴机构在国际农发基金支持下进一步完善"中国南南合作减贫知识分享网站"(http://south.iprcc.org.cn/) • 中国向国际农发基金第十轮增资(IFAD10,2016—2018 年)认捐 6 000 万美元
2016	• 国际农发基金与中国财政部、农业部共同签署《关于建立合作伙伴关系的谅解备忘录》,支持中国政府在现有框架下加强三方合作伙伴关系,共同为实现联合国 2030 年可持续发展议程中的目标 1 和目标 2 作出贡献 • 国际农发基金执董会批准自 1999 年以来的第四个中国《国别伙伴战略》,进一步强调贫困农户与市场对接的重要性,提出农户参与价值链、包容性合作社建设、金融服务、特色产业增收创收、环境可持续性和农户恢复力等支持重点 • 中国农业发展银行和安徽淮南通商农商行参与国际农发基金资助、亚太信贷协会(APRACA)具体实施的区域项目,探索小微贷款技术推动农村金融服务下沉的有效方式方法、具体实践和有益经验,开展与区域国家的交流和分享活动 • 国际农发基金总裁应中国邀请,出席 6 月在中国举办的 G20 农业部长会议,并参与会议联合宣言的发布
2017	• 国际农发基金设立驻中国代表处 • 国际农发基金应中国邀请,出席 6 月在江苏南京举办的金砖国家第七次农业部长会议 • 国际农发基金提供支持、中国国际扶贫中心等国内伙伴机构建立的"中外减贫案例库及在线案例分享平台"上线
2018	• 国际农发基金总裁应邀出席在北京举办的"改革开放四十周年与中国减贫国际论坛"和在湖南举办的"全球农业南南合作高层论坛"。在此期间,国际农发基金会同联合国粮农组织、世界粮食计划署与中国农业农村部共同发布《关于中国实施乡村振兴战略助力 2030 年可持续发展议程的联合声明》。这是联合国系统机构首次以正式文件形式,明确表达对中国乡村振兴战略的支持 • 国际农发基金与中国蚂蚁金融服务集团(蚂蚁融服)签订战略合作协议,携手为农村贫困人口提供更加便利的小额贷款服务 • 中国向国际农发基金第十一轮增资(IFAD11,2019—2021 年)认捐 8 100 万美元 • 中国政府捐资 1 000 万美元在国际农发基金设立"南南与三方合作专项基金"。中国是第一个在南南合作领域向国际农发基金捐资的成员国 • 国际农发基金批准陕西"陕南农村特色产业发展项目",贷款 7 200 万美元,总投资 2.56 亿美元 • 国际农发基金批准"四川/宁夏优势特色产业发展示范项目",贷款 7 900 万美元,总投资 1.83 亿美元

续表

年份	主要事件
2019	• 中国财政部和国际农发基金、亚洲基础设施投资银行、亚洲开发银行、拉美开发银行、欧洲复兴开发银行、欧洲投资银行、美洲开发银行、世界银行集团等八家主要国际金融机构在北京签署《关于共同设立多边开发融资合作中心的谅解备忘录》。该中心作为基础设施开发融资多边合作的协调机制，旨在通过知识和信息分享、项目前期准备和能力建设，推动国际金融机构及相关发展伙伴支持"一带一路"建设等基础设施的互联互通 • 国际农发基金总裁应邀出席在北京举办的第二届"一带一路"国际合作高峰论坛
2020	• 2月，国际农业发展基金总裁洪博与联合国粮农组织、世界粮食计划署负责人联名致信中国国家主席习近平，对中国为抗击新冠疫情做出的巨大努力给予高度评价，表示国际农发基金将依托四十年来与中国政府在减贫、促进农村发展领域所建立的战略合作伙伴关系，继续支持中国农村转型，为中国实施乡村振兴战略作出贡献 • 国际农发基金与中国国家留学基金委员会签署合作协议，由中国国家留学基金委员会出资，每年资助20名中国实习生到国际农发基金实习 • 国际农发基金批准"云南乡村振兴示范项目"，贷款7 480万美元，总投资2.029亿美元 • 国际农发基金批准"湖南乡村振兴示范项目"，贷款6 020万美元，总投资1.89亿美元
2021	中国政府宣布向国际农发基金第十二轮增资（IFAD12，2022—2024年）捐资8 500万美元，为捐资额最高的发展中成员国

附录 4
国际农发基金在华项目成果和经验

一、国际农发基金在华项目总览

中国于1980年加入国际农发基金，成为该机构第122个成员国。1981年4月，国际农发基金批准对中国的第一个贷款项目"北方草原和畜牧发展项目"，标志着双方开启实质性的减贫合作伙伴关系。到2020年底，国际农发基金共对华投资了33个贷款项目，累计贷款资金约11.46亿美元，加上国内政府配套、其他联合投资方和涉项私营部门及受益人的投入，项目总投资额达到约31亿美元。这些贷款项目总计覆盖直接受益农户约450万户，2 000多万农村人口（见附表4.1）。

附表4.1　　　　　　　　国际农发基金在华项目一览表

序号	项目名称及实施期	总投资（万美元）	贷款额（万美元）	贷款条件
1	北方草原和畜牧发展项目（1981—1988年）	6 168	3 500	高度优惠
2	河北农业发展项目（1983—1988年）	5 150	2 500	中等条件
3	湖北农村信贷项目（1985—1989年）	7 140	2 500	高度优惠
4	广东综合淡水养鱼项目（1987—1991年）	3 098	1 200	中等条件
5	四川畜牧发展项目（1989—1994年）	3 460	1 730	高度优惠
6	山东烟台农业发展项目（1990—1995年）	4 290	2 150	高度优惠
7	山西农业综合发展项目（1991—1996年）	5 060	2 530	高度优惠
8	吉林白城低洼地开发项目（1992—1997年）	5 522	2 760	高度优惠
9	云南思茅少数民族山区农业发展项目（1994—1999年）	5 070	2 580	高度优惠
10	青海海南州农业发展项目（1995—2000年）	4 027	2 000	高度优惠
11	江西赣州农业综合发展项目（1996—2001年）	4 883	2 380	高度优惠
12	四川/重庆/青海农业综合发展项目（1997—2002年）	10 810	2 770	高度优惠
13	安徽皖西南农业综合发展项目（1998—2003年）	5 570	2 650	高度优惠

续表

序号	项目名称及实施期	总投资（万美元）	贷款额（万美元）	贷款条件
14	贵州/湖南武陵山区农业发展项目（1999—2004年）	10 720	2 800	高度优惠
15	秦岭山区农业发展项目（2000—2005年）	10 630	2 900	高度优惠
16	桂西农业综合发展项目（2001—2006年）	10 730	3 040	高度优惠
17	晋北/宁夏中部农村综合开发项目（2005—2010年）	9 030	2 900	高度优惠
18	陕西/重庆农村金融项目（2005—2009年）	2 130	1 470	高度优惠
19	甘肃南部农村综合发展项目（2006—2011年）	8 060	2 930	高度优惠
20	新疆贫困地区农业综合发展项目（2008—2014年）	5 500	2 510	高度优惠
21	内蒙古农业综合发展项目（2008—2014年）	7 090	3 000	高度优惠
22	河南大别山区农村综合发展项目（2009—2015年）	7 090	3 190	中等条件
23	四川灾后重建项目（2009—2011年）	7 700	2 900	中等条件
24	广西农村综合发展项目（2011—2016年）	9 680	4 700	普通条件
25	湖南农业和农村基础设施发展项目（2012—2017年）	9 360	4 600	普通条件
26	云南农村综合发展项目（2013—2018年）	9 400	4 700	普通条件
27	湖北秦巴片区十堰市农业特色产业开发项目（2014—2019年）	10 200	4 380	普通条件
28	江西罗霄山脉农业综合开发项目（2015—2020年）	12 500	4 300	普通条件
29	青海六盘山片区扶贫发展项目（2015—2020年）	12 500	4 260	普通条件
30	陕西农村特色产业发展项目（2018—2023年）	25 600	7 200	普通条件
31	四川/宁夏优势特色产业发展示范项目（2018—2024年）	18 300	7 900	普通条件
32	云南乡村振兴示范项目（2020—2025年）	20 290	7 480	普通条件
33	湖南乡村振兴示范项目（2021—2016年）	18 900	6 020	普通条件

资料来源：根据历年国际农发基金年报、执董会文件和官网中国国别项目网页整理。

　　总的来看，国际农发基金支持中国的贷款项目既充分体现了该机构的减贫宗旨，也完全符合中国农业农村发展不同阶段的战略规划和实际需要。这些项目重点瞄准相对贫困的地区和人群，围绕农业生产的发展来提高粮食安全和营养水平，同时促进农村社区发展和目标家庭收入的提高。在各个不同阶段，国际农发基金的项目也有相对不同的侧重点，如20世纪80年代的项目比较重视农业生产条件和生产性基础设施的改善，以此来促进农产品生产；90年代开始则增加了对社会发展的关注（如社区的基础教育和健康服务）和对妇女发展的支持（如针对妇女获得信贷和功能性扫盲）；自2000年起，项目贷款性质逐步从信贷资金向政府公共投资转变，聚焦农户增收创收，加大对市场准入以及农民专业合作组织等各类经营主体的支持力度；2014年以后的项目则更加紧密地与国家脱贫攻坚战略相结合，为助力实现2020年底全面脱贫的目标，围绕农业产业扶贫，引入农产品价值链方式，推动小农户和经营主体建立可持续的利益分享机制，实现增收创收，摆脱贫困，同时进一步加强了对自然资源可持续性、社会性别、环境与气候变化、农村青年等问题的关注。

尽管不同时期的项目有各自不同的侧重点，但它们基本上都包含了以下战略重点：

• 对农业和农村基础设施的支持。除少数主题性项目（如金融服务和四川地震灾后重建）之外，国际农发基金在华项目基本都把改善农业生产和农村社区生活条件相关的基础设施作为支持的一个重点。这些基础设施包括土地平整、水利设施、农村和田间道路、农村社区电力供应等。良好的基础设施是发展的必要条件，这一点在中国一直行之有效。

• 对农业生产的支持。通过增加农业投入品供给，包括农用生产资料产品（如良种、肥料、农药等）、农用物资产品（如薄膜和农机具等农业生产设备），以及生产设施（如作物大棚和圈舍等），支持农户扩大农业生产。另外，农业技术推广服务和农民培训也是各项目支持的重点。

• 改善农村金融服务。通过支持农户获得资金在内的各种资源，围绕农业和非农活动进行创收和增收是国际农发基金支持中国农村减贫的主要路径。打通对贫困农户的金融服务，特别是信贷服务，一直是中国减贫和农村发展过程中不断加以完善的一个主题。

• 注重农户自我发展能力的提高。采用开发式扶贫方式，通过对贫困人口赋能，提高其自身能力，使他们能够更好地获取和利用各种发展资源与机会，实现增收创收。

• 重视贫困瞄准和贫困群体覆盖。强调精准识别项目受益对象，采用特定的贫困瞄准方法来确保项目提供的支持能最大限度地覆盖贫困人口。

• 促进社会性别平等。作为机构的主要战略关注点之一，国际农发基金在项目中强调社会性别平等。通过女性的经济赋权、平等表达呼声和发挥影响、平等的劳动分工和分享社会经济收益等渠道，实现可持续发展效果。

　　● 重视可持续发展和项目的示范作用。高度关注项目在经济、机构和制度、社会和环境等多方面的可持续性。同时，强调项目的示范作用，运用和推广项目成功经验及有效模式，进一步扩大减贫影响。

　　从贷款条件来看，1981—2006年间国际农发基金对中国的贷款都是高度优惠贷款（1983年和1987年除外），2007—2011年间批准的项目均适用中度优惠贷款条件，而2012年及以后批准的项目则都为普通贷款条件。贷款条件的变动其实也折射出了中国四十多年来国民经济和社会发展的巨大进步。2008年中国的人均国民收入水平达到2 940美元，超过获得国际农发基金高度优惠贷款条件人均国民收入水平的上限（2 144美元）。2010年中国的人均国民收入水平进一步提高到4 260美元，跨过了国际农发基金普通贷款门槛人均国民收入水平的下限。

　　从累计贷款规模来看，中国是继印度之后国际农发基金在全球的第二大借款国。

二、项目策略和主要内容

　　四十年来，国际农发基金在华项目的总体目标和支持重点大致经历了四个阶段的演变过程，分别是1981年至1986年的第一阶段、1987年至1998年的第二阶段、1999年至2010年的第三阶段以及2010年以来的第四阶段，这个演变过程也较好地反映了中国农业发展和农村减贫的战略历程。从总体目标上看，国际农发基金通过支持农业和农村发展来促进粮食供给，通过发展生产力来帮助贫困人口解决温饱，增加收入，摆脱贫困，这个总体目标与中国政府农村发展和扶贫开发战略目标高度一致。在项目战略层面，四十年来国际农发基金先后制定了五个国别战略，指导在华项目的设计和实施。这五个国别战略与中国农村扶贫的四个发展阶段基本同步，即从改革开放之初的农村体制改革推动扶贫，到1986年中国成立扶贫机构和专项资金，从而开始实施开发式扶贫方针政策，再从1994年起执行的国家"八七"扶贫攻坚计划和2000年开启的新世纪扶贫、全面建设小康社会的扶贫新阶段，到2014年以来的精准扶贫战略和2020年底取得脱贫攻坚战全面胜利，一直衔接到现在的乡村振兴战略。

在四个不同时期，国际农发基金在华项目的主要内容和策略是：

（一）第一阶段（1981—1986 年）

1978 年中国开始农村改革，采取了一系列促进农业和农村发展的有效措施：实行家庭联产承包责任制，取消人民公社，实行家庭经营，延长土地承包期到 15 年，放宽对主要农产品的垄断收购（到 1987 年降低至产量的大约 15%），逐步放开市场允许国家收购额度外的农产品进入市场自由流通，调高主要农产品的市场收购价格，同时适当调减部分农资的价格并对农业生产提供补贴。这些改革措施促进了粮食和其他农产品的快速增长，也使农民的收入水平得以大幅度提升。然而，农业产值快速增长的同时也出现了新的挑战，比如 1983 年和 1988 年的两个谷底就折射出了改革过程中出现的一些新问题，其中包括土地承包期的不明确性和农产品市场价格的波动对农民生产积极性造成的不利影响。

在此背景下开启的与中国项目合作的最初六年间（1981—1986 年），国际农发基金一共批准了四个项目（见附表 4.2），主要是通过改善生产条件和生产设施来提高产量，扩大种养规模，支持项目区农牧民的农产品生产，在满足国家粮食和食品供给的同时实现家庭收入的增长。随着国家逐步放松对农产品的市场管控和农产品提价，项目以为农户提供信贷为抓手，支持他们扩大农产品生产，增加收入，改善营养水平。这些项目的实施，支持了项目区粮食生产和林果在内的种植业、畜牧业、渔业等农牧渔业的发展，以农业为主的生产发展助力解决温饱和提高生活水平。

附表 4.2　　　　1981—1986 年批准的国际农发基金在华项目

项目名称及国际农发基金贷款编号	总投资（万美元）	IFAD 投资（万美元）
北方草原和畜牧发展项目（026–CH）	6 168	3 500
河北农业发展项目（107–CH）	5 150	2 500
湖北农村信贷项目（153–CH）	7 140	2 500
广东综合淡水养鱼项目（195–CH）	3 098	1 200

在这个阶段的初期，国际农发基金依照当时的机构业务政策和运营模式，并没有制定专门的中国国别战略。因此，其在华项目的策略经历了一

个逐步形成的过程，基本上都是在逐个项目设计、评估和项目实施反馈的基础上积累起来的。国际农发基金项目设计团队通过对政府提出的若干备选项目进行初筛，然后确定阶段性的后备项目方案。这些项目的一个共同特征是：基本都以支持农业生产、提高生产力水平为主，项目内容比较单一。虽然尽可能地惠及农村人口中较贫困的农户，但项目的设计和实施尚未特意根据农户贫困状况的差异而采取有区别的农户瞄准措施。不过，总的来说，这个阶段的项目都有较好的针对性，项目设计直面特定发展问题，制定了特定的项目目标。

北方草原和畜牧发展项目是针对改革初期北方干旱半干旱草原地区畜牧业发展较快，进而造成草场严重退化、饲草饲料供应不足的挑战而立项的，旨在改善河北、内蒙古和黑龙江三省（区）交界的北方牧区畜牧生产力。项目干预措施主要包括改进草场管理、遏制草场退化、提高牧草供应、为牲畜提供棚舍并改善其管理，同时改进相关畜产品加工设施。在国际农发基金实施该项目的同时，世界银行也支持了其他三个省实施类似项目，但规模更大。

河北农业发展项目致力于解决由于土壤盐碱化以及干旱洪涝等自然灾害而引起的作物生产力低下问题。项目开展了开挖沟渠、打井、供电、推广农机、施肥、引种、植树以及技术推广等多种提升农业生产水平的措施。项目在实施过程中获得了世界粮食计划署约950万美元的粮食援助，通过"以工代赈"的方式支持项目的基础设施建设。该项目的实施为项目区农业生产的发展和生态环境的改善奠定了一定的物质基础。

湖北农村信贷项目是国际农发基金和世界银行一起设计的两个姊妹项目之一（世界银行的项目位于广西），也是两个机构分别在中国开展的第一个专门以提升农村信贷能力为目的的项目。其目的是支持中国农业银行（简称农行）开展农业信贷业务，加强农村信贷能力建设，发挥农行在促进农业生产发展和家庭增收中的推动作用。项目区覆盖湖北全省，主要的项目活动是通过农行给农户提供生产经营信贷资金，以贷款形式支持农户发展柑橘种植、水产养殖、家禽养殖、养猪、养牛以及饲料生产，同时为农行在贷款规划和贷款风险评估方面提供能力建设的支持。项目的实施在扩大农产品供给的同时，也使农户的收入得到大幅提高。

　　广东综合淡水养鱼项目主要响应了那个时期开发未利用土地、发展农产品多样化的政策，支持大约2 000公顷面积的鱼塘开发，淡水鱼集中育苗和养殖，同时建设鱼饲料加工厂以及为鱼塘提供肥料的配套养猪场，并开展养殖培训等活动。

　　这一阶段的项目虽然只有四个，但分布很散，南到广东、北到黑龙江，还有中部的湖北、中北部的河北和内蒙古。项目还款期限长的50年、短的20年，差异较大。贷款宽限期有5年、8年、10年之分。项目的平均受益农户较少，只有3.1万户。

　　这个时期的项目实施都比较高效，基本能够按时，甚至提前完成项目活动。究其原因，这主要得益于改革开放初期各级政府部门对外资项目的高度重视。同时，项目通过层层转贷，将债务责任传递到地方政府，增强了实施者的责任心，而且大部分项目资金都是通过信贷方式由贷款资金的使用者来偿还，所以设计和实施的时候都充分考虑并强调了项目活动的资金有效性和财务经济可行性。贷款资金由省和省级以下政府负责偿还的安排，也大大调动了它们充分参与项目设计和实施的积极性。

　　早期的这些项目在实施的时候也出现过较大的调整。比如，北方草原和畜牧发展项目就经历过两次较大调整，消减了大型机械和复杂的技术方案，减少了收储用的大型筒仓和库房，还增加了围栏，以及植树和饲料粮的种植。河北农业发展项目经过中期调整，项目区从一个县增加到两个县，还对一些项目活动的数量进行了调整。之所以会出现这些调整，一方面，由于经济改革初期一些情况尚在变化之中，项目设计对项目相关背景情况的考虑不够充分，某些项目内容的设计预期和实际情况不一致。另外，改革开放之初，农业农村发展处于不断转型和变化中，特别是在集体经济向个体经济转变过程中个体农户如何参与项目、如何从项目中受益等，需要在实践中探索和积累经验。另一方面，项目规划需要随着实际情况的变化而加以修正和调整，这其实也是国际农发基金提高项目实施效果的一个积极做法。因此，项目实施过程中定期做出必要调整也是合情合理之举。

北方草原和畜牧发展项目（项目编号062-CH）

这是批准实施的第一个国际农发基金项目。项目区包括黑龙江省安达市、富裕县、杜尔伯特蒙古族自治县，内蒙古自治区翁牛特旗、巴林右旗、阿鲁科尔沁旗、克什克腾旗，以及河北省围场县。这些地区的草原退化十分严重，草原沙化和流动沙丘威胁着其他良好的草场，随着当地牲畜的迅速增加而导致过度放牧。草场过量畜载以及落后的草场管理技术又加速了草场急剧恶化，严重影响当地的畜牧业发展。项目希望通过改善草场管理，遏制草场退化，增加牧草种植，提供牲畜棚圈和加工设施等来提高畜牧生产力水平，提高项目区人民的生活水平。具体活动包括：向项目地区引进和示范新技术和新品种，改善草场建设，加强草原管理，防止草场退化，并通过大规模机械化，大力提高饲料生产能力，扭转项目区日益增长的蓄草不平衡问题。项目建设取得显著效益。与建设前相比，饲草总产量增加了75.8%，冬春储草量提高了3倍，缓解了畜草矛盾，改善了生态环境。各类牲畜数量增长了17%，牛、绵羊良种及改良畜占其总数的74.3%，增长了33.7%。项目区的人均收入较项目建设前大幅提高：内蒙古提高了338.4%、黑龙江提高了260.4%、河北提高了321.7%。项目引进技术也是比较成功的，开展了大量的人员培训，一些比较先进的技术得到推广应用，提高了牧业机械化水平。

项目试图引入草场承载量和家庭社区养畜数量的合理平衡模式在牧区推广。在农业经营模式快速转变、农村经济快速发展和市场对农产品需求旺盛的背景下，通过项目的实施，项目区相关部门在实现草畜平衡方面积累了有益经验，充分认识到了这项工作的挑战性和复杂性。北方草原与发展项目投资中大约三分之二的项目资金是通过中国农业银行信贷方式支持社区的畜牧养殖户。一些有能力的农户能够得到较多的信贷资金以扩大畜群数量，他们从项目支持中获益很大。但由于整体牧草数量的限制，这种一味扩大农户畜群数量的方式并不能被推广到所有的农户。项目在这方面实施得出的经验也为1985年制定的《草原法》提供了一定的参考，在家庭牲畜养殖数量方面做出了限制。另外，尽管项目是在家庭联产承包责任制实施后的政策环境中开展的，项目的经验也指出了在信贷和草场管理方面可以适当开展以社区或小组为基础的实施管理方式，以提高效率和效果。

（二）第二阶段（1987—1998年）

在第一阶段项目合作积累的经验基础上，国际农发基金于1989年10月批准了第一个中国国别战略（Country Strategy）并和中国政府共同制定了备选项目规划。

第一个国别战略主要强调以下内容：（1）优先考虑边陲贫困集中地区，即优先选择那些社会经济发展水平很低、交通条件非常落后、贫困人口多而集中的边远地区。（2）加强对贫困农户进行集体开发活动的帮助，但必须以农户自愿为基础。（3）加强农户组织和其他形式组织对项目的参与，如妇联和由农户自愿组成的行业协会的参与。（4）鼓励使用新型适用技术。通过项目支持的技术培训和技术推广，引导项目区农民逐步抛弃落后的生产方式。（5）鼓励机构创新，帮助偏远地区贫困农户获得生产投入物、信贷和技术推广支持服务，培育为广大贫困农户服务且能够在机构和财务方面可持续发展的农村金融组织和技术服务体系。（6）扶持市场销售以提高贫困农户的现金收入，在农产品流通领域培植能够代表广大贫困农户利益的代表。（7）加强对受益者自己管理的劳动密集型加工企业的资助，扶持农村私营加工企业，增加农产品的附加值。（8）强调经营多样化，改变过去过分侧重粮食生产的做法，通过开展多种经营来增加农户收入，摆脱贫困。

20世纪90年代初，根据各地执行项目的经验和教训以及在扶贫开发中遇到的新情况，国际农发基金在对华贷款战略中又增加了八点内容。（1）确定受益对象时，要注意所采用的方法是否可行，即要针对各项目区的具体情况因地制宜地选择受益群体的瞄准方法，确保最贫困的群体从项目中受益。（2）向少数民族地区倾斜。这主要是考虑到许多少数民族地区的社会经济发展水平明显滞后，与其他地区的差距呈扩大趋势。（3）重视粮食安全和解决温饱问题。由于贫困地区农业抗御自然灾害的能力较弱，粮食短缺问题随时可能发生，因此，项目区的粮食安全和解决温饱问题仍应被放在重要的位置。（4）根据具体项目活动规定贷款限额，防止出现不根据实际需要而完全按平均主义思想确定贷款限额的做法。（5）加强借贷机构和村委会的作用，以帮助贷款的发放和有效使用。（6）如果连片种植能更好地利用土地和水资源，应鼓励连片开发，以提高项目的规模经济效益。（7）支持推广、技能培训和当地机构的发展，加强技术服务体系的能力建设，提高技术和服务水平。（8）适当缩小项目区，以更有效地确定受益对象，确保项目区最贫困的农户受益，同时有利于项目的实施和管理。

在这一阶段，国际农发基金批准的项目如附表4.3所示。

附表4.3　　　　1987—1998年批准的国际农发基金在华项目

项目名称及国际农发基金贷款编号	总投资（万美元）	IFAD投资（万美元）
四川畜牧发展项目（233-CH）	3 460	1 730
山东烟台农业发展项目（254-CH）	4 290	2 150
山西农业综合发展项目（281-CH）	5 060	2 530
吉林白城低洼地开发项目（300-CH）	5 520	2 760
云南思茅少数民族山区农业发展项目（335-CH）	5 070	2 580
青海海南州农业发展项目（364-CN）	4 027	2 000
江西赣州农业综合发展项目（395-CN）	4 880	2 380
四川/重庆/青海农业综合发展项目（424-CN）	10 810	2 790
安徽皖西南农业综合发展项目（451-CN）	5 570	2 650
贵州/湖南武陵山区农业发展项目（483-CN）	10 720	2 800

由于项目实施相对于项目设计的迟滞性，尽管有了明确的国别策略，在这一阶段的早期，国际农发基金仍然支持了三个和第一阶段类似的、相对单一专注于农业生产条件改善的项目。四川畜牧发展项目和山东烟台农业发展项目分别通过发展四川项目区的畜牧生产和山东项目区的苹果、花生以及畜牧生产，支持项目区农户扩大农业生产，在市场和价格逐步放开的政策环境下依托产量的增加和品质的提高来获得额外的收益。山西农业综合发展项目支持改善灌溉和改良土壤，开展栽桑养蚕、种植干果鲜果作物，同时通过种草发展畜牧业生产。

从20世纪90年代起，国际农发基金在中国实施的项目开始采取农业综合开发的模式，改善项目区的生产基础设施，如土地改良（特别是山区和丘陵地区的坡地改良）、改善灌溉条件、修建修复农村道路和田间道路、支持发展种养业生产（大田作物、经济作物、经济林果、畜牧家禽等）和提高技术推广服务水平。此外，还改变农村信贷由政府管理和发放的方式，成立单独的周转基金；突出女性参与和受益，单独设计支持农村妇女的项目内容；支持农产品加工销售乡镇企业的发展；向特困户和残障农户提供专门支持（江西赣州农业综合发展项目）。除了江西赣州的项目外，这一阶段的项目还包括吉林白城低洼地开发项目、云南思茅少数民族山区农业发展项目、青海海南州农业发展项目。云南思茅的项目支持成立村级储蓄和信贷基金，利用项目的资金支持来满足农户的信贷需求。同时，支持妇联开展针对妇女创收的小额信贷，为供销社提供化肥采购用的信贷资金，为村级兽医提供购买兽药的信贷，并为乡镇企业提供信贷以支持农产品加工。项目还支持开展提高高山地区作物和牧草适应性与产量的应用性研究。吉林白城的项目除了改良土地发展农牧渔生产外，还开展试点，在财政系统内建立贷款周转基金，用于滚动支持贫困农户的生产发展。这一周转基金在随后的20多年里一直运营，在吉林省财政厅的管理下，继续发挥着支持相对贫困地区的"三农"发展。

从1996年批准的四川/重庆/青海农业综合发展项目开始，国际农发基金在华项目逐步使干预措施多元化，丰富了其他支持农村贫困农户发展的内容。这些内容包括改善农村社区生活条件的一些活动，如村级道路、饮水、基础教育、妇女儿童健康等，同时通过支持培训、创收和专门的信贷等手段，进一步加强了对农村女性群体的支持。在帮助农村家庭增收方面，有些项目还包含了就业支持的内容。项目也逐步加大了对环境保护的考虑，引入了诸如植树和植被保护以及控制化肥使用等相关措施。

安徽皖西南农业综合开发项目和贵州/湖南武陵山区农业发展项目在改善基础设施的基础上，把土地开发、种子繁育、技术培训和推广、引进现代技术、改进栽培方法、田间试验和示范等活动有机结合起来，支持农业发展。同时，这两个项目首次利用农村信用合作社这一专业金融机构来发放项目农户信贷。不过，当时的农村信用合作社在经营和业务方面尚有诸多不足，而且国际农发基金的贷款并未按照原有的利率成本传递到农村信用合作社，所以，项目和农村信用合作社的合作以及相关的项目贷款发放和回收业务开展得并不顺畅。

从四川/重庆/青海农业综合发展项目起，联合国世界粮食计划署开始和国际农业发展基金一起设计联合融资项目。世界粮食计划署利用粮食援助、通过"以工代赈"和"以粮代训"的方式动员农村劳动力参加农田水利、乡村道路和人畜饮水等基础设施建设，参与技术、卫生和扫盲培训等发展活动，同时缓解农户层面粮食安全的迫切需求。国际农发基金则利用信贷和农业生产支持等方式，为农户的生产活动提供资金和发展支持，帮助农户逐步发展生产，增加收入，可持续地解决粮食安全问题并增加家庭资产。由于实现了项目活动的相互补充和相互促进，国际农发基金和世界粮食计划署的联合融资项目取得了较好的发展效果。同时，两个机构在贫困农户瞄准方面也有着同样的追求。联合融资项目利用世界粮食计划署的脆弱性分析绘图（VAM）方法，提高了对贫困脆弱乡镇的瞄准率。项目运用VAM方法首先在项目村里开展参与式的农户分类，确定A、B、C三类由富到贫的不同家庭状况的农户，然后根据项目活动的不同，有针对性地瞄准相对贫困的农户并在项目实施过程中加以监测。这种农户分类的方法一直沿用到2014年。当年，国家开始通过精准扶贫的建档立卡系统来确定村里的贫困户，国际农发基金在华项目也随即以这种新的瞄准方法取代VAM。

这一阶段的项目集中分布在中西部地区，项目平均受益农户大约有15万户，较第一阶段明显增加。

（三）第三阶段（1999—2010年）

在这个阶段，国际农发基金分别于1999年和2005年制定了两个五年期的国别战略，用于指导国际农发基金在中国的发展合作。

1999年中国中央政府做出实施"西部大开发"的重大战略决策，目的是把东部沿海地区的剩余经济发展能力用来提高西部地区的经济和社会发展水平，缩小东西部差距。2000年10月，中国共产党第十五届五中全会通过第十个五年计划，把实施"西部大开发"、促进地区协调发展作为一项战略任务。同时，新世纪第一个十年的扶贫开发纲要也于2000年初公布实施。

1999年的国际农发基金国别战略与国家的发展规划保持一致，积极配合政府的"西部大开发"和农村新世纪扶贫开发战略。在项目瞄准西部地区的同时，重点强调农业综合开发、水土保持、关注少数民族和社会性别平等、加大非农创收活动和技能培训等农村人力资源开发。在农村金融方面，国别战略摒弃了通过政府机构发放信贷这种既不可持续又不符合国际最佳实践的做法，转而与专业金融机构合作（当时主要考虑的是农村信用合作社），同时大力提倡金融创新，并与财政部磋商取消了以前项目中在国际农发基金贷款利率基础上，中央和地方政府额外增加利率基点的做法（这一做法在 2013 年得以实现）。在农业生产方面，国别战略倡导西部偏远地区减少化肥农药使用水平，同时基于西部相对良好的生态环境，提出了对发展有机农业进行试点的建议。

1999 年的国别战略也是国际农发基金和世界粮食计划署在前一阶段有效合作的基础上制定的共同援华战略，是五年期内双方开展联合融资项目的指南。这个国别战略特意强调了利用赠款资金支持一些"软"活动，如进一步完善实施 VAM 方法；项目在编制村级发展计划的基础上引入"参与式农村快速评估"（Participatory Rural Appraisal）方法并提供相关培训；开展有机农业的应用研究；对社会性别、水资源短缺、农产品市场等问题进行研究等。此外，国际农发基金积极实施联合国千年发展目标，把八个千年发展目标中的三个放在了国别战略的突出位置。这三个目标分别是消灭极端贫穷和饥饿、两性平等和女性赋权、确保环境可持续性。

在 1999 年的国别战略指导下，国际农发基金批准了五个项目，项目区都在西部地区（见附表 4.4）。除了陕西/重庆农村金融项目外，其余四个项目的内容基本相同，主要支持项目区农村公共基础设施改善，如道路、电力和饮水；支持发展多样化的农业生产，如灌溉、平地、作物、畜牧、经济林和相关的农业推广；通过农村信用合作社提供小额信贷。出于对西部地区的特殊考虑，项目也包含了环境保护和修复方面的内容，如有利于水土保持的植被恢复保护措施、推广节能炉和农村沼气。在社会发展方面，项目继续关注农村妇女的健康和基础文化水平的提高，同时支持完善农村小学的基础设施。

附表 4.4　　　1999 年国别战略指导下批准的国际农发基金在华项目

项目名称及国际农发基金贷款编号	总投资（万美元）	IFAD投资（万美元）
秦岭山区农业发展项目（517–CN）	10 630	2 900
桂西农业综合发展项目（552–CN）	10 730	3 040
晋北/宁夏中部农村综合开发项目（600–CN）	9 030	2 900
陕西/重庆农村金融项目（634–CN）	2 130	1 470
甘肃南部农村综合发展项目（673–CN）	8 060	2 930

在项目实施方式上，国际农发基金进一步强调项目监测评价的重要性，并从2003年开始引进和采用"结果与影响管理系统"（RIMS），利用不同层级的指标和一定样本量的项目前期、中期、后期农户调查，加强对项目效益和影响的监测评价。为了提高项目管理水平，国际农发基金多次专门为项目管理人员举办监测评价培训班。

在这期间，国际农发基金作为全球环境基金（Global Environmental Fund，GEF）的实施机构，还通过中国和GEF的"干旱生态系统土地退化防治伙伴关系"项目框架，申请了450多万美元的赠款资金，以山西、宁夏、甘肃三省（区）国际农发基金贷款项目为平台，在项目区的主要生态区域示范推广防止土地退化的干预手段，在原有扶贫项目的基础上加入了通过综合生态系统方法对环境和土地退化的支持内容，以此来解决环境退化和贫困问题。这种联合融资框架下的协同干预措施有利于生态保护和扶贫支持的相辅相成，具有较好的可持续发展影响。

陕西/重庆农村金融项目是国际农发基金实施的第二个金融部门项目，旨在支持农村信用社系统的体制改革。它的设计充分吸收了国际农发基金之前与农村信用合作社进行项目信贷业务合作所积累经验，并以农村金融专题研究得出的结论为主要依据。2000年，国际农发展基金对其在华项目中的农村金融活动开展了一次专题研究。研究发现，通过项目区当地政府和项目管理机构发放贷款给农民既有一定的优势，也存在不少问题。研究认为，由农村信用合作社直接发放国际农发基金项目向农户提供的贷款，具有专业优势和可持续性。然而，农村信用合作社在机构和管理方面也存在诸多问题，需要改进。基于这一研究，中国政府和国际农发基金同意设立中国农村金融项目，作为一个试点项目在陕西和重庆各选择两个县实施，对如何加强农村信用社在农村金融服务方面的作用开展政策性探索。在项目实施期间，中国银监会于2003年实行了农村信用合作社改革，重庆农村信用合作社作为试点单位之一参与了改革。中国人民银行为农村信用合作社提供减免税收、央行票据置换等优惠政策，促进农村信用合作社进行法人体制改革，改善资产质量，改革经营体制，并将改革的成果最终在全国推开。

2005年制定的国别战略进一步强调，国际农发基金在减贫创新和引入

扶贫新理念经验方面可以发挥重要作用，在帮助偏远和资源稀缺地区解决
贫困问题过程中具有相对优势。国别战略确定了两个切入点：资源的获得
和方法的创新。国际农发基金根据其机构战略框架（2002—2006 年），支持
贫困人口获取信息、知识、自然资源并对这些资源进行可持续利用，向他
们提供合适的金融服务，为他们建立良好的市场环境。鉴于国际农发基金
所起的催化剂作用，这些活动均将通过试点的形式开展。试点取得的积极
结果和成功经验将为相关政策的制定和调整提供决策参考依据，也为利用
政府资源来推广国际农发基金的有益项目经验奠定基础。国别战略列出的
重点项目干预领域包括农村金融、农业生产（有机农业和自然资源管理）、
基于需求的农业技术服务、农产品市场开发等。在 2005 年的国别战略指导
下，国际农发基金批准的项目如附表 4.5 所示。

附表 4.5　　　　2005 年国别战略指导下批准的国际农发基金在华项目

项目名称及国际农发基金贷款编号	总投资（万美元）	IFAD 投资（万美元）
新疆贫困地区农业综合发展（709–CN）	5 510	2 510
内蒙古农业综合发展项目（740–CN）	7 090	3 000
河南大别山区农村综合发展项目（766–CN）	7 090	3 190
四川灾后重建项目（778–CN）	7 700	2 900

　　新疆贫困地区农业综合发展项目覆盖南北疆四个地州十个县。基于国
别战略关于大力引入创新的倡导，项目设计涵盖了多个方面的创新内容。
除了重点加强对自然资源的可持续管理之外，项目引入了对有机农业和户
用光伏发电（后来因为电力部门不同意接入电网而没有实施）的支持，同
时在项目区实施推广科技部在福建初步尝试成功的科技特派员制度，并对
非农创收提供支持。项目还特别加强了对农村妇女和妇联机构的支持：支
持农村妇女自愿成立村级妇女小组，进行功能性扫盲培训，无偿提供种子
资金成立周转信贷基金，开展管理培训和创收活动；在妇女小组基础上成
立妇女协会，开展基本培训和交流，开展管理和市场营销培训。国际农发
基金还首次在项目中采用了模块化的设计和实施方式，把项目内容分解成
14 个模块来实施，主要目的是使项目实施适应快速变化的情况。每个模块
由实现该模块总目标所需的全部子项目活动组成，涵盖实施这些子项目活

动的所有直接和间接开支。模块内目标群体覆盖的范围可以根据其内容而定，小到单个村的几户农户，大到整个乡，实施周期从几个月至三年不等。模块方式被认为是对项目设计和规划方法的一种改进，因为它既有较大的子项目活动配置方面的灵活性，又在项目资源分配和实际开支的内、外部控制方面有严格要求。国际农发基金还在新疆项目的设计中融入前后两阶段通过贷款投入比例递减和国内配套比例递增的方式，为项目的退出机制及可持续性发展奠定基础。

在这个阶段的项目中，农民合作组织的作用，尤其是合作组织促进农产品营销的作用越来越受到重视。在内蒙古农业综合发展项目中，国际农发基金支持项目成立市场营销协会来促进农产品销售。同时，支持有机、绿色和无公害农产品的认证，并从生产端重视农产品食品安全，包括产品质量的监测和追溯。河南大别山农村综合发展项目支持农民专业合作组织带动农户进行农业生产，进而着重加强建立市场连接。

内蒙古农业综合发展项目还在项目县设立科技特派员风险基金，根据参与式的农户反馈评估和验收小组深入项目村的核实，从示范效益、技术培训开展情况和培训效果等几个方面进行评分，对科技特派员分等级进行奖励，鼓励科技特派员为农户提供符合需求的科技服务。同时，项目为配合科技示范的农民提供潜在示范风险的补偿。

为了贯彻中国政府于2005年起开始推进的整村推进扶贫方针，这个周期的项目还特设了村级发展基金这一模块，以支持贫困村农户根据自身发展需求，通过参与式规划和实施方式进行村级公共设施和公共服务建设，促进村庄发展。

四川灾后重建项目是国际农发基金对2008年5月12日四川汶川大地震做出紧急响应而批准的项目，根据国务院《汶川地震灾后恢复重建总体规划》，支持四个重灾区县农用沼气池的恢复重建，切实解决灾区农村生活用能短缺和用能方式落后问题，基本满足受灾农户生活用能需求，恢复受灾农户生产生活秩序和基本生产生活条件，为农村灾区全面开展恢复重建创造条件，促进农村灾区经济社会恢复和发展。同时配合国内其他支持措施，因地制宜地推广以户用沼气为纽带的高效种养模式，带动受灾农户恢复发展农业生产，调整农业产业结构，改善生产条件和生态环境，提高农业综合生产能力，切实增加农民收入。

总体来说，第三阶段的项目除了陕西/重庆农村金融部门项目和四川灾后重建项目外，其余的项目基本上还是延续了农业综合发展项目的路径，但是部分项目内容的设计颇具创新性，如模式化设计、项目结果的管理、金融服务机构可持续性、基于需求的推广服务、农户的组织化和市场连接等。项目实施也非常重视创新和示范性。

（四）第四阶段（2010—2020 年）

在这一阶段，国际农发基金分别于 2011 年和 2015 年制定了两个国别战略，其中 2015 年的战略以结果为导向（Result-Based COSOP），在国别战略中引入了"结果逻辑框架"。

经过近 25 年的扶贫开发，中国农村扶贫取得了巨大成就。截至 2010 年底，全国农村贫困人口大幅减少，按 2008 年确定的 1 196 元农村居民人均纯收入的标准统计，剩余贫困人口为 2 688 万人，贫困发生率降至 2.8%。尽管如此，中国的扶贫工作仍然面临艰巨的任务。《中国农村扶贫开发纲要（2011—2020 年）》认识到农村贫困是持久性挑战，将会在老少边穷地区长期存在，而这些地区通常都是偏远山区。因此，纲要确定 14 个连片特困地区作为扶贫攻坚的主战场，同时也认识到扶贫开发是一项长期历史任务，需要制定并实施战略政策和高效的工作机制，努力实现到 2020 年基本消除绝对贫困并显著减少相对贫困的目标。为了实现这一战略目标，2014 年中国政府提出了精确识别、精确帮扶、精确管理的精准扶贫方式，确保脱贫路上不落下一个人。

2010 年制定的国别战略审视了国际农发基金在偏远地区有效扶贫的比较优势，确定了两个主要战略目标：一是支持目标地区农村贫困人口可持续地利用生产性自然和经济资产及经改善的技术和咨询服务；二是以获得市场准入和金融服务为依托，促进创收。国别战略同时也强调了南南合作和知识管理的重要意义。

具体来说，国别战略重点支持：（1）社区基础设施，引进基于社区的、由受益人管理的可持续管理体系；（2）加强由受益者管理的协会和合作社；（3）在农业生产和创收活动中，促进采纳环境和生态系统友好型措施；

（4）采用精准扶贫和社会性别敏感型的瞄准机制；（5）在其他捐助者避开的部门和地区，引入并推广可持续创新；（6）使诸如监测评价支持等的管理工具和措施系统化；（7）建立有效的网络和知识管理平台，包括开展南南合作。

2015 年的国别战略进一步强化了贫困农户在市场准入方面的策略，支持农户参与价值链，推动包容性的合作社建设，加强对农户的金融服务。强调依托特色生产增收创收，并进一步重视环境的可持续性和农户的恢复力。继续加大创新力度，推动最佳实践的推广和应用，加强知识管理，支持南南合作与三方合作。这一阶段国际农发基金设计批准了 10 个项目（见附表 4.6），基本都是围绕国家扶贫战略的"五个一批"中的产业扶贫战略来支持小农户通过特色农业生产增收创收。

附表 4.6　　　　　　　2010—2020 年批准的国际农发基金在华项目

项目名称及国际农发基金贷款编号	总投资（万美元）	IFAD 投资（万美元）
广西农村综合发展项目（855-CN）	9 680	4 700
湖南农业和农村基础设施发展项目（875-CN）	9 360	4 700
云南农村综合发展项目（885-CN）	9 400	4 670
湖北秦巴片区十堰市农业特色产业开发项目（200000431）	10 200	4 380
江西罗霄山脉农业综合开发项目（200000266）	12 500	4 300
青海六盘山片区扶贫发展项目（200000633）	12 500	4 260
陕西农村特色产业发展项目（200001184）	25 600	7 200
四川/宁夏优势特色产业发展示范项目（200001067）	18 300	8 000
云南乡村振兴示范项目（200003418）	20 290	7 480
湖南乡村振兴示范项目（200003670）	18 900	6 020

这些项目逐步强化了国际农发基金对小农户融入价值链的策略支持，支持提高现有合作社经营管理能力和新建合作社并扩大其对贫困农户的吸纳，支持各种经营主体和小农户建立包容、公平和可持续的商业伙伴关系。其中，在湖北十堰项目引入建立政府、私营部门、生产者三方合作商业伙伴关系的 4P 模式（Public-Private-Producer Partnership），利用商业计划（Business Plan）的手段，通过多方参与和公开竞争的方式筛选出可以吸纳

小农户的 4P 投资方案。项目还逐步重视私营部门在农户通过产业发展实现增收创收方面的作用。2018 年底批准的四川 / 宁夏优势特色产业发展示范项目专门支持农民专业合作组织的规范化建设，通过制定准入标准和投资条件约束来推动标准合作社的建设，同时支持农超对接、电商销售等多种促进农产品营销的措施。

在农业生产相关方面，项目继续支持完善和建设产业基础设施，更加注重对气候变化的适应性和恢复力。国际农发基金在项目设计中还引入了社会、环境和气候方面风险的分析，并将其纳入项目规划。

在金融服务方面，上阶段最后两个项目（河南大别山农村综合发展项目和四川灾后重建项目）和本阶段前三个项目（广西农村综合发展项目、农业和农村基础设施发展项目和云南农村综合发展项目）均未纳入具体的农村金融服务内容。但是，2014 年开始的湖北秦巴片区十堰市项目和 2015年开始的江西罗霄山项目又重拾对农村金融的支持，只不过支持的形式发生了变化，即通过贷款担保基金撬动商业银行对经营主体和农户的贷款。从随后的陕西农村特色产业发展项目开始，金融服务只是通过技术支持来改善金融机构对项目群体的贷款服务。这也是在精准扶贫、精准脱贫攻坚阶段国家采取多种金融扶贫手段后，国际农发基金项目设计做出的有限选择。

在目标群体瞄准方面，项目结合国家的片区扶贫战略，选择位于集中连片贫困地区的项目省和其中的相对贫困县实施，并在 2014 年开始借助国家的建档立卡制度瞄准到贫困户。国际农发基金从最初的强调相对贫困的农户受益，到这个阶段利用精准到户的项目实施，既体现了其目标瞄准策略的一贯性，也体现了中国在扶贫措施和手段方面的完善和进步。

2018 年中国政府开始实施乡村振兴战略，国际农发基金进入第十一轮增资周期（2019—2021 年）。在继续支持包容性产业发展的基础上，国际农发基金于 2019 年开始设计的云南和湖南项目加大了对农村年轻人和妇女的关注，支持他们在乡村创业。同时，通过商业计划方式吸引社会和商业资金加入益贫式的农业产业化发展和价值链开发，为实现乡村振兴的产业兴旺目标作出示范。云南和湖南两个乡村振兴示范项目从 2021 年起进入实质性的实施阶段，可望从人才培养、投资吸引和包容性产业发展方面为乡村振兴提供国际组织的实践经验。

三、国际农发基金在华项目的主要成果

对于在华项目，国际农发基金在每个项目实施结束后都开展了项目竣工审查并形成审查报告。国际农发基金独立评估办公室对其中大约六分之一的项目还开展了额外的独立评估。除此之外，还先后开展了以下评估：

● 中国财政部组织国内专家于 2006 年对国际农发基金 1981—2006 年援华项目的农村扶贫影响开展了评估；

● 国际农发基金项目部在 2010 年开展了对 1997—2010 年间的在华项目实施情况进行审查；

● 国际农发基金独立评估办公室于 2014 年开展了第一次对中国国别方案的评估（Country Programme Evaluation），涵盖 1999—2013 年间的国际农发基金在华项目和相关业务活动。

总的来说，这些评估都肯定了国际农发基金在华项目的成果，认为这些项目不仅给中国带来了优惠的资金以支持中国的农村发展和减贫事业，同时也引入了国际上先进的扶贫理念和成功的扶贫模式，为中国农村扶贫开发总体战略和政策的制定和实施作出了贡献。项目的实施改善了项目区农业生产条件，优化了农业产业结构，促进了项目区经济发展、社会进步和生态建设，也改善了项目区农民的粮食安全和营养水平，增加了农民收入，提高了农民的生活水平。项目在管理、技术、组织机制、方法和模式应用以及开展国际合作和交往等方面也促进并提高了项目区的管理机构和受益群体的能力建设。概言之，国际农发基金在华项目取得了很好的社会、经济和生态效益，对于项目区的发展和扶贫进程起到了推进作用。

具体而言，国际农发基金在华项目的主要成果可以归纳为以下几个大的方面：

（一）结合中国农业农村发展和扶贫开发战略，以创新助力脱贫攻坚目标的实现

四十年来，国际农发基金的国别战略始终与中国政府的农业农村发展和扶贫开发的总体目标、战略选择和重点领域保持高度一致，同时着力强调国际农发基金项目支持的切入点和重点领域，助力中国的脱贫攻坚进程。

在四十年的项目合作中，国际农发基金为中国贫困地区提供了大约

11.46亿美元的优惠发展资金，同时撬动了国内和其他发展机构的发展基金。尽管相对来说规模不是很大，但这些优惠资金对于接受援助的地区，特别是在中国发展资金相对短缺的改革开放早期，对促进当地产业发展解决粮食安全和农户增收等问题还是起到了比较明显的作用。另外，国际农发基金的资金，特别是通过信贷支持受益群体的资金，在项目结束后继续滚动使用，发挥了它的持续作用。比如1992年批准实施的吉林白城低洼地开发项目，在项目实施结束后的20多年里，项目信贷资金一直滚动使用，继续发挥着支农扶贫作用。

国际农发基金项目的实施总共使大约450万贫困农村家庭2 000多万人口受益。统计数据表明，所有的项目都有利于减少贫困。与非项目农户相比，项目户通常更加贫穷。通过开展项目活动，项目户增产增收，经济收入超过项目区的平均水平。总体估计，国际农发基金项目覆盖了项目区40%—45%的贫困户，有的通过项目支持基本上摆脱了贫困。比如四川成都/南充的项目，项目开始时90%的农户收入在贫困线以下，但在项目结束时这个比例几乎为零（1%）。

在政策贡献方面，尽管很难将国际农发基金在华项目中的多种尝试及经验与中国政府某项政策的制定直接挂钩，但可以肯定的是，国际农发基金一直在项目中进行创新和引导，在不同发展阶段倡导和引入符合中国扶贫实际的国际扶贫最佳实践和做法，努力为政府制定扶贫政策和措施提供知识参考。各级地方政府和项目实施机构也确实通过国际农发基金项目的实施，理解并认可国际农发基金的很多有效实践，并在一定程度和范围内加以借鉴和应用。其中包括贫困农户瞄准机制、农户参与式的村级发展规划、商业化可持续的金融服务、综合农业农村发展模式、对包括妇女在内的特殊群体的关注、女性赋权和社会性别主流化、基于结果的项目实施和管理、自然资源的可持续利用、适应气候变化的基础设施和农业生产，等等。

在农村金融方面，国际农发基金利用项目资金建立信贷周转基金的实践，从某种意义上讲走在了中国建立贫困地区农村发展基金的前沿。向金融机构提供低息贷款，再由金融机构按照市场利率向贫困小农户提供小额信贷，是可持续农村金融服务的国际最佳实践。国际农发基金鼓励金融机构参与农村扶贫，强调这些机构在减缓农村贫困方面的作用，为制定金融

机构参与减贫的益贫型农村金融政策提供了实践案例。支持贫困人口利用
小额信贷的项目实践和成功经验，有力地证明了贫困人口也可以有效地利
用金融服务。与此同时，国际农发基金倡导商业化金融，通过促进农村金
融机构的发展来为农户提供可持续的金融服务，支持面向妇女和设在村一
级的互助信贷基金，采用设定额度上限等措施支持对小农户的小额信贷，
并以多种方式扩大信用贷款。2000年，国际农发基金专门在中国开展了一
个农村金融的主题研究，为其参与农村金融业务提供了思路和指导。其后
又专门支持陕西和重庆农村信用合作社实施农村金融部门项目，为2003年
的农村信用合作社改革提供试点示范。

　　国际农发基金项目的实施引入了不少有参考价值和借鉴意义的创新与
做法。北方草原和畜牧发展项目是在华实施的第一个项目。该项目试图通
过项目实施，在草场退化且畜牧快速发展的情况下引入先进的草场载畜量
的平衡生产模式，希望借此推广到北方草原畜牧地区。虽然模式本身由于
各种原因没有得以完整建立并推广，但草畜平衡可持续发展的理念得到了
各级政府部门的认同。1985年批准的湖北农村信贷项目更具有示范性。除
了利用项目资金通过湖北农业银行和当地信用合作社为农户提供信贷资金
外，项目还以技术支持协助湖北农业银行和信用合作社从商业金融的角度
引入先进的理念和方法，对涉及农户的小额贷款业务开展评估并积累经验。
项目实施提高了湖北农业银行在农户和企业贷款方面的评估分析能力，同
时提高了银行发放贷款的绩效。这一改进使湖北农业银行在当时的农业银
行系统中处于领先地位。

　　国际农发基金早期带来的扶贫理念首先是通过建立专门的扶贫基金，
瞄准贫困人口，根据他们的需求提供相应的信贷资金，支持他们的生产发
展活动，促进粮食增产和收入增加，实现粮食安全，摆脱贫困。这一尝试
早于中国1986年成立扶贫机构和制定有针对性的扶贫策略。2008年，国际
农发基金和世界粮食计划署通过技术援助项目，把农作物天气指数保险的
方法引入中国，通过中国农业科学院和商业保险公司在安徽进行试点，把
这项技术引入国内农业发展行业。

　　国际农发基金一直采用的受益人参与的方式是值得称道的项目管理理
念，其中包括参与式农村评估（PRA）、村级发展规划、村实施小组、参与

式监测评价、参与式农户分类瞄准等方法。此外，国际农发基金项目始终实践和倡导严谨的项目监测评价和项目评估。中国财政部大约从 2015 年也开始参考国际金融组织的项目评估办法，建立了项目绩效考核机制，对国内包括外资项目在内的投资项目逐步开展绩效评估。项目信息管理系统也正在开发项目中逐步得以推广应用，以更加科学的方式对项目进行管理。项目知识管理也是国际农发基金从 2010 年开始逐步引入的项目管理要素，目的是为项目的经验总结和政策影响创造条件。

（二）发展农业生产，提高农业生产力水平，促进粮食安全

国际农发基金的项目基本上都是以支持农业生产为基础来实现项目的目标和结果。中国人均耕地面积不到 0.1 公顷，且国际农发基金的大部分项目区通常地处偏远山区，生产条件艰苦，农业基础设施薄弱，抵御自然灾害的能力差。即使早期在平原地区的项目，要想提高农作物产出，也必须有效利用有限的土地资源，充分提高农业生产力。特别是气候变化影响的加剧，洪灾旱灾频发，极端天气频现，给农业生产造成严重影响。这一切都对农业生产基础设施建设提出了更高的要求。国际农发基金根据中国的实际情况，在绝大多数项目中均安排了一定的资金用于支持新建或者改造农业基础设施，修建梯田，采取节水保水措施，平整和改良土地，完善电力并修建排灌设施和购置相关设备，建设温室大棚和畜棚等。此外，项目引入或支持采取新的、更有效的农业生产技术，改善农业技术推广服务相关的设施和能力并开展农户培训，推广改良品种的应用等。这些活动的实施大大改善了项目区尤其是贫困偏远地区的农业生产条件，降低了生产劳动强度，节约了农业生产成本，提高了投入效率，为提高农业生产力发挥了积极作用，为促进农民粮食安全和增产增收提供了有力保障。

最早的北方草原和畜牧发展项目经过七年的实施，使项目区饲草生产总量比实施前增加了 75.8%，冬春储草量提高了 3 倍，在一定程度上缓解了畜草矛盾。项目实施后，各类畜牧数量增长了 17%，良种和改良畜占总数的 74.3%，增长了约 1/3，项目受益人人均收入增长了 5 倍。

河北农业发展项目基本上是通过手工劳动完成了 1 760 万立方米土方量，建设了排灌沟渠系统，平整土地 1.1 万公顷，建造了 944 座各类渠上桥

梁和120多个灌溉管路及控制系统，挖掘了237眼深水井和1 490座浅井，购置了4 497个水泵、8 391台马达和1 510台各类型号农用拖拉机、457.3吨输电线，栽种树木576.5万株，建立果园3万亩。项目的实施使重、中、轻度盐碱地分别减少了85%、75%和57%，灌溉面积增加了125%，约2.3万公顷的易涝地得到了彻底治理。项目的实施使项目区的粮食产量和总产在项目竣工时较基线分别增加了81%和88%，油料分别增加了17%和22%，棉花分别增加了100%和400%。

山西农业综合开发项目通过平整土地、坡改梯和增施肥料等措施，改造了项目区20.5万亩中低产田，使粮食单产从198公斤/亩提高到390公斤/亩。通过新增、改善原有的8.3万亩水浇地，使平均粮食单产从249公斤/亩增加到510公斤/亩。同时项目还引入了U型灌溉渠、核桃幼枝嫁接、地膜覆盖、果园套种技术等一些新的农业技术。项目完成后，项目区粮食总产量从14.72万吨增加到23.83万吨。

宁夏中部农村综合开发项目盐池项目区因为拥有项目支持的灌溉设施（渠道、水井、截水坝），在2008年干旱时，仍然获得了每亩2吨的土豆收成，而其他非项目支持田块几乎颗粒无收。

皖西南农业综合开发项目新建和改造乡镇农技站和畜牧站35个，还为5个县级农技推广中心和畜牧中心配备了必要的技术推广设备，通过对广大农技人员的广泛培训，使项目区每个农户都掌握了1—2门实用技术，促进了科技成果向现实生产力的转化。

2005年后实施的新疆、内蒙古和河南的项目采用了科技特派员制度，引入基于需求的科技推广服务和农户评比为参考的激励机制。项目着力开展新品种和新技术的引进、示范、培训和指导，提升农村贫困地区的农业技术水平，提高了种植效率和品质。多个项目引入了自然资源可持续利用的理念和实践，进行生态治理，增加植树，减少水土流失，提高和保持土壤肥力，改善生态环境，发展沼气为主的再生能源。这些都为项目区农业的可持续发展创造了条件。

（三）支持特色产业发展，扩大增收创收渠道，提高贫困农户的收入水平

作为中国扶贫开发工作的重要举措之一，产业扶贫一直发挥着不可替代的作用，是中国脱贫攻坚战略的重要组成部分。精准扶贫确立的"五个一批"中，将"通过发展生产脱贫一批"摆在了首位。在国际社会，产业扶贫也在世界各国的减贫进程中发挥着重要作用，积累了许多有益的经验。

国际农发基金在华项目从一开始就注重包括主粮作物在内的农业产业发展。20世纪80年代的项目基本都支持地方特色农产品的生产，如畜牧品种、淡水养鱼、蔬菜、棉花、果树等有利于农户增产增收的农业生产。随着人民生活水平的逐步改善，广大消费者对农产品品质和种类需求也在不断提高，农产品市场化和商品化也得到了进一步发展，各种特色产品也更趋多样化并紧跟市场需求而得以发展。比如青海项目的树莓及中药和藏药药材、桂西项目的养殖竹鼠、新疆项目的种植各种牛肝菌等各类食用菌等，类似案例数不胜数。

国际农发基金近年来大力推动项目区特色农产品价值链开发，将当地的特色、优势农产品引入贫困人口的生产当中，使贫困人口参与产业发展，分享产业增值的收益。在这个过程中，产业链条的各个环节和经济活动所创造的价值，特别是在产后环节上价值增加比较突出的那部分价值，有可能被贫困人口所分享，从而可以提升产业扶贫的效果。

国际农发基金项目充分开发利用当地自然资源，以小农为中心，以特色产业发展为目标，以农民专业合作组织和各类经营主体为媒介，把千家万户分散经营的"小生产"与千变万化的"大市场"联系在一起，既解决了项目区生产的农副产品的市场销售问题，又提高了项目区农民的组织化程度，还探索了可持续发展减贫模式，推动了当地经济均衡发展。

值得一提的是，国际农发基金从湖北十堰项目开始就在项目中引入政府、私营部门和生产者三方合作伙伴关系的模式（Public-Private-Producer Partnership），简称4P模式。在通过项目资金撬动私营资本投入特色产业价值链的同时，营造出有利于小农户和贫困农户参与并受益的包容、公平和可持续的益贫式产业发展模式。4P模式在项目区充分采用农户参与、公开竞争、技术评审和把关的方式，由经营主体通过商业计划的方式制订出符合包容、公平和可持续原则的产业发展的经营方案。项目通过实施这些商业计划，推动项目区特色产业发展，将贫困农户和小农户镶嵌在这些价值链之中，使他们通过劳作和经营获得可持续的收益。

项目利用特色农产品的生产，特别是通过一定的组织化形式以价值链发展的方式进行经营，为农户带来了较为理想的回报。在各个项目实施效果的评价中，农民收入的增加往往是最亮眼的项目成果。当然，这个成果的实现也离不开中国整体经济快速发展、农民整体收入大幅提升这个大的发展环境。以20世纪80年代至90年代实施的五个项目为例，附表4.7对照比较了项目为受益农户带来的额外收入的情况。

附表4.7　　　　国际农发基金项目区和非项目区人均收入的对比：
以20世纪80年代至90年代的五个项目为例

项目	项目区人均收入的变化			非项目区人均收入的变化		
	项目前（元）	项目后（元）	增长率（%）	项目前（元）	项目后（元）	增长率（%）
北方草原和畜牧发展项目	103	403	291.26	104	325	212.50
河北农业发展项目	205	373	81.95	281	367	30.60
广东综合淡水养鱼项目	999	2 335	133.73	970	1399	44.23
山东烟台农业发展项目	338	1 062	214.20	325	639	96.62
吉林省白城低洼地开发项目	748	1 184	58.2	1 080	1 350	25.0

（四）支持贫困乡村社区发展，改善农村人居环境

国际农发基金在1996—2015年间实施的大部分项目都非常重视贫困地区社区生活条件的改善，通过修建乡村道路、解决人畜饮水便利和安全、改善住房条件、安装照明路灯、设置排水管线、完善公共厕所、推广沼气入户、建设文化中心和培训中心等改善农民的生活环境。这些项目活动的实施不仅使项目村发展成了生态环境优美、村容村貌整洁、社区服务健全、乡土文化繁荣、农民生活幸福的美好社区，还极大地改善了农民的居住环境，丰富了村民社会和文化生活，增强了社区成员的凝聚力和向心力。

通过修建乡村道路，一批项目村结束了祖祖辈辈不通公路的历史。例如皖西南项目，通过新建乡村道路68公里，改造乡村道路252公里，基本实现了村村通公路，在项目区受益人与城镇、农产品市场之间搭起了桥梁。为了解决人畜饮水安全以及农牧民用水便利等问题，青海海东项目先后铺设输水管道87.45公里，打井188眼，管道直接连入农牧民家中，受益农牧

民达6 638人，受益牲畜11 750头（只）。用水条件的改善提高了项目区农牧民的身体素质，降低了因水低劣而导致的地方病的发生率，并将妇女从繁重的取水劳动中解放出来。通过项目培训活动的参与，卫生知识的普及和健康意识的提高，项目区村容村貌得到改善。在川东北项目重庆项目区，项目的实施使60%的村通了电话。

云南农村综合发展项目修建了200公里道路并改建了176.7公里村内道路，修建了14座水池，改善了15.26公里管道，同时还修建了149座公共和私家厕所，垃圾池、134公里村内排水沟，248座太阳能灯，并修建了临时便桥，还进行危房改造和改善人畜分离居住的情况。

国际农发基金项目也积极支持基础教育和居民健康特别是妇女健康的设施和培训，助力社区发展。有10个项目支持了项目区的农村基础教育和基本健康，为乡村小学修建校舍，提供课桌和必要的教学用具，培训教师和校长，帮助贫困地区改善村小学校教学条件，使孩子们有了良好的学习环境。由于中小学教学条件的改善以及"九年制义务教育"的政策，项目区辍学率也明显下降。桂西农村综合发展项目培训了2 073名小学老师，约占项目区小学老师的一半。宁夏中部农村综合开发项目区儿童辍学率从2001年的30%降至2011年的几乎为零。项目还修建了村卫生所、购置了必要的设备并培训村医。甘肃南部农村综合发展项目新建了34个村卫生站，并为乡镇医院和村卫生所添置了必要的设备，使项目区妇女住院分娩率从2003年的不足20%提高到2012年的94%。

青海海南州农业发展项目新建或扩建了100所乡、村级小学，实现了县有高中、乡有初中、村有小学的教育网络，基本解决了项目区农牧民适龄儿童入学难的问题。项目建成后，项目区的教师和在校学生数量比项目前分别增长5.9%和10.1%，适龄儿童入学率从项目前的85%提高到95.6%。项目还大力开展扫盲活动，大幅度降低了项目区的文盲率。

在项目实施过程中，国际农发基金采用"村级发展计划"（Village Development Plan，VDP）的方式，通过村民参与对发展需求和机会的分析，制定出适合本村优先需求的项目活动。在晋北/宁夏中部农村综合发展项目中，村级发展计划还在全球环境基金（GEF）项目的支持下纳入和考虑了综合生态体系的环境因素，制定出了环境可持续的村级发展规划。这些做法为社区可持续发展提供了可供借鉴的模式。

（五）推动能力建设和社会发展，提高贫困人口可持续发展的能力

国际农发基金支持贫困人口的基本方针是提高受益人群体的能力，使他们能够实现自我发展。在项目实践中，国际农发基金通过强调项目瞄准、提升农户参与、提高农户技能、培育代表农户利益的组织、促进社会性别公正和平等措施来提升贫困农户及项目区可持续发展的能力。

国际农发基金遵照其扶贫宗旨，在项目设计和实施过程中十分重视贫困人口和弱势群体的需要。项目设计通常采用参与式评估方法，让项目区村民自主选择本村的开发项目，制定本村的村级发展规划。项目实施强调村项目执行小组（Village Implementation Group，VIG）的作用，同时要求其成员中必须有妇女代表和贫困户代表，使弱势群体对项目有表达诉求的渠道。

受益群体的能力培训，特别是农业生产技术和创收方面的技能培训是国际农发基金项目的一个支持重点。针对基层农业技术推广服务"最后一公里"不通畅的问题，项目非常重视基层推广服务以及基层农技人员的服务能力建设，通过在边远山区布置示范点，使远离城镇和交通主干道的贫困农民能够获得新技术和新品种，提高农业生产水平。项目的实施为提高项目区广大农户的生产技能作出了较大贡献。项目还结合国家科技部的科技特派员制度，为项目区招聘了大批农技特派员，补充基层农技服务队伍，加强针对性手把手的服务，在技术上赋权于贫困农民，增强可持续发展的能力。同时，项目通过各种方式和渠道，在县乡农业技术部门的支持下，大力开展农民适用技术培训。通过在田间地头举办农民田间学校，使农民学得到、用得上实用的技术。

国际农发基金项目一贯重视女性的参与、受益和赋权。在项目中通过制定和实施项目的社会性别策略，对女性和受益群体产生了积极的影响。多数项目通过实施面向妇女的专项贷款，改变了女性受益人的生计和经营决策。项目改善了有助于妇女发展的环境，包括医疗、卫生、饮水、教育、培训等方面，提高了妇女对家庭事务管理的能力和对社区公共事务决策的参与，也培育了一批妇女干部，这些都有助于提高妇女的发展能力。通过项目的引导、参与、组织实施和提供服务，基层妇联的组织能力、管理能力和服务能力得到了提高。有些项目支持专门由妇女带头的农民合作组织和协会，为妇女发展提供好的示范和榜样。新疆项目采取了对女性特别关注的设计和实施安排，使女性受益人达到项目总体受益人的65%，妇女的收入水平和家庭地位都得到了较大提高，在提升她们自身社会资本的同时，为整个家庭带来了福利。

国际农发基金项目的实施也推动和壮大了各类农民组织的发展，加强了农民的自主发展和管理意识。吉林白城项目促成项目区兴建了各类农民专业协会92个，参与农户达5.36万户。其中，妇女项目协会5个，参与农户7 230户。2019年开始实施的四川/宁夏优势特色产业发展示范项目和之后的云南乡村振兴示范项目把促进合作社规范化建设作为项目的重要目标之一，在确保数量的基础上强调合作社的合作性，突出管理质量和经营效果。这些项目的实施可望发展出几十个规范且运作良好的农民专业合作组织，为中国农民专业合作社的发展提供借鉴。

四、国际农发基金在华项目的主要经验

在国际农发基金与中国合作的四十年间，中国的社会和经济快速稳定发展。2020年底，中国成功使8亿多人彻底摆脱绝对贫困，成为率先实现联合国2030年可持续发展议程减贫目标的发展中国家。四十年来，国际农发基金不仅与中国开展了卓有成效的合作，为中国农业发展和农村减贫作出了重要贡献，同时也见证了中国改革开放以来经济的快速发展以及减贫取得的巨大成就。应该说，国际农发基金在华的项目经验也和中国的扶贫经验相互融合，体现了中国扶贫的一些重要经验。

国际农发基金在华项目的主要经验可以归纳为以下几点：

（一）紧密结合国家战略，发挥示范和创新作用

从国际农发基金开展对华合作开始，其策略和项目都努力和中国政府的农业农村发展战略及扶贫政策紧密结合。在此基础上，结合项目区的社会经济特征和发展环境，国际农发基金突出机构的相对优势和关注重点，设计和实施了一批既紧密结合国家战略和政策，又注重机构主题的扶贫项目，在通过自有资金和撬动资金支持中国农村发展和减贫的同时，发挥项目的创新和示范作用，突出项目资金的倍增作用。

国际农发基金确保在华项目与国家发展战略紧密结合，既为创新的开展和新理念的引入创造了有利条件，也使项目减贫经验和最佳实践的借鉴和推广应用具备了可能性。前述农村金融服务方面的尝试无疑就是一个很好的例子。从另一个角度讲，在中国的体制和国情下，国际农发基金的项目也必须和国家的发展规划紧密结合，以获得政府从政策到配套资金等方面的支持。中国政府从一开始就对国际农发基金的项目积极提供配套资金支持，尤其是在 20 世纪 80 年代初期中国政府财政资金和经济发展水平都比较低的时候，这种支持显得格外难能可贵。中国为几乎每一个国际农发基金的项目都配套了至少相同额度的国内配套资金，这是在国际农发基金全球借贷国中少有的现象。在早期国内物资总体供应短缺的情况下，通过紧密结合政府的战略，国际农发基金项目需要的物资可以优先供给。

当然，基于国家发展的巨大需求和国际农发基金项目资源的有限性，国际农发基金的项目大部分都集中在一个有限的区域，不仅有利于发挥效益同时可以起到示范作用。根据其机构宗旨及相对优势，国际农发基金通常都把有限的项目资金更多地投向资源匮乏的偏远地区，同时也尽量采用更适宜这些地区应用和推广的生产技术。

（二）坚持贫困瞄准，提高扶贫效果

贫困瞄准一直是扶贫项目的核心要义。国际农发基金的项目首先注重对于贫困农户的瞄准，但基于中国的行政体制，在 20 世纪 80 年代时需要瞄准单个农户显然不切实际。项目也曾试图通过土地规模的大小来提升瞄准效果，但由于土地制度安排无法区分家庭经济逐渐扩大的差别，因此采取了项目县、乡和村三级相对粗犷的地域瞄准的做法。因此，早期的项目虽然较好地支持了改善和提高农业生产潜力与投资效率，但多个项目的中期审查和竣工审查报告中均指出农户瞄准方面的不完善。此时的项目从政府的角度来考虑或许更多的是着重于解决生产和管理方面的技术问题，而非完全从瞄准农户出发来设计和实施项目。所以，尽管在 20 世纪 80 年代后期对于贫困农户有了大致的标准（如 1989 年时的标准为人均年收入 200 元和人均粮食不足 300 公斤），但还是有一些贫困户被排除在项目活动，特别是信贷资金的支持之外。

中国政府从1994年开始实施国家"八七"扶贫攻坚计划，确定了592个贫困县作为主要扶贫对象。到2005年又采取了整村推进的扶贫战略，通过覆盖主要的约14.8万个贫困村（约占所有行政村的21%）来帮助当时中国约80%的农村贫困人口。2011年《中国农村扶贫开发纲要（2011—2020年）》确定14个连片特困地区作为扶贫攻坚主战场，涉及大约832个县。2014年，国家确立了精准扶贫、精准脱贫的战略，全面实行贫困户建档立卡，真正实现了以户和人为基础的精准扶贫。

在贫困县的基础上，国际农发基金从1995年开始采用脆弱性分析绘图（VAM）方法，结合村一级开展的参与式农户贫富排序，把项目村的农户分为A、B、C三类，进行分类支持。同时，建立脱贫的升级和毕业机制，既有利于提高项目对贫困农户的瞄准率，又提高了项目管理的效率和科学性。贫困农户的分级和毕业机制使项目区对贫困农户的瞄准管理井然有序。参与式的农户分类的瞄准方式一直为国际农发基金项目所使用，直到2014年中国开始对贫困户建档立卡为止，此后的项目瞄准策略均参照政府的精准扶贫模式来执行。

除了重视受益人的瞄准之外，项目实施中也对其他弱势群体和需要优先考虑的群体给予特别瞄准和支持。在国际农发基金项目区，农村女性和少数民族是贫困农户中更需要重点关注的项目群体，因而项目的设计和实施都会对他们作出专门分析，提出有针对性的项目对策，并对他们的参与和受益程度加以监测。近年来，农村青年也是国际农发基金项目的一个特别瞄准对象。此外，农村残障人士也已逐步成为国际农发基金项目的瞄准对象之一。

根据国际农发基金精准扶贫指南的相关要求，项目设计本身通常也会对重点人群的自动瞄准和偏好设置作出专门安排，比如在信贷活动中设定贷款上限，以此来自动把富裕人群排除在项目的金融服务之外。在农民合作社的支持条件、村信贷基金的使用规则等项目干预措施和规章制度之中，国际农发基金都对核心受益群体的瞄准安排了偏好设置。

对贫困瞄准的绝对追求为国际农发基金项目实现可持续扶贫效果提供了良好的保障。国际农发基金一直倡导并努力在项目中体现的精准扶贫的实践和效果，应该说在中国得到了最好的、最充分的应用和验证。中国政府的精准扶贫策略确定了扶贫的"六个精准":即对象精准、措施到位精准、项目安排精准、资金使用精准、因村派人精准、脱贫成效精准,并最终在2020年实现了扶贫路上一个都不能少的令人敬佩的政治承诺。从某种角度来说,这是对国际农发基金扶贫瞄准理念的最好诠释。

(三)有机整合的扶贫开发模式提高减贫效果

国际农发基金在中国的大部分项目都把参与式扶贫规划、基础设施完善、农业产业发展、社会和社区发展、金融服务和项目实施的监测与灵活调整诸方面有机地整合在一起,形成了一种特有的综合且相对灵活的扶贫开发模式。在项目设计中,国际农发基金对农村贫困问题的分析和解决方案并不仅仅限于农民收入或经济贫困等要素,而更多的是从贫困的多维性来展开分析,并结合国际农发基金自身的相对优势来有选择性地设计项目干预活动。具体项目活动的实施可以各自分开、自成一体,但不同的项目活动在效果上又相互结合、互为支撑,形成了较好的项目整体性。比如,基础设施、农业产业支持、农业推广和农户技能培训、金融服务、社会性别、社区参与式规划等主要项目内容通常都可以单独实施,但是农发基金项目对这些活动加以整合,使它们紧密结合起来,较好地提升了项目的整体扶贫效果。此外,国际农发基金和其他合作机构,特别是世界粮食计划署的联合融资项目,更是有机结合不同机构项目的特长,互为补充互相促进的样板。

项目内容必须切实可行。在项目的设计、实施和管理过程中,首先采用贫困人口广泛参与的方法来识别贫困的根源,确认亟待解决的问题和可以发展的领域,然后筛选出适宜项目开展的扶贫活动。项目对开展这些活动所需的技术提供培训,让所有参与者掌握所需的技能。也为社区公共品建设提供资金支持和为农户提供生产信贷支持。在实施过程中,项目利用规范性和经常性的项目活动监测评价体系来总结项目实施过程中形成的经验,发现存在的问题。通过年度检查和改进及必要的项目调整,项目得以进一步完善,经验得以推广,问题得以纠正。这个包括参与、培训、信贷、监测和调整环环相连,且多位一体的扶贫模式具有很强的普适性,与中国许多重批准轻实施、唯可行性研究报告为绝对依据、严进宽出的项目实施方式形成对照。实践证明,国际农发基金项目验证过的这些减贫项目方式方法具有较好的科学性,能产生更好的可持续减贫效果,可供农村发展和扶贫项目借鉴和推广应用。

(四)赋权受益人群体,实现自我发展

国际农发基金始终坚持开发式扶贫的理念,注重赋权项目受益群体,提高他们的能力和让他们获取发展所必需的资源与机会,实现自我发展。这真正体现了"促进贫困人口摆脱贫困"(Enabling Poor Rural People to Overcome Poverty)和"投资农村民众"(Investing In Rural People)的机构愿景。在项目实践中,国际农发基金强调项目瞄准、提升农户参与、提高农户技能、培育代表农户利益的组织、促进社会性别公正和平等,提升贫困农户人力资本和贫困项目区社会发展能力。这些充分体现了"以人为本"的扶贫开发理念。

国际农发基金所有在华项目都非常重视如何才能使贫困农民获得自我发展所需的资金和技能。在早期项目中,不少官员坚信只有把农民手中的小钱集中起来方能办大事。但国际农发基金率先开展了把小额贷款贷给农民才能办实事的实践,对中国政府逐步倡导的提高农民发展能力这一优先发展重点起到了很好的先导和示范作用。

国际农发基金项目提倡和推行参与式的民主决策方法、人力资本投资优先的理念,以及参与者的权利与义务对称的理念。这些扶贫理念和方法对于促进中国扶贫体制改革具有重要的借鉴意义。从实践来看,相对于项目资金支持带来的有形资产所产生的显著效果,国际农发基金项目提供的人力资本提升支持所获得的扶贫和发展效果毫不逊色,而且更具有可持续性和长远影响。

对农村女性的特别关注是国际农发基金在华项目最被称道的一项成功经验。一个很好的佐证是:项目受益人调查都普遍反馈了对妇女项目活动的高满意度。项目注重女性发展这一亮点在很多项目区的领导、工作人员和受益群体中都留下了深刻印象。

(五)预先筹划项目可持续性举措,实现持久性减贫效果

农村扶贫开发项目通常需要经过一个漫长的过程才能实现其预期发展

效果和影响。在这个过程中，五年左右的项目实施期只不过是一个短短的时间节点，主要是供项目完成投资任务。国际农发基金项目均由贷款资金资助，通常也涉及一个较长的还款周期。因此，如何确保项目的可持续性，是从项目设计一开始就需要认真对待的一个重要课题。在项目设计阶段，项目的可持续性问题贯穿于设计的各个环节。比如，设计报告和项目设计审查都把项目可持续性和退出机制作为关注要点，并作出具体安排。项目设计和实施中充分动员受益群体的参与，使项目更加贴近他们的需求和实际情况，这本身也很好地保证了项目的可持续性。项目对机构建设和能力建设提供支持，既包括政府各有关部门和项目办的管理能力、小额信贷转贷机构的业务运作能力等，也包括社区组织的自我管理能力和项目结束后受益农民的自我发展能力等，能较好地确保了项目的可持续性。项目在设计、中期审查和竣工审查阶段都开展对项目经济财务可持续性方面的分析，为项目的可持续和相关后续行动提供科学依据。

在项目实施阶段，国际农发基金的年度检查均对项目可持续性问题进行跟踪监测，涵盖社会、经济、机构、技术和环境等。在项目竣工阶段，国际农发基金要求项目制定可持续发展计划，确保项目带来的各种措施、安排和有效做法可以在项目实施期结束后继续发挥作用。

（六）建立健全项目管理机构和制度，确保项目顺利实施

国际农发基金在中国的绝大部分项目都得到了政府的大力支持，取得了较好的项目效果。按惯例，项目的实施均由政府负责。在具体安排上，各项目都依靠现有的政府机构来运作，各级政府为这些机构都配备了足够的人员，具有较强的执行能力。同时，各级政府也为项目提供相应的配套资金，特别是2014年以后，中国国内配套资金基本达到了项目贷款资金的2倍左右。各级政府还利用特有的公信力，对项目管理单位和职工进行业绩考核、评优表彰等，激发广大项目管理工作者积极投身项目实施的热情。

当然，不同的项目在实施效率和效果方面也有差别。凡是当地政府和领导重视、项目人员责任心和能力较强的地方，项目都能够顺利实施并取得较好发展效果。也有少数项目的实施过程相对困难，项目效果与目标未能充分实现，主要原因包括机构协调和执行不力、人员变动频繁、项目人员特别是项目主任不够尽心尽力等。

　　经过多年的项目实施，国际农发基金和政府共同建立了一套较为完善的项目管理机制，包括健全的项目管理机构、完善的项目管理制度、先进的项目监测评价体系以及现代的项目管理方法和工具的应用。最近几年的项目都建立了项目信息管理系统并运用到项目的日常管理之中，涵盖项目财务、采购、监测评价和项目内容四大板块。每个项目都成立了项目领导小组和项目办公室，制定了规章制度，如《项目管理办法》《项目贷款财务管理办法》《项目提款报账办法》《项目会计核算办法》《信贷手册》《农户贷款须知》等。监测与评价体系的运用提高了项目管理水平和效率。现代项目管理方法和工具的引入对项目的顺利实施发挥了积极作用，对中国其他农村扶贫开发项目也具有示范意义。

　　总而言之，国际农发基金在华项目四十年来的实践证明，中国政府强有力的支持和各级项目机构的有效组织、协调和实施能力是项目成功实施的根本保障。这也是国际农发基金从中国获得的最重要的减贫项目经验之一。

附录 5

《国别伙伴战略》编制及审核流程

具体流程	职责划分	时间点	补充信息
1. 国别伙伴战略开始筹备	责任人（responsible）：国家项目经理/国家代表 批准决策人（accountable）：地区局局长	新一期《国别伙伴战略》正式开始准备之前	《国别伙伴战略》筹备组成立
2. 国内磋商	责任人：国家项目经理/国家代表		和国内各合作伙伴展开广泛讨论
3. 起草初稿	责任人：国家项目经理/国家代表		• 《国别伙伴战略》筹备组协助国家项目经理 • 所在地区局经济学家在财务局的协助下准备《国别伙伴战略》中有关过渡方案的内容 • 环境气候局提供与主流化议题有关的内容
4. 提交初稿至经济专家工作小组（Economist Network）	建议方：各地区局经济学家组成的工作小组（Economist Network）	运营策略指导委员会（OSC）会议召开前10个工作日	经济专家工作小组中的两位成员（其中一位来自非《国别伙伴战略》国家所在区域局）对《国别伙伴战略》草稿进行审阅，并向区域局局长及项目部助理副总裁提交一份审阅意见，抄送国家项目经理

371

续表

具体流程	职责划分	时间点	补充信息
5. 提交初稿至运营策略指导委员会（OSC）	责任人：国家项目经理 批准决策方：地区局局长 建议方：质量保证小组	运营策略指导委员会会议召开前 15 个工作日	• 国家项目经理与质量保证小组协商并确定召开运营策略指导委员会会议的日期 • 需要向运营策略指导委员会提交的资料包括：《国别伙伴战略》草稿、国家项目情况表、财务信息摘要、《国别伙伴战略》筹备组成员名单、贷款条件、PBAS 资源分配情况 • 《国别伙伴战略》概念书可以以原语言呈现《国别伙伴战略》文件主要部分为英文、附件和项目概念书可以以原语言呈现 • 质量保证小组审阅《国别伙伴战略》草稿，并准备审查意见（review note）
6. 质量保证小组准备的审查意见（review note）发送给运营策略指导委员会	责任人：质量保证小组	运营策略指导委员会会议前 2 个工作日	
7. 运营策略指导委员会召开会议审阅《国别伙伴战略》草稿	责任人：运营策略指导委员会成员 批准决策人：总裁		• 运营策略指导委员会会议提供了一个对《国别伙伴战略》实质内容进行讨论的机会，并就《国别伙伴战略》战略结果框架和项目概念书的内容提供指导 • 总裁核准《国别伙伴战略》中所提出的战略性目标
8. 准备运营策略指导委员会会议纪要	责任人：质量保证项目经理与国家项目经理协商 批准决策人：总裁	会议召开后 5 天之内	质量保证小组起草，并在会议结束后 5 天之内发送给国家项目经理

续表

具体流程	职责划分	时间点	补充信息
9. 所在成员国批准/核定《国别伙伴战略》内容	责任人：国家项目经理		成员国利益相关方可采取研讨会和线上会议等方式，对《国别伙伴战略》在内部审阅过程中进行的修改及整体内容进行核定，具体形式根据《国别伙伴战略》在内部审阅过程中修改的多少和程度决定
10. 批准《国别伙伴战略》	责任人：国家项目经理 审核人：地区局局长 批准决策人：项目部助理副总裁		
11.《国别伙伴战略》执董会非正式研讨（非必须）	责任人：国家项目经理 审核人：项目部助理副总裁 批准决策人：秘书局/执董会	在执董会非正式讨论会之前三周，向秘书局提交《国别伙伴战略》文件，幻灯片于会议前一周提交	项目部助理副总裁根据《国别伙伴战略》文件的质量、准备就绪的程度、地区平衡等因素，提议是否需要将《国别伙伴战略》提交至执董会正式研讨会上进行讨论；执董会筹备会确定这一议题
12. 提交《国别伙伴战略》至执董会	责任人：国家项目经理 批准决策人：总裁 被知会方：执董会	在执董会召开前 4—6 周，向秘书局提交《国别伙伴战略》文件	提交《国别伙伴战略》时，需将总裁签字的运营政策指导委员会纪要作为附件
13. 公布《国别伙伴战略》	责任人：秘书局		《国别伙伴战略》作为执董会文件，通过秘书局在国际农发基金官网公布

资料来源：Operational Procedures and Guidelines for Country Strategies，Table 5 Processing steps，page 15—16.

附录6

《国别伙伴战略》格式*

2020年1月版

目 录

---

* 资料来源：Operational Procedures and Guidelines for Country Strategies−Annex I, https：//www. ifad.org/en/−/document/guidelines−for−preparation−and−implementation−of−a−results−based−country− strategic−opportunities−programme。2022年拟出台新版格式，涵盖"毕业政策"等新要素。

374

9.南南合作与三方合作战略

10.国别一览表

11.财务管理概况

国别伙伴战略项目组成员	
地区局局长：	
国别项目经理/国家代表：	
地区经济学家：	
技术专家：	
气候及环境专家：	
财务官员：	

国别伙伴战略

一、国家发展背景及农业领域议题：主要挑战及机遇

该节描述国家和农村部门的基本背景——关键挑战和机遇，了解《国别伙伴战略》（COSOP）中详细阐述的农发基金参与计划的情况。主要内容包括：

●概述宏观经济环境（人均国民收入总值、GDP增长、人口增长和通货膨胀）和债务可持续性（如相关）以及未来前景（见下文中的转型情景）；

●概述贫困情况（特别是农村贫困情况），包括造成贫困的主要因素、地理分布、性别和青年贫困状况；

●简要描述农业和农村部门，以及通过增加农业生产和市场准入来提高农村收入的限制性条件。

为了确定潜在的转型情景，概述宏观经济预测情况，用替代的高低点情况预测来补充基本情况。此类信息可借鉴现有的国际货币基金组织（IMF）宏观经济和债务数据、国际农发基金的农村部门绩效评估（RSPA）评分、世界银行国家政策和机构评估（CPIA）以及国际农发基金的财务管理评估。

对于局势脆弱的国家，提供简要的脆弱性评估，说明农村部门脆弱性的主要驱动因素以及需要国际农发基金采取何种干预措施加以缓解。

二、政府政策及机构框架

描述国家现行或即将出台的与 COSOP 相契合的农业 / 农村部门计划，并评估其方向和优先事项。包括其他相关的政策（如乡村财政或创造青年就业机会）。

概述国家气候政策或框架（特别是与农业部门相关），包括《巴黎气候变化协定》中的国家自主决定贡献（NDC）。

总结负责实施这些政策的机构的主要特征，以及与政府和地方机构职能相关的限制性条件。

根据国际农发基金在该成员国的农村部门绩效评估，确定与 COSOP 相关的任何重大政策或制度问题或紧张形势。

三、国际农发基金参与的经验

简要介绍国际农发基金当前在该成员国的参与情况和业务重点。重点描述关键的业务指标（例如，从批准到首次拨款的时间、投资组合的平均年限、投资组合管理指标等）或投资组合实施方面的问题（如相关）。简要描述财务管理问题［例如，能力、拨款问题、对应融资、债务约束、待履行的信贷义务（如相关）、国家系统的使用等］（该部分信息通常由国际农发基金财务部门提供）。

总结从过往的国际农发基金计划、项目和活动中汲取的经验教训，包括受补助金计划扶持的农业研究、国别项目评估最终总结，也可提供利益相关者磋商、国家调查、背景或专题研究和影响评估（包括与国际农发基金的开发合作伙伴相关）方面的经验教训。

说明 COSOP 在编制过程中对上述经验教训方面的考量。

四、国别战略

比较优势

阐明国际农发基金在特定国家的比较优势：国际农发基金可以为成员国政府提供哪些其他开发合作伙伴无法提供的服务。这里所述的比较优势是由国际农发基金在该国的任务和经验决定的，它为本国的战略奠定了基础。

目标群体和目标定位策略

目标群体。根据前面对农村贫困的评估和国际农发基金的目标定位政策，阐明谁将受益于COSOP以及如何受益。从地理位置、经济生计和可利用机会，贫穷和脆弱性的程度和性质，以及致贫因素来定义目标群体。了解农村贫困的复杂多样性，强调COSOP将如何解决性别平等和妇女赋权，以及为农村青年创造就业等问题。在某些国家，原住民可能是国际农发基金帮扶的重点；在特定情况下，残疾人可能是目标群体。

目标定位策略。概述将采取何种目标定位策略和方法，使那些需要且能力不足的目标群体得到项目扶持。目标定位策略是以地理标准、目标标准，还是以自我选择标准为依据？COSOP中的项目和活动将如何解决整个目标群体中子群的不同需求？是否需要采取具体的衡量措施来避免精英成为目标？确定关键的扶贫伙伴关系。

总体目标和战略目标

简要介绍COSOP的总体目标，以及该战略促成的可持续发展目标。

根据政府的战略重点和《联合国援助框架》（UNDAF）、《联合国可持续发展合作框架》（UNSDCF）、国际农发基金自身的任务、经验和比较优势，以及本国贫困农村人口的生计和得到的机会，阐明数量有限的国家级战略目标。

总结实现每个目标的变革理论。列出与国家背景相关的一系列项目、计划和非贷款活动，并解释其将如何帮助实现战略目标。

在COSOP成果框架中列出战略目标和定制的"一揽子"投入计划（包括现有的投资组合和正在进行的非贷款活动），以及跟踪预期成果进展的里程碑事件。这些成果必须有利于国际农发基金支持国家发展和农村转型的总体目标，并推动国际农发基金对可持续发展目标和《联合国援助框架》的支持。

主流主题。根据国际农发基金的承诺，指出如何从目标群体和实现战略目标的角度，将四个主流主题（性别、青年、营养和气候）纳入国家计划。

国际农发基金干预措施菜单

实现战略目标。解释当前和计划中的不同贷款和非贷款活动将如何帮助实现COSOP的战略目标。在相关方面，说明帮助实现战略目标的区域项目或计划的可能因素。

贷款和拨款。说明现行和拟议的项目和计划，以及这些计划如何帮助实现COSOP的战略目标。如果现有项目或计划不能帮助实现目标，考虑进行重组和/或取消和重新部署资源的可能性（符合国际农发基金的2018年重组政策）。

国家级政策参与（CLPE）。为支持实现COSOP战略目标，根据将活动与预期成果挂钩的变革理论，概述政策参与战略，确定潜在的政策参与优先领域和机会。（国际农发基金将政策参与活动的结果大致分为三类：（1）加强小农户参与政策过程；（2）促进产生和利用政策过程的相关证据；（3）提高各国政府的政策处理能力，解释将如何执行该政策议程。根据各国的不同情况，政策参与可能与投资/补助金计划密切相关。在政策参与方面，也可提供与世界粮食安全委员会和RSPA的工作有关的某些问题的政策建议。注意不要设定可能无法实现的目标（请参阅与国家级政策参与有关的工具包：www.ifad.org/en/web/knowledge/publication/asset/39258218）。

能力建设。说明如何将政府、机构和农民组织的能力建设作为主流纳入项目和计划中，并在战略文件中突出强调。根据第一节中的机构分析和国际农发基金的比较优势，并基于国际农发基金现有的能力建设资助计划，阐述现有能力建设的预期优先事项，这可能与局势脆弱的国家息息相关。

知识管理。建立国际农发基金的投资组合与非项目运营之间的关键联系，促进其对农村转型的技术和政策方面的贡献。从国际农发基金和其他项目中提取的知识可以帮助实现国际农发基金的战略目标。描述知识管理、升级、政策参与、南南合作与三方合作（SSTC）、监测评价与研究（如国际农发基金支持的CGIAR研究）之间的协同效应。如果各国对国际农发基金的专业知识感兴趣，但尚未通过项目或非贷款活动获得，不妨考虑有偿技术援助（RTA）。

南南合作与三方合作。包括合作伙伴关系和知识管理的各个方面。指出将相关内容嵌入每项战略目标的需要、机会和合作伙伴。根据各国的不同情况，这种合作可能包括中等偏上收入国家专门知识的投入，或作为

SSTC中的接受者（如低收入国家和中等偏下收入国家）参与计划。在所有COSOP中均应列入一份有关SSTC策略的附录。

沟通和知名度。简要介绍COSOP及其制定的干预措施将如何借此机会增进沟通和提升国际农发基金的知名度。

五、可持续成果的创新和拓展

创新。详细说明国际农发基金通过项目和相关非贷款干预措施（如政策实验，在试点活动中共享知识）鼓励创新的比较优势。描述创新如何适应本国国情（例如，在私营部门建立创新平台可能与中等偏上收入国家的关系更大）。请留意任何现行或以前的国际农发基金创新资助计划或其他组织推行的良好做法，这些都可以在未来的投资组合中复制或拓展。将信息和通信技术（ICT）纳入项目和非贷款活动，可以成为创新的宝贵来源，还可以加快拓展进程。

拓展。根据国际农发基金干预的经验教训和以往成果，总结国际农发基金在本国的拓展战略，包括获得认可的创新做法和有利于未来拓展的创新思路[①]，可能涉及对获得成功的早期试点项目追加补助。描述利用战略合作伙伴关系（如政府加入更大的项目、共同融资、私营部门参与）是如何帮助拓展成功创新经验的。政策参与可能是通过国家战略或计划进行拓展的一项主要机制。

六、COSOP 的实施

可获得的资源以及共同融资目标

介绍当前基于绩效的分配系统（PBAS）的分配条件和预期资助条件。

说明现行和规划项目组合中的国际农发基金贷款和/或DSF拨款资源和共同融资比率。共同融资或规划项目的目标，可考虑国内资助者（政府、非政府组织、民间社会、私营部门和受益人，包括通过实物捐助），以及国际金融家（双边和多边组织、基金会等）。应与相关区域主管讨论共同融资目标的指示性范围。

---

① 参见国际农发基金的《成果拓展运营框架》，https://www.ifad.org/en/document-detail/asset/39563355。

表1　　　现行项目和规划项目的国际农发基金融资及共同融资　　　单位：百万美元

项目	国际农发基金资金	共同融资		共同融资比
		国内	国际	
现行项目				
规划项目				
合计				1：××.×

由于COSOP可能涵盖多个PBAS分配周期，除了当前的PBAS外，还提供低案和高案的情况场景（基于项目风险评级和农村部门绩效评分的潜在变动）。简要讨论国家局势变化对贷款条款的影响，以及在更广泛的意义上，对国际农发基金国别项目的影响。

非贷赠款业务的资源

对于计划实现战略目标的所有非贷款活动，请注明金额（单位：百万美元）和可能的资金来源（如赠款、南南合作与三方合作、有偿技术援助、行政预算等）。

关键战略合作伙伴关系及发展合作

战略合作伙伴关系。确定最高优先级、最具战略性和最现实的合作伙伴关系，以支持实现每个战略目标。合作伙伴关系围绕《合作伙伴关系框架》（即将发布）中列明的六个核心合作职能构建。此种合作伙伴关系可以通过为项目提供更大的财务杠杆作用来增加国际农发基金的影响力。其他合作伙伴关系可以加强政策参与，以扩大国际农发基金的影响范围和对国家优先事项的影响。民间社会组织和私营部门可以支持项目实施并利用自己的知识库。

与联合国发展体系的其他成员建立伙伴关系。如果《联合国援助框架》已经发布，请解释COSOP如何符合此文件以及国际农发基金在其中的贡献。如果《联合国援助框架》尚未发布，则请留意国际农发基金将如何参与制定此文件，以确保将小农户农业作为主流纳入其设计。

与其他两家联合国粮农机构合作。讨论它们将如何参与COSOP的开发和实施，包括各机构针对具体国家提出的战略和活动。只要可行，三家机构可以采取联合战略；至少阐述国家级的合作办法。

受益群体的参与和透明度

项目受益群体的参与。受益群体的参与项目是国际农发基金干预措施中不可分割的一部分。请描述受益人在项目实施期间通过与利益相关者的协商、受益人反馈机制等方式参与项目的类型（如参与式监测评价、申诉赔偿机制、参与式采购监督、第三方监督安排等）。

透明度。描述为加强国际农发基金的干预措施及其结果，以及政府和实施伙伴的透明度和可见性而制定的安排（如公布财务结果、与项目有关的资源和外围数据）。我们鼓励各国政府通过践行《国际援助透明度倡议》来提高透明度（如披露其在实施过程中收集的知识和数据）。

项目管理安排

简要介绍国家级的COSOP管理安排，请说明它是由常驻国家项目经理领导的国际农发基金国家办公室（ICO），还是由国家代表领导的区域中心。列出其他国际农发基金人员，包括技术人员。如果不是ICO，说明将如何管理COSOP（例如，由邻近的ICO或区域中心、总部管理，或由另一个RBA或联合国发展伙伴代理）。说明管理办公室是否与另一个RBA或联合国开发合作伙伴同处一地。如果是局势脆弱的国家，请描述替代的计划管理安排（如保护措施、第三方监控或实施情况）。

监测和评价

描述为定期监测COSOP资助项目的进度而做出的安排，可以使用现有监测工具或开发新的工具。解释国际农发基金项目和与项目无关的活动如何提高地方和国家对农业部门的监测和评估能力。

七、风险管理

提出实现COSOP目标最有可能存在的风险以及国际农发基金将如何降低风险（评级分为：高、重大、中或低）。

表2 风险及降低风险的措施

风险	风险评级	降低风险的措施
政治/治理		
宏观经济		
行业战略和政策		
机构运作能力		
项目		
财务——财务管理[①]		
财务——采购[②]		
环境和气候		
社会		
其他与COSOP有关的特定风险		
总体		

注：①参见"财务管理问题摘要"。

②基于通过"采购风险矩阵"评估的国家风险分析，考虑从正在进行或最近完成的项目中获得的相关经验教训（书面材料审查可参考PEFA国家评估结果，可在：http://www.pefa.org/上查看）。如果PEFA国家评估已过时或不可用，则可使用从事采购领域的另一个发展合作伙伴或机构近期对该国的国家采购系统进行的评估，用以补充或替代PEFA国家评估（如经合组织提供的MAPS）。

附录7
国际农发基金职员国别分布明细
（截至2020年12月31日）

单位：人

国家或地区	国际职员	国家专业类职员	一般服务类职员（意大利总部）	一般服务类职员（地区办公室）	总数
意大利	64		100		164
英国	21		11		32
法国	18		12		30
美国	18		8		26
加拿大	14		8		22
印度	11	5	1	2	19
肯尼亚	8	6		4	18
德国	13		3		16
中国	8	2		2	12
爱尔兰	8		4		12
秘鲁	7	4		1	12
塞内加尔	3	5	2	1	11
西班牙	8		3		11
巴西	5	4		1	10
埃及	4	4		2	10
荷兰	9		1		10
阿根廷	5		4		9
科特迪瓦	3	3		3	9
菲律宾	3	1	4	1	9
加麦隆	3	2		3	8
埃塞俄比亚	3	3	1	1	8
芬兰	8				8

续表

国家或地区	国际职员	国家专业类职员	一般服务类职员（意大利总部）	一般服务类职员（地区办公室）	总数
土耳其	4	3		1	8
印度尼西亚	2	3	1	1	7
乌干达	4	2		1	7
贝宁	5		1		6
加纳	4	1		1	6
日本	6				6
南非	3	1		2	6
瑞典	6				6
瑞士	5		1		6
坦桑尼亚	4	1		1	6
突尼斯	6				6
澳大利亚	4		1		5
玻利维亚	3		1	1	5
哥伦比亚	2		3		5
约旦	4		1		5
黎巴嫩	3		2		5
巴拿马	1	2		2	5
越南		3		2	5
津巴布韦	5				5
奥地利	4				4
孟加拉国	2	1		1	4
比利时	3		1		4
布基纳法索	2	1		1	4
希腊	3		1		4
韩国	4				4
巴基斯坦	2	1	1		4
苏丹	2	1		1	4
阿尔及利亚	3				3
智利	2		1		3

续表

国家或地区	国际职员	国家专业类职员	一般服务类职员（意大利总部）	一般服务类职员（地区办公室）	总数
丹麦	2		1		3
海地	2	1			3
马里	2	1			3
摩洛哥	1	1	1		3
赞比亚	2	1			3
安哥拉	1	1			2
波黑	1			1	2
布隆迪	1			1	2
塞浦路斯	2				2
冈比亚	2				2
几内亚	1	1			2
马达加斯加	1	1			2
马耳他	1		1		2
尼加拉瓜	2				2
尼日尔	1	1			2
尼日利亚	1			1	2
罗马尼亚	2				2
卢旺达	1	1			2
塞拉利昂	1	1			2
多哥	2				2
也门	2				2
阿尔巴尼亚	1				1
阿美尼亚	1				1
博茨瓦纳	1				1
柬埔寨		1			1
多哥				1	1
刚果民主共和国	1				1
多米尼加共和国	1				1
萨尔瓦多	1				1

国家或地区	国际职员	国家专业类职员	一般服务类职员（意大利总部）	一般服务类职员（地区办公室）	总数
厄立特里亚			1		1
斐济		1			1
危地马拉		1			1
伊朗	1				1
马来西亚	1				1
毛里求斯	1				1
莫桑比克		1			1
尼泊尔		1			1
挪威	1				1
葡萄牙	1				1
俄罗斯	1				1
沙特阿拉伯	1				1
索马里	1				1
斯里兰卡	1				1
泰国	1				1
乌拉圭			1		1
乌兹别克斯坦	1				1
委内瑞拉	1				1
总计	391	74	182	40	687

附录8
国际农发基金区域中心与国家办公室分布情况
（截至2020年12月31日）

亚洲和太平洋地区

城市	国家	区域中心/国家办公室
新德里	印度	南亚区域中心
河内	越南	湄公河区域中心
雅加达	印度尼西亚	东南亚区域中心
北京	中国	东亚南南合作和知识中心
马尼拉	菲律宾	国家办公室
达卡	孟加拉国	国家办公室
加德满都	尼泊尔	国家办公室
金边	柬埔寨	国家办公室
苏瓦	斐济	国家办公室

东南非地区

城市	国家	区域中心/国家办公室
亚的斯亚贝巴	埃塞俄比亚	非盟和区域南南合作和知识中心
内罗毕	肯尼亚	东部非洲和印度洋区域中心
约翰内斯堡	南非	南部非洲区域中心
塔那那利佛	马达加斯加	国家办公室
卢萨卡	赞比亚	国家办公室
马普托	莫桑比克	国家办公室
达累斯萨拉姆	坦桑尼亚	国家办公室
坎帕拉	乌干达	国家办公室
基加利	卢旺达	国家办公室

拉丁美洲和加勒比地区

城市	国家	区域中心/国家办公室
利马	秘鲁	安第斯山脉和南部锥地区区域中心
巴拿马市	巴拿马	中美洲和加勒比区域中心
巴西利亚	巴西	巴西区域南南合作和知识中心
萨尔瓦多·德·巴伊亚		
苏克雷	玻利维亚	国家办公室
危地马拉城	危地马拉	国家办公室
太子港	海地	国家办公室

近东、北非和欧洲地区

城市	国家	区域中心/国家办公室
开罗	埃及	北非和中东区域中心
伊斯坦布尔	土耳其	中亚和东欧区域中心
喀土穆	苏丹	国家办公室
拉巴特	摩洛哥	国家办公室

中西非地区

城市	国家	区域中心/国家办公室
阿比让	科特迪瓦	沿海地区区域中心
雅温得	喀麦隆	中非区域中心
达喀尔	塞内加尔	西非区域中心
阿布贾	尼日利亚	国家办公室
阿克拉	加纳	国家办公室
巴马科	马里	国家办公室
金沙萨	刚果民主共和国	国家办公室
尼亚美	尼日尔	国家办公室
瓦加杜古	布基纳法索	国家办公室
科纳克里	几内亚	国家办公室

后　记

　　《迈向2030年的国际农业发展基金》一书是国际农发基金中国籍职员集体合作的成果。参加编写的人员包括：吴国起（助理副总裁）、田亚（亚太区南南合作协调员）、孙印洪（中国办公室国别项目官员）、刘燕（人力资源管理专家）、张晓哲（业务政策与绩效专家）、邓妙嫦（南南合作专家）和周妍菲（财务与风险管理专家）。吴国起和田亚负责全书的策划和总纂。各章节具体分工如下：吴国起负责第一章、第九章；邓妙嫦负责第二章；田亚负责第三章，并合编第五章；张晓哲负责第四章；周妍菲负责第六章、附录1；刘燕负责第七章；孙印洪负责第八章、附录4，并合编第五章。

　　本书在写作过程中有幸得到国际农发基金高级管理层和中国财政部领导的关心和指导。衷心感谢国际农发基金洪博总裁和国际农发基金中国理事、财政部邹加怡副部长分别为本书作序。这充分体现了国际农发基金和中国政府对在新时期进一步深化全方位合作的坚定承诺，也是对中国籍职员的鼓励和鞭策。财政部国际财金合作司、中国常驻联合国粮农机构代表处以及国际农发基金新闻局、中国籍职员所在局的领导和同事也从不同角度给予了大力支持，在此一并表示诚挚谢意。

　　感谢经济科学出版社的社领导和编辑为本书从策划编辑到出版发行所付出的心血和汗水。他们的敬业精神、专业素养、国际化水准和宝贵建议令我们深感钦佩，受益匪浅。

　　感谢各位中国籍职员积极参与本书的编写。本书最初策划于2020年春新冠肺炎疫情开始在全球蔓延之时。同事们面对封城禁足、居家办公、远离亲人等带来的诸多不便和身心煎熬，在做好本职工作的同时，全部利用业余时间，以极大的热情和专业精神投入到信息搜集、提纲讨论、资料编译等工作之中。本书资料全部来源于国际农发基金和相关机构的英文出版物和公开信息，为确保中文表述的准确、统一和通俗易懂，"一名之立，旬月踟蹰"的情况并不少见。新冠肺炎疫情背景下，英文中大家常说的一句谚语是，Every cloud has a silver lining。直译成中文的字面意思是，每朵云彩都有一条银边；意译可理解为，即使身处困境，也总会有一线光明、一分收获。如果这本书能够对广大读者有所裨益，就是新冠肺炎疫情带给我们的一线光明、一分收获，以及值得自豪的美好回忆。

因能力有限，加之时间仓促，疏漏之处在所难免，敬请各位读者批评指正。

吴国起

2021 年 8 月于意大利罗马